Heinz Held

Die Mosel

Von der Mündung bei Koblenz bis zur Quelle in den Vogesen

Landschaft, Kultur, Geschichte

DuMont Buchverlag Köln

Umschlagvorderseite: Die Mosel bei Merl
Umschlagklappe vorn: ›Christus in der Kelter‹, Relief in der Heilig-Kreuz-Kapelle oberhalb Ediger
Umschlagrückseite: Weinberge bei Enkirch
Frontispiz: Beilstein mit der Ruine der Burg Metternich, 1841. Aquatinta von Carl Bodmer

CIP-Kurztitelaufnahme der Deutschen Bibliothek

Held, Heinz:
Die Mosel : von d. Mündung bei Koblenz bis zur
Quelle in d. Vogesen ; Landschaft, Kultur,
Geschichte / Heinz Held. – Köln : DuMont,
1984.
   (Kunst-Reiseführer in der Reihe DuMont-Doku-
mente)
ISBN 3-7701-1379-9

© 1984 DuMont Buchverlag, Köln
Alle Rechte vorbehalten
Satz und Druck: Rasch, Bramsche
Buchbinderische Verarbeitung: Boss-Druck, Kleve

Printed in Germany   ISBN 3-7701-1379-9

Inhalt

Vorwort

Die Mosel ist ein ganz und gar eigentümlicher Fluß. Seine Landschaften und die Orte an seinen Ufern, seine Geschichte und Kunst und nicht zuletzt der Wein faszinieren. Der Autor ist während vieler Fahrten dieser Faszination immer wieder gern erlegen. Er hat sie auf mannigfache Weise erfahren. Aus Zuneigung, Erfahrungen und langjährigen Studien entstand dieser Band. Er ist als Lesebuch und Tourenbegleiter gedacht und möchte zur Entdeckungsreise anregen.

Die Gliederung des Textes, beginnend bei der Mündung in den Rhein bei Koblenz bis zur Quelle in den französischen Vogesen, ergab sich, weil wohl die meisten Besucher ihre Fahrten in Deutschland beginnen, um den Lauf bis zum Ursprung des Gewässers zu erkunden. Selbstverständlich kann man diese Abfolge nach persönlichen Vorlieben variieren. Register und Karten – die allerdings genauere Straßenblätter ergänzen sollten – weisen auch jeglichen Abweichungen oder Einzelstücken der Strecke den Weg.

Ohnehin wird jeder auf bemerkenswerte Sehenswürdigkeiten stoßen und sie vielleicht mehr bewundern als diese Zeilen es schildern können. Doch auch Enttäuschungen bleiben sicherlich nicht aus. Stadtbilder, Bauwerke, Zustände verändern sich heutzutage schnell. Kunstwerke werden zu Restaurierungen in Werkstätten und zur Sicherung in Museen verbracht. Es kann deshalb vorkommen, daß eine Architektur nicht mehr so aussieht wie sie hier beschrieben ist oder daß eine Plastik an anderer Stelle steht oder überhaupt nicht mehr vorhanden ist. In solchen Fällen bitten Autor und Verlag um korrigierende Mitteilung. Zudem sind manche Kirchen, außer zu Gottesdiensten, geschlossen. Diebstähle, Beraubungen von Opferstöcken und Verunreinigungen zwingen leider zu entsprechenden Vorkehrungen. Die Besichtigung von Innenräumen und Ausstattungen der Gotteshäuser hängt deshalb oft von der Findigkeit des Interessierten ab. Meistens helfen jedoch gern Pfarrer und Küster. Gelegentlich hinterlegen die Gemeinden die Schlüssel zu ihren Kirchen bei anderen vertrauenswürdigen Personen. Man kann sie dann bei jedem Dorfbewohner erfragen. Vielen von ihnen möchte der Autor herzlich danken; sie haben ihm die Anschauung einer ganzen Reihe von sonst unzugänglichen Meisterwerken ermöglicht. Der Autor hat sich natürlich auch auf zahlreiche Arbeiten von Kunsthistorikern, Landeskundlern und Heimatforschern gestützt. Ihnen sei deshalb zum Schluß ebenfalls Dank gesagt.

Köln, im September 1984   H. H.

Kunst-Reiseführer in der Reihe DuMont Dokumente

Zur schnellen Orientierung – die wichtigsten Orte und Sehenswürdigkeiten an der Mosel auf einen Blick:
(Auszug aus dem ausführlichen Ortsregister S. 349–354)

In der vorderen Umschlagklappe: Übersichtskarte des Moselgebiets

In der hinteren Umschlagklappe: Die Mosel von Koblenz bis Trier

Land und Leute

Das Land an der Mosel nimmt den Reisenden sogleich gefangen. Zuerst fesselt ihn der eigentümliche, in Deutschland ein wenig fremdartig wirkende Landschaftscharakter. Viele meinen, hier mittelmeerische Züge zu entdecken. Doch nicht der rhythmische Wellenschlag eines Meeres beeinflußt die Struktur des Geländes, sondern das fortwährende, fast unmerkliche Drängen von Wasser, bestimmt, zumindest im deutschen Teil des Mosellaufes, das Gesicht des Landes wesentlich mit. Immer wieder staut sich der Fluß vor Mauern zu seeähnlichen Flächen, überstürzt sich in Katarakten, um sich wenige Kilometer weiter von neuem wieder breit zu stauen. Seine Windungen gleichen denen einer Schlange. Plötzlich sind manche seiner Krümmungen so scharf, daß er seinen Lauf umkehrt und ihn in entgegengesetzter Richtung fortführt. Teilweise widersteht Gestein seinem Druck. Als harter Fels fällt es entweder steil ab oder es häuft sich als Konglomerat auf. Beide gewähren dem Wasser oft nur eine Rinne ohne nennenswerte feuchte Auen.

Die der Sonne zugewandten Hänge tragen Rebstöcke. Sie dehnen sich von Waldstreifen auf den Höhen bis in die Niederungen, häufig sogar bis an die Ufer aus. Wo Berglehnen schroff niedergehen, staffeln sich Terrassen, schmale Bodenstreifen für den Weinbau, auf. Zuweilen sperrt sich nackter, schiefergrauer oder rötlicher Fels gegen diese künstlichen Geländestufen. An den Nordseiten wuchert gelegentlich Buschwerk bis ins Tal. Wo sich dagegen die Hänge sanfter senken, schwingen die Reihen der akkurat an den Hölzern gezogenen Reben weiter Weinfelder über die Böschungen.

Aus Weinlaub, Waldsäumen, Gesträuch und Gestein entsteht ein grünes, vielfach nuanciertes, grau-rot gesprenkeltes Bild. Der Waldgürtel an den Rändern schließt es gegen den Horizont ab. Wenn an einem warmen Sommer- oder Herbsttag die Sonne untergeht, scheinen im Westen solche grünen Kanten auf den Höhen zu glühen. Die letzten Strahlen zeichnen die Konturen mit Licht nach und werfen auf die gegenüberliegenden Talflanken einen rot-goldenen Schimmer. Indessen breiten sich über die anderen schon Schatten aus. Vom Fluß her kriecht dort allmählich die Dämmerung am Berg hinauf, während sich der Himmel erst lachsrot verfärbt und alles Grün abstumpft und sich schließlich nachtblau verdunkelt.

Die Waldkämme grenzen die Mosellandschaft gegen die Hochflächen der Eifel und des Hunsrück ab. Diese Gebiete sind eine andere Welt und spielen ins Bild nicht hinein. Aber aus den Hochebenen ergießen sich Bäche und Flüsse zu Tal. Sie schürften Gräben in die

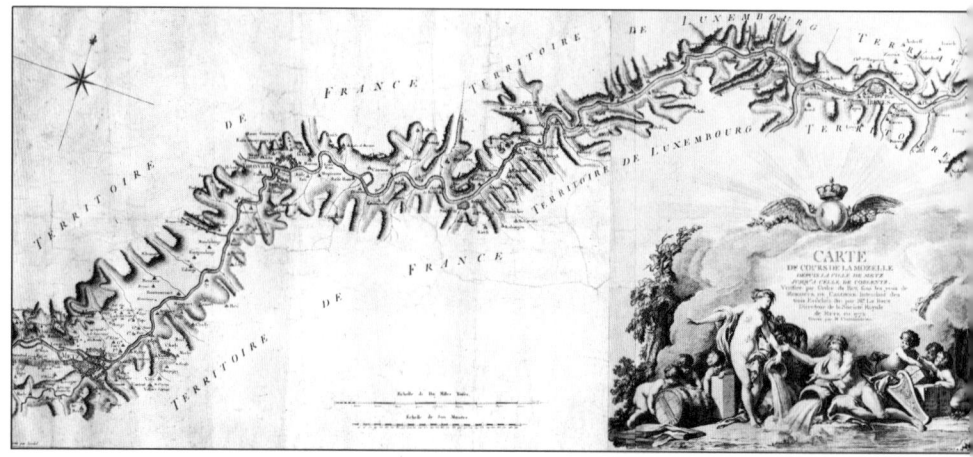

Der Mosellauf von Metz bis Koblenz, 1772. Stich von N. Chalmandrier

Abhänge. An den Einschnitten streben Dörfer, städtisch anmutende Dörfer und kleine Städte die Hänge aufwärts. Über den Häusern thronen meistens die von Friedhöfen umgebenen Kirchen, manchmal auch Burgen oder Burgruinen. Ornamentiertes und bemaltes Fachwerk auf Unterbauten aus Bruchstein und verputzte Wände bilden die Straßenfronten. Doch blühende Geranien prangen in Fensterkästen, Oleander in Kübeln oder sogar Palmen flankieren Türen, und zwischen den Mauern gedeihen üppige Bauerngärten.

Blumen, Wein, Wärme und imposante Sonnenuntergänge mögen südliche Gefilde suggerieren. Doch ›südlich‹ und ›mittelmeerisch‹ erweisen sich als unzulängliche Worte, schon dann, wenn die Sonne im Gegenlicht auf die Schieferdächer der Ortschaften trifft und diese wie Bleischuppen fahl glänzen. Da verliert das Land sofort seine Heiterkeit, und es kündigt sich eine Verwandlung zur Melancholie an; ein Eindruck, der vor allem in den kälteren Jahreszeiten entsteht. In diesen Monaten lastet eine blaugraue Wolkendecke über dem nun braunen Laub von Rebstöcken und Bäumen. Der Westwind treibt Haufenwolken vorbei, schüttelt die verdorrten Blätter ab, und auf der Erde reflektiert der metallische Schiefer die Wolken. Fällt Schnee, nehmen Berge, Burgruinen, Kirchen und Orte von dem zusammengewehten, weißen Staub ein anthrazitfarbenes Aussehen an, während sich die Rebstöcke und ihre Hölzer sowie die Stämme und Äste der Bäume als tiefschwarze Lineamente abheben. In dieser Stimmung zeigt sich das Land an der Mosel nicht weniger reizvoll als sonst, denn der Wechsel seines Gesichts gehört zu seiner Charakterstärke.

Zu dem faszinierenden Gesamtbild trägt aber vollends die gänzlich veränderte Landschaft in Lothringen bei. Hier bewirkt nicht allein das Wetter den Wechsel. Die Änderung ist in ihr selbst begründet, sie erfolgt abrupt. Ein mediterraner Eindruck kommt nicht mehr auf. Das Tal dehnt sich zum Becken. Seine Hügel liegen weiter voneinander entfernt und ragen

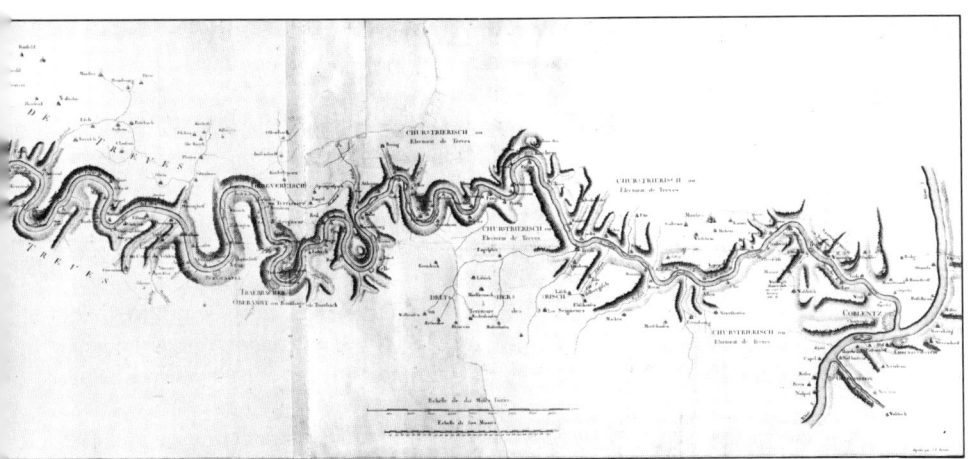

weniger hoch und weniger steil auf. An ihren Hängen wächst kein Wein mehr. Das Grün der Vegetation bewirken jetzt Wiesen, Weiden, Pappeln und Felder in den nun breiten Auen. Die Häuser der Dörfer sind nicht mehr nach den von Bächen ausgewaschenen Kerben angeordnet. Sie reihen sich unregelmäßiger, niedriger, grauer und unverziert an Straßen auf. Die Blütenpracht fehlt. Am Fluß wachsen graue Städte in konzentrischen Ringen in die Landschaft hinein. An oft mittelalterliche Ortskerne gliedert sich Zone um Zone an, zuletzt oft moderne Wohnturm- und Industriebereiche. Mächtige Kathedralen überragen zuweilen wie riesige Orientierungszeichen das Häusergewirr. Autobahnen begleiten die Ufer von Stadt zu Stadt, Kanäle verlaufen geradlinig nebenher.

Dann aber fließt die Mosel wieder durch idyllisches Terrain. Sie schlängelt sich durch Senken, zweigt Nebenarme ab, hinterläßt Altwässer. Laubwaldgehölze und Baumgruppen bilden Areale, ähnlich englischen Parks. Obstgärten ziehen sich über die Bodenwellen hin. Platanen mit fleckiger Rinde säumen Wege. Am Ende, wo die Ausläufer tausend Meter hoher Vogesenkämme und -gipfel aufeinandertreffen, engt Gebirge das Tal ein. Hier herrscht das dunkle Grün der Fichten, Kiefern, Tannen, Douglasien vor. Einzelne Viehweiden umgeben Gehöfte, sondern sich von den Orten ab, die Abhänge hinauf. Im Winter hüllt ein dicker Schneepelz das Land ringsum ein. Der Fluß plätschert über Geröll, weicht urzeitlichen Gletschermoränen aus. Schließlich ist sein Bett nur noch das eines Baches. An seiner Quelle springt er als Rinnsal aus einem künstlichen Granitmund, rieselt durch eine Furche, verschwindet in der Erde, quillt wieder hervor und beginnt seinen Lauf zum Rhein.

In Frankreich heißt die Mosel ›Moselle‹ nach dem römischen Namen ›Mosella‹. ›Mosella‹ bedeutet ›kleine Maas‹. In diesen Fluß mündete vor etwa einer Million Jahren die Mosel zwischen Toul und Commercy. Sie entspringt jedoch in der Nähe des Rheines, am Col du

Bussang, zu Füßen des 1200 Meter hohen Petit Drumont auf der Westseite des Vogesenkammes in 735 Meter Höhe über dem Meeresspiegel. (Der Rhein strömt nur ungefähr 30 Straßenkilometer vom Paß entfernt nach Norden.) Zunächst fließt sie nach Nordwesten bis Toul. Danach wendet sie sich nach Nordosten, um sich bei Koblenz in den Rhein zu ergießen. Dabei legt sie wegen ihrer unzähligen Mäander eine Strecke von 545 Kilometern zurück, obwohl die Luftlinie von der Quelle bis zur Mündung nur 278 Kilometer beträgt. Fast zwei Drittel des Weges, genau 317 Kilometer, durchfließt sie Lothringen. Sie berührt dort die Departements Vosges, Meurthe et Moselle und Moselle. Der Canal de l'Est verbindet sie mit der Sâone, der Marne-Rhein-Kanal mit dem abzweigenden Saar-Kohle-Kanal mit Marne, Maas, Saar und Oberrhein. 36 Kilometer lang bildet sie die Staatsgrenze zwischen der Bundesrepublik Deutschland (zugleich die Grenze zu den Bundesländern Saarland und Rheinland-Pfalz) und Luxembourg. Auf 192 Kilometer durchquert sie dann allein Rheinland-Pfalz.

Wenn auch die bundesdeutschen Weinerzeuger- und Handelsorganisationen nur das deutsche Stück des Flusses in Ober-, Mittel- und Untermosel einteilen und dementsprechend die Begriffe in Lagebezeichnungen und in der Werbung verwenden – geographisch reicht der Oberlauf von der Quelle bis zur Mündung der Meurthe bei Toul, der Mittellauf von dort bis zur Mündung der Saar bei Konz und der Unterlauf von dort bis Koblenz. Das Gefälle macht insgesamt 623 Meter aus. Allerdings mißt es in den Vogesen auf 70 Kilometer bis Épinal schon 360 Meter. Auf der mehr als vierfach längeren Reststrecke sinkt es nur noch um 200 Meter.

Wie entstand das Moseltal? Nach der Bildung einer festen Kruste vor 4000 bis 570 Millionen Jahren falteten sich riesige Granit- und Gneis-Areale auf der Erdoberfläche auf. An vielen Stellen der Kontinente schufen sie Sockel als Grundgebirge. Später lagerten Meere ihre Sedimente zu Schichtstufen ab. Zu Sand-, Kalk- und Schieferstein, Tonen und Mergel verfestigt, überdeckten sie die alten abgesenkten oder durch Erosionen abgetragenen Gebirge. Aus dieser Periode des Devon (400–350 Millionen Jahre) stammt der Buntsandstein der Felsabbrüche in der Trierer Talweite. Vor 67 bis 2,7 Millionen Jahren kam wieder Bewegung in die Erdkruste. Während Grundgebirge und verfestigte Schichten sich hoben, entwickelten sich Zerrungsfugen. Gräben sanken ein. Meere drangen wieder vor. Im Tertiär bildete sich eine Urmosel, zunächst mit geringem Gefälle. In dieser Zeit bildete das Lothringer Plateau mit Pariser Becken, Hunsrück und Eifel eine zusammenhängende Ebene. In ihren Mulden pendelte der Fluß hin und her.

Bei Neumagen war das Bett 30 Kilometer breit.

Danach schliffen Gletscher der Eiszeit die Bergkuppen der Vogesen ab und schürften Vertiefungen aus, schoben aber auch Geröllmoränen auf und versperrten dem Fluß den Weg. An seinem Oberlauf sind sie noch zu sehen. Aber das Rheinische Schiefergebirge wölbte sich ebenfalls jetzt aus der Fläche höher auf und ermöglichte der Mosel, stärker in den Untergrund einzuschneiden. Zunächst tiefte sie sich ins lothringische Stufen- und luxemburgische Tafelland mit ihren Kalken und Sandsteinen ein und räumte durch höhere Fließgeschwindigkeiten ihre Sohle immer mehr aus. Im Bereich des Schiefergebirges begann sie um

300 000 bis 250 000 Jahren vor unserer Zeitrechnung, im Pleistozän, die heutigen Mäander auszuformen. Das Wasser schoß in den Außenkurven an die sogenannten Prallhänge, riß dort Gestein ab und modellierte die Neigungen immer steiler aus. Dagegen strömte es schwächer in die Innenkurven und schuf mit dem ausgebrochenen Material die gestreckten Gleithänge. Zuweilen gelang es der immerwährend am Fels nagenden Gewalt, allmählich eine Wand zur entgegengesetzten Biegung zu durchstoßen. So trennten sich Flußschlingen ab. Das Talstück von einst fiel trocken. Die Umlaufberge blieben stehen, zum Beispiel bei Treis, Varing-Noviand und Konz. Ehemalige Talböden lassen sich an den Hängen am Schotter noch erkennen, z. T. an bis aus den Vogesen transportiertem Gesteinsschutt.

Kleinere Schiffe bis zu 280 Tonnen können die Mosel bis Frouard bei Nancy befahren. Von 1957–64 wurde aus ihr jedoch eine Großschiffahrtsstraße. Frachter und Schubverbände bis zu 15 000 Tonnen und 170 Meter Länge erreichen jetzt Thionville. Eine großzügige Regulierung ermöglichte es. Dreizehn Wehre, zusätzlich des bereits 1951 bei Koblenz fertiggestellten, stauen das Wasser normal 6 bis 9 Meter hoch. Den Niveauunterschied überwinden Güter- und Personenschiffe in Schleusen von 170 Meter Länge und 12 Meter Breite, Sportboote in solchen von 18 Meter Länge und 3,5 Meter Breite und Ruderboote in Gassen. Für die Fischwanderungen wurden besondere ›Pässe‹ angelegt. An zwölf Staustufen wandeln Turbinen die Wasserkraft in elektrische Energie um.

Die Anlagen veränderten die Mosellandschaft nachhaltig. Kilometerlange, bis vierzig Meter breite Stauseen überspülten die Auen mit ihren zahllosen Kribben. Die Seen erforderten neue Uferbefestigungen, Wegeverlegungen, Straßenverbreiterungen, Korrekturen an Bachmündungen und viele andere Eingriffe in die Natur. Aber sie gewannen dem Fremdenverkehr auch Wassersportflächen. Im Planungsstadium machten 62 Gemeinden 15 000 Einsprüche geltend. Zwölf Millionen Kubikmeter Erde wurden beim Bau bewegt, 10 Millionen Kubikmeter Fels aus der Fahrrinne gesprengt und 820 000 Tonnen Beton- und Stahlbeton verarbeitet. 370 Millionen Mark waren für den Ausbau veranschlagt, 780 Millionen Mark kostete er schließlich. Laut Staatsvertrag kam Frankreich für 2/3 der Summe auf, denn es hatte das größte Interesse am Ausbau der Mosel zu einer Schiffahrtsstraße. Französische Wirtschaftskreise suchten für die lothringische Schwerindustrie eine preisgünstige Verkehrsverbindung zu den Rheinmündungshäfen und zum Ruhrgebiet, um die Einfuhr von Erzen und Kohle und die Ausfuhr der lothringischen Hüttenerzeugnisse zu erleichtern. Der luxemburgischen Industrie kam die Regulierung aus den gleichen Gründen gelegen. Die Niederlande erhofften sich einen größeren Warenumschlag für ihre Seehäfen. Allein die deutsche Wirtschaft war skeptisch. Aber die Staatsmänner Adenauer und de Gaulle wollten damals eine politische Vision verwirklichen. In ihrer Europa-Euphorie sahen sie in der Moselregulierung ein Scharnier, das ein gigantisches Industrierevier über Ländergrenzen hinweg – angefangen beim Wirtschaftsraum Amsterdam-Rotterdam über die Rhein-Ruhr-Schiene und über die Regionen Metz, Nancy, Lyon bis hin nach Marseille am Mittelmeer – an einer wichtigen Stelle verschränkte.

Politische und wirtschaftliche Realitäten haben inzwischen solche Europa-Visionen gemindert. Die gegenwärtige Stahlkrise hier wie dort beeinträchtigte auch den Frachtver-

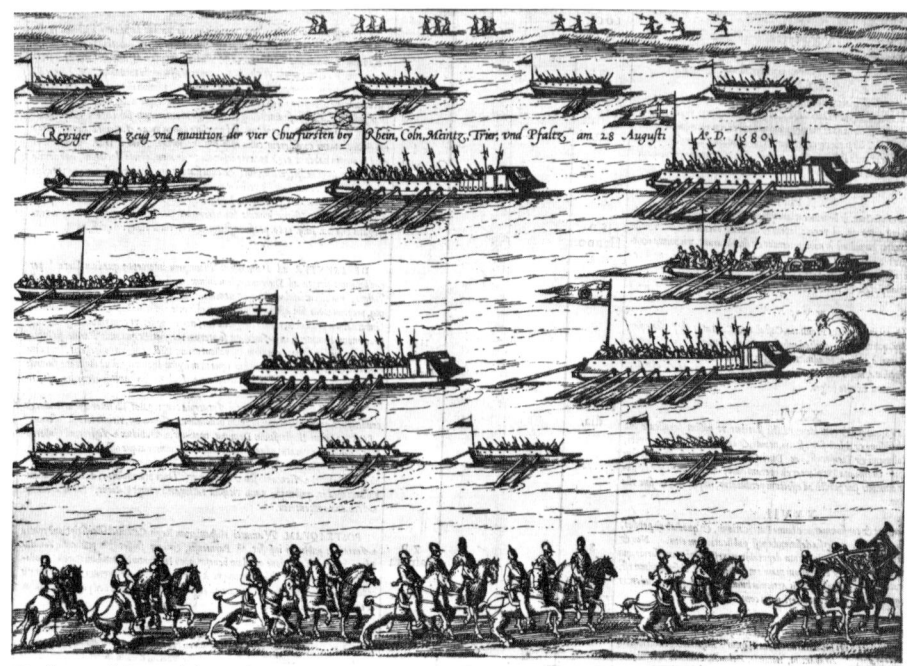

Kurfürstenfahrt auf dem Rhein am 28. August 1580

kehr auf der Mosel. Nach sprunghaftem Anstieg – im ersten Dezennium stieg er von 5,4 auf 11,2 Millionen Tonnen im Jahr – stagnierte er und nahm 1983 sogar um rund 5 Prozent gegenüber dem Vorjahr ab. Doch die Schiffe transportieren nicht nur Kohle, Erz, Eisen und Stahl, sondern auch Steine, Erden, Holz, Chemikalien, Rohöl, Getreide, Wein usw. Der internationale Saison-Personenverkehr zeigt sogar steigende Tendenz.

Die völkerverbindende Funktion der Mosel ist jahrhundertealt, trotz kriegerischer Auseinandersetzungen in der Vergangenheit und wirtschaftlicher Konjunkturschwankungen heute. Sie diente den Römern zur Warenbeförderung über die Grenzen und im Mittelalter auch dem Reiseverkehr. Die Trierer Erzbischöfe und Kurfürsten unterhielten eine ›Moselflotte‹. Hölzer wurden auf ihr geflößt. Vieles, was heute mittels Motorkraft befördert wird, wurde ehemals in Kähnen getreidelt. Die ersten Dampfschiffe fuhren 1839 zwischen Metz und Trier und später zwischen Trier und Koblenz ..., bis das Flußbett mehr und mehr versandete und die Eisenbahnen ein schnelleres und billigeres Transportmittel waren.

Die Anwohner der Mosel hatten sich von der Regulierung des Flusses eine Verminderung der Hochwassergefahr erhofft. Aber diese Erwartung erfüllte sich nicht. Im Frühjahr 1983 trat der Fluß dreimal über die Ufer, wobei Strömungsgeschwindigkeit, Druck und Masse Werte ergaben wie seit 25 Jahren nicht mehr. Man suchte die Ursachen zu ergründen. Die einen vermuteten sie in der Kanalisierung und ihren Folgen selbst, andere in der Flurbereinigung der Weinberge. Bäume, Sträucher und Hecken seien beseitigt, Feuchtgebiete drainiert, Böden zur rationelleren Bewirtschaftung planiert, Bäche begradigt worden. Diese Maßnahmen hätten – zusammen mit Ortsbebauungen, Straßenbauten, asphaltierten Wingert-Wegen und ähnlichen Eingriffen in die Natur – das ausreichende Versickern von Regen in die Erde verhindert. Das Bundesamt für Gewässerkunde stellte wissenschaftliche Untersuchungen an. Es kam zu dem Ergebnis, daß die diskutierten Ursachen in ihrer Wirkung nur gering einzuschätzen seien. Die Wurzel allen Übels wurde auf den ungewöhnlich langen und heftigen Dauerregen zurückgeführt, und mit Überflutungen des Ausmaßes von 1983 müßte alle 20 bis 30 Jahre gerechnet werden.

Die deutschen Moselaner wissen aus langer Erfahrung, daß im Winter in Vogesen und Eifel hohe Niederschläge fallen und Regen und Schneewasser im durchfeuchteten oder gefrorenen Boden nicht tief einzudringen vermögen. Zudem führen die ebenfalls in den Vogesen entspringende Saar sowie die aus der Eifel kommende Sauer der Mosel oberhalb Trier große Wassermassen zu, so daß vor allem die deutschen Gebiete immer wieder von Überflutungen betroffen sind. Die auch dem Reisenden auffallenden Hochwasser-Marken an Gebäuden in den Orten entlang des Flußlaufs bezeugen es. Für die Bevölkerung ist dies kein Grund zur Panik. Sie ist solche Unglücke gewöhnt. Wenn der Pegel in Trier die reißenden Fluten anzeigt, rechnen die Bewohner zum Beispiel von Zell mit der Überschwemmung acht bis neun Stunden später. Diese Zeit genügt, um Lager und Wohnungen mit Sandsäcken zu verbarrikadieren und auszuräumen. Ist das Wasser schließlich abgelaufen, dauert die Reinigung der Räume zwei bis drei Tage, und in einer Woche bemerkt man von den Schäden kaum noch etwas.

Die Moselaner sind im Laufe der Geschichte schon mit schlimmeren Unglücken fertig geworden. Bereits ihre Herkunft deutet es an. Ihre Vorfahren waren Kelten, Römer und Franken und diese haben im Erscheinungsbild der hier Ansässigen ihre Spuren hinterlassen. Auf keltische Ahnen zurückzuführen sind blaue Augen und blondes Haar, auf römische schwarzes Haar, braune Augen und ein dunklerer Teint, auf fränkische schließlich eine längliche, am Kinn zugespitzte Physiognomie. Das Mixtum compositum beweist zugleich eine erhebliche Assimilationskraft. Tatsächlich hat die Bevölkerung an der Mosel die Fremden immer, zuletzt nach dem Zweiten Weltkrieg, integriert. Vielleicht deshalb ist der Moselaner ein heiterer, freundlicher und toleranter Mensch, der niemandem seine Meinung aufzwingt, sie sich aber auch von keinem anderen aufnötigen läßt. Er strebt eher Kompromisse an. Offenherzig von Natur, schließt er schnell Freundschaften. Er genießt, zwar weniger als seine Verwandten im Rheinland, was das Leben an Gutem zu bieten hat, und teilt es gern mit Gästen. Weltgewandtheit, Arbeitsamkeit und Fleiß sind ihm angeboren. Seine luxemburgischen und lothringischen Brüder und Schwestern von gleicher Abstammung sind zwar ein wenig schwerblütiger, ansonsten aber von derselben Art. In den Moseldepartements sprechen viele neben Französisch auch Deutsch, allerdings in unterschiedlichen Dialekten. An der deutschen, luxemburgischen und an der anschließenden französischen Mosel ist das sogenannte Moselfränkisch zu Hause, während es in den Gebieten weiter flußaufwärts das Rheinfränkische und das Alemannische verfärben.

Fränkische Tracht, 6. Jh. (Rekonstruktion)

Ihren Lebensunterhalt verdienen die Moselaner in den unterschiedlichsten Bereichen. Da an den deutschen Ufern keine besonderen Industriegebiete entstanden, pendelt eine beträchtliche Zahl von Arbeitnehmern in die Städte des Rheinreviers. In der Landwirtschaft herrscht der Weinbau vor. Entsprechend ist auch der Handel auf die Bedürfnisse der Weinerzeugung und -verteilung ausgerichtet. Aber der Wein ist nicht mehr alleinige Grundlage des Wohlstandes. In den letzten Jahrzehnten errang der Fremdenverkehr eine äquivalente wirtschaftliche Bedeutung, vor allem durch Wochenend- und Zweiturlauber und einen vermehrten Besuch von Gästen aus Skandinavien, den Niederlanden und Großbritannien. Allerdings fördert der Wein und alles, was zu seinem Umfeld zählt, auch den Tourismus. Aber Wein und Tourismus sind vom Wetter abhängig. Lange kühle und regnerische Perioden führen zu empfindlichen Verlusten in beiden Bereichen. Das Wirtschaftsgefüge an der luxemburgischen Mosel hat sich ähnlich entwickelt.

In Lothringen dagegen siedelte sich Schwerindustrie bei Thionville, Metz, Nancy und Pont-à-Musson an. Aufgrund einer schon in den sechziger Jahren deutlich werdenden Strukturschwäche bemühten sich die Franzosen damals, die Industriestruktur zugunsten neuer Branchen wie der Chemie, Elektronik, Feinmechanik und des Maschinenbaues zu verändern. Die weltweite Stahlkrise verschärfte die Situation jedoch. Die komplizierte Umorientierung ist noch nicht abgeschlossen und geht nicht ohne ökonomische und soziale Schwierigkeiten ab. Doch die großen Städte sind auch Handels- und Warenumschlagplätze für weite Einzugsgebiete. Ansonsten werden an der französischen Mosel hauptsächlich Agrarprodukte (Getreide, Kartoffeln, Rüben, Rinder, Schweine) erzeugt. In den Vogesen wird auch Forstwirtschaft betrieben. Textilfabrikation ergänzt diesen Erwerbszweig. Auch am Oberlauf der Mosel ist Fremdenverkehr zu finden, doch ist er weitaus geringer als am Unterlauf. Die waldreichen Vogesen werden vornehmlich von Franzosen zu Sommerfrische und Wintersport aufgesucht, gelten aber auch als bevorzugte Kurzurlaubsgebiete. Das

Klima ist also an der gesamten Mosel ein wirtschaftlicher Faktor. In den höheren Regionen der Vogesen sind die Sommermonate allerdings oft kühl und naß. Wetterwolken aus dem Westen regnen am Gebirgskamm ab. Im Frühjahr und Herbst bilden sich Nebelbänke. Im Winter fällt viel Schnee, und starker Frost herrscht im Januar und Februar, obwohl über den Gipfeln die Sonne scheint und Dunst die Täler füllt.

Weiter nordwest- und nordwärts treten harte Frosttage kaum noch auf. Die Temperaturunterschiede zwischen warmer und kalter Jahreszeit werden vom Atlantik bestimmt und sind geringer als in anderen Gebieten Mitteleuropas. Die relativ linde Luft dringt von Lothringen aus an den Unterlauf der Mosel vor. Die Höhenzüge der Eifel und des Hunsrück schützen die Ufer vor Kälteeinbrüchen. In Deutschland ist, außer im Oberrheingraben, das Klima nirgendwo milder als hier. Frühling wird es schon im April, wenn zuerst die Kirschbäume zu blühen beginnen, dann die Apfelbäume. Statistisch gesehen betragen die mittleren Jahrestemperaturen 10 Grad Celsius (in Eifel und Hunsrück nur 6 Grad), die Sonnenscheindauer von Anfang Mai bis Ende Oktober 1047 Stunden, Frosttage gibt es durchschnittlich elf. Im Sommer steigen bei leichtem Westwind die Temperaturen nicht selten auf 25 Grad an. Jährlich fallen gewöhnlich nur 600–800 Millimeter Niederschlag, denn das Flußtal liegt im Regenschatten von Ardennen und Eifel. Im Herbst fallen jedoch auch hier Nebel ein. Sie bewahren den Boden vor allzuschnellem Verlust seiner Wärme. Die durch die Regulierung gestauten Wasserflächen verstärken zwar die Nebelbildung, aber auch die für das Reifen der Trauben so wichtige Speicherung der Wärme.

Das Klima wirkt sich nicht nur günstig auf das Wachstum der Reben aus, sondern auf die gesamte Flora. An den Ufern wachsen Weiden und Pyramidenpappeln, die von Napoleon eingeführt wurden, aber auch Eßkastanien und Walnußbäume. In den Gärten blüht Oleander, Palmen schmücken Hauseingänge. Auf den Höhen breitet sich Laubwald aus – zumeist sind es Buchen – und ebensolches Gebüsch bedeckt ganz oder teilweise die Abhänge, wo auch seltene Pflanzenarten wie wilder Buchsbaum, Akelei, Geisblatt, Kuhschelle, Königskerzen, Fingerhut, Seidelbast und Christrosen wachsen. Im Naturschutzgebiet Dortebachtal bei Klotten hat sich darüber hinaus eine Gesellschaft pontischer Pflanzen angesiedelt. In Felsklüften leben die selten gewordenen Marder, Dachse und Wildkatzen. Über ihnen segeln Sperber, Bussarde und Milane. Ufer und Wasser bevölkern Enten, Bläßhühner, Fischreiher, Wasseramseln und Eisvögel, und im Wasser tummeln sich Döbel, Aale, Plötze, Elritzen, Hechte; Forellen, Barben und Äschen bevorzugen die Strudel und Wirbel unterhalb der Wehre.

In den Auen der lothringischen Mosel wachsen Schwarzpappeln, Weiden, Birken, Erlen und Ulmen. An den Hängen haben die Bauern Obstkulturen angelegt, u. a. Kirschen, Birnen und bevorzugt Mirabellen. Nach Épinal dehnen sich Buchenwälder aus. Bald mischen sie sich mit Tannen und Fichten. Doch in über tausend Meter Höhe bleiben nur Buchen, Eschen und Bergahorn übrig, und oberhalb der Quelle reichen die Hochmoore z. B. mit Wollgras, Heidekraut, Fettkraut, Fieberklee, Sonnentau, Moosen und Flechten und die kahlen Hochweiden mit Krüppeltannen, Arnika, gelbem und blauem Enzian und Hahnenfuß der Vogesenkämme bis an den Moseldistrikt heran.

Geschichte und Kultur – eine Übersicht

Die Lande an der Mosel sind besiedelt, seitdem eine primitive Sammler- und Jägerkultur wahrscheinlich aus Afrika nach Europa übergriff. Man weiß, daß die ersten Menschen vor 540000 bis 480000 Jahren, also in der letzten Kaltzeit, in der Gegend von Trier lebten. Unzählige Funde aus den Epochen nach den Eiszeiten, von der Steinzeit über die Bronzezeit bis zur Hallstatt- und Latènezeit (10000–250 v. Chr.), dokumentieren die kulturelle Entwicklung. Wissenschaftler entdeckten sogar eine spezifische Eifel-Hunsrück-Kultur (600–250 v. Chr.). Grabbeigaben deuten an, daß die damaligen Bewohner schon Beziehungen zu den Etruskern in Unteritalien unterhalten haben müssen.

Die eigentliche Geschichte beginnt aber mit den Kelten, einem westindogermanischen Bauern- und Kriegervolk, das sich vermutlich im süddeutschen Raum zwischen Oberrhein und Böhmen im 2. Jahrtausend vor Christus gebildet hatte. Für das 8. Jahrhundert v. Chr. sind sie zwischen Oberrhein und oberer Marne nachgewiesen. Sie breiteten sich schließlich über Mitteleuropa aus und setzten auch nach England über. Im Jahr 58 v. Chr. begann der römische Einfluß, als der Konsul Julius Cäsar die Eroberung Galliens einleitete. Er konnte den Rhein als Grenze gegen die nach Gallien eingefallenen Germanen sichern und im Jahre 52 v. Chr. einen Aufstand der keltischen Gallier niederschlagen. Um Christi Geburt waren die Stämme der Leuker um Toul, der Mediomatriker um Metz und der Treverer um Trier bis Cochem ansässig. Sie trieben Ackerbau und Pferdezucht und übten Handwerke in ihren offenen Dörfern aus. Bei Gefahren zogen sie sich in günstig gelegene Ringwälle zurück. An der Mosel erhielten sich davon manche Reste.

Indessen konsolidierten die Römer ihre Macht, vernichteten die Kelten jedoch nicht, sondern akzeptierten ihr Wesen und ihre Lebensart und gliederten sie wegen ihrer Tapferkeit sogar ins Heer ein. Sie übernahmen ihre Stammesgebiete zunächst als Verwaltungssprengel, um sie selbstverständlich allmählich römisch auszurichten, und sicherten die Rheingrenze. Straßen schufen die Verbindung der römischen Kastelle mit dem Hinterland. An einem der Hauptwege vom Mittelmeer entlang der Rhône, Sâone und Mosel übernahmen sie die Hauptorte der Leuker und Mediomatriker, Toul und Metz, als Verwaltungszentren und errichteten dort Kolonien. Trier wurde um 16 n. Chr. als Verwaltungs- und Versorgungszentrum für ihre Rheinarmee gegründet, ohne daß eine nennenswerte keltische Siedlung vorhanden gewesen wäre. Augustus wollte die Germanen im rechtsrheinischen Gebiet angreifen und brauchte dazu eine leistungsfähige Etappe. So sehr sich die Treverer

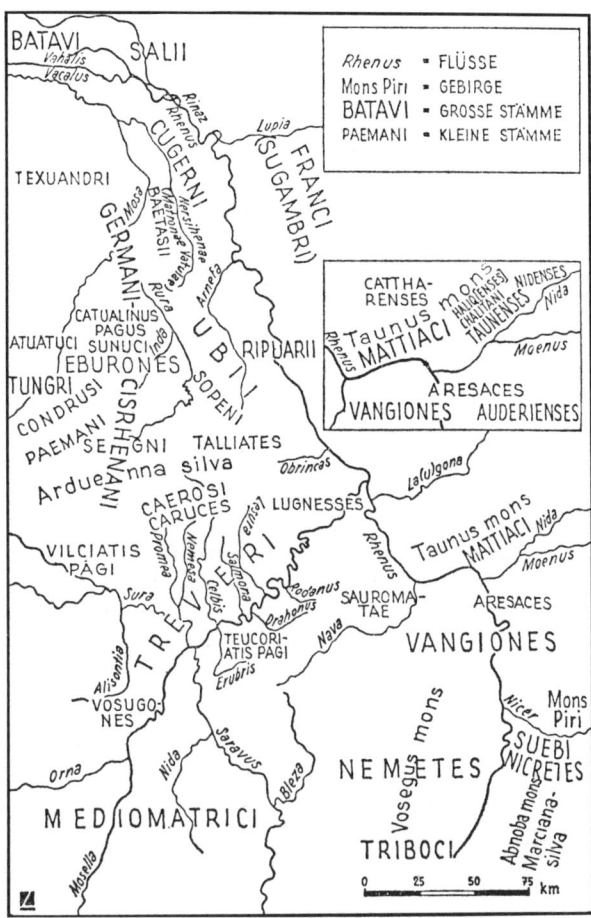

Keltische und germanische Stämme, um 60 v. Chr.

anfangs den Römern fügten, so sehr mißfiel ihnen gelegentlich deren Herrschaft. Sie erhoben sich mehrmals gegen das fremde Joch. Daraufhin lösten die Römer den Stammesverband auf, durchsetzten ihn mit germanischen Gruppen und zwangen die Treverer, bis an den Rhein auszuweichen. Germanen und Treverer aber probten nun im Jahre 70 n. Chr. gemeinsam den Aufstand. Bei Rigodulum, dem heutigen Dörfchen Riol bei Trier, wurden sie vernichtend geschlagen. Römische Zivilisation und Kultur konnten über die großen Straßen aus dem Süden eindringen, mehr und mehr das Keltische überlagern, sich mit ihm mischen und sich schließlich in allen Lebensbereichen durchsetzen. Straßenstationen, Villen, Militärlager, Gemeinden entstanden an einem Wegenetz, das sorgfältig ausgebaut wurde. Deshalb kann fast jeder ansehnliche Ort an der Mosel mit einem Stück römischer Vergangenheit aufwarten.

17

Trier entwickelte sich zur antiken Wirtschafts-, Regierungs- und Kunstmetropole mit Beziehungen ins ganze Imperium. 117 war es Hauptstadt der Provinz Belgica prima. Doch um 260 mußten die rechtsrheinischen Gebiete am Limes geräumt werden. Wirren führten zu einem eigenständigen römischen Reich in Gallien. Der Sonderkaiser Postumus verlegte die Hauptstadt Galliens von Lyon nach Trier, wo später auch Victorinus und Tetricus residierten. Franken und Alemannen benutzten die Unsicherheit und fielen ein. Sie zerstörten Trier 275 fast völlig. Soldatenkaiser Probus verteidigte das Reich jedoch wieder am Limes. Als Kaiser Diocletian mit einer Reform 286 die Einheit des Imperiums erneut stärkte und aus militärischen Gründen neben seinem Mitkaiser noch zwei ›Cäsaren‹ für Städte nahe der Front bestimmte, zog in Trier Constantius Chlorus ein und baute die Stadt wieder auf. Trier wurde Hauptstadt des westlichen Römischen Reiches, zu dem die Provinzen Belgica prima und secunda, Germania superior und inferior, Gallien, Spanien und Britannien gehörten. Es umfaßte also ganz Europa westlich des Rheins. Sieben Kaiser, darunter Konstantin der Große und seine Söhne, hielten hof in Trier. Die Stadt erfreute sich über hundert Jahre lang einer glanzvollen Blütezeit. Sie endete, als wegen der Unsicherheiten an der Grenze 395 die kaiserliche Hofhaltung nach Mailand und 402 die Zentralverwaltung nach Arles verlegt wurden.

Mit den Römern waren auch die ersten Christen an die Mosel gekommen. Um die Mitte des 3. Jahrhunderts wurden Trier, etwa hundert Jahre später Metz und Toul Bischofssitze.

Im 5. Jahrhundert überzogen Franken und Alemannen das Land mehrfach mit Krieg. Hunnen überfielen es. Wirtschaft und Verkehr brachen zusammen. 475 geriet Trier endgültig in die Hand der Franken. Während das staatliche Gefüge zerfiel, blieb die Struktur der Kirche bestehen. Sie gab ihren Ehrgeiz nach Universalität nicht auf, verlor auch nie gänzlich die Verbindung zu Rom und sorgte für ein kontinuierliches Fortleben der antiken Kultur. Chlodwig I., aus merowingischem Königsgeschlecht, beseitigte rigoros Fürsten anderer Frankenstämme, löschte die letzten Reste römischer Herrschaft aus, bekämpfte Alemannen und Westgoten, siegte und gründete sein Frankenreich, das von der Atlantikküste bis an Main und Donau reichte. Er ließ sich taufen, verfolgte eine planmäßige Siedlungspolitik, indem er für die reströmische, fränkisch-römische und fränkische Bevölkerung die römischen Gemeinwesen übernahm, vergrößerte oder neue bildete. Er beanspruchte römisches Fiskalgut als Königsgut. Antike Gesittung wirkte fort. Den Staat organisierte Chlodwig nach römischer Tradition, durchsetzt mit germanischen Elementen. Nach seinem Tod 511 teilten seine Söhne das Reich auf. Das Moselland kam an Austrasien mit der Hauptstadt Metz. Die Könige schenkten Mönchsgemeinschaften stattliche Besitztümer, so daß sich bedeutende Klöster entwickelten. Doch die Nachfolger Chlodwigs zerstritten sich, waren unfähig, so daß sich das Reich langsam auflöste. Adlige, erstarkte Hausmeier, ehemalige königliche Beamte, übten die Macht aus, errangen die Königswürde.

Von der Adelsfamilie der Arnulfinger und den Hausmeierfamilien der Pippiniten stammen die Karolinger ab, ein Hochadelsgeschlecht an Maas und Mosel. 768 trat Karl der Große die Regierung an. Er unterwarf und christianisierte die Sachsen, eroberte das Langobardenreich, wurde König von Italien, erzwang Thronwechsel und Bündnisse, einigte sozusagen politisch den größten Teil des Abendlandes. Er förderte Kunst, Wissenschaft und Rechte. Klöster, insbesondere Reichsklöster, etablierten sich als Stätten der Forschung, Kunstpflege, Bildung und Lehre. Er errichtete eine starke Zentralgewalt. Unter ihm entstand aus dem von den Römern entlehnten Vasallentum durch Landverleihung das Lehnswesen. Das Land war noch von den Merowingern her in Gaue als kleinste Einheiten und später in Herzogtümer aufgeteilt. Ihre Grenzen deckten sich oft mit den Grenzen der Diözesen, denn die kirchliche Organisation war der staatlichen überlegen. Die Bischöfe verloren freilich ihre weltlichen Hoheitsrechte. Der Bischof von Trier wurde jedoch Erzbischof; sein Erzsprengel stimmte mit der früheren Provinz Belgica prima überein. Die Diözesen Toul, Metz und Verdun waren ihm als Suffragan-Bistümer unterstellt (eine Regelung, die trotz aller politischen Veränderungen bis zur Französischen Revolution bestand).

Im Jahr 800 ließ sich Karl der Große in Rom zum Kaiser krönen. Damit erneuerte er das antike Kaisertum, und bereits seine Zeitgenossen begriffen diese Wiederherstellung als Abwandlung der römischen Reichsidee, nach der Karl als Beauftragter Gottes ein im christlichen Glauben geeintes Imperium regierte. Karls drei Enkel unterzeichneten 855 in Verdun einen Reichsteilungsvertrag. Lothar I. gewann 855 ›Lotharingen‹, das Land von der Nordsee bis zu den Maas- und Mosel-Quellen (deshalb ›Lothringen‹). Neuerliche Verträge zwischen dessen Nachfolgern, 870 in Meersen und 880 in Ribemont abgeschlossen, teilten jedoch das Reich Lothars. Eine Linie Maas – Ourthe, Mosel, Sâone – Genf zog schließlich die Grenze zwischen einem Westfrankreich westlich davon und einem Ostfrankreich östlich davon. Das leitete die Auflösung eines einheitlichen Frankenreiches und die Bildung Frankreichs und des deutschen Reiches unter Heinrich I. ein, in dem die deutschen Stämme Franken, Sachsen, Thüringer und Baiern zusammenwuchsen. Die Linie bildete das ganze Mittelalter hindurch die Grenze zwischen Deutschland und Frankreich.

Normannen und Ungarn plünderten in dieser Zeit auf ihren Eroberungszügen die Lande. Otto I. besiegte die Ungarn 955 auf dem Lechfeld. Er stiftete das Heilige Römische Reich Deutscher Nation. Da er nicht mit der Unterstützung der Herzöge rechnen konnte – sie waren ihm wenig zugetan –, hielt er sich an die von ihm ernannten Bischöfe. Er verlieh ihnen Grafschaften und Besitztümer und stattete sie wieder mit Hoheitsrechten aus. So bildeten sich neben den Laienherrschaften kirchlich-weltliche Herrschaften, die weitreichende Geltung besaßen. Erzbischof Bruno von Köln, ein Bruder Ottos und amtierender Kanzler, verwaltete zusammen mit dem Erzbischof von Mainz von 961–65 das Reich, als Otto in Italien weilte und sich vom Papst zum Kaiser krönen ließ. Bruno nahm auch die Gewalt in Lothringen wahr, in einem Gebiet, das sowohl deutsche als auch romanische Kulturbezirke einte. Er setzte Herzöge für Nieder- und Oberlothringen ein. Oberlothringen reichte bis Andernach. Dem Trierer Erzbischof schenkte Kaiser Heinrich II. 1018 den Königshof in Koblenz mit allen Rechten. Die Erzbischöfe suchten in den darauffolgenden Jahrhunderten planvoll und zäh, durch Landgewinn ihre Besitztümer in Koblenz und Trier zu vereinen und ein geschlossenes Territorium zu verwirklichen. Systematisch vergrößerten die geistlichen Herren ihre weltliche Macht. Mit der Verleihung der Kurwürde 1248, d. h. dem Recht zur Königswahl, zählten sie zu den einflußreichsten Würdenträgern in Deutschland. Um 1300 gehörten zum Erzstift Trier nahezu das gesamte Moseltal und angrenzende Gebiete. Als Politiker von hohen Graden erwies sich Erzbischof und Kurfürst Balduin von Luxemburg (1307–54, Bruder Kaiser Heinrichs VII.). Nach seinem Tod war das Kurfürstentum doppelt so groß wie vorher und hatte 103 Burgen inne. Im 18. Jahrhundert war der Kurstaat von Trier bis zum Westerwald und an der Lahn 140 km lang, aber stellenweise nur 20 km breit.

Die romanischen Teile Oberlothringens entfalteten als selbständiges Herzogtum Lothringen ein Eigenleben. Karl der Kühne, Herzog von Burgund, eroberte 1475 Lothringen, um eine Brücke zwischen seinem burgundischen, luxemburgischen und flandrischen Land zu schlagen. Aber zwei Jahre später ging ihm Lothringen wieder verloren. Der französische König verleibte 1552 die Bistümer Toul, Verdun und Metz seinem Staat ein. Neben den kirchlich-weltlichen Territorien hatten sich aber auch ererbte, angekaufte und eroberte Landesherrschaften adliger Dynastien ausgebildet. So kam es, daß zum Beispiel Enklaven, etwa der Hinteren Grafschaft Sponheim wie Winningen, und Reichsritterschaften und Reichsherrschaften wie Ehrenburg, Beilstein oder die Grafschaft Veldenz, der pfalz-zwei-brückische Ausläufer Trarbach inmitten von Kurtrier, zum Teil nach dem Glauben der Landesherren evangelisch, bis zum Ende des 18. Jahrhunderts überdauerten.

Der Dreißigjährige Krieg, in dem sich Auseinandersetzungen zwischen Katholiken, Protestanten und Calvinisten mit Machtinteressen der Habsburger, der französischen Könige, Spaniens und Schwedens vermengten, wütete auch entlang der Mosel. Französische Truppen besetzten mehrmals Lothringen. Um 1670 gründete Ludwig XIV. die sogenannte Reunionskammer zur Rückgewinnung angeblich ehemaliger französischer Gebiete. Seine

Koblenz, die Moselmündung, 1838. Stahlstich von Schumacher u. Comp.

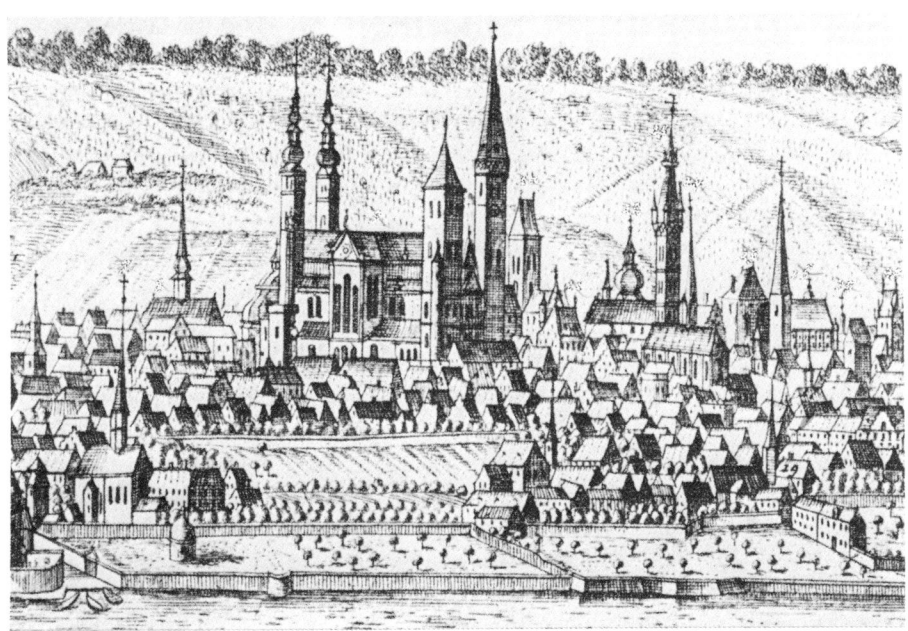

Trier, Dom, Liebfrauenkirche, St. Gangolf und Kurfürstlicher Palast, um 1730

Heere überzogen das Land erneut mit Krieg. Sie verbrannten über 400 Moselorte und sprengten fast alle Burgen. Der berühmte Vauban erbaute die Festung Mont Royal. Nach dem Frieden von Rijswick mußte der König die besetzten Gebiete räumen. Herzog Leopold von Lothringen erhielt sein Herzogtum – allerdings verkleinert – zurück. Doch sein Sohn Franz Stephan tauschte es nach seiner Vermählung mit Kaiserin Maria Theresia gegen das Großherzogtum Toscana ein. Französische Politik verhalf daraufhin dem entthronten polnischen König Stanislas Leszczynski auf Lebenszeit zum lothringischen Herzogsstuhl. Nach seinem Tod 1766 übernahm Frankreich dieses Lothringen endgültig. Erzbischof und Kurfürst Clemens Wenzeslaus von Sachsen verlegte unterdessen seine Residenz von Trier nach Koblenz.

1789 brach die Revolution in Frankreich aus. Die europäischen Mächte vereinigten sich zu einer Koalition und bekämpften sie. Doch die Verbündeten blieben erfolglos. Der Frieden von Lunéville (bei Nancy) veranlaßte die Abtretung des linksrheinischen Raumes an Frankreich und die Auflösung der dortigen Kleinstaaten. An ihre Stelle traten Departements als Verwaltungseinheiten. Unter den Befehlshabern der Revolutionsheere befand sich Napoleon Bonaparte. Er stürzte 1799 das fünfköpfige Regierungsdirektorium durch einen Staatsstreich, herrschte als Erster Konsul diktatorisch und führte die Koalitionskriege fort. 1804 ernannte er sich zum Kaiser der Franzosen. Nach siegreichen Feldzügen, mangelndem

Kriegsglück, Verbannung, Rückkehr und neuen militärischen Unternehmungen schlugen die Engländer und Preußen den Korsen endgültig bei Waterloo. Der Wiener Kongreß ordnete Europa neu; wesentlich beteiligt war dabei der in Koblenz geborene und an der Mosel begüterte österreichische Staatskanzlers Fürst von Metternich. Die deutsche Moselregion gelangte zusammen mit anderen Gebieten am Rhein und in Westfalen als ›Rheinprovinz‹ an Preußen. Die gewachsenen Verbindungen zum benachbarten, bei Frankreich verbliebenen Lothringen rissen ab.

Aus nichtigem Anlaß, vordergründig einem Streit um die spanische Thronfolge, in Wirklichkeit wegen politischer Machtinteressen, kam es dann 1870 zum Deutsch-Französischen Krieg, den Deutschland gewann. Frankreich mußte nach der Kapitulation 1871 Elsaß und Lothringen aufgeben. Deutschland gliederte die Provinzen in sein Staatsgebilde ein... bis 1914. Danach litt das Moseltal abermals unter bewaffneten Konflikten; 1914–18 unter dem Ersten Weltkrieg (nach dem Elsaß und Lothringen wieder französisch wurden) und unter dem Zweiten Weltkrieg 1939–45, in dem Hitler Elsaß und Lothringen erneut vereinnahmte. In beiden Kriegen waren Lothringen und am Ende des Zweiten Weltkrieges auch die deutschen Moselbereiche der Schauplatz entsetzlicher Kämpfe. Festungswerke und Gefallenenfriedhöfe erinnern an diese Schrecken. Aber es scheint auch, daß sie zum Guten mahnen. Der Lothringer Robert Schuman und der Rheinländer Konrad Adenauer forderten zusammen mit dem Italiener de Gasperi nach dem letzten Kriege die Gründung der ›Europäischen Wirtschaftsgemeinschaft‹. Heute arbeiten die Staaten in der Europäischen Gemeinschaft in verschiedenen Institutionen politisch, kulturell und wirtschaftlich zusammen. Die Regulierung der Mosel kann als mustergültiges Beispiel eines solchen, den nationalen Interessen übergeordneten Zusammenwirkens gelten.

So wie die Landschaften an der Mosel den Besucher von vornherein faszinieren, so faszinieren ihn auch die sichtbaren Zeugnisse der Geschichte und die sie manifestierende und über die Jahrhunderte hin begleitende Kunst. An der Mosel haben die Zeitläufte ungewöhnlich viele und vielgestaltige Kunstwerke hinterlassen. Wie es nach dem sonderbaren Verlauf der Historie nicht anders sein kann, spiegeln sie mannigfaltige Einflüsse. Schatzkammern für die Kunst der Frühzeit sind vor allem die Museen, besonders das Mittelrhein-Museum in Koblenz, das Rheinische Landesmuseum in Trier oder das Musée de la Ville de Metz und das Musée historique lorrain in Nancy. Es gibt kaum einen Ort entlang des Flusses, in dem nicht Römisches ausgegraben wurde. Die Sammlungen sind voller herrlichster Exponate aus dieser Zeit. Ebenso blieb großartige Architektur erhalten – erneut muß man vornehmlich Trier nennen. Der römische Monumentalbau beeinflußte auch das Raumempfinden der nachfolgenden Epochen. Zum Beispiel wurde für die Kirche St. Peter auf der Zitadelle in Metz eine römische Halle umgestaltet, und der Trierer Dom entstand ebenfalls aus antiken Bauten. Die karolingische Kunst eignete sich sodann die spätrömisch-imperialen und christlichen Formen in Architektur, Plastik und Kunsthandwerk an. Metz war ein Zentrum der Elfenbeinschnitzerei, Goldschmiedekunst und Buchmalerei. Aber auch in Trier arbeiteten bedeutende Werkstätten. Selbst die ottonische und salische Kunst wurde noch durch antike Formen angeregt. Vorbild für das Westwerk des Trierer Doms war beispielsweise die Apsis der

Kobern mit Matthias-Kapelle, um 1840. Stahlstich

Trierer Kaiserthermen, und es wirkte wiederum stilbildend auf nachfolgende Architekturen.

In diesen romanischen Jahrhunderten bildeten sich auch verschiedene Typen von Kirchenbauten aus. In der Gegend um Koblenz machte sich das Niederrheinisch-Kölnische mit mehrgeschossigen Apsidengliederungen, von Ringtonnen bedeckten Zwerggalerien und einer Pflanzenmotive und figürliche Darstellung verbindenden Plastik geltend. Infolge der Beziehungen zwischen Trier und den Bistümern Metz, Toul und Verdun verbreitete sich in Lothringen und im Trierer Raum, abgeleitet von der Kathedrale in Verdun, die polygonale Anlage mit flachgedeckter Zwerggalerie und ornamentaler Bauplastik. Wahrscheinlich sind auch die Kirchen über den Moselorten in ihren Ursprüngen von diesen Architekturen abhängig, denn an vielen entdeckt man romanische Teile, vor allem bei den Türmen. In Güls und mit der Matthias-Kapelle in Kobern (Abb. 12) sind kleinere Bauten dieses Stils sogar vollständig erhalten.

Aber im 12. Jahrhundert beeinflußten gotische Elemente aus Burgund und der Champagne die Kunst. Kreuzgewölbe lösten romanische Tonnengewölbe ab, die zur – an der Mosel erst spät einsetzenden – Hochgotik überleiten. Beispiele dafür sind die Kathedralen in Lothringen und die Liebfrauenkirche (Farbt. 24, Abb. 76, 80, 81) in Trier (neben St. Elisabeth in Marburg das erste rein gotische Gotteshaus in Deutschland). Sie zeichnen sich durch reiche Tympana in den Portalen der Westfassaden und durch reiches Maßwerk an den die

Mauern auflösenden Fenstern aus und sind Vorbilder für andere Bauten. Meister der nieder-
ländischen Kunstmetropolen schufen oder lenkten die Kompositionen und den Duktus der
Altar- und Grabmal-Plastik.

Die Zeit der Renaissance brachte wegen der Nachwirren der Reformation wenige großartige Bauten hervor. Die Künstler beschränkten sich auf die Ausstattung der Kirchen, insbesondere auf Altäre und Grabmale. In Lothringen wurde im 16. Jahrhundert die Arbeit von
Ligier Richier bestimmend. Er unterhielt in Saint-Mihiel eine große Werkstatt, die seine
Söhne und Nachfolger fast hundert Jahre lang weiterbetrieben. Zeitgenossen waren der
berühmte Radierer Jacques Callot und die nicht minder bekannten Maler Claude Gellée,
genannt Le Lorrain, und Georges de la Tour. Ihre Werke sind über die ganze Welt verstreut.
Einige stellt das Lothringische Historische Museum in Nancy aus. Sie verweisen jedoch
schon ins Barock. In deutschen Moselkirchen stößt man dagegen immer wieder auf Werke
von Hans Ruprecht Hoffmann und seiner Trierer Schule. Hoffmann (1545–1616) stammte
aus Sinsheim in der Pfalz. Er studierte nach damaliger Sitte in Antwerpen und brachte von
dort allerhand Anregungen mit. Offenbar war er für damalige Kunstströmungen aufge-
schlossen, denn seine und der Nachfolger Arbeiten zeigen auch mehr und mehr barocke
Züge. Er, zwei Söhne und der selbständig arbeitende Gehilfe Hans Manternach schmückten
zahlreiche Kirchen aus, doch verloren die Arbeiten nach Hans Ruprecht Hoffmann offenbar
an Qualität.

Die Epoche des Barock war eine Glanzzeit für das Kurfürstentum Trier und das Herzogtum Lothringen. In Nancy schufen die Architekten Germaine Boffrand (ein Schüler Man-
sarts) und Emmanuele Héré, unterstützt vom Kunstschmied Jean Lamour, eine ganze Stadt-
anlage in der französischen Spielart des Stils. Im Kurstaat setzte sich dagegen, dank der
süddeutschen Abstammung von Fürsten und Erzbischöfen, das mainfränkische Barock
durch. Vor allem von Schönborn vergab Aufträge an Balthasar Neumann. Sein Schüler, der
Hofbaumeister Johann Seiz, erlangte unter Walderdorff Einfluß und Bedeutung. Hofbildhauer war Ferdinand Tietz aus Eisenberg in Böhmen. Auch er gründete eine Schule. Kurfürst Clemens Wenzeslaus von Sachsen, gleichzeitig Bischof von Augsburg, ließ den in
Süddeutschland tätigen Pierre Michel d'Ixnard den Plan zu seiner neuen Residenz in
Koblenz entwerfen. Aber der aus Paris empfohlene Antoine François Peyre Lejeune änderte
sie zum französischen Klassizismus hin ab. Der strenge, klar gegliederte, mit plastischem
Schmuck sparsam umgehende, in Lothringen ohnehin verbreitete französische Klassizismus
wurde aber auch für Bürgerbauten Kurtriers angewandt.

Ihm folgte der preußische Klassizismus und mit ihm eine singuläre Persönlichkeit wie der
preußische Bauinspektor Johann Claudius von Lassaulx (s. S. 66). Er schuf in den Jahren des
heraufkommenden Historismus einen eigenen Baustil. Als Gegenströmung zum Eklektizismus entwickelte eine Künstlergruppe in Nancy unter Leitung von Emile Gallé die Anfänge
des Jugendstils, die besonders dem Kunsthandwerk, aber auch der Architektur neue
Impulse verliehen. Mit dem Beginn der Moderne befruchteten sich die Künste gegenseitig
und glichen sich hier wie dort immer mehr an, um schließlich in den Internationalismus
unserer Tage einzumünden.

Franz Georg von Schönborn,   *Johann Philipp von Walderdorff,*   *Clemens Wenzeslaus von Sachsen,*
18. Jh. Kupferstich   *um 1760. Kupferstich*   *1770/80. Kupferstich*

Zur Baukunst muß auch der an der unteren Mosel immer wieder ins Auge fallende Fachwerkbau gerechnet werden. Nach dem letzten Kriege veränderte sich zwar die Struktur der Winzerdörfer gründlich. Der technische Fortschritt veranlaßte die Trennung von Wohn- und Arbeitsbereichen, die in den Häusern anfänglich noch vereint waren. Deshalb fielen ansehnliche Gebäude dem Abbruch zum Opfer oder wurden in einschneidender Weise umgebaut. Viele waren im 19. Jahrhundert auch von ihren Besitzern, angeblich zur Verhütung der Brandgefahr und um in den Genuß einer billigeren Feuerversicherungsprämie zu kommen, verputzt worden. Doch die Denkmalpflege hat entscheidenden Anteil daran, daß seit 1960 die Fassaden wieder freigelegt und restauriert werden. Inzwischen weisen manche Orte wieder einen regelrechten ›Fachwerkcharakter‹ auf. Der Fachwerkbau ist zwischen Koblenz und Bernkastel massiert und hört bei Leiwen, von einigen Ausnahmen abgesehen, auf. Das städtische Leben förderte den Steinbau und beeinflußte offenbar auch die Umgebung in diesem Sinn. Zudem inspirierte das ›westliche, massive Einhaus‹ von Lothringen und Luxemburg her die Bauweise um Trier.

Unter Fachleuten zählt das vom 16. bis zum 18. Jahrhundert gebaute Moselfachwerkhaus zum Typus des ›fränkischen Gehöfts‹. Es wandelte ihn allerdings ab. Von ›Gehöft‹ im eigentlichen Sinne des Wortes kann nicht mehr die Rede sein. Der Winzer brauchte keine großen Ställe und Scheunen. Außerdem war der Platz in den in engen Taleinschnitten liegenden Dörfern beschränkt. So sind die Gebäude meist nicht allzugroß. Für den Winzer ist der Keller wesentlich, und so folgen aufeinander das gewölbte Kellergeschoß, das Küchen- und Kelter-Erdgeschoß in Bruchstein und das oder die, häufig vorkragenden, Wohngeschosse in Fachwerkkonstruktion. Gedeckt sind sie mit Walmdächern, unter denen sich genügend Speicherraum für Heu und Stroh befindet. Diese Häuser wenden den Straßen ihre Giebel und weniger ihre Traufseiten zu. Die Giebel bilden die Schaufronten. Sie schmücken dann manchmal Erker und Fensterrahmungen, die prachtvoll mit Pflanzen- und Blumenornamenten und Kerbschnittmustern in leuchtenden Farben ausgemalt sind. Über dem Giebel ist das Dach zuweilen mit dem sogenannten Krüppelwalm versehen. Steht ein Haus mit der Traufseite zur Straße, sitzen Zwerchgiebel dem Dach auf.

Zur Volkskunst gehören Wegkreuze, Kreuzwege, Bildstöcke und Heiligenhäuschen, mit denen die Mosellande so reich versorgt sind. Diese sakralen Flurdenkmäler – die übrigens in protestantischen Gegenden weniger zu finden sind als in katholischen – hatten vielfältige Funktionen. Als Grenz-, Gerichts- und Marktkreuze dienten sie hoheitsrechtlichen Zwecken. Vor allem aber drücken sie, die seit dem 15. Jahrhundert bis in unsere Tage gestiftet und genutzt werden, tiefe Volksfrömmigkeit aus: Sie wurden errichtet zur Ehre Gottes, als Totenzeichen zum Gedächtnis Verunglückter oder gar Ermordeter, als Andachts-, Dank- und Gelöbnisstätten oder als Stationen an Prozessions- und Pilgerwegen. Steinhauer schufen sie neben ihrer eigentlichen Arbeit, doch es gab auch Werkstätten, die sich auf solche Denkmäler spezialisierten, dabei bestimmte Wünsche des Auftraggebers erfüllten, oder auch mit einheitlich gestalteten Denksteinen handelten.

Die Volkskundler unterscheiden verschiedene Formen. Manche stammen aus dem Mittelalter, wurden aber bis ins 18. Jahrhundert angefertigt. Frühen Ursprungs sind die einfachen Balkenkreuze. Die Steinmetzen der Nischenkreuze – schlanke, polygonale, im Kreuz auslaufende und mit Krabben verzierte Pfeiler – ließen sich von der gotischen Kirchenarchitektur anregen. Schaftkreuze ragen aus einem mehreckigen Sockel, auf dem Inschriften, Wappen, Heilige oder Pflanzenornamente erscheinen, oft bis zu drei Meter hoch auf. Sie stammen meist aus dem 17. bis 19. Jahrhundert. Bildstöcke stellen dagegen in Reliefs figurenreiche Szenen aus der Heilsgeschichte, bevorzugt Kreuzigungs- und Pietà-Gruppen, dar und

Enkirch, Fachwerk-haus Mittelstraße 189, 1679

Kröv, sog. ›Dreigiebelhaus‹, 1685

sind oft farbig gefaßt. Sie hatten ihre Blütezeit in der Gegenreformation (16.–17. Jh.). Die Heiligenhäuschen wiederum, ob klein am Wege oder aufwendige Flurkapellen, bergen nicht selten künstlerisch wertvolle Werke. Sie schützen altarähnliche Figurengruppen vor den Unbilden der Witterung oder dienen dem Gebet. Sie wurden hauptsächlich im Barockzeitalter offen, mit bekrönender, geschweifter Dachhaube erbaut. Leider muß man sagen, daß der Bestand der Kreuze und Kapellen durch das Wetter, aber auch durch böswillige Zerstörungen und Diebstähle reduziert wurde. Aus einigen wurden deshalb die Figuren zum Schutz vor Diebstahl entfernt und in Museen und Magazine verbracht.

Dem Besucher der Moseldörfer fallen gelegentlich die als Zierat an Häuserwänden eingelassenen, sogenannten Tekenplatten auf. Diese gußeisernen Reliefs waren vom 14. bis 17. Jahrhundert Bestandteile von Heizungsanlagen. Sie wurden erst in die Trennwände von Herdräumen zu Stuben vermauert, um das Feuer in Kaminen nach außen hin abzuschirmen, und umgaben schließlich an den Öfen die gesamte Feuerstelle. Bildthemen lieferte die Bibel. Schutzheilige wurden dargestellt. Später entnahm man die Motive auch der antiken Sagenwelt und Mythologie, oder man pries die jeweiligen Landesherren durch Darstellung ihrer Porträts und Wappen. Man bezog diese Gebrauchskunst aus den Eisenhütten der Eifel oder aus der in Quint bei Trier. Die weniger gut situierte Bevölkerung konnte sie sich erst leisten, als um die Wende zum 16. Jahrhundert der Modelguß die Herstellung größerer Stückzahlen ermöglichte und so etwas wie eine ›Massenproduktion‹ erlaubte.

Das Moselgebiet ist die Heimat einer großen Anzahl von namhaften Persönlichkeiten und Gelehrten. Von den bedeutendsten seien hier nur kurz genannt: Peter Schade, Petrus Mosellanus genannt (gest. 1624), aus Bruttig, Freund des bahnbrechenden Humanisten Erasmus von Rotterdam und Rektor der damals führenden Universität Leipzig; Nikolaus Krebs,

NICOLAVS
CVSANVS

Nikolaus Cusanus,
15. Jh. Holzschnitt

genannt Cusanus (1401–64), aus Bernkastel-Kues, Begründer der deutschen Philosophie; Johannes Zeller, genannt Johannes Tritheminus (gest. 1512), aus Trittenheim, seiner Zeit vor allem in den Naturwissenschaften vorauseilender Universalgelehrter und Lehrer des Paracelsus; Karl Marx (1818–83) aus Trier, dessen Ideen bis heute auf die Weltpolitik einwirken. In den letzten hundert Jahren stammten zudem aus der Moselregion angesehene Schriftsteller wie z. B. Stefan Andres aus Bescheid bei Trittenheim, der ›Moselländische Novellen‹ verfaßte und von seiner Heimat in Kindheitserinnerungen erzählte, oder Clara Viebig aus Trier (1860–1942), die sich mit ihren Büchern der Eifel zuwandte, oder Maurice Barrès aus Charmes bei Toul (1862–1923), der die lothringische Landschaft beschrieb und die Rückkehr Lothringens an Frankreich unterstützte, oder Paul Verlaine (1844–96) aus Metz, der ein begnadeter Lyriker und der Begründer des literarischen Symbolismus war.

Darüber hinaus schilderten fremde Autoren die Mosel, Geschehnisse am Fluß oder erkoren Orte an seinen Ufern als Schauplätze für ihre Romanhandlungen. Zu ihnen gehören Julius Cäsar mit seiner Darstellung des gallischen Krieges, Tacitus und Decimus Magnus Ausonius mit der Dichtung der ›Mosella‹, dem ersten großen Preislied auf die Mosel. Er lebte als Professor der Beredsamkeit in Bordeaux, bis ihn Kaiser Valentinian 367 als Erzieher seines Sohnes Gratian nach Trier rief. Danach verbrachte er in der Moselmetropole die Jahre 375–388 als Berater Kaiser Gratians. Die 483 Zeilen der Verse gab Kaiser Valentinian in Auftrag. Doch wie sehr der Poet den Herrscher und sein Reich auch rühmte, das Gedicht ist ebenso eine lebendige Darstellung der Mosellandschaft, ihrer Bewohner, ihres Weins.

»Denn hoch wächst auf den Jochen der himmelanstrebenden Berge / Längs des Gestades das Grün des sorgenbezwingenden Weinstocks. / Arbeitsfreudiges Volk und emsig beschäftigte Winzer / Tummeln sich bald auf den Höh'n, bald eilen sie ins Tal hinunter, / Gröhlen

dabei um die Wette wie närrisch; aber der Wand'rer / Der da des Wegs auf dem Leinpfad zieht, und der Schiffe im Kahne / Höhnen mit Kuckucksruf den verspäteten Winzer: zurückschallt's / Wieder vom Fels, vom hallenden Wald, von der Mulde des Flusses.«
Und:
»Diese, oder doch Künstler wie sie, so könnte man glauben, / Haben im trierschen Lande die Pracht der Paläste geschaffen / Und zum Schmucke des Stroms hochragende Villen errichtet. Die hier steht von Natur schon hoch auf dem Felsengestade, / Jene ruht auf dem Kai des weitvorspringenden Ufers, / Die liegt hinter der Bucht und beherrscht hier völlig die Krümmung, / Während die dort auf dem Hügel, der hart am Flusse emporsteigt, / Fernsicht über die Fluren gewährt und wildes Gebirge, / Die den Beschauer beglückt, als wäre dies alles sein eigen. / Ja, die im tieferen Grund auf wäss'riger Wiese gebaut ward, / weiß die natürliche Gunst der Lage am Berg zu ersetzen / Und ragt drohend zum Himmel empor mit erhabenen Zinnen. . . . «

Ein Diakon Salvian aus Marseille berichtete bewegt über die Verheerungen, die Verzweiflungen und die Sittenverderbnis in Trier nach den Überfällen der Franken. Ähnlich wie Ausonius veranschaulichte dann wieder Venantius Fortunatus die Mosellandschaft in einem überschwenglichen Gedicht. Der geistliche Herr war 535 in Treviso geboren und wurde vom merowingischen König Sigibert an den Hof nach Metz berufen. Zu Venantius Fortunatus' mannigfachen Tätigkeiten im Dienste des Königshauses gehörte auch das Ausüben und Lehren der Dichtkunst, und so widmete er nach einer Schiffsfahrt, als Begleiter des Childibert 588 von Metz nach Koblenz, dem Fluß eine Hymne.

Den ersten ›Literaten‹ folgten unzählige andere. Der berühmteste war Johann Wolfgang von Goethe, in dessen ›Campagne in Frankreich‹ lange Passagen von der Mosel handeln. Aus der Jetztzeit seien nur andeutungsweise erwähnt Walter Beumelburg (1899–1963, ›Mont Royal‹ – ›Der Kuckuck und die zwölf Apostel‹); Karl Friedrich Borrée (1886–1964, ›Quartier an der Mosel‹); Hermann Broch (›Hu-

guenau oder die Sachlichkeit‹); Johann Kirschweng (1900–1951, ›Das Tor zur Freude‹ – ›Zwischen Welt und Wäldern‹); Jakob Kneip (1881–1958, ›Porta Nigra‹ – ›Feuer vom Himmel‹); Ludwig Mathar (1882–1952, ›Die Mosel‹ – ›Wir drei‹ – ›Ein voller Herbst‹); Heinrich Zerkaulen (1852–1954, ›Die Spitzweggasse‹) und Rudolf G. Binding (1867–1938). Seine ›Moselfahrt aus Liebeskummer‹ erreichte eine Auflage an die 500 000. Er nannte sein Buch ›Novelle in einer Landschaft‹.

Johannes Tritheminus, 1513

Von Winzern und Weinen

An der Mosel gedeiht der Wein seit rund 2000 Jahren. Zuerst tranken ihn römische Legionäre nach der Eroberung Galliens durch Cäsar. Sie bezogen ihn über uralte Fernhandelswege aus Oberitalien und aus der französischen Provence. Doch alsbald schätzten wohlhabende einheimische Kelten ebenfalls das edle Getränk. So wie es in die Kastelle und Ansiedlungen gelangte, so erreichten auch Reben, Winzergerätschaften und Weinbaukenntnisse die Lande am Fluß, die sich infolge ihres günstigen Klimas und der Beschaffenheit ihrer Böden geeignet für den Weinanbau erwiesen. Schon im ersten Jahrhundert begann der systematische Anbau, im dritten Jahrhundert hatte er sich beträchtlich ausgeweitet. Sogar Kaiser Probus ließ Gelände für die Kulturen durch seine Soldaten roden. Ausonius schilderte in seinen Versen ›Mosella‹ die Weinberge mit bildhaften Worten und pries sie fast überschwenglich. Unzählige Funde aus der Römerzeit drücken – seien es Reliefdarstellungen oder kunstvolle Gefäße – zudem aus, daß Wein mehr war als ein durststillendes Getränk; verfeinerte Trinksitten erhoben seinen Genuß zu einer Komponente erlesener Lebensart.

Zugleich bestanden seit vordenklichen Zeiten mystische Beziehungen zwischen Wein und Blut. Man sah in beiden Fließendes, und Fließendes nahm man als göttlich. Das Blut des Menschen galt als zum Geist gewordener tierischer Lebenssaft und der Wein als aus dem Pflanzlichen gewonnener Geist. Demzufolge verstanden die Christen im Meßopfer den Wein als Christi Blut und als Symbol der Erlösung. Entlang der Mosel aufgefundene frühchristliche Grabinschriften sprechen von dieser Bedeutung, und Reben, Trauben, Kelche und andere Darstellungen an kirchlichen Kunstwerken versinnbildlichten sie bereits im 4. Jahrhundert. Selbst das Bild des göttlichen Keltertreters erschien schon in der Bibel. Es ist deshalb nicht verwunderlich, daß der Wein durch die Jahrhunderte bis auf den heutigen Tag neben seinem höchst realen Zweck beim Moselaner auch seine religiöse Relevanz behalten hat.

Die Wirren der Völkerwanderungszeit fügten dem Weinbau an der Mosel großen Schaden zu, doch die im Lande verbliebenen romanisierten Treverer bewahrten ihn vor gänzlicher Vernichtung. Auch die Franken förderten ihn. Ihre Fürsten stifteten aus den zum Königsgut erklärten römischen Besitztümern den wichtigen Klöstern beachtliche Rebflächen. Für die Trierer Abtei St. Maximin (s. S. 227) bezeugt eine Urkunde von 633 eine solche Schenkung. Aber auch andere Mönchsgemeinschaften kamen auf diese Weise früh zu Weingütern. Diese gediehen auch im Schutz von Pfalzen Karls des Großen. Er und nachfolgende Herrscher sowie viele Adelsgeschlechter statteten Konvente und Kirchen, insbesondere das Trierer Domkapitel, immer wieder mit Weinbergen aus, und diese Institutionen, auch Erzbischöfe und Kurfürsten, widmeten sich eingehend der Pflege der Weinerzeugung. Manche von ihnen waren wahre Pioniere der Weinkultur.

Bis zum 13. Jahrhundert bewirtschafteten Leibeigene im Frondienst die Anpflanzungen. Danach übernahmen Erbpächter die Arbeiten. Die Besitzer entschädigten die Winzer mit der Hälfte, im günstigsten Fall mit zwei Dritteln des Ertrags, von dem sie allerdings Steuern und andere Abgaben zahlen mußten. Der Herr gebot über den Anbau. Diese Regel ermöglichte 1786 dem letzten Kurfürsten Clemens Wenzeslaus von Sachsen, durch Verordnung den Anbau des sogenannten ›Massenträgers‹ Elbling zugunsten des qualitätvolleren Rieslings einzuschränken. In der Zeit der französischen Besetzung wurden die Erbpachtverhältnisse aufgehoben. Der kirchliche und adlige Grundbesitz ging in private Hände über. Der Anbau der Riesling-Rebe wurde bevorzugt fortgesetzt, die Erzeugung durch neue Methoden verbessert, der Weinhandel entwickelte sich. Drei Vereinigungen – die der kirchlichen Weingüter, die der Weingutbesitzer an der Mosel und die an der Saar, veranstalteten unabhängig voneinander einmal im Jahr große Versteigerungen. 1910 schlossen sie sich zum ›Trierer Verein der Weingutbesitzer der Mosel, Saar und Ruwer‹ zusammen. Seit 1936 heißt

Bernkastel-Kues, 1623. Kupferstich von S. Funck

das Anbaugebiet ›Mosel-Saar-Ruwer‹ und gliedert sich in die Flächen an den Unterläufen der Saar und Ruwer, die sogenannte Obermosel von Palzem bis Igel, die sogenannte Mittelmosel von Trier bis Reil und die sogenannte Untermosel von Pünderich bis Koblenz.

Das Anbaugebiet umfaßt 12078 Hektar und liefert zirka 50–55 Millionen Liter Wein pro Jahr (15 Prozent davon werden an der Mosel getrunken). Ein Hektar erbringt im Durchschnitt 42,3 Hektoliter, und eine Faustregel besagt: ein Stock ergibt eine Flasche Wein. Man rechnet, daß das Weinbergland 4,5 mal mehr Rohertrag abwirft als die gleiche Fläche von Ackerland.

Im Anbaugebiet haben sich 11 115 Betriebe auf den Weinbau spezialisiert und dazu das Land in 120409 Parzellen aufgeteilt. Die Freiteilbarkeit der Rebböden bewirkte diese Zersplitterung. Etwa 50 Prozent der Betriebe bewirtschaften 75 Prozent der Flächen im Haupterwerb, d. h. die Winzer beziehen ihr Einkommen überwiegend oder ausschließlich aus der Weinerzeugung.

Bevorzugte Sorte ist immer noch der Riesling. Er gilt als der typische Moselwein. Allerdings besetzt er nur noch 59 Prozent der Anbauflächen, während es 1950 noch 90 Prozent waren. Der Elbling, schon in römischer Zeit bekannt, ist mit 9 Prozent vertreten. Neben einigen anderen Arten, u. a. auch Neuzüchtungen, hat sich noch der Müller-Thurgau mit zirka 30 Prozent durchgesetzt, vor allem seit der Ausweitung des Moselweinanbaus in den fünfziger Jahren in die Tallagen. Die Müller-Thurgau-Rebe, eine Kreuzung zwischen Riesling und Sylvaner, wächst auf schwereren Böden, und ihre Trauben reifen früher als die des Rieslings.

In Luxemburg werden neben dem Riesling noch Elbling, Rivaner, Auxerrois, Pinot blanc, Pinot gris und Traminer auf einer Fläche von 1200 Hektar angebaut. Für 1200 Betriebe stellt der Weinanbau zumeist einen Nebenerwerb dar. Sechs Kellereigenossenschaften, die rund 70 Prozent der Weinbaubetriebe erfassen, sind unter dem Dachverband ›Vinsmoselle‹ zusammengeschlossen und kümmern sich um eine gute Organisation und um den Absatz. An der lothringischen Mosel wächst auf ungefähr 100 Hektar nur noch der ›Vin gris de Toul‹, ein frischer bronzefarbener Rosé.

Die Arbeit im Weinberg ist wegen der starken Parzellierung vor allem an den Steilhängen mühsam. Seit der Römerzeit wird von den Winzern die Pfahlerziehung, auch Bogenrebenerziehung genannt, gehandhabt. Ein 2,50 Meter über den Bogen ragender Pfahl unterstützt den 60–80 Zentimeter hohen Weinstock. Im März/April eines jeden Jahres wird das zweijährige Holz am Rebstamm mit einer Schere zurückgeschnitten. Einjährige Triebe läßt man als Fruchtrouten mit acht bis zwölf Rebknospen stehen und bindet sie mit Weiden, Draht oder Kunststoff zu herz- oder achtförmigen Bögen am Stamm an. Die Stöcke stehen 1,20 bis 1,40 Meter voneinander entfernt. Im Zuge der Flurbereinigung – sie legte kleinere zu größeren Parzellen zusammen, erschloß das Gelände durch bessere Wege und Seilzüge, verbesserte Wasserführung und Windschutz, machte die Gelände durch Bau von Stützmauern besser begehbar – wurde aber auch zunehmend die Drahtrahmenerziehung eingeführt. Die Bogenreben werden bei diesem System nicht mehr an den Stock, sondern an den Biegedraht gebunden. Außerdem wurde die Schädlingsbekämpfung intensiviert. Neben dem Versprü-

2 KOBLENZ St. Kastor, Chor, 12. Jh.

◁ 1   Weinberg an der Mosel   3   KOBLENZ   St. Florin, Westfassade, 13. Jh. ▷

4   KOBLENZ   Bürgerhaus in der Firmungstraße, 18. Jh.

![Ehemaliges Kauf- und späteres Rathaus]

5   KOBLENZ   Ehemaliges Kauf- und späteres Rathaus, 15. Jh., rechts Schöffenhaus

6   KOBLENZ   Ehem. Jesuitenkirche, Portal,
      17. Jh.

7   KOBLENZ   Ehem. Jesuitenkollegium, 17. Jh.

8 KOBERN Burghaus, 15. Jh.

9 WINNINGEN Ev. Pfarrkirche (17. Jh.) mit roman. Turm

10 BASSENHEIM Relief des hl. Martin, sog. ›Bassenheimer Reiter‹, 13. Jh.

11 KOBERN Niederburg, 12. Jh.

12 KOBERN Matthiaskapelle, 12. Jh.

13   KOBERN   Matthiaskapelle, Portaldetail

14   KOBERN   Dreikönigskapelle, 15. Jh.

15   KOBERN   Matthiaskapelle, Obergeschoß

17 Staustufe Müden

◁ 16 MÜNSTERMAIFELD   St. Martin und St. Severus, Westwerk, 12. Jh.

18 ALKEN   Alte Gasse

19   ALKEN   Alt-St. Michael, Schmerzensmann,
1595

20   MOSELKERN   Fränkisch-karolingische
Grabstele

21   KARDEN   Bildstock, 19. Jh.

22 KARDEN Ehemalige Propstei

23 POMMERN Pfarrhaus, um 1500

26 Die Mosel bei Pommern ▷

24 COCHEM Markt

25 COCHEM Balduinstor, 14. Jh.

27 BRUTTIG Ehem. Rathaus, 17. Jh.

28 BRUTTIG Haus Schunk, 17. Jh.

29 WINNINGEN Weinfaß, Detail, 19. Jh.

hen der Schutzmittel von Hand und durch Sprühgeräte werden jetzt auch Hubschrauber eingesetzt. Schilder an Wegen warnen dann vor dem Betreten der Weinberge. Die Bekämpfung ist notwendig, um den Rebstock an seinen ober- und unterirdischen Teilen vor Pilsbefall, Insekten und tierischen Schädlingen zu bewahren. Sie wird vorbeugend angewandt und ist für andere unschädliche Lebewesen ungefährlich. Die Bekämpfungsmittel werden in vier bis sechs Wochen abgebaut und hinterlassen im Wein keine Rückstände.

Der Moselwein ist im allgemeinen ein leichter, fruchtiger, spritziger, belebender Wein von lichtgrüner, grüngelber bis grüngoldener Farbe. Doch die verschiedenen Rebsorten, die Unterschiedlichkeit der Böden, Höhen und Hangrichtungen der Lagen zur Sonne, die Pflege der Weinberge, das Wetter des Jahres, der Zeitpunkt der Lese, die Bearbeitung im Keller ergeben vielerlei Geschmacksvariationen. Manche Weine können ein wenig nach schwarzen Johannisbeeren, Pfirsich oder sogar nach Reseda schmecken.

Das Deutsche Weingesetz von 1971 teilt die Weine in drei Güteklassen ein. Tafelweine sind einfache Tisch- oder Schoppenweine. Die Etiketten nennen die Weinbaugemeinde, aber keine Lagen. Die Qualitätsweine müssen gebietstypisch für das Anbaugebiet ›Mosel-Saar-Ruwer‹ sein und ein Mostgewicht von 57 Grad Oechsle haben. Sie werden amtlich auf Herkunft, Rebsorte, Aussehen, Geruch und Geschmack geprüft, und dem Etikett ist eine Prüfnummer aufgedruckt. Die Qualitätsweine mit Prädikat dürfen im Most nicht angereichert sein. Die Angabe ›naturrein‹ ist freilich nicht mehr erlaubt. Aber die Flaschen sind als ›Erzeugerabfüllung‹ gekennzeichnet. Es gibt fünf Prädikate. ›Kabinett‹ bezeichnet einen ausgereiften, in der Haupterntezeit gelesenen Wein mit 70 Grad Mostgewicht. ›Spätlese‹ heißt ein nach der Haupterntezeit gelesener Wein von höherer Reife und Eleganz mit 76 Grad Mostgewicht. ›Auslese‹ bedeutet, daß der Tropfen ein Spitzenwein ist, vollreif, aus dem Lesegut ausgewählt, gesondert gekeltert; sein Mostgewicht beträgt mindestens 83 Grad. ›Beerenauslese‹ ist ein aus überreifen, manchmal edelfaulen Trauben ausgelesener Wein von großem Aroma und einem Mostgewicht von 110 Grad. ›Trockenbeerenauslese‹ wird aus den rosinenartig geschrumpften Beeren der besten Jahrgänge gewonnen und muß mindestens 150 Grad Mostgewicht aufweisen. Eine zusätzliche Rarität ist der ›Eiswein‹. Bei ihm verloren die Trauben durch Frost ihren Wassergehalt und gekeltert wird nur ein Zucker-Aroma-Konzentrat.

Für die Etiketten sind die Angaben des Anbaugebietes, der Qualitätsstufe, der näheren Herkunft (ein Ort oder eine Lage – Fantasienamen dürfen nicht mit Ortsangaben verbunden werden) und der amtlichen Prüfnummer vorgeschrieben. Ansonsten informieren sie über die Rebsorten und deren Geschmack, Jahrgang, Prädikate und Hersteller. Für die Erzeuger sind diese ›Visitenkarten des Weins‹ darüber hinaus Werbeträger, indem sie sie mit Wappen, Firmenzeichen, Porträts, traditionellen Kellereigebäuden farbenprächtig und oft in Goldprägedruck verzieren. Oft trägt die Halsschleife auch die Jahreszahl. Zusätzliche Streifen zwischen Halsschleife und Etikett vermelden Prämiierungen auf Weinausstellungen. Weinsiegel weisen auf besondere Qualitäten hin. Die roten gelten für liebliche, die grünen für halbtrockene und die gelben für trockene Weine. Bevor diese Siegel von den ›Kommissionen für das Deutsche Weinsiegel Mosel-Saar-Ruwer‹ in Bernkastel-Kues, Bullay und Trier vergeben werden, werden von ihnen die zur Siegelung freiwillig angemeldeten Weinpartien gründlich geprüft. Erst danach werden die Siegel – streng abgezählt gemäß der Anzahl der zu siegelnden Flaschen – dem Erzeuger ausgehändigt. Die Kommissionen werden von der Deutschen Landwirtschaftsgesellschaft berufen. Ihnen gehören angesehene Sachverständige aus Winzergenossenschaften, Weinhandel, amtlichen Prüfstellen und staatlichen Beratungsstellen, aber auch erfahrene Winzer an.

Wie überall kommt auch beim Wein das Probieren vorm Studieren. Außer in den üblichen Restaurants, die meist vorzügliche Kreszenzen anbieten, kann der Moselreisende selbstverständlich die Weine in den Kellern oder in extra dafür eingerichteten Räumen bei Winzern und Winzergenossenschaften probieren und kaufen. Anzeigen wie ›Flaschenweinverkauf‹ oder ›Weinprobe‹ weisen den Weg. Es gibt zudem mit grünen Schildern markierte ›Straußwirtschaften‹. In ihnen dürfen Winzer ein- oder zweimal im Jahr, insgesamt aber maximal vier Monate, ihre eigenen Weine in Stuben mit nicht mehr als vierzig Sitzplätzen ausschenken. Sie reichen dabei Imbisse aus eigener Schlachtung. Auch der Verkauf von Mineralwasser und Fruchtsäften ist erlaubt.

Bei Kellerproben wird der Wein aus einem acht Zentimeter hohen und 0,1 Liter fassenden Becherglas verkostet. Schoppenweine werden in Gaststätten und Weinstuben im üblichen 0,2 Liter-Römer kredenzt. Der echte Weinfreund verschmäht diese Art des Trinkens. Er bestellt sich vielmehr eine Flasche und schenkt sich des Bacchus Gabe in ein Treverisglas (möglichst aus Bleikristall) ein. Das Glas ist 13 bis 14 Zentimeter hoch. Ein sechskantig geschliffener Stengel, über dem Fuß mit einem geschliffenen Knopf versehen, trägt einen Apfelkelch. In dessen oberen Teil sind 22 Sterne eingeschliffen. Unter ihnen verläuft eine horizontale Rille um den Kelch, und unter dieser sind wiederum 22 Olivformen eingeschliffen. Sechs Facetten am Kelchgrund leiten zum Stengel über.

Aus einem solchen Glas kann man den Wein so recht genießen. Der Genuß beruht auf Sinneswahrnehmungen. Die erste betrifft die Farbe. Sie soll klar und ohne Trübung sein. Bei älteren Weinen dunkelt sie nach. Die zweite bezieht den Duft ein. Er steigt prickelnd in die Nase und verfeinert und vertieft sich bei älteren Jahrgängen. Schließlich schmeckt die Zunge den Wein. Säure, Zucker, Alkohol, Extrakt- und Aromastoffe sowie Gehalt fügen sich zu Harmonien, die je nach Qualität variieren. Die Kenner beschreiben mit vielen Ausdrücken – etwa mit den geringschätzigen wie klein, flach, mager, ohne Schwanz, ohne Weste oder den lobpreisenden wie vollmundig, feurig, rassig, stahlig, mit Nerv, mit Kern, mit Blume – die Weine. Nicht alle Trinker werden sich »darauf einen Vers machen können«. Ist's nötig? Wer vorurteilsfrei den Wein kostet und wem dabei ein Geschmackserlebnis zuteil wird, findet gewiß seinen eigenen Moselwein-Wortschatz.

Koblenzer Spaziergänge

In Mitteleuropa mündet selten ein Fluß so eindrucksvoll in ein anderes Gewässer wie die Mosel bei Koblenz in den Rhein. Der beste Blick auf diese ineinanderwirbelnde Vereinigung zweier mächtiger Strömungen bietet sich dem Reisenden von der Aussichtsplattform der Festung Ehrenbreitstein (Farbt. 1). Das mit einer Sesselbahn erreichbare, 180 Meter hoch liegende Plateau gewährt ein großartiges Panorama. Am westlichen Horizont fassen die Höhenzüge des Hunsrücks und die Vulkankegel der Eifel die Landschaft ein. Im Talbecken breitet sich die rund 117000 Einwohner zählende Stadt aus mit ihren Dächern, Türmen, Hochhäusern, Uferpromenaden, und schließlich finden sich Fluß und Strom zusammen. Der Rhein drängt von Süden nach Norden, und auf ihn stößt im spitzen Winkel die Mosel von Westen nach Osten.

Vom erhöhten Beobachtungsplatz erkennt der Betrachter zugleich, daß geographische Lage und Besiedlung des Ortes sich aufeinander beziehen. So war das Gebiet wohl wegen seiner günstigen Gegebenheiten schon in vorgeschichtlicher Zeit, etwa seit 9000 v. Chr. an, fortdauernd besiedelt. Von 450 v. Chr. bis zur Zeitwende bewohnten die germanisch-keltischen Treverer in der Gegend kleine Ackerbau- und Fischerdörfer. Ihnen folgten die Römer. Die Legionäre des Kaisers Tiberius (14–37 n. Chr.) legten zur Sicherung der Moselfurt ihrer Heerstraße Speyer – Mainz – Köln – Xanten ein Erdkastell mit bürgerlichen Quartieren an, das den Namen Confluentes – ›bei den Zusammenfließenden‹ – erhielt (von diesem Wort leitet sich das jetzige ›Koblenz‹ her). Diese Anlage vernichteten die aufständischen Bataver um 70 n. Chr. Als offene Handelsstadt am überaus wichtigen Überlandweg wurde sie hinter dem Limes, der rechtsrheinischen Befestigungslinie des Kaisers Domitian, neu aufgebaut. Sie brannte 259/60 ab, als die Franken den Limes zerstörten. Im 4. Jahrhundert schuf Konstantin der Große jedoch eine neue, diesmal linksrheinische Wehrgrenze und mit ihr wiederum eine Befestigung Confluentes.

Die römische Epoche bestimmte das künftige Schicksal von Koblenz. Die Stadt behielt ihren in dieser Zeit begründeten historischen Rang über die Jahrhunderte hinweg. So entstand unter den fränkischen Merowingern 550 in der Römerstätte eine Königspfalz mit Kapelle. Erzbischof Hetti von Trier, ebenfalls aus fränkischem Geschlecht, errichtete im 9. Jahrhundert das Chorherrenstift St. Kastor. Dort tagten 842 die Gesandten der drei Enkel Karls des Großen, um über die ein Jahr später in Verdun entschiedene Teilung des Reiches zu verhandeln. 860 berieten im Stift noch einmal hohe kirchliche und weltliche Würdenträ-

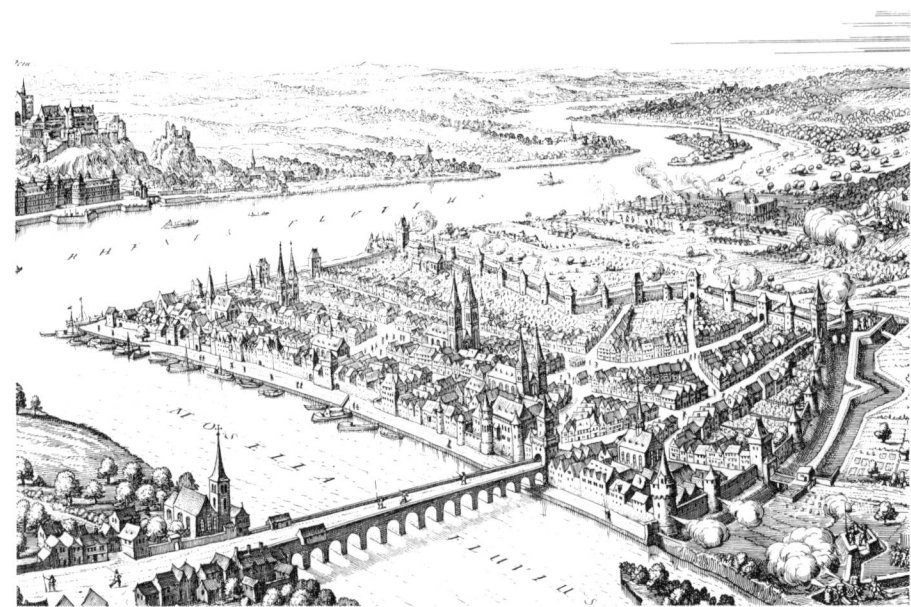

Koblenz, 1646. Kupferstich von Matthäus Merian

ger über einen Frieden zwischen den Nachfahren des großen Karl. 1018 schenkte der inzwischen zum deutschen Kaiser gekrönte Heinrich II. das reichsunmittelbare Koblenz dem Erzbistum Trier. Von nun an gehörte Koblenz zum geistlichen Fürstentum: 775 Jahre lang herrschten seine Kirchenfürsten als Kurfürsten – bis die französischen Revolutionstruppen den Trierer Kurstaat 1794 aufhoben.

In diesem Zeitraum war die Stadt immer wieder Schauplatz bedeutender politischer Ereignisse. 1138 wurde Konrad II. von Hohenstaufen zum deutschen König gewählt. Fürstentage fanden 1188 und 1338 statt. Kaiser Barbarossa hielt 1170 hof. Im fast ausgetrockneten Moselbett kämpften 1198 Otto der Welfe, der nachmalige Kaiser Otto IV., mit dem Staufer Philipp von Schwaben um die deutsche Kaiserkrone. Die Truppen Ludwigs XIV. von Frankreich schossen Koblenz 1688 in Grund und Boden. 1690 wurde es Residenz der Kurfürsten von Trier, 1790–92 suchten französische Emigranten vor der Revolution in ihrem Land hier Schutz. Von 1794–1814 gehörte das Gemeinwesen als Metropole eines Departements zu Frankreich. Der Wiener Kongreß sprach es 1815 dem Königreich Preußen zu. Es wurde Hauptstadt der Rheinprovinz, preußischer Truppenstandort und Residenz der Königsfamilie. Im Ersten Weltkrieg beherbergte es das Große Hauptquartier. Im Zweiten Weltkrieg zerstörten Bomben und Granaten 3116 Häuser total und 3808 teilweise. Von 1947 bis 1950 war Koblenz Sitz der Landesregierung Rheinland-Pfalz. 1948 beschlossen hier die Minister von elf Ländern die Gründung der Bundesrepublik Deutschland. In den darauffolgenden Jahrzehnten entwickelte sich die Kommune schließlich – getreu ihrer Lage und historischen Rolle – zur bedeutenden Militär- und Behördenstadt. Mit 12 000 Soldaten in acht Kasernen ist Koblenz die größte Garnison Europas. Zahlreiche Kreis-, Bezirks-, Landes- und Bundesdienststellen arbeiten hier. Jeder vierte Bürger erwirbt heute seinen Lebensunterhalt im öffentlichen Dienst. Daneben ist Koblenz ein gewichtiges Einkaufszentrum für die Bevölkerung des weiträumigen Einzugsbereiches mit Weinhandel und Großhandelsunternehmen unterschiedlichster Branchen, mit Nahrungs- und Genußmittel-Industrien, Druckereien und Versicherungen als Fundament.

Dem Besucher, der von der Festung Ehrenbreitstein aus das Panorama überblickt, fällt sofort das *Mahnmal der deutschen Einheit* an der Moselmündung ins Auge (Farbt. 1). Dort sollte er am besten seinen Rundgang zu den einzelnen Sehenswürdigkeiten beginnen. Das markante Monument besteht aus einem Block aus Schwarzwälder Granit und Niedermendiger Basalt und wird gekrönt von einer Pfeilerhalle, auf der die Fahne der Bundesrepublik Deutschland weht. Dafür war der riesige Steintisch allerdings nicht gedacht. Er trug einst das 350 Zentner schwere Reiterstandbild Kaiser Wilhelms I. aus Kupfer. Es wurde 1897 eingeweiht und kostete 1 600 000 Goldmark. Bruno Schmitz aus Berlin entwarf die Architektur der Anlage, Emil Hundrieser schuf die Treibplastik. Amerikanische Granaten fegten sie 1945 vom Sockel. Das Jugendstil-Relief eines von Flammen und Schlangen umzüngelten Adlers blieb jedoch erhalten und ziert ihn wie ehedem. Der Schriftzug *Wilhelm dem Großen* erinnert noch an den hohen Herrn, und der gemeißelte Vers Max von Schenkendorfs »Nimmer wird das Reich zerstöret, wenn ihr einig seid und treu« bewog wohl die Behörden, den von Treppen, Terrassen und 88 Meter langer Pergola umgebenen Kubus 1953 der deutschen Einheit zu widmen.

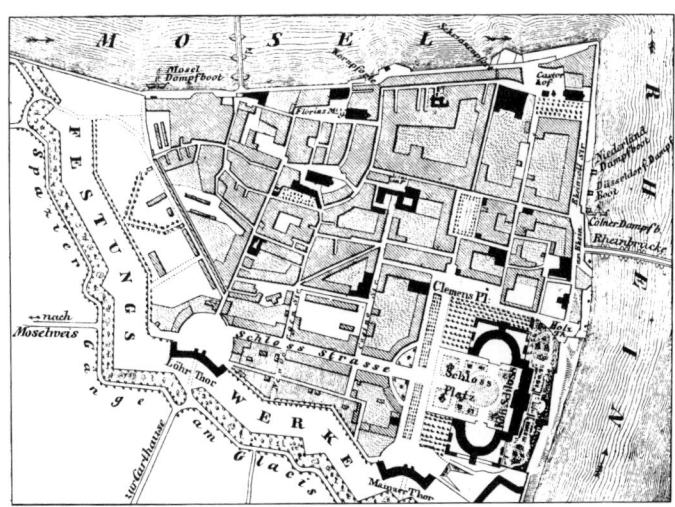

Plan von Koblenz, 1849

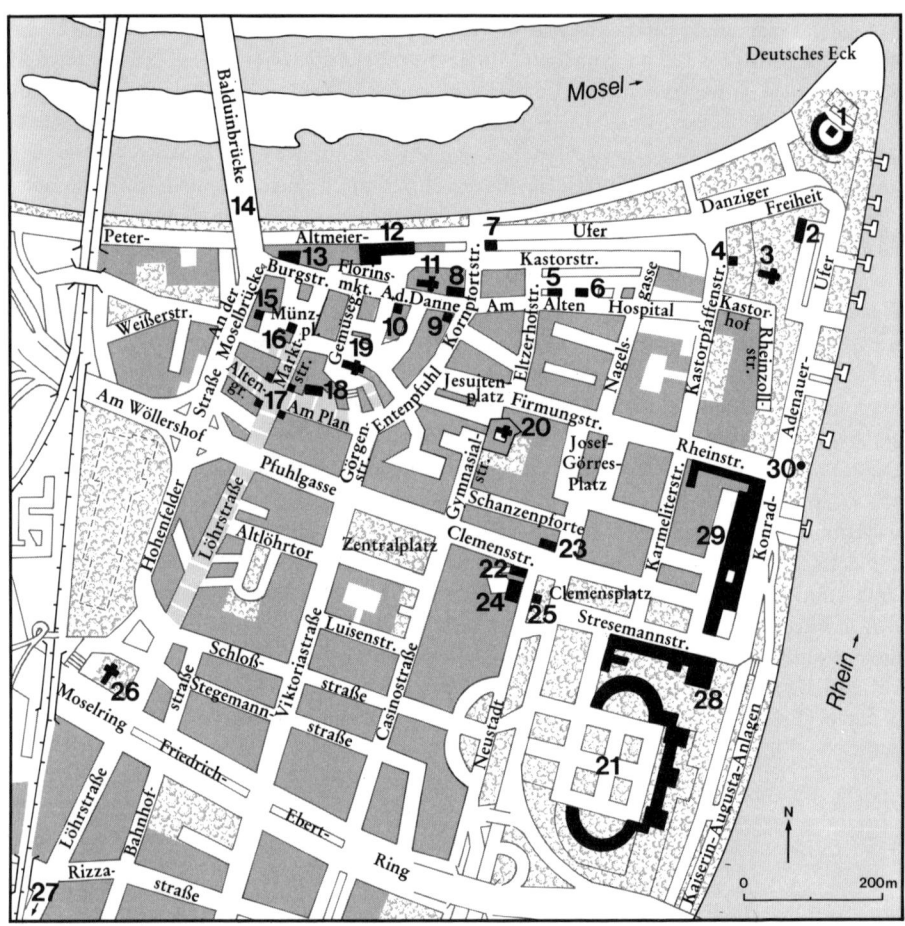

Koblenz 1 Mahnmal der deutschen Einheit (ehem. Kaiser-Wilhelm-Denkmal) 2 Deutschordenskommende 3 St. Kastor 4 Kastor-Brunnen 5 Von der Leyensche Hof 6 St. Jakob 7 ›Deutscher
Kaiser‹ 8 Krämerzunfthaus (ehem. Mehlwaage) 9 Eltz-Rübenacher Hof 10 Pfarrhof der Liebfrauenkirche 11 St. Florin 12 Bürresheimer Hof, Altes Kaufhaus und Schöffenhaus (Mittelrheinmu-
seum) 13 Alte Burg 14 Balduinbrücke 15 Metternicher Hof 16 Münzmeisterhaus 17 ›Vier
Türme‹ 18 Am Plan (ehem. Rathaus, Feuerwehrhaus) 19 Liebfrauenkirche 20 Jesuitenkollegium
und -kirche, Schängelbrunnen 21 Kurfürstliches Schloß 22 Trierer Hof 23 Lassaulxsches Haus
24 Stadttheater 25 Obelisk-Brunnen 26 Herz-Jesu-Kirche 27 St. Joseph 28 Bezirksregierungs-
gebäude 29 Sitz der ehem. preußischen Regierung (Bundeswehr-Beschaffungsamt) 30 Rheinkran

Der Name ›Deutsches Eck‹ beruht übrigens nicht auf Nationalstolz. Das Gelände wurde
vielmehr nach dem Deutschen Orden benannt. (Der ins Wasser reichende Landsporn wurde
erst für das Ruhmessymbol aufgeschüttet.) Unmittelbar hinter den aufgetürmten Quadern

54

steht nämlich in einem Garten das 1953 nach Kriegsschäden wieder aufgebaute *Komturhaus*
der ältesten rheinischen Kommende (1216), ein gut proportionierter Rechteckbau mit mehreckigem Treppenturm, hohem Schildgiebel und gotischem Walmdach (Farbt. 5). Die anderen Gebäude der Ritter sind vernichtet. Sie müssen beeindruckend gewesen sein, wie man an
den Resten der Hallenkirche sowie an denen einer gotischen Kapelle und an zwei spätgotischen Statuen ›Maria mit Kind‹ und ›Hl. Elisabeth‹ zwischen den Beeten noch erkennen
kann. Koblenz war immerhin eine Kammerballei, der Sitz eines der vier dem Hochmeister
direkt unterstehenden Verwaltungsbezirke, und man darf annehmen, daß die Kulturarbeit
des Ordens im deutschen Osten von hier aus entscheidend beeinflußt wurde. Dafür spricht,
daß der Erbauer des Hochmeisterpalais der Marienburg in Ostpreußen aus Koblenz
stammte.

Man verläßt das Areal durch das Portal des 1901 eingerissenen Waisenhauses und gelangt
nach wenigen Schritten vor die Westfassade von *St. Kastor.* Die Kirche ist freilich nicht mehr
der ursprüngliche Bau von 836, in dem Erzbischof Hetti die Gebeine des hl. Kastor aus
Karden beisetzen ließ. Allerdings beruht das nahe Beieinander der Türme des Westbaues
sicherlich auf dem Grundriß des karolingischen Gotteshauses. Vielleicht gehörte auch das
Mauerwerk der Untergeschosse zur ersten Kirche. Wahrscheinlich wurden auch die einfachen Kapitelle im zweiten Geschoß beim Neubau wiederverwendet. Dieser Neubau am
Ende des 12. und Anfang des 13. Jahrhunderts wurde notwendig, weil jene Schlacht zwischen Welfen und Staufern arge Verwüstungen an der damals außerhalb der Stadtmauern

*Koblenz, St. Kastor, Schnitt der Ostfront und Türme
der Westfassade*

0   20m

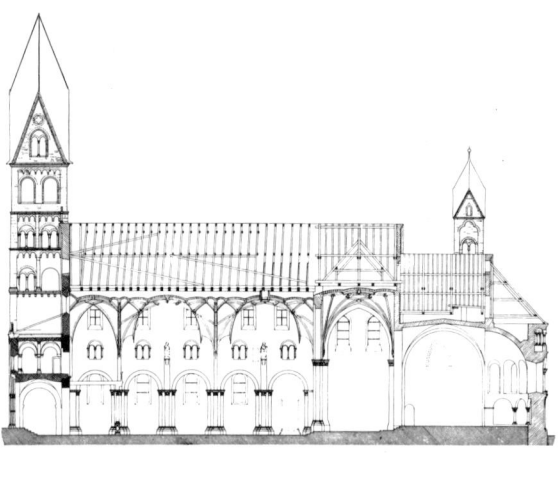

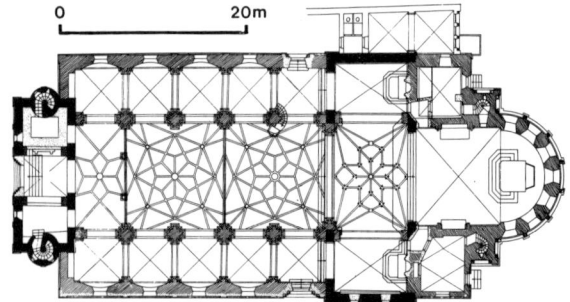

Koblenz, St. Kastor, Längsschnitt und Grundriß

gelegenen Kirche angerichtet hatte. Der Besucher kann in wesentlichen Teilen diese mittelalterliche Architektur erkennen, abgesehen vom Portal mit Tympanon und Turmzwischenbau (Mitte 19. Jh.) und dem rechten Seitenschiff (Ende 19. Jh.). Der Ostchor (um 1150), niedriger als das Langhaus, ist vermutlich auch auf den Vorgängerbau ausgerichtet. Mit seiner Blendreihe mit Kleeblattbögen, den auf Löwen ruhenden Halbsäulen im Fenstergeschoß und der Zwerggalerie mit eleganter Säulenreihe als oberem Abschluß, bietet er zur Rheinseite hin eine schön gegliederte Ansicht (Abb. 2). Den Innenraum wölbte dagegen ein Meister Matthias 1496–99 spätgotisch ein. Ebenfalls im gotischen Stil sind die Wandgräber zweier Erzbischöfe (das von Kuno von Falkenstein schmückt ein bedeutendes Fresko), die Grabmäler von Adligen, die Figuren der Zwölf Apostel, Christi, Maria und St. Kastor; das Bronzekruzifix (1685), die Kanzel (1625) und zwei Marmorgruppen am Westeingang zeigen dagegen barocke Formen.

Das Stift wurde 1802 aufgehoben, seine Gebäude südlich der Kirche 1803–13 abgebrochen. Auch der Friedhof vor der Westfront wurde eingeebnet. Auf dem so entstandenen

Platz ließ der letzte französische Stadtpräfekt 1812 einen *Brunnen* errichten, der Napoleons Feldzug gegen die Russen pries. Nach dessen Niederlage bei Leipzig marschierten jedoch die Russen in der Neujahrsnacht 1814 in Koblenz ein, und ihr Befehlshaber ironisierte die französische Inschrift mit dem Zusatz »gesehen und gebilligt«.

Sich nach Westen wendend – vorbei an dem in einen modernen Verwaltungsbau eingefügten Rest des *Von der Leyenschen Hofes* (die ehemalige Gartenfront eines Palais um 1725, das ein gleichnamiger Erzbischof für seine Familie erbaute) und der wiederhergestellten Kapelle *St. Jakob* (Straße Am Alten Hospital) – erreicht der Besucher die Ostgrenze der römischen und frühmittelalterlichen Stadt an der Kornpfortstraße. Hier sind drei gut restaurierte Bauten unübersehbar: als erstes das Wirtshaus ›*Deutscher Kaiser*‹, dessen Wohnturm mit Zinnenkranz und Maßwerkfries des Schöffen und Münzmeisters von Lengefeld vom Anfang des 16. Jahrhunderts geschmückt ist (Farbt. 2, Mitte); dann das *Krämerzunfthaus* und *ehemalige Mehlwaage*, an dem ein Erker an der Schmalseite und ausgezeichnete Figuren des heiligen Michael, der Muttergottes, der Justitia und des Tobias mit dem Engel in den Nischen an dessen Brüstung von 1708–10 Aufmerksamkeit erregen, und schließlich der *Eltz-Rübenacher Hof* an der anderen Ecke der Kreuzung, nach dem Relief am Erker über dem Portal ›Dreikönigshaus‹ genannt (1701).

Die geradeaus leicht ansteigende Straße ›Auf der Danne‹ führt zum *Florinsmarkt*, dem ältesten Platz in der Stadt und ehemaligen Gerichts-, Handels- und Versammlungsort der Bürger. Die ihn umgebenden Gebäude lassen sofort seine einstige Bedeutung erkennen. Da ist zunächst der *Pfarrhof* der Liebfrauenkirche an der Ecke zur Florinspfaffengasse. Das einfache, dreiflügelige Haus (von den kurtrierischen Hofbaumeistern Sebastiani und Ravensteyn in mehreren Abschnitten errichtet), schmückt an der Außenseite ein zweigeschossiger Erker von 1709. Darin sind zwei Rundtürme der spätrömischen Mauer verbaut; der eine reicht bis zum Dach, vom anderen ist nur der untere Teil aus dieser Zeit. Um sie richteten jene Merowinger ihre Königspfalz ein. Childebert scharte hier 586 seine Getreuen um sich. Nachdem Kaiser Heinrich II. das fränkische Königsgut dem Erzbischof Poppo übergeben hatte, wandelten die Trierer Kirchenfürsten die Räumlichkeiten zu Verwaltungsstuben und Wohnungen um..., bis die Artillerie Ludwigs XIV. sie in Schutt und Asche legte und der jetzige Bau erforderlich wurde. Der vorgesetzte Torbogen, erst nach 1945 hier aufgestellt, ist der Rest vom Bassenheimer Hof, der im Krieg in einem anderen Stadtteil zerstört wurde.

Auch die mit ihrem kaum veränderten, imposanten doppeltürmigen Westwerk den Platz beherrschende Kirche *St. Florin* (Farbt. 2, Abb. 3) ging aus der Pfalz, aus ihrer Kapelle hervor. Unter der Ostwand des Querhauses und unter der Apsis befinden sich ebenfalls noch Reste der römischen Befestigung. Der Folgebau war die Kirche eines im 10. Jahrhundert begründeten Stifts. Der jetzige Bau ist der zweite und stammt aus dem 11. Jahrhundert. Denkt man sich Chorapsis und Kreuzrippengewölbe weg und an dessen Stelle eine Flachdecke, kann man den originalen Raum der Basilika mit seinen schlanken, quadratischen, grauen Pfeilern und glatten Wänden nachempfinden. Das fünfjochige Mittelschiff geht in einen seltsam langen Vorchor, die Vierung in die helle, gotische Chorapsis (Mitte des 14. Jh.) über. Stufen grenzen die Bereiche voneinander ab. Das Stift wurde in der Napoleonzeit aufgelöst, seine Gebäude niedergerissen, die Kirche als Scheune benutzt und ihre Ausstattung entfernt. Nur Wandmalereien, die Szenen der Martyrien der heiligen Agathe und Margarete und das Schweißtuch der Veronika (14./15. Jh.) zeigen, und drei Joche vom Kreuzgang und der Kapitelsaal blieben erhalten. Eine preußische Kabinettsorder wies das Gotteshaus dann 1818 der evangelischen Gemeinde zu, deren Pfarrkirche es noch heute ist. Damals stiftete König Friedrich Wilhelm III. eine große Summe für die Wiederherstellung, und sein Minister, Reichsfreiherr Karl von und zum Stein, schenkte aus diesem Anlaß die Glasfenster des 14. Jahrhunderts aus einer hessischen Kirche als Schmuck für Taufkapelle und Seitenschiff.

Den Abschluß des Platzes an der Moselseite bildet eine Gebäudegruppe, die sicherlich als die schönste der gesamten Stadt und als denkmalpflegerische Glanzleistung gelten darf. Wie so viele Baudenkmäler in Koblenz war auch sie 1945 stark beschädigt. Erst 1965 wurde sie wieder hergestellt und ihre verschiedenen Architekturen innen zum ›Mittelrhein-Museum‹ neuzeitlich vereinigt (Funde aus der Vorgeschichte und der Römer- und Frankenzeit, rheinische Malerei und Plastik von der Gotik bis zum Barock, größte Sammlung von Tafelbildern und Zeichnungen von Januarius Zick, Rheinromantiker und Kunst des 20. Jahrhunderts). Damit fand der Komplex eine seiner Geschichte angemessene Verwendung in der Gegenwart. Der *Adelshof der Bürresheimer* links ist ein dreigeschossiges Haus mit Satteldach zwischen zwei geschwungenen Giebeln von 1659/60, mit Portal und einem anschließenden, später hinzugefügten und niedrigeren kurzen Teil in der Fortsetzung der Straße sowie einem Umbau zum Flußufer hin (1769). Dieser Bürresheimer Hof beweist überzeugend, zugleich stellvertretend für zahlreiche solcher nicht mehr existierender Familiensitze, daß neben Kurfürst, Klerus und Bürger der Adel das vierte in der Geschichte der Stadt wirksame Element der Gesellschaft bildete. Das bürgerliche Element bestätigt dagegen das rechts anschließende ›alte *Danz- und Kaufhaus*‹ (Abb. 5). Von 1419–25 errichtet, sollte es offenbar das Ansehen des dritten Standes an der Moselfront gegen die Bischofsburg repräsentieren. Zwei Erkertürmchen betonen diese Auffassung. Von 1674–1794 diente es sogar als Rathaus. Diese Funktion verlangte 1724 eine Umgestaltung, so daß jetzt eine barocke Wirkung dominiert. Über der spätgotischen Vorhalle strebt ein quadratischer Uhrturm mit Schweifhaube und Laterne auf, und ein von Pilastern gesäumtes seitliches Portal verschließt die Treppe zum Obergeschoß. Unter dem Zifferblatt bewegen sich die Augen eines Mohrenkopfes im Sekundentakt, und beim Stundenschlag streckt er eine rote Zunge heraus. Dieser ›Augenroller‹ ist seit der Neugestaltung des Gebäudes von 1724 das Wahrzeichen von Koblenz. Die Mechanik ist inzwischen zwar schon ersetzt worden, das Gesicht aber soll nach wie vor den angeblichen Straßenräuber Johann Lutter von Kobern darstellen, der 1536 geköpft wurde. Vor dem Tode bekundete er mit dem Herausstrecken der Zunge dem Scharfrichter seine Verachtung. Eine andere Version der Geschichte besagt, Augenrollen und Zunge seien schon viel früher für den Erzbischof bestimmt gewesen: als Symbol für den Freiheitswillen der Koblenzer. – Sollte diese Auslegung zutreffen, so scheinen die Landesherren diese Demonstration nicht ernst genommen zu haben, denn eben ein solcher, Richard von Greiffenklau, errichtete 1528–30 just neben dem Tanz- und Kaufhaus für seine

Gerichtsbarkeit das *Schöffenhaus* (Abb. 5, rechts), das vier achteckige Türmchen mit Blend-maßwerk und ein rückwärtiger, dem entsprechend mit gotischen Fialen versehener Erker zieren. Ein weiteres bemerkenswertes Gebäude am Platz ist das schöne Fachwerkhaus (Nr. 4) mit Giebel von 1695. Die hier untergebrachte Weinstube vermittelt dem Gast etwas von der oft gesuchten, behaglichen Atmosphäre.

Vom Florinsmarkt sind es nur noch einige hundert Meter zur *Alten Burg* (Farbt. 4). Sie ist der Rest, das eigentliche Haupthaus eines großen Kastells mit Vorburg und mit von Gräben umschlossenem Zwinger. Allein der Innenhof maß 40 × 30 Meter. Erzbischof Heinrich von Vinstingen begann 1277 im Zug der mittelalterlichen Stadtbefestigung einen auf römischen Mauern entstandenen romanischen Adelshof, den die Familie von der Arken erbaut hatte, zu einem Bollwerk zum Schutze seiner Macht auszubauen. Die Bürger rebellierten, doch der Landesherr bezwang sie mit Waffengewalt. Im Lauf der Jahrhunderte sah die Feste illustre Gäste, so die Kaiser Friedrich III., Maximilian I., Karl V. und Ferdinand I. Die katholische Liga wurde hier vorbereitet, und selbstverständlich residierten in ihr oft die Landesherren. Um- und Zubauten veränderten sie. 1688 legten sie die Franzosen nach achttägiger Beschie-ßung der Stadt in Schutt und Asche. Nur der heutige zentrale Bau blieb einigermaßen erhalten, und an ihm lassen sich die verschiedenen Epochen ablesen. Er sitzt der römischen Mauer auf, zu sehen an der Moselstraße. Auch die unteren Steinlagen des Ostturmes sind römischen Ursprungs. Ihn erhöhte Erzbischof Otto von Ziegenhain im 15. Jahrhundert durch ein polygonales, als Kapelle dienendes Geschoß, erkennbar an den gotischen Maß-werkfenstern. Zugleich ließ er den anderen Turm aufrichten. Der dazwischen liegende Bauteil ist bis etwa zur Höhe der Blendbögen ein Rest des romanischen Baus derer von der Arken. Der östlich an den Kapellenturm angesetzte Flügel wurde 1577 erneuert und vergrö-ßert und der westliche – am wiederum anderen Turm – schließlich 1680–82 als Pendant angefügt. Dach und Hauben der Türme stammen aus derselben Zeit. Den Übergang zwi-schen den zeitlich verschiedenen Hälften bildet der gotische Treppenturm an der Stadtseite mit Maßwerkbögen unter dem Dach, aber mit einem reich ausgestalteten Renaissanceportal als Eingang.

Der Westturm der Burg stand früher in Verbindung mit dem Tor zu der *Brücke*, die sich gleich daneben über den Fluß spannt. Balduin von Luxemburg begann 1332 mit ihrem Bau. Der Erzbischof war ein fortschrittlicher und zielstrebiger Mann. Er vergrößerte sein Land und schreckte vor Händeln nicht zurück. Durch seine geschickte Politik rückte Kurtrier zur vorherrschenden rheinischen Macht auf. Und dennoch konnte er die Brücke aus Geldman-gel nicht fertigstellen. Das gelang mit dem Verkauf von Ablaßbriefen seinem zweiten Nach-folger Kuno von Falkenstein nach 1363. Vierzehn Bogen aus Stein trugen damals die Straße über die Mosel. Doch mancherlei Eingriffe in ihre Substanz veränderten sie immer wieder bis in die jüngste Zeit. Erst 1964 wurden sechs Bögen und 1970 die dazugehörigen Pfeiler abgebrochen, weil die Moselkanalisierung es erforderte. Eine Balduin-Statue des Koblenzer Bildhauers Scheuermann versucht, von dieser letzten, bedauerlichen Beschädigung abzulen-ken. Ein Blick von hier auf die Moselfront zeigt, wie sehr die Anlage des alten Municipium auf den Fluß ausgerichtet war. Koblenz war ursprünglich eine Mosel-, keine Rheinstadt.

Aber Koblenz bietet weitere beachtliche Sehenswürdigkeiten, und so sollte sich der Besucher erneut dem Stadtinneren zuwenden. Am *Münzplatz* steht der ehemalige *Adelshof* der Familie *von Metternich-Winneburg.* Hier wurde der österreichische Staatskanzler Clemens Wenzeslaus von Metternich geboren, der als Vorsitzender des Wiener Kongresses die Neuordnung Europas nach Napoleons Sturz entscheidend beeinflußte. Ein Rundbogenfenster am Südgiebel deutet an, daß dieses einfache Palais von 1674 einen älteren Kern einbezieht. Ein weiteres Gebäude am Platz, die freistehende, unansehnliche, heutige Begegnungsstätte (1783), war dagegen die Wohnung eines Münzmeisters, die sog. *Alte Münze.* Seit dem 11. Jahrhundert ließ der Kurstaat Trier sein Geld meist in Koblenz prägen.

An der Kreuzung Am Plan/Altengraben – Marktstraße/Löhrstraße bemerkt der Spaziergänger vier besonders schöne Eckhäuser, die sogenannten ›Vier Türme‹ (Farbt. 3). Mit der Neugestaltung der Kreuzung nach dem Stadtbrand von 1688 setzte der damalige Hofbaumeister Sebastiani im verwinkelten Viertel einen städtebaulichen Akzent. An den Häusern schmücken farbige Fruchtarrangements, Figuren und Köpfe die zweistöckigen Erker, die die Fachwerkobergeschosse mit den steinernen Unterbauten verbinden. Auch dieses Ensemble mußte, da im Krieg schwer in Mitleidenschaft gezogen, 1950 von Restauratoren wieder rekonstruiert werden.

An der Kreuzung beginnt übrigens die Hauptgeschäftsstraße, die *Löhrstraße,* wo sich auf mehreren hundert Metern Läden aller Branchen und Kaufhäuser aneinanderreihen. Sie ist immer von Käufern und Schaulustigen auch aus der Umgebung bevölkert. Fast ebenso belebt ist der Platz *Am Plan,* einst angelegt für Turnierspiele, Hinrichtungen und Fleischhandel. Eigentlich ist er ein Stück erweiterter Stadtgraben. Als Mittelpunkt fungiert heute ein Brunnen. Sein aus einem würfelförmigen Stein in ein Becken rinnendes Naß kommt von weither. Eine Inschrift vermeldet den Leitungsverlauf, Baujahr und Bauherrn mit allen hohen Titeln.

Von den Häusern, die den Platz umrahmen, verdienen einige besondere Aufmerksamkeit. Hinter einer grüngetünchten, ausgewogenen Fassade mit doppelläufiger Freitreppe und dem von einem Dreiecksgiebel bekrönten Zwerchhaus auf dem Dach spielten sich ehemals mancherlei Geschäftigkeiten ab. 1719 als Stadtkommandantur erbaut, diente es von 1805–95 als *Rathaus,* von da an bis 1973 als Feuerwache und jetzt als nobles Restaurant. Das Stadtwappen über dem Portal dokumentiert ebenfalls den Lauf der Geschichte. Sein Kreuz ist das Zeichen für Kurtrier. Die untere Krone ist Symbol der Gottesmutter, der Stadtpatronin von Koblenz, die obere erinnert an die Zugehörigkeit zu Preußen.

Feuerwehrhaus, aber vorher städtische Schule, war auch das angrenzende Gebäude (1776) mit ehemaligen Kellerarkaden und barock nachempfundenen Zwerchhäusern (1911). Im Haus Nr. 13 wohnte der 1792 vor der Revolution geflohene Bischof von Verdun, und das goldene Stiefel-Emblem kennzeichnet Nr. 12 als ehemaliges Haus der Schuhmacher (1742).

Den Plan überragen die Türme von ›Liebfrauen‹. Nach einem Durchgang führen Treppen zu dieser Stadtpfarrkirche auf der höchsten Stelle von Koblenz hinauf. Die Kirche wurde 1182 zum ersten Mal erwähnt, aber Ausgrabungen wiesen römische, fränkische und karolingische Kulträume und ein frühromanisches, dreischiffiges Gotteshaus nach. Auf ihren Fun-

Clemens Wenzel Nepomuk Lothar Fürst von Metternich, um 1800. Stahlstich

damenten entstand vom Ende des 12. bis zum ersten Drittel des 13. Jahrhunderts der jetzige Bau (Farbt. 6). Sein ursprünglicher Chor wurde von 1404–30 durch einen gotischen ersetzt. Vom umgebenden, stillen Bezirk des ehemaligen Friedhofes aus sind die Stilformen der Spätromanik und Hochgotik von zwei Seiten aus gut zu studieren. Sie stoßen nicht schroff aneinander, sondern verbinden sich harmonisch. Mit den von Laternen erhöhten Zwiebeln der 50 Meter hohen Westtürme fügte Sebastiani nach 1688 noch das barocke Element hinzu. Die Koblenzer Doppelturmfassaden wirkten im Rheinland des Mittelalters als Vorbilder für mehrere andere Kirchen. Die von ›Liebfrauen‹ ist nach St. Kastor und St. Florin die jüngste. Die Fassade wurde nur durch die Hauben unter den Zwiebeln, durch die Aufstockung des Mittelbaues und ein Maßwerkfenster im 15. Jahrhundert sowie die Verformung des Portals durch einen Spitzbogen (1767) verändert. Aus späterer Zeit stammen auch die lebensgroße Madonna auf der Weltkugel (1702 – die von Engeln gehaltene Inschrift zu ihren Füßen empfiehlt die Stadt ihrer Fürsorge) und die geschnitzte Rokokotür.

Innen binden aber nicht nur die Rippen des Gewölbes (15. Jh.) romanisches Langhaus und gotischen Chor optisch zusammen. Die Pfeilerarkaden der unteren und der Emporenzone und der abschließende, wundervoll gearbeitete Akanthusfries führen durch ihre Perspektive, in Verbindung mit dem Licht aus den Fenstern des Obergadens, den Blick zum Altar im lichtdurchfluteten Chorraum. Schmale Maßwerkfenster lösen dort die Wand fast völlig auf. Von der ursprünglichen Einrichtung blieb nichts erhalten. Die schlanken Pfeiler am Vorchor tragen die Figuren eines heiligen Joseph und der Gottesmutter auf der Mondsichel (Mitte 18. Jh.). Auf dem Bild des Nikolausaltares (von Silvester Baumann, 1680) beugt sich der bewegt gemalte Heilige über eine Ansicht von Koblenz. Unter den zahlreichen Grabdenkmälern und -steinen fällt das des kaiserlichen Gesandten von Cronefeld aus Koblenz mit seiner vom Holländer Blommendael geschaffenen Marmorbüste auf, und in der Vorhalle sollten die Epitaphe für die Familie des Koblenzer Patriziers von Burgtorn nicht übersehen werden. – Nicht weniger sehenswert ist die Michaelskapelle südlich der Kirche. Ihr Untergeschoß, ein

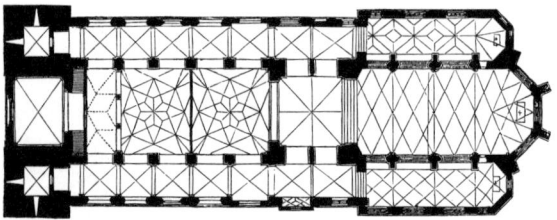

Koblenz, Liebfrauenkirche,
Grundriß

Turmstumpf der römisch-fränkischen Mauer, wurde als Beinhaus des Friedhofes genutzt. In einer Darstellung über dem Portal besiegt Michael den Drachen. Die Statue stiftete 1752 ein Pfarrer, wie sein Wappen mit der Rose besagt. (Anschließendes Mauerwerk ebenfalls römisch-fränkisch aus dem 4./5. Jh.)

Verläßt man danach den Hügel über die Brauergasse und blickt noch einmal zurück, dann erscheint der Chor von St. Liebfrauen plötzlich als ein selbständiges Gotteshaus. Die elegante, in zarten Tönen eingefärbte Kostbarkeit erhebt sich über die grauen, profanen Baulichkeiten der Umgebung und setzt einen unübersehbaren Akzent.

Doch kaum wendet man sich von dieser außergewöhnlichen Architekturansicht ab, fesselt der kleine, intime *Jesuitenplatz* die Aufmerksamkeit. Er entstand auf Anregung Kurfürst Clemens Wenzeslaus, und seine Baumeister schufen ab 1770 für Kanoniker und Beamte die entsprechende steinerne Kulisse mit der für Koblenz in dieser Zeit typischen Dachdurchbildung. Sie setzten den Mansardgeschossen Fenstergauben auf und paßten ihnen charakteristische Zwerchhäuser ein. An diesen wiederholen sich die Pilaster der unteren Fensterreihen. Gebrochene Schweifgiebel nehmen sie am Ende auf. Die Gegenfront zu diesen Fassaden ist schon ungefähr 170 Jahre älter. Sie entstand auf Initiative der Gesellschaft Jesu. Erzbischof Jakob von Eltz rief die Jesuiten nach Koblenz, um den Protestantismus abzuwehren. Sie übernahmen 1580 ein altes Zisterzienserinnen-Kloster und gründeten als Hort des katholischen Glaubens eine Schule, die drei Jahre später schon von über dreihundert Schülern besucht wurde. Die Aktivitäten des Ordens machten schließlich umfangreiche Neubauten notwendig: als ersten das Klosterquadrum mit einem Teil von 1588–89, einem anderen von 1593–99 und einem letzten von 1670/71; dann die Kirche von 1613–17 und schließlich ein Gymnasium (1694–1701 von Sebastiani). Die ausgewogene Masse der Baukörper prägt die Atmosphäre des Platzes. Zwei Renaissanceportale (Abb. 7), reliefähnlich aus der Wand ragend, und ein Zwiebelturm mit Laterne an der linken Ecke beleben den sonst einfachen Flügel des *Kollegiums* (jetzt Rathaus). – Im rechten Winkel dazu ist – ebenfalls links – die *Kirche* angefügt. Sie wurde 1944 völlig zerstört. 1958/59 modern wiedererstanden, zeigt sie aber die ursprüngliche Fassade als Rekonstruktion: das Säulenportal mit Obelisken, Schweifgiebel und Jesuitenheiligen, darüber eine gotische Fensterrose und ein Kruzifix aus dem 14. Jahrhundert (Abb. 6). Der von mystischem Dunkel erfüllte Innenraum birgt ein Vesperbild des 15. Jahrhunderts. Schlußsteine aus dem zusammengestürzten Gewölbe schmücken die Wände. Eine Durchfahrt hinter dem einen Gymnasium-Portal führt zur von

Arkaden geöffneten Rückseite des Baues (innen Treppe mit Stuckdecke von Pozzi, Gemälde von Lucas und Tür zur ehemaligen Aula mit beachtlichem marmornem Rahmen) und einem, der Vorderfront ähnelndem anderen Flügel. – Der neben der Durchfahrt links anstoßende, ebenfalls mit einem prächtigen Tor versehene Bauteil ist der westliche des Quadrums. In diesem von drei Fronten gebildeten ›Hof‹ überdauerte der *Schängelbrunnen* von Burger (1941) den Krieg. ›Schängel‹ verballhornt den französischen Vornamen Jean und meint den Lausejungen der Stadt. Vorsicht! Der bronzene Knabe prustet alle zwei Minuten einen Wasserstrahl aus.

Der Inspirator des Jesuiten-Platzes vollzog später, in größeren Dimensionen planend, schließlich die Ausrichtung des alten Koblenz zur Rheinseite hin. Kurfürst Clemens Wenzeslaus, Prinz von Polen, Herzog von Sachsen und Erzbischof von Trier, schuf ein neues Schloß mit einer sogenannten Neustadt. Vorher, von 1729–86, war die Philippsburg in Ehrenbreitstein fürstliche Residenz und Sitz der kurtriererischen Behörden. (Die ›Pagerie‹ von Sebastiani, das Dikasterialgebäude, nach Plänen von Balthasar Neumann von Johannes Seiz geschaffen, und der Marstall von Seiz noch erhalten.)

Da Clemens Wenzeslaus den Absturz von Felsen des Festungsberges fürchtete, wünschte er die neue Residenz auf die linke Rheinseite zu verlegen. Mehrere Entwürfe wurden abgelehnt, der des Franzosen d'Ixnard schließlich akzeptiert. Als der Baumeister schon bald zurücktrat, setzte der Franzose A. F. Peyre der Jüngere die Arbeiten fort und veränderte den ursprünglich barocken Vorschlag ins Klassizistische. An der Innenausstattung wirkten neben den französischen auch deutsche Künstler mit. – Noch vor der endgültigen Fertigstellung des Schlosses zog der Landesherr mit fürstlichem Gepränge ein.

Die Achse Schloßstraße verbindet Stadt und *Neues Schloß*. Dessen 160 Meter lange Hauptfront aus Arkaden, einem von engen Fensterreihen durchbrochenen Voll- und Halbgeschoß und Eckrisaliten schließt sie quer an ihrem östlichen Ende ab. Acht mächtige jonische Säulen, darüber Attika und Balustrade, betonen kraftvoll die Mitte. Rechts und links greifen Seitenflügel in Richtung Bürgerquartiere aus. Die Innenräume, nach Kriegszerstörungen ohnehin nicht originalgetreu wiederhergestellt, können nicht besichtigt werden. Hier arbeiten Beamte von Bundesämtern. Aber vielleicht erlaubt der Pförtner einen Blick in Foyer und Gartensaal. An der Parkseite des Baues zum Rhein entspricht ein Risalit aus sechs Säulen dem der anderen Front. Die Allegorie, mit kurfürstlichem Wappen und Rhein und Mosel darstellend, schuf Sebastian Pfaff aus Mainz. Der Park geht über in die kilometerlange *Kaiser-Augusta-Anlage*. Die hohe Frau veranlaßte den preußischen Gartenbaudirektor Peter Lenné aus Berlin, die Uferlandschaft in eine Promenade umzugestalten. Das Schloß war, nachdem der Kurfürst 1794 vor den Franzosen in sein Bistum Augsburg auswich, französisches und russisches Militärlazarett, preußische Kaserne, Gericht, Oberpräsidium und von 1850 an Quartier und von 1884–1914 Residenz der preußischen Könige und Kaiser.

Den beiden Halbkreisen des stadtseitigen Schloßflügel entspricht im Westen ein Halbkreis der weit größer geplanten *Neu- oder Clemensstadt*. Hier stellen gleiche Höhe, gleiche Zahl der Geschosse und durchlaufendes Gesims eine einheitliche Flucht her. Der ›*Trierer Hof*‹ und das *Laussaulxsche Haus* (Clemensstr. 2) vermitteln einen guten Eindruck vom ursprünglichen Aussehen. In der Flucht verbleibt auch die Fassade des ›Komödien- und Ballhauses‹. Art des Erdgeschosses, Masken, Pilaster, Attika (Schrift in lateinisch: ›Den Musen, den Sitten und dem Vergnügen des Publikums‹) heben sie deutlich von den anderen Hausfronten der Straße ab. Diesen auch heute als Stadttheater dienenden Bau errichtete ein einheimischer Meister nach den Plänen des damals angesehenen Mannheimer Architekten Peter Josef Krahé 1786/87 für den Sekretär der kurfürstlichen Schwester, Hofrat Schmitz. Da der Kurfürst selbst für seinen Schloßbau eine Million rheinischer Gulden ausgab, konnte er sich keine eigene Bühne mehr leisten. Dafür stiftete er aber den Obelisk-Brunnen, früher am Clemensplatz, jetzt vor dem Theater, mit den in lateinisch eingemeißelten Worten ›Kurfürst Clemens Wenzeslaus seinen Nachbarn 1791‹.

Das Neue Schloß erinnert nicht durch seine Gestalt, aber durch seine Geschichte an die Hohenzollern. Die Herz-Jesu-Kirche am Moselring dagegen dokumentiert in ihrem Baustil die wilhelminische Epoche. Auf dem Gelände des aufgelassenen Rayons der preußischen Befestigung von 1819–32 projektierte sie der ehemalige Mainzer Dombaumeister Ludwig Becker neoromanisch. Von 1900–1903, an auffälliger Stelle des Stadtprospektes wuchtig aufgetürmt, stellt sie ein ausgezeichnetes Beispiel des Historismus um die Jahrhundertwende dar. Detailformen entlieh der Architekt außen wie innen mittelalterlichen rheinischen Kirchen, die er entsprechend den Erfordernissen des Baues abänderte, so daß sich ein harmonischer Gesamteindruck ergibt.

Gleichfalls nachahmend und als Muster der Neogotik erbaute Joseph Kleesattel die Basilika St. Joseph 1894–98 in der südlichen Vorstadt, die der profilierteste Stadtplaner seiner Zeit, der Kölner Hermann Joseph Stübben, als Erweiterung von Koblenz 1889 entworfen hatte. – Ebenfalls nachempfunden, diesmal dem Barock, ist das Gebäude der jetzigen Bezirksregierung von 1907–10 nördlich des Schlosses. Und am Rhein läßt der Sitz der ehemaligen preußischen Regierung, jetzt Bundeswehr-Beschaffungsamt, wiederum romanische Formen erkennen. Koblenzer Regierungsbeamte erbauten ihn 1902–05 nach dem von Kaiser Wilhelm II. persönlich beeinflußten Plan des Berliner Geheimen Baurats Kischke im Stil einer Stauferpfalz. Auf allerhöchsten Wunsch sollte er die Tradition des hohenzollernschen Kaiserhauses aus dem mächtigen staufischen Kaisertum symbolisieren.

Vorbei am Rheinkran des 17. Jahrhunderts kehrt der Besucher nun zum Ausgangspunkt des Spazierganges, an die Moselmündung, zurück. Noch einmal bietet sich die Festung Ehrenbreitstein dem Auge dar. So wie er sie erblickt, ihre monumentalen Bastionen in den Felsen sieht, ist sie als Werk preußischer Ingenieuroffiziere von 1815–32 zweifellos ein großartiges Baudenkmal des 19. Jahrhunderts. – Am Rheinkai vor dem ›Denkmal der deutschen Einheit‹ legen übrigens die Schiffe der ›Köln-Düsseldorfer Deutsche Rheinschiffahrt AG‹ an. Hier könnte der Koblenz-Besucher also eine Moselfahrt per ›Dampfer‹ beginnen.

Von Koblenz nach Cochem

Vor den Toren von Koblenz beginnt sogleich der Weinbau. Für die eingemeindeten Ortschaften Moselweiss und Lay am rechten Ufer sind Reben seit 1216 bzw. 1261 bezeugt. Erlöse aus den Kulturen ermöglichten in dieser Zeit achtbare Kirchenbauten; in **Moselweiss** eine spätromanische Gewölbebasilika nach dem gebundenen System und in **Lay** ein einschiffiges Gotteshaus mit ansehnlichem Ostchorturm, freilich 1928 erweitert und umorientiert. Die Einkünfte aus dem Traubenanbau in Lay waren offenbar nicht gering. Patronatsbefugnisse übten ein Benediktinerinnenstift in Kaufungen (bei Kassel) und die Abtei Siegburg aus. Als sich Abt und Äbtissin deswegen stritten, entschied der Erzbischof: 1/3 der Einkünfte für die Nonnen, 1/3 für die Mönche und das letzte Drittel für den Ortspfarrer.

Auch im alten Gulisa, an einer Römerfurt am linken Ufer gelegen, dem heutigen **Güls** (jetzt Wagenfähre), besaß Siegburg im 11. Jahrhundert Grund- und Gerichtsrechte. Die Kirche aber schenkte Karl der Große 775 der Abtei Hersfeld, von der sie dann das Servatiusstift in Maastricht übernahm. Das alles zeigt nicht zum ersten und nicht zum letzten Mal an, wie begehrt Besitz an der Mosel war. Es spricht für eine gute Weinlage seit jeher auch in Güls. Inzwischen ergänzen allerdings bedeutende Obstplantagen den Rebenanbau, und die Einwohner feiern kein Winzerfest, sondern Ende April ein Blütenfest. – Dem Bau der Kapelle der Karolinger folgte eine 16,60 Meter × 14,30 Meter große, dreischiffige Emporenbasilika, die der reiche Maastrichter Konvent im 13. Jahrhundert erbauen ließ. Sie gilt als wichtigste mittelalterliche Dorfkirche an der Mosel, als ein überzeugendes Beispiel für die ausgeprägt eigenständige Architektur dieses Typs in jener Epoche. Rundbogen und Lisenen gliedern zwei Langhausjoche und einen fast quadratischen Chor von gleicher Höhe. Die Apsis gleicht einem Erker. Der Turm ist in den Bau einbezogen, während ihn an der Nordfront eine rippengewölbte Vorhalle bereichert. Unter dem Chor befindet sich ein von außen begehbares Beinhaus. Im Kriege wurde der Bau zwar stark beschädigt, aber 1958–60 erhielt er seine frühere Gestalt zurück; die wiederhergestellten Partien sind an den helleren Steinen zu erkennen. Bei den Arbeiten wurden im Innern die Rudimente der Polychromierung und Fresken freigelegt und restauriert. Fast wäre das Gotteshaus im 19. Jahrhundert abgebrochen worden. Doch Johann Claudius von Lassaulx begutachtete es 1832 als »von nicht unbedeutendem Kunstwerth«, und die Bezirksregierung verfügte 1845 die Erhaltung der Kirche als »schönes Monument der alten Baukunst«. Es war für die Gemeinde zu klein, und diesem Umstand verdankt Güls seine neue, auf andere Weise lobenswerte Pfarrkirche *St. Servatius.*

Lassaulx war ein außergewöhnlicher Mann. 1781 in Koblenz geboren, studierte er elf Semester Jura und Medizin, ohne das Studium mit einem Examen abzuschließen. Er arbeitete in Schreiner- und Schlosser-Werkstätten, in einer Metallwarenfabrik und ließ sich im Münzprägen unterrichten. Die französische Verwaltung ernannte ihn zum Kreisbaumeister, und die preußische bestätigte ihn 1816 als Bauinspektor, anfangs für den Stadt- und Landkreis Koblenz, ab 1831 auch für die Kreise St. Goar, Simmern und Kreuznach. Obwohl auf dem Gebiet der Architektur Autodidakt, gab er sich nicht mit Verwaltungsarbeiten zufrieden, sondern entfaltete eigene Ideen und verwirklichte sie auch in der Denkmalpflege, an kommunalen und militärischen Bauten und schließlich an Kirchen. Da unter den Franzosen das Baugewerbe brachlag, bei den Preußen aber ein wirtschaftlicher Aufschwung einsetzte, zudem die Bevölkerungszahl stieg, entstand ein Nachholbedarf (das Erzbistum Trier ließ zwischen 1824 und 1836 allein 77 neue Kirchen errichten und sechs erweitern), der Lassaulx viele Aufgaben stellte und ihm erlaubte, einen eigenen Stil zu kreieren.

So baute er von 1833–40 auch die neue Pfarrkirche St. Servatius in Güls. Sie zählt zu seinen Hauptwerken. Lassaulx sah die Entwicklung der Romanik nicht als beendet an. Für ihn war sie nur jahrhundertelang unterbrochen. Folgerichtig wollte er sie zeitgemäß modifiziert fortsetzen und deshalb entstand ein Gotteshaus von im 19. Jahrhundert seltener Art. An der Fassade fassen zwei schlanke, vorgezogene Türme eine Wand mit Stufenportal und Tympanon, Rundbögen, Rundfenster und aufsteigende Zwerggalerie ein. Rundbogenfriese mit Medaillons, Bögen und Fenster gliedern die Türme, Rundbogenfriese und Lisenen zudem die Langhauswände. Dem Äußeren entsprechen Blendarkaden an den Innenwänden, an die die Grate für das Gewölbe einerseits ansetzen; andererseits ruhen sie auf vierzehn fast dünnen Säulen, so daß das Gewölbe auch die schmalen Seitenschiffe deckt. Da die Seitenschiffe als Chorumgang weiterlaufen, gewinnt die Halle eine ungestörte Eleganz. Mit den Türmen aber verwirklichte Lassaulx eine seiner Lieblingsideen. Er setzte den Schäften gleichlange, spitze Helme auf. Schon zu Lebzeiten des Erbauers hießen sie ›Lassaulxsche Zahnstocher‹, und diese weithin sichtbaren ›Zahnstocher‹ sind heute das Wahrzeichen des Koblenzer Stadtteils Güls.

Ehe der kunstinteressierte Reisende nun seinen Weg am Fluß fortsetzt, sollte er eines Kleinods wegen einen Abstecher zum wenige Kilometer entfernten **Bassenheim** unternehmen. Dort findet er in einer minderrangigen, neogotischen Kirche das in der Kunstgeschichte als ›Bassenheimer Reiter‹ bezeichnete, fast vollplastische Sandsteinrelief eines St. Martin (Abb. 10). Das Bildwerk fasziniert durch seine unvergleichliche Ausdruckskraft. Der Heilige, auf einem Pferd sitzend, trennt mit dem Schwert ein Stück seines Mantels für den zerlumpten Armen ab, der hastig danach greift. Gelassenheit zeichnet das Gesicht des Reiters, Gier und Not das des Bettlers. Das Pferd hebt eine Vorder- und eine Hinterhand und wendet seinen Kopf dem Geschehen zu. Der Schwung des Schwertarmes und die Bewegung der Tierbeine korrespondieren miteinander und betonen die schon in den Gesichtern geäußerte Vitalität auch formal. Da zudem ein Vorderbein und der Pferdekopf, den Rahmen sprengend, die Randleisten überschneiden, erhöht sich noch einmal die Spannung der Komposition.

Winningen, 1838. Stahlstich von Schumacher u. Comp.

Die Gruppe ist ein vollendetes Beispiel der Kunst der Stauferzeit (12.–13. Jh.). Wie es just nach Bassenheim gelangte, ist rätselhaft. Stilvergleiche ordnen es dem großen ›Meister von Naumburg‹ zu. Bevor dieser dort seine berühmten Plastiken schuf, arbeitete er in Meißen und Mainz. Wahrscheinlich stammt das Werk aus der Stadt am Rhein, denn ein Freiherr von Bassenheim war 1683–1730 Domherr in Mainz.

Von Bassenheim aus erreicht man in **Winningen** wieder die Mosel. Das liebenswerte Städtchen mit seinen von manchem Fachwerk gesäumten Straßen feiert jedes Jahr Ende August/Anfang September zehn Tage lang ein von ›Weinseligkeit‹ schätzenden Touristen vielbesuchtes Fest mit folkloristischen Darbietungen. Aus dem Hexenbrunnen am Markt fließt dann statt Wasser der Rebensaft. ›Weinhex‹ heißt die Großlage der Gemeinde nach einer sagenhaften Geschichte, die von einem Pfeifenhannes erzählt. Er blies leidenschaftlich gern auf der Flöte, aber sein böses Weib keifte und fluchte ob dieser Zeitverschwendung…, bis der Mann und seine Nachbarn eines Tages entdeckten, daß die Frau heimlich die Fässer in ihren Kellern anzapfte und von ihrem Inhalt krügeweise trank. Hannes walkte die Hexe gründlich durch. Aber ihr Durst bewies auch die Güte des Weins, der deshalb den Namen ›Weinhex‹ erhielt. Die Sage bekundet einen Hexenwahn, der leider nicht nur Prügel, sondern sogar Tod verursachte. Von Dreißigjährigem Krieg und Pest bewirkte Wirren führten zur Hinrichtung von 21 Männern und Frauen auf dem Heidekopf. Ein Stein erinnert dort an das Geschehen.

In der Gemarkung gedeihen ungefähr drei Millionen Stöcke. Einzellagen spiegeln auch mittelalterliche Besitzverhältnisse. So erinnern ›Domgarten‹ an das Kölner Domstift oder

›Brückstück‹ an den Trierer Erzbischof Balduin. Söldner brachen 1331 auf der Bergkuppe den Basalt für dessen Brücke in Koblenz. Jenes fremdenverkehrsfördernde Moselfest geht, nebenbei bemerkt, auf eine 500 Jahre alte Überlieferung zurück. Damals schmausten die Lehnsherren, nachdem sie ein Drittel von einer guten Ernte empfangen hatten, mit den Winzern bei ›Ochsen-Spieß‹ und kräftigem Umtrunk. Lehnsmänner des Grundherren waren anfangs die Grafen von Sayn, dann durch Erbfolge im 13. Jahrhundert die Grafen von Sponheim und Veldenz und im 18. Jahrhundert schließlich die Markgrafen von Baden. Unter den Sponheimern schützte eine drei Meter hohe Mauer mit sechs Toren den Ort. Von ihnen ist nur noch das Horntor erhalten. 1557 führten die Sponheimer auch die Reformation ein. Das Gebiet wurde eine protestantische Enklave. Die *Kirche* (Abb. 9), ursprünglich romanisch (davon noch der Ostturm), aber bis ins 19. Jahrhundert hinein mehrfach verändert, ist heute noch evangelisch. Die Winninger kauften durch eine zwölfjährige Sondersteuer den Sponheimern auch die Leibeigenschaft ab. Das Grafengeschlecht scheint in Winningen unvergessen zu sein. In der Nähe des Marktes sind zwei, bis 1963 benutzte Fässer für je 30 000 Liter aufgestellt und bemalt worden. Die Bilder zeigen einen Grafen Sponheim, der 1583 den fleißigen Bürgern die Zehnt erläßt. Die Historie Winningens, auch vorrömische und frankenzeitliche, scheint übrigens im Heimatmuseum in der von Lassaulx erbauten Schule auf. Auch Lebenszeugnisse des aus dem Marktflecken gebürtigen und hier begrabenen Autokonstrukteurs August Horch sind dort zu sehen (Geburtshaus in der Fächergasse). Aus seiner Firma, die richtungweisende Modell herstellte, ging die ›Auto-Union‹ hervor.

Bei Winningen überquert die 1972 fertiggestellte höchste Autobahnbrücke Deutschlands das Tal (Höhe 136 m, Länge 935 m, Kosten 40 Mill. DM). Ihre ersten Pfeiler gründen im steilen Fels. Er ist mit seinen Terrassen, neben dem Calmont in Bremm, der steilste Weinberg an der Mosel und nach Eulen, die dort einmal nisteten, ›Ulen‹ genannt.

Der ›Ulen‹ reicht bis zum Nachbarort Kobern. Zwischen Winningen und Kobern, im Wald oberhalb der Felsen, liegt – leider in einem militärischen Sperrbezirk – der sogenannte *Goloring*, eine Wallanlage der Hallstattzeit (1200–600 v. Chr.). Das Erdrund war ein Heiligtum. Es beweist einmal mehr und besonders deutlich, daß hier an der Mosel schon in der Vorgeschichte menschliche Kultur zuhause war. Zum zweiten bestätigt es auch eine offenbare Kontinuität der historischen Bedeutung des Ortes **Kobern** bis ins hohe Mittelalter, denn es fanden sich außerdem keltischer Schmuck, Reste einer großen römischen Siedlung mit Töpfereien, Bädern und anderen Zeugnissen römischer Zivilisation, sowie reiche fränkische Tuffstein-Gräber. Der heilige Lubentius, Schüler des heiligen Maximin, betreute im 4. Jahrhundert eine frühchristliche Gemeinde. Es existierte im 7. Jahrhundert ein Stift, das seine Gebeine bewahrte und im 12. Jahrhundert eine Pfarrkirche unter seinem Patrozinium. Es gab eine ›Aldeburg‹ des alten Geschlechts derer von Kobern und die Niederburg einer hier neubegründeten Linie Isenburg-Kobern. Beide Burgen samt der Herrschaft kaufte Erzbischof Balduin von Trier im 14. Jahrhundert. Und einer der Ritter des Kurfürsten, Johann Romlian von Kobern, war im 15. Jahrhundert so angesehen, daß der deutsche König Sigismund (auch ein Luxemburger wie Balduin) sich seiner ebenfalls bediente. Von der oben erwähnten romanischen Kirche steht auf einem Felssporn am Ortsrand nur noch der viel-

Kobern, St. Matthias-Kapelle, Grundriß und Schnitt

0   10m

leicht auch als Zuflucht benutzte Turm. Mit dem Material des baufälligen, 1827 abgerissenen Gotteshauses baute Lassaulx unweit davon entfernt eine neue *Kirche* in seinem romanisierenden Stil (mit Nikolaus-Glasfenster um 1400, Vesperbild Mitte 15. Jh., einem eindrucksvollen Michael, um 1480 und Gemälden des 19. Jh. Säulen mit Blattkapitellen aus dem früheren Bau tragen die Orgelbühne).

Zu den Ruinen der beiden Burgen, auf einem von Süden nach Norden ziehenden, auf drei Seiten steil abfallenden Bergrücken, führen Wege durch die Weinberge. Von der jüngeren *Niederburg* (1195 genannt) sind Reste der Umfassungsmauern, des Palas und der Bergfried auf seltenem trapezförmigen Grundriß erhalten (Abb. 11). Um diese Zeit wurde die *Aldeburg* oder *Obere Burg* wahrscheinlich wieder aufgebaut. Von ihr stammen Teile des Beringes, ein bis zur Höhe von 15 Metern erhaltener Bergfried und vor allem – dank einer Restaurierung durch Lassaulx und einer späteren Wiederherstellung – die *Matthiaskapelle* (Abb. 12). Sie ist eine der wichtigsten und merkwürdigsten spätromanischen Kirchenbauten im westdeutschen Raum. Sie war jedoch keine eigentliche Burgkapelle, sondern ein steinerner Reliquienschrein für den Kopf des Apostel Matthias, den der Kreuzritter Heinrich II. von Isenburg-Kobern aus Damiette in Unterägypten 1221 mitgebracht hatte. Die Zentralgestalt des Baues mit angefügter Apsis über Sechseck- und Hufeisen-Grundriß bezieht sich auf Vorbilder im Heiligen Land. Im Erdgeschoß gliedern Kleeblattbögen-Blenden die Wände, kleeblattförmige Fenster öffnen das Mauerwerk. Im kleineren Obergeschoß sind vermauerte Rundbogenfenster und halbierte Radfenster zu sehen (Abb. 15). Dem Dach sitzt eine große, ebenfalls sechseckige Laterne mit von Blendbögen gerahmten Rundbogenfenstern unter einem Rundbogenfries auf. Ein rundbogiges Stufenportal mit bemerkenswert fein ausgearbeiteten Kapitellen bildet den Eingang (Abb. 13). Innen schaffen unter dem Tambour sechs Gruppen zu je fünf voneinander geschiedenen Säulen mit hohen Spitzbögen darüber eine Art nach oben überzogenen Baldachin als Raumzentrum. Von ihm fächern die Rippen des Tonnengewölbes zu den Säulen- und Kleeblattbögen-Arkaden der Wände aus. Zwischen ihnen und den Mittelsäulen entsteht ein breiter Umgang. An ihn schließt der im ursprünglichen Plan wahrscheinlich nicht vorgesehene, kuppelgewölbte Chor an. Zur Originalität des gesamten Baues tragen die Details, vor allem die der vorzüglichen Kapitelle der Säulengruppen wesentlich bei. – Den Aufstieg des Wanderers belohnt aber nicht nur die eigentümliche Matthiaskapelle, sondern auch ein herrlicher Blick über Niederburg, Ort, Fluß und gegenüberliegenden Hunsrück (Abb. 11).

Am Markt des 980 zum ersten Mal als Coverne erwähnten Kobern beschwört ein bronzener *Drachenbrunnen* (1961) die vielfältigen Beziehungen der Gemeinde zu dieser Art von Untier. Es ist ein Symbol für das Schlängeln der Mosel, weist auf gefundene Tazzelwurm-Bronzefibeln und ein Kapitell in der Matthiaskapelle hin und erinnert noch einmal an Heinrich II., der – so erzählt es eine Sage – ein solches Ungeheuer im Orient tötete.

Der Markt war früher Turnierplatz, Richtstätte und Schauplatz von Hexenverbrennungen. Beachtliche Häuser säumen die umliegenden Straßen, so z. B. der *ehemalige Hof der Abtei St. Marien* in Trier, einer der ältesten Fachwerkbauten von Rheinland-Pfalz (um 1400), heute Fremdenverkehrsamt (Kirchstr. 1); der *ehemalige Karthäuserhof* an der Marktstraße (1769) oder das *Burghaus des Ritters Romlian* (Petersgasse, jetzt Festsaal der Gemeinde; Abb. 8) und Bruchsteinturm dahinter. Romlian stiftete Anfang des 15. Jahrhunderts als Grablege seiner Familie die schlichte, einjochige *Dreikönigskapelle* im Friedhof an der Straße nach Ochtendung (Abb. 14). Ihre Wände schmücken Fresken aus derselben Zeit: Mariä Verkündigung, die Verkündigung an die Hirten, Anbetung der Könige, Gnadenstuhl, die Jünger im Garten Gethsemane, Maria Magdalena, Maria Salome, Apostel, Engel, Evangelistensymbole, das Wappen der Romlian und üppiges Rankenwerk. Mit den Drei Königen knien auch der Stifter und seine Frau in höfischer Tracht vor dem Kind.

Den Eindruck von Kobern komplettiert im sechs Kilometer westlich auf einer gewellten Hochfläche liegenden **Lonnig** der Chor der ehemaligen Klosterkirche *St. Maria* (heute kath. Pfarrkirche St. Jakob) aus dem 13. Jahrhundert. Apsis mit Zwerggalerie und ein von zwei erhaltener Flankenturm exemplifizieren ›klassische‹ rheinische Romanik. Ein steinerner Engel aus der gleichen Zeit gilt als das Werk eines ›Klassikers‹ der romanischen Skulptur, des aus Maria Laach bekannt gewordenen Samson-Meisters. Wiederum Lassaulx ersetzte eingefallene Bauglieder durch ein den Chor verlängerndes Joch.

Das inzwischen mit Kobern zu einer Gemeinde verbundene **Gondorf** bekräftigt dann noch einmal und besonders eindringlich die frühgeschichtliche Geltung der Gegend. 1859–61 baute der Kölner Dombaumeister Vincenz Statz die Ruine einer Burg des 13. Jahrhunderts zum neoromanischen Wohnsitz des Barons von Liebieg aus. Eine Eisenbahnlinie von Koblenz nach Trier schnitt 1874 ein Gräberfeld an. Es reichte bis in den Park des *Schlosses*. Neugierig geworden, grub Frau Liebieg nach, und von 1878–90 hoben ihre Helfer 1400 römische und fränkische Gräber mit unzähligen kostbaren Beigaben, darunter Goldschmuck, aus der Erde. Die Liebiegs unterhielten Textilfabriken in Böhmen. In den wirtschaftlichen Nöten der zwanziger Jahre verkauften sie wertvolle Stücke an verschiedene Museen. Als nach dem letzten Kriege das Unternehmen neu begründet wurde, wechselten viele Kostbarkeiten wieder den Besitzer. Den größten Teil erwarb der Kölner Kunstmäzen Wilhelm Hack. Er brachte diese Sammlung, zusammen mit seinen modernen Kunstwerken, in den Bestand des Ludwigshafener Museums, das seinen Namen trägt, ein.

Durch den damaligen Eisenbahn- und einen Straßenbau von 1971 wurde aber auch die Stammburg der von der Leyen, ebenfalls aus dem 13. Jahrhundert, in Mitleidenschaft gezogen. Dem Geschlecht entstammen kaiserliche Generäle, die gegen Türken, Schweden und Franzosen kämpften, und neben anderen Klerikern auch Mainzer und Trierer Erzbischöfe und Kurfürsten. Einige von ihnen bauten die Burg aus und um. Die Verkehrswege degradierten sie zum – zwar restaurierten – Torso, dessen einstige, nicht nur nach Maßen gerechnete Größe man nur noch ahnen kann. – Weiter moselaufwärts wird auf der *Reiherschußinsel* bei *Lehmen* eine wieder grünende Auenvegetation geschützt. Durch eine nahe Staustufe bedrängt, war sie fast abgestorben. Die Naturfreunde hoffen, daß auch die gefährdeten, seltenen Schwarzpappeln wieder gedeihen und daß Graureiher wieder dort rasten.

Ein Landschaftsschutzgebiet ist auch das tief eingekerbte und malerische *Katteneser Mühlental*. Im Mittelalter gehörte **Kattenes** (sehenswerter Anna selbdritt-Altar von 1667 in der *St. Anna-Kirche*) zum Amt Alken am rechten Ufer, und dieses **Alken** präsentiert sich von der Katteneser Seite noch mächtig und prächtig dem Blick. Über den Häuserreihen entlang des Wassers leuchtet weiß die alte St. Michael-Kapelle, und hoch oben über den Weinbergen thront die *Burg Thurant*. Die Geschichte der Befestigung und des Ortes berichtet, wie gegensätzliche Herrschaftsinteressen hier wieder einmal hart aufeinanderstießen. Thurant erbaute Pfalzgraf Heinrich, Sohn Heinrichs des Löwen und Bruder des welfischen Kaisers Otto IV., um 1200. Da er auf einem Kreuzzug eine Burg Turon bei Tyros im heutigen Libanon vergeblich berannte, wollte er mit dem fremdklingenden Namen jede Schwächung seiner Veste bannen. Sie sollte der welfische Stützpunkt an der Mosel sein. Deshalb hielt sich der Kaiser 1208–15 zeitweilig in ihr auf und deponierte hier sogar die Reichskleinodien. Dem staufisch gesinnten Trierer Erzbischof Arnold von Isenburg war die Bastion selbstverständlich ein Dorn im Auge. Burgvogt Zorno, auch ›Schrecken der Mosel‹ betitelt, gab Anlaß zum Angriff. Doch die Truppen Arnolds von Isenburg waren zu schwach, um die Burg einzunehmen. So versicherte sich Arnold der Hilfe des Kölner Erzbischofes Konrad von Hochstaden, und beider Truppen belagerten Thurant 1245–48. Eine Alkener Kirchenchronik meldet, Konrad von Hochstaden hätte am 12. 8. 1248 neuerlich den Grundstein zum Kölner Dom gelegt und wäre schon Anfang September höchst persönlich im Feldlager vor Thurant eingetroffen. Eine andere Schrift berichtet von 3000 Fuder Wein – das Fuder je 1000 Liter –, die die Soldaten tranken. Mit einem feuchtfröhlichen Moosemannfest und historischem Umzug gedenkt die Bevölkerung der Belagerung am 3. Fastensonntag jeden Jahres. Ein Dienstmann des Zorno wickelte sich nämlich seinerzeit in Moospolster ein und rollte den Burgberg hinunter, um Verstärkung zu holen. Doch seine Bemühungen waren umsonst. Zorno mußte sich ergeben, die Welfen auf den Stützpunkt

Alken mit Burg Thurant, um 1840. Stahlstich

verzichten, was die erste Urkunde in deutscher Sprache schließlich besiegelte. Die beiden Erzbischöfe teilten sich Amt und Burg, und deshalb besitzt letztere zwei Tore und einen Kölner und einen Trierer Turm. Eine Mauer trennte das Eigentum beider Erzbischöfe voneinander. Balduin erhob den Ort zur Stadt, befestigte sie und verband ihre Umfassung mit der Burg. Er, seine und des Kölner Kirchenfürsten Nachfolger litten aber auch unter Geldmangel. Sie konnten ihren gemeinsamen Sitz nicht mehr pflegen und verpfändeten ihn. Um die Mitte des 16. Jahrhunderts war er baufällig. Ritter von Wiltberg, aus alteingesessener Familie stammend, erwarb ihn und verwendete sein Material 1616 für seinen Schloßbau im Tal. 1689 zerstörten die Franzosen die Burg vollends, 1911 kam die Ruine an eine Familie Allmers.

Diese errichtete sie teilweise neu, so daß der Besucher heute zwischen Originalem und Nachgebildetem wandelt. Er betritt über eine Brücke zuerst den Steingarten in der ›Vorburg‹. Im folgenden Ehrenhof befindet sich ein nach Artilleriebeschuß 1945 ausgebranntes und 1960/61 wiederhergestelltes Gebäude, und die Burgkapelle mit den Grabstätten des Ehepaares Allmers, überragt vom Trierer Turm. Im ›Rosengarten‹ ein Palas mit dem früheren Keller und aufgehenden Mauern bis zum ersten Stock. Im nun ältesten Teil der Burg die Ruine wieder eines Rittersaales und zwei durch einen Wehrgang verbundene Rundtürme; in einem 23 Wappen der Lehensherren-Geschlechter. Ebenfalls am Wehrgang das sog. Jagdhaus mit Trophäen, alten Möbeln und Rüstungen und schließlich der Kölner Turm; darin die Folterkammer, ein Verlies und oben, außerhalb des Rundes, ein Eisenkorb für die Rauchzeichen der Belagerten.

An verschiedenen Stellen bietet sich der Blick auf die Mosel und Alken im Tal an. Wer gute Augen hat, erkennt vielleicht an seinem östlichen Ausgang des Ortes das ehemalige *Wiltbergsche Schloß*. An sein noch spätgotisch gedachtes Giebelhaus mit mehreckigem Treppenturm von 1616 gliedert sich ein zweistöckiger Flügel im Barockstil (1676, Halbsäulen, Konsolen, Tor mit Wappengiebel und Erker) an. Neben ihm verblieb der Bogen eines Tores der Ortsbefestigung (14. Jh.), zu der auch die Fallerport am südlichen Rand des Ortskernes und ein Rundturm an der Uferfront gehörten. Aber nach der Besichtigung der Burg und dem Gang durch die Gassen (Abb. 18) darf *Alt-St. Michael* nicht vergessen werden. Von der Wiltbergstraße aus steigt man zwischen Bruchsteinmauern zur kleinen Kirche hinauf. Die Stufen enden vor einem fast lebensgroßen Schmerzensmann (1595; Abb 19) und dem Beinhaus voller Knochen und Schädel hinter einem Gitter, unter dem Gotteshaus. Der Bau, ursprünglich romanisch, wie der Turm anzeigt, wurde oft verändert. Das flachgedeckte Langhaus und der gewölbte Chor stammen jedenfalls aus dem 13. Jahrhundert. Beide waren ausgemalt, was im Schiff kaum noch erkennbar, aber im Gewölbe des Chors noch deutlich zu sehen ist. Über dem Drachen des Michael thront Christus als Weltenrichter, und die Gottesmutter und Johannes bitten für die Menschen. Auferstandene bezeugen die Gnade Gottes. Doch nicht allein die Kirche beschwört das ›memento mori‹. Auf dem Friedhof sind zwanzig Tote unter Kreuzen aus Niedermendiger Basalt in die Erde gebettet und zu Füßen des Turmes am Weinberg ist jedem der 17 Gefallenen des Ersten Weltkrieges ein ebensolches Kreuz gewidmet. Ihre Leichname ruhen in fernen Landen, so aber wurden sie symbolisch gleichsam zu ihren Weinstöcken heimgeholt.

Das südlich von Alken zwischen den Mündungen des Broden- und des Ehrbaches gelegene **Brodenbach** (*Kirche* von 1732 mit neoromanischem Turm, Altaraufsatz mit Kreuzigungsgruppe, Immaculata und Nepomuk aus dem 18. Jh., thronende Madonna Anfang 16. Jh.) steuert dem Kranz der Moselburgen ebenfalls eine Bastion, die *Ehrenburg*, bei. Sie bereichert allerdings kein Uferpanorama, sondern beherrscht das Ehrenbachtal. Um zur Burg (im restaurierten romanischen Komplex, heute Hotel und Restaurant) zu fahren, benutzt man die mit 14 Prozent Steigung von Brodenbach nach Boppard führende Straße bis zum Stabenhof. Die Burg ist, anders als Thurant, ein Unikum des moselländischen Festungsbaues. Über römischen Mauern 1120 von Hermann von Stahleck als Trierer Lehen erbaut und von späteren Lehnsherren mehrfach erweitert, ragt sie auf einem 235 Meter hohen Bergkegel, umgeben von anderen bewaldeten Kuppen, auf. Über eine Grabenbrücke gelangt der Besucher vor das mächtige Tor; dahinter, gestaffelt angeordnet, ein sogenannter Rampenturm aus dem 15. Jahrhundert und der doppeltürmige Bergfried (14. Jh.). Im Rampenturm, in dessen Mauern die Franzosen 1689 nur eine Lücke zu sprengen vermochten, windet sich eine drei Meter breite, spiralförmige Fahrbahn für den Transport von Kanonen zur Plattform, und dieser frei aufgemauerte Gang verrät ein außergewöhnliches Können der Militärarchitekten der Zeit.

Auf eine Befestigung deutet auch der Name des nächsten Ortes am rechten Ufer moselaufwärts, **Burgen**, hin. Aber sie ist längst verschwunden. In den verwinkelten Gassen stammt
nur noch die Sakristei der *St. Sebastian-Kirche* aus dem Mittelalter, der übrige Bau aber von
1765. Die Decke des durch Pilaster gegliederten Saales ist mit einem Gemälde geschmückt.
Doch beachtlicher sind eine Kreuzigungsgruppe und in der Taufkapelle eine Muttergottes
mit Kind (beide 18. Jh.).

Burgen gegenüber allerdings bewacht eine Burg wiederum das Moseltal. Bereits Venantius Fortunatus berichtet von einer hier im 6. Jahrhundert bestehenden Veste. Belegt ist
jedoch, daß Erzbischof Arnold von Trier (1169–83) Burg *Bischofsstein* zum Schutz seines
Gebietes vor Angriffen von Adligen aus Eifel und Hunsrück errichten ließ. Später diente sie
den Pröpsten von Karden als Sommersitz. Ihnen unterstand die Verwaltung. Von der Ver-
teidigungsanlage besteht noch der Turm (Palas und Kapelle 1930 wieder aufgebaut, jetzt
Schullandheim, keine Besichtigungen). An ihm fällt ein heller Ring auf, dessen Bedeutung
ungeklärt ist. Wahrscheinlich ist er der Verputz von einer ehemaligen umlaufenden Galerie.
Aber der Volksmund will wissen, daß er ein Treuezeichen der Pröpste zum Erzbistum war
oder die Höhe der Mosel in Trier oder sogar ein Hochwasser markiere. – Auf einem schmalen Felsvorsprung unterhalb der Burg befindet sich die romanisch-gotische *Pauluskapelle*.
Sehenswert die Allegorien der Fides, Ipes und Caritas aus dem 12. Jahrhundert und der Altar
mit zwölf, um eine Pietà angeordneten Steinbildern aus dem Leben Jesu, in der Renaissance
entstanden. Beides sind bedeutende Kunstwerke ihrer Epoche.

Um die bisher übergangenen Orte Löf und Hatzenport nordöstlich von Bischofsstein zu
erreichen, setzt man in Burgen mit der Wagenfähre zum anderen Ufer über, es sei denn, man
fährt zu einer Brücke zwischen Brodenbach und Alken zurück. Von **Löf** ist zum ersten Mal
in einer Urkunde des Frankenkönigs Dagobert I. die Rede. Die Überlieferung berichtet von
Rittern von Love als kurtrierische Amtsleute. Einer war Burggraf der Ehrenburg. Trierer
Abteien unterhielten Weinhöfe. Kurz, Löf ist ein Dorf mit der üblichen, von Trier und den
Adligen der Umgebung bestimmten Geschichte..., was auch an der *Kirche* ablesbar ist. Der
Hofarchitekt Johannes Seiz erbaute sie 1737/38 neben einem gotischen Turm, und in ihr
zeigt ein Glasbild (um 1450) den Ritter Johannes von Thurant und Ehrenburg in einer
Kapelle kniend. Naive Volksfrömmigkeit dagegen bekundet ein *Bildstock* (1727) an der
Moselstraße. Seine farbigen Reliefs der Anna selbdritt und der Kreuzigung schuf sicherlich
ein biederer Handwerksmeister. Doch sein einfältiger Geist und seine unerfahrenen Hände
brachten eine Andachtsstätte zustande, die heute noch anrührt.

Hatzenport heißt soviel wie ›Hattonis porta‹. Erzbischof Hetti soll nämlich 850 mit der
Abtragung eines Berges dem Dorf einen Weg nach Norden geöffnet haben. Vor der Wand
der Weingärten steht auf einer Terrasse über dem Ort die spätgotische *St. Johannes-Kirche*.
Ihrem Turm sitzen ein achteckiger großer und vier kleine, mit Bleikrabben verzierte Helme
auf; ein steiles Dach beschirmt das Langhaus und wiederum ein spitzer Helm die Sakristei,
so daß alle Bestandteile der Bedachung miteinander korrespondieren. Die Maßwerkfenster
füllen Glasmalereien des 15. und 17. Jahrhunderts. Zur Ausstattung zählen ein Taufstein des
15. Jahrhunderts und ein älteres, kleines Kreuz. Ein Friedhof umgibt das Gotteshaus.

Kastanien und Maulbeerbäume beschatten Gräber. Eidechsen huschen an heißen Tagen über die Steine. Selten steigt ein Einwohner über die beschwerlichen Basaltstufen hinauf zum stillen Platz. Noch seltener verirrt sich ein Fremder dorthin, obwohl außer der Ruhe auch eine weite Aussicht den Weg belohnt. – Die Gläubigen besuchen die Messe in der *St. Rochus-Kirche* im Dorf. Hermann Nebel aus Koblenz erbaute sie in neugotischem Stil mit romanisierenden Details 1869/70. Ihre drei Chorfenster stiftete Preußenkönig Wilhelm I., und am Chor gedenkt man vor einer Pietà (15. Jh.) aus der alten Kirche der Kriegstoten. Zu Wanderungen lädt dann das Schrumpftal mit seinen Mühlen ein.

In Hatzenport landete 952 ein Schiff aus Trier mit den Reliquien des heiligen Severin. In feierlicher Prozession wurden sie bergan nach **Münstermaifeld** getragen. Erzbischof Ruotbertus brachte sie aus Italien mit, wohin er Kaiser Otto I. begleitet hatte, und schenkte sie dem Stift auf dem bis zu den Moselhöhen reichenden, fruchtbaren Maifeld. Reisende sollten die fünf Kilometer bis dorthin nicht scheuen, denn ein verblüffend geschichtsträchtiges Städtchen von 1700 Einwohnern und große Kunst erwarten sie.

Das *Maifeld* ist uraltes Siedlungsgebiet. Flurnamen sind oft keltischen Ursprungs. Die römischen Schriftsteller Plinius und Tacitus bezeichneten einen keltischen Wohnplatz als Ambitivum. Römische Gutshöfe sind in der Nähe nachgewiesen. Cäsar soll vor seinem zweiten Rheinübergang hier in einem Castellum geweilt haben. Gewiß ist, daß Augustus durch seinen Stiefsohn Drusus ein befestigtes Waffenlager anlegen ließ, das mit fünfzig anderen die Rheingrenze verteidigen half. In diesem Lager soll wiederum Kaiser Caligula geboren worden sein. Wahrscheinlich ist jedoch, daß er dort nicht geboren, sondern nur bei den Legionären aufgewachsen ist. Aus dem Militärdepot entstand ein fränkischer Königshof. In ihm residierte Magnentius. Daraufhin hieß der Flecken 500 Jahre lang Pagus magnensis oder Meginveld. Nach der Christianisierung erbaute Bischof Magnericus um 580 zu Ehren des fränkischen Nationalheiligen St. Martin ein Kirche, und Bischof Modoald begründete zur Missionierung und Seelsorge im 7. Jahrhundert eine Priestergemeinschaft, aus der sich alsbald ein Augustinerchorherrenstift entwickelte. Durch die 952 überführten Reliquien des St. Severin wurde dieser Heilige der zweite Patron der Kirche, und das Gotteshaus selbst eine vielbesuchte Wallfahrtsstätte. Ein neues Gotteshaus wurde nötig. 1103 war es fertiggestellt. 1225 begann man vom Chor her mit dem Bau einer dritten Kirche. Sie war 1322 vollendet und Bischof Balduin weihte sie. Das Amt des Stiftspropstes, weil mit guten Pfründen verbunden, war lange Zeit begehrt. Entgegen der üblichen freien Wahl durch das Kapitel sprach der Papst hohen Klerikern diese Würde zu. Die Chorherren wehrten sich, ernannten Gegenpröpste und wurden exkommuniziert. Das Stift geriet in Unordnung. Propst Elyas von Eltz reorganisierte die Verwaltung. Dann war Nikolaus von Kues von 1435–45 ein geschickter Propst, ehe er Bischof von Brixen und Kardinal in Rom wurde. Hier in Münstermaifeld schrieb der Gelehrte den größten Teil seiner philosophischen Bücher. 1515 sprach Leo X. das Stift und seine Einkünfte ein für allemal den Erzbischöfen von Trier zu. Ihre Dechanten betreuten es. Doch indessen waren die Kanoniker, vom Reichtum verwöhnt, verweltlicht. Sie lebten angenehm in Privathäusern und fanden sich nur noch gelegentlich zum gemeinsamen Gebet zusammen. Die Franzosen hoben das inzwischen einflußlose Stift schließlich 1802 auf und versteigerten sein Eigentum. Den Trierer Erzbischöfen verblieb nur die Kirche.

Die heutige *St. Martin- und St. Severin-Kirche* ist noch im wesentlichen mit der von Balduin geweihten identisch. In ihr vereinigen sich die Stile der Hochromanik bis zur Hochgotik zu einem ausgewogenen Ganzen, so daß sie für eines der wichtigsten Baudenkmäler des Mittelalters nicht nur an der Mosel, sondern im ganzen Rheinland gehalten wird. Wie ein Bollwerk erscheint das Westwerk (Abb. 16). Einem rechteckigen Mittelturm auf zehn mal sechs Meter großem Grundriß schließen sich rechts und links je ein Rundturm von vier Meter Durchmesser an. Bogenfriese und rotweiß wechselnde Lisenen mildern die lastende Schwere der Front. Löcher öffnen das Mauerwerk wie Schießscharten. Im heimischen Bruchstein sind Spolien des römischen Kastells verbaut. Die unteren drei Geschosse stammen vom zweiten Bau des beginnenden 12. Jahrhunderts. In frühgotischer Zeit erhöhte man den Turm durch ein viertes Geschoß, weil der Dachstuhl der dritten, neuen Kirche die ursprünglichen Schallöffnungen für die Glocken überragte. Zugleich versah man die Anlage mit einem Zinnenkranz und glich sie so der damaligen Stadtbefestigung an.

Von einem Wehrbau zeigt dagegen der 1225 begonnene Chor nichts. Er ist ein Musterbeispiel des sogenannten rheinischen Übergangsstils mit spätromanischen Elementen und denen früher, westlicher Gotik. Schon seine Proportionen drücken die aufsteigende Tendenz der Gotik aus. Ecklisenen, Spitzbogenfenster und Spitzbogenblenden darüber, der von Dreipaßarkaden unterbrochene Spitzgiebel und das schöne Faltdach an der fünfeckigen Apsis, aber auch die Fenster im Chorrechteck steigern den Eindruck des Emporstrebens. Aber ein betonter Mauersockel, Blendbogen, Friese, Simse und die strenge Reihung der Zwerggalerie-Arkaden gleichen die Vertikalbewegung mit ihren Horizontalen wieder aus und harmonisieren die Architektur. Türmchen mit Spitzhauben verbinden dann Chorpartie und ausladendes Querhaus mit dem ersten Joch des Langhauses. Erst etwa 75 Jahre danach konnte das Langhaus mit zwei weiteren Jochen geschlossen und wenig später der Bau der

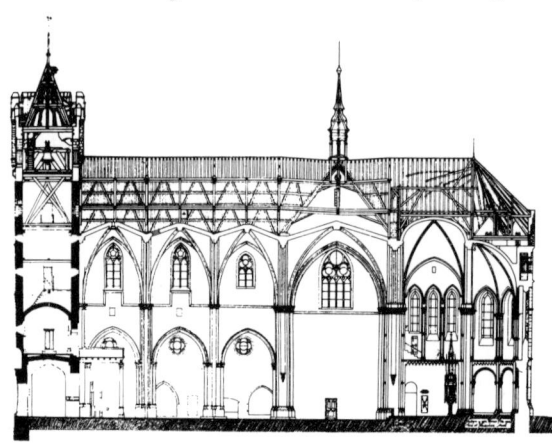

Münstermaifeld, St. Martin- und St. Severin-Kirche, Längsschnitt

Kirche mit dem frühgotischen ›Paradies‹ vor dem Hauptportal beendet werden. Krabben-giebel und Schweinsköpfe als Wasserspeier zieren den Eingang zum Narthex, das eigentliche Portal eine schöne Maria Königin mit Kind (1330) und die Figuren der Kirchenpatrone. Seitenbänke dienten den Pröpsten beim Gesindegericht.

Im Innenraum ist die Einheit noch deutlicher wahrzunehmen als am Außenbau. Einzelne Bauphasen sind nur bei genauer Betrachtung zu erkennen, z. B. an den Formen der Säulen-kapitelle. In Chor und Vierung noch stilisierte, romanische Knospenkapitelle und weiter zum Westwerk naturalistischer gestaltete Blattornamente (Wein, Eichen, Buchen). An den Säulen aber auch gemalte Epitaphe verstorbener Stiftsherren (besonders beachtenswert ein St. Martin zu Pferde aus dem 15. Jh.). Fresken des 13. und 14. Jahrhunderts haben sich im Querschiff erhalten: an der Nordwand ein achteinhalb Meter hoher Christophorus und an der südlichen Stirnseite unten Altarbilder und darüber ein Passionszyklus. Beim Betreten der Kirche fällt als erstes der ›Münstermaifelder Goldaltar‹, eine prächtige Antwerpener Arbeit aus dem 16. Jahrhundert, auf. Er stellt mit 92 geschnitzten Figuren im Mittelschrein und auf Flügelgemälden das Leben Mariens und die Leidensgeschichte Christi dar. Ein Altar aus Alabaster steht im linken Querschiff (1777, Abendmahl), und gegenüber befindet sich das Epitaph der Klerikerfamilie Welly (1571, Jüngstes Gericht). Im linken Seitenschiff außerdem ein Heiliges Grab mit nicht ganz lebensgroßen Personen und darüber Christus als Schmerzensmann (Ende 15. Jh.). Auch hier gleich am linken Vierungspfeiler eine bekrönte ›schöne Madonna‹ mit Rose und Kind (um 1320), ebenbürtig den Figuren großer Kathedra-len. Und schließlich in der Kapelle im Westturm das romanische Taufbecken. Die stilisierten Köpfe an der Wanne muten seltsam modern an. Vom ehemaligen Hochaltar, der statt des Goldaltars von 1744–1859 im Chor stand, sind überlebensgroße Heiligengestalten im rech-ten Seitenschiff und den Nebenchören aufgestellt.

Von den Stiftsgebäuden existieren noch die ehemalige Propstei (18. Jh.) südlich des Quer-hauses und die ehemalige Dechanei (jetzt Pfarrhaus) am Münsterplatz, die Bäckerei, Kellne-rei, das Bindhaus (jetzt Stadtverwaltung) und die romanische Sakristei an der Nordseite der Kirche. Ehemalige Kanonikerhäuser sind der jetzige Gasthof ›Zur Traube‹ (Stiftsstraße 24), ein romanisch-gotischer Fachwerkbau (Stiftsstraße 26) und das die Straße abschließende Haus mit hohem Mansarddach von 1712. Die Kirche überstand die Zeitläufte. Die Stadt aber war von politischen Wirren hart betroffen. Raubritter, Fehden von Adelsfamilien, die Aus-wirkungen des Dreißigjährigen Krieges und des Raubkrieges Ludwig XIV., von französi-scher Revolution und Befreiungskriegen beraubten sie immer wieder ihres Wohlstandes. Von der Befestigung blieb nur ein Turm erhalten, von den stattlichen Häusern der Bürger, außer einigen Fachwerkbauten, nur das *alte Rathaus* (1575–83) mit elegantem Giebel und Allegorien der Justitia, Veritas und Chronos.

Zu einem Geschlecht, dem der Eltz auf der nahen **Burg Eltz** im Eltzbachtal, hatten die Münstermaifelder jedoch seit jeher besondere Beziehungen. Angehörige dieser Familie hat-ten städtische Ämter inne, waren mehrfach Pröpste des Stiftes, beschenkten es und fanden in der Kirche ihre Ruhestätte, waren Domherren, Bischöfe und Kurfürsten, Äbtissinnen, Ordensritter und Marschälle. Nur einmal stand Münstermaifeld nicht zu ihnen, als nämlich

Burg Eltz, im Hintergrund Trutz-Eltz, 1841. Aquatinta von Carl Bodmer

Balduin in langer Belagerung (1331–36) die Eltzer ›hochfreien Reichsritter‹ zwang, die Hoheit des Kurfürsten anzuerkennen. Er errichtete dafür sogar eine Festung Trutz-Eltz, die als Ruine auf einem nördlich gelegenen Fels erkennbar ist. In dieser ›Eltzer Fehde‹ war die Stadt das Nachschublager der kurtrierischen Truppen.

Die Burg gehört immer noch einem Graf Jakob von und zu Eltz-Kempenich. Sie wurde niemals richtig eingenommen. Selbst die Armee Ludwig XIV., die doch Münstermaifeld schrecklich verheerte und an der Mosel alle Burgen in Trümmer legte, schonte sie. Ein französischer Offizier, Mitglied der lothringischen Linie der weitverzweigten Familie, erwirkte den Schutz des Stammsitzes. 1920 verwüstete ihn allerdings ein Brand. Doch ein Großteil der Einrichtung konnte gerettet werden, und nach zehn Jahren waren die Schäden behoben. Als der damalige Bischof Bornewasser die Kapelle neu weihte, trug er das Meßgewand des Trierer Kurfürsten und Erzbischofs Jakob zu Eltz (1567–81), und das Meßopfer zelebrierte er mit dem Kelch des Mainzer Kurfürsten und Erzbischofs Karl Philipp zu Eltz (1732–43).

Durch ihre versteckte, ja verwunschene Lage auf steiler Schieferfelsspitze im engen Tal, mit Wald, der bis an die Mauern reicht, durch ihre malerischen Türme, Türmchen, Steildächer, Zinnen und Erker ist die Anlage der Inbegriff der deutschen Burg, wie sie sich Kinder im Märchen vorstellen (Farbt. 10). Die 500-Mark-Note der Deutschen Bundesbank bildet ihr Aussehen genau ab.

Als Reichslehen derer von Eltz wurde die Burg zum ersten Mal 1157 genannt. Sie diente anfänglich der Sicherung der Moselwege und ihrer Verbindung zum Maifeld. Aber im 13. Jahrhundert teilte sich das Geschlecht in verschiedene Linien, und jede bewohnte ihr eigenes Haus – freilich in einer Erbgemeinschaft, dem sogenannten Ganerbe. So wurde im Lauf der Jahrhunderte aus der Wehrfeste aufgrund der geringen Grundfläche eher ein Domizil mit immer höheren Gebäuden. Und deshalb verschachteln sich nun um den kleinen Hof das *Haus Platt-Eltz* (13. Jh.), *Haus Rübenach* (15. Jh.) und *Klein-Rodendorf* (16. Jh.), die *Häuser Groß-* und *Klein-Kempenich* (16. und 17. Jh.) und *Haus Burgthorn* (16. Jh.) – jedes verschiedentlich umgebaut und erweitert und mit unterschiedlichen Ausstattungen versehen. Platt-Eltz enthält zum Beispiel Reste von Wandmalereien aus dem 15. Jahrhundert und eine Bibliothek aus dem 18. Jahrhundert, das Haus Rübenach Tafelbilder von Dürer, Cranach und Holbein d. J. Auch die anderen Häuser besitzen reich möblierte Gemächer. – 1981 wurde die Schatzkammer geöffnet; ein Tresor mit Gold-, Silber- und Edelstein-Pretiosen, Elfenbeinarbeiten, liturgischem Gerät, Porzellan, Waffen, Rüstungen und Kuriositäten. Außerdem birgt die Kapelle (1327) kostbare Altaraufsätze, Gemälde und Statuen.

Eine solche Sehenswürdigkeit zieht selbstverständlich Touristen in großer Zahl an (Öffnungszeiten 1.4. bis 31.10. wochentags 9 bis 17.30 Uhr, sonn- und feiertags 10 bis 17.30 Uhr). Schon in der weiteren Umgebung informieren Wegweiser über diese Fremdenverkehrsattraktion. Von Münstermaifeld aus erreicht man über Wiersch einen Parkplatz, von dem ein steiler Fußweg in einer Viertelstunde zum Burgtor hinunterführt (für Behinderte und Gruppen verkehrt nach Vorbestellung ein Kleinbus, ✆ 02672/301). Über einen Weg im Tal des Eltzbaches erreicht der Wanderer von der Ringelsteiner Mühle in Moselkern aus das Felsennest in einer Stunde.

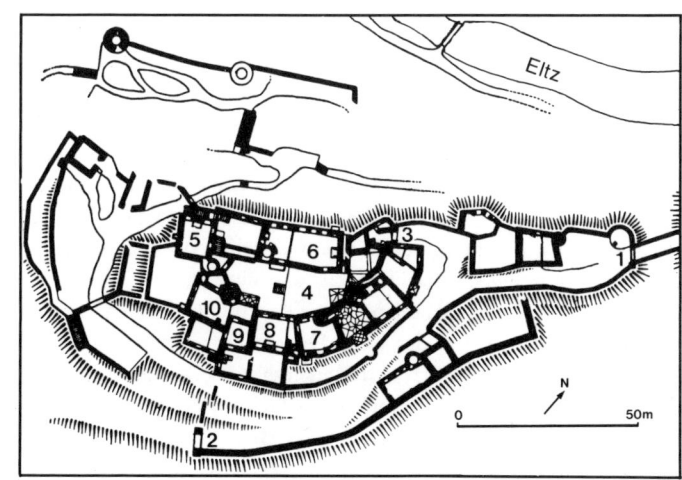

Burg Eltz, Lageplan
1 *Äußerer Torbau*
2 *Talpforte*
3 *Inneres Burgtor*
4 *Innenhof*
5 *Haus Platt-Eltz*
6 *Haus Rübenach*
7 *Haus Klein-
   Rodendorf*
8 *Haus Groß-Kem-
   penich*
9 *Haus Klein-Kem-
   penich*
10 *Haus Burgthorn*

Moselkern, aber auch Müden, die nächsten Orte an der Uferstraße, sind alte, vom frühen Christentum geprägte Siedlungen. In **Moselkern** fand man die erste Darstellung des gekreuzigten Christus nördlich der Alpen. Die durchbrochene Grabstele aus dem 7. Jahrhundert abstrahiert den Körper fast zum Ornament und ordnet ihn so in eine Komposition verschiedenartiger Kreuzformen ein. Das Original des gewichtigen Denkmals verwahrt das Landesmuseum Bonn. Vor dem romanischen Turm der *St. Valerius-Kirche* (Anbau 18. Jh.) in Moselkern steht jedoch eine naturgetreue Kopie (Abb. 20). Dem Dorf gegenüber steigt schroff der *Druidenstein* auf, eine interessante Felsformation und vielleicht eine Opferstätte des Druiden genannten keltischen Priesterstandes.

In **Müden**, ehemals wie die italienische Stadt ›Modena‹ geheißen, kam bei Erweiterungsarbeiten an der Kirche ein auf 450 datierter Frauengrabstein zu Tage. Seine Inschrift erklärt ergreifend die Liebe des Gatten zur Verstorbenen. Er ist in die Sakristei der nahe einer Staustufe gelegenen Kirche vermauert. An diesem Gotteshaus fällt der Turm auf. Er diente den Römern als Wachturm.

Mit den Gräbern von Moselkern und Müden kündigt sich **Karden** und sein Einfluß an. Auf dem *Martberg*, westlich des Ortes, unterhielten die Kelten ein Heiligtum. Die Römer gliederten wie üblich die einheimischen Gottheiten in ihre eigene Göttergemeinschaft ein, und eine Handwerker- und Händlersiedlung – von einem Geographen aus Ravenna im 5. Jahrhundert ›vicus cardena‹ genannt – kam durch die Besucher jenes Tempels zu Wohlstand. Archäologen gruben vierzehn Töpfereien aus dem ersten bis vierten Jahrhundert aus. Sie stellten Keramiken und Terrakotten von Matronen, der Venus und Fortuna mit Hilfe von Modeln her.

In dieser Siedlung gründeten Kastor, der Schüler des Trierer Bischofs Maximin, und seine Gefährten Pontentius, Felicius und Simplicius um die Mitte des 4. Jahrhunderts die erste Christengemeinde. Sie erbauten die erste, freilich noch nicht nachgewiesene Kirche. Ihr Wirken verlieh ihnen den Rang von Heiligen. Nach ihrem Tod verehrten die Gläubigen ihre Gebeine, und der Ort gewann durch diesen Kult allmählich Bedeutung und Größe. Aufgedeckten Gräbern nach zu schließen, zogen vornehmlich Angehörige höherer sozialer Schichten zu. In den Wirren der Völkerwanderungszeit gingen die Reliquien verloren. Trotzdem war Karden in der fränkischen Epoche – ähnlich wie Münstermaifeld – Zentrum eines weiten Seelsorgebezirkes, und wie dort lebten dessen Priester in einer Kommunität zusammen. Aus dieser entwickelte sich das Kollegiatstift St. Kastor, das bis zur Auflösung durch die Franzosen – wie in Münstermaifeld – den Ort prägte. Gegen Ende des 8. Jahrhunderts wurden die Gebeine des hl. Kastor durch die Vision eines Priesters wiederentdeckt und gehoben. 836 teilte sie Bischof Hetti und übertrug u. a. das Haupt in die von ihm gerade errichtete Kastor-Kirche zu Koblenz. Die seiner Gefährten gelangten 980 in das neugegründete Kloster Steinfeld in der Eifel. Doch inzwischen waren fromme Wallfahrer in großer Zahl nach Karden gepilgert, so daß auch hier der Bau einer neuen Kirche notwendig geworden war. Dieser Zustrom vermehrte die Geltung des Stifts beträchtlich. Seine Pröpste, meist dem höheren Adel entstammend, fungierten als ›Chorbischof‹ betitelte Archidiakone des Bistums Trier, hatten Sitz und Stimme im Kapitel des Hohen Domes und verwalteten große

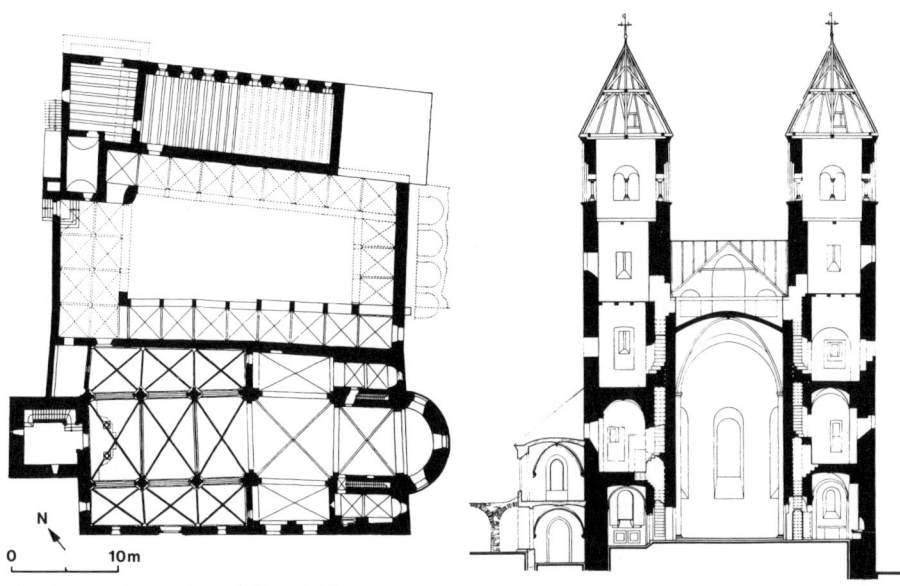

Karden, St. Kastor, Grundriß und Schnitt

Besitztümer: Weinberge, Felder, Wiesen und Wälder. Sie beriefen auch Schultheißen und Schöffen des Ortes. Aber die das Land an der Mosel verwüstenden Kriege beeinträchtigten und beendeten 1802 seine Blütezeiten.

Den Grundriß von *St. Kastor* stellte man 1966 durch Ausgrabungen fest. Die Kirche befand sich im 12. Jahrhundert offenbar in einem verfallenen Zustand, denn man begann 1183 mit dem Bau eines anderen Gotteshauses, indem man seine Mauern um das alte aufführte und diese dann mit dem Fortschreiten der Arbeiten nacheinander niederlegte. 1247 wurden Chor und Querhaus konsekriert. Aber das Langhaus war erst 1300 vollendet. 1699 erhöhte der kurtrierische Hofarchitekt Sebastiani den Westturm und setzte ihm eine ›welsche Haube‹ auf. Diese Anlage ist heute zu sehen, doch mußten mehrfach, vor allem in den letzten zwanzig Jahren, umfangreiche Renovierungen, Restaurierungen und Sicherungen der Fundamente vorgenommen werden. Schwerste Gefährdungen der Statik verursachte mit großer Wahrscheinlichkeit die nur zwei Kilometer entfernte Staustufe Müden (Abb. 17), da der Wasserspiegel der Mosel anstieg. Obwohl der Bau des Gesamtkomplexes sich über einen langen Zeitraum erstreckte, überrascht den Besucher, wie harmonisch sich die romanischen Chortürme und dazwischen die mit einer Zwerggalerie abgeschlossene Apsis, das romanische Querhaus, das frühgotische Langhaus (Farbt. 8) und der in der Substanz noch vom karolingischen Vorgängerbau stammende Westturm zu einer Einheit fügen. Da das Querhaus die Breite der beiden Chortürme nicht überragt, erscheint die Ostpartie der Architektur blockhaft monumental, und der mit dem Langhaus sich zum neuen Turm fortsetzende

Teil verjüngt die Kirche anscheinend nach Westen. Untersuchungen ergaben 1982, daß die Mauern einst bemalt waren. Die Denkmalpfleger wollen die Reste erforschen und möglichst rekonstruieren. St. Kastor bietet vielleicht die rare Möglichkeit, an einer mittelalterlichen Kirche die gesamte Außenfarb-Fassung zu belegen.

Innen konnte 1969/70 eine 1954 erfolgte Restaurierung der Bemalung der Architektur-glieder als unzulänglich erkannt und nach den Forschungsergebnissen dem originalen Aus-sehen besser angepaßt werden. Die Bemalung ergänzt illusionistisch die Architektur und trägt dazu bei, romanische und gotische Baupassagen miteinander zu verbinden, obgleich Gewölbehöhe, Schiffsbreite und flächige Behandlung der Wände im gotischen Teil diesen ohnehin dem romanischen angleichen. Die Restaurierungsarbeiten brachten außerdem figürliche Fresken ans Licht; in der Kastorkapelle des nördlichen Nebenchores konservierte man ein ›Jüngstes Gericht‹, in einer Nische der nördlichen Querhauswand eine Kreuzigung mit Maria und Johannes und an der Ostwand des südlichen Querhauses das bedeutendste Kunstwerk, das älteste auf eine Wand gemalte Altarretabel im Rheinland mit Christus als Erlöser in einer das himmlische Jerusalem symbolisierenden Architektur. – Eine einmalige Kostbarkeit ist der spätgotische Altarschrein. Dargestellt sind die Anbetung der Heiligen Drei Könige, die Apostel Petrus und Paulus und der hl. Kastor mit dem Modell der Stiftskir-che im rechten Arm. Die Figuren sind 72 Zentimeter und 65 Zentimeter hoch. Zudem stehen 25 Zentimeter große Statuen von vier Propheten auf Säulen unter Baldachinen. Ein unbe-kannter Meister schuf diesen Aufsatz im ersten Drittel des 15. Jahrhunderts aus gebranntem Ton. Er bildete Figuren und Rahmung auf das Feinste bis in alle Einzelheiten durch. Ihm gelangen Gesichter voll lebensechtem Ausdruck. Einheimische wollen in ihnen die typi-schen Köpfe der Moselaner und in ihnen sich selbst erkennen. Zwei Seitenaltäre aus Kalk-stein aus der Trierer Hoffmann-Schule (1628 und 1629, Anbetung der Hirten, Stephanus, Jacobus und Johannes d. T. und Auferstehung Christi, Johannes der Evangelist und Johan-nes auf Patmos) offenbaren demgegenüber eine andere künstlerische Qualität (Farbt. 9). Über-sehen werden sollte auch nicht der St. Kastor-Reliquienschrein im nördlichen Nebenchor. Er ist eine Arbeit vom Ende des 15. Jahrhunderts aus Tannenholz und außen vergoldet (Christus, Maria, Petrus und Kastor darstellende Reliefs und Temperamalereien). Aber auch auf das Heilige Grab (17. Jh.) an der Nordwand des Langhauses, das drei Meter große Kruzifix (15. Jh.), die Madonna (15. Jh.) an einem Vierungspfeiler, auf das romanische Taufbecken im Untergeschoß des Westturmes und auf das Gemälde ›Christus, der wahre Weinstock‹ (17. Jh.) im südlichen Querhaus soll hingewiesen werden.

An der Nordseite der Kirche hat sich ein Flügel des Kreuzganges erhalten. Seine Joche sind inzwischen zur Sakristei und einer Kapelle (dort ein gemalter Flügelaltar von 1591) verwandelt. Im ehemaligen Kapitelsaal ist das *Stiftsmuseum* untergebracht (mittwochs, samstags und sonntags nach dem Gottesdienst stundenweise geöffnet: Funde der Vorge-schichte und Frühgeschichte, Urkunden des Kollegiatstiftes, Bücher und Kultgerät, beson-ders ein Vortragekreuz mit romanischem Corpus, Reliquienbeutel und gotische Graduale).

Im Ortsbild ist der *Stiftsbezirk* leicht erkennbar. Historische Gebäude markieren ihn: in der Stiftsstraße steht die von ›Chorbischof‹ verballhornt ›Korbisch‹ genannte Propstei (um

Karden, Wandmalerei in der ehem. Stifts-schule, 15. Jh.

1200; Farbt. 7, Abb. 22), in der Kerngasse das Wohnhaus der Stiftsherren (1238) und in der gleichen Straße das Haus des Scholasters (1238) und dahinter die ehemalige Stiftsschule. In dem heutigen Privathaus wurden 1951 zwei Freskenzyklen freigelegt: Bilderzählungen der Geschichte von Susanne aus den Apokryphen der Bibel und der Sage von der Pilgerfahrt Heinrich des Löwen ins Heilige Land (täglich zu besichtigen). Auch sie sind als vorzüglich bewahrte, profane Fresken von hohem künstlerischen Wert. Die ehemalige Dechanei (jetzt Gasthaus) gegenüber der Linde vor der Kirche und ein ehemaliges Kanonikerhaus (15. Jh.) an der gegenüberliegenden Straßenseite bezeichnen die Südgrenze des Stiftsbezirks.

Außerhalb dieses Bezirks bezeugen zudem noch einige andere Baulichkeiten die Vergangenheit des Ortes. In der Bahnhofstraße sind Häuser zum Teil mit reizvollem Fachwerk aus dem 16. bis 18. Jahrhundert vorzüglich wiederhergestellt. Das *Burghaus* des Schultheißen Simon Broy, ein urtümlicher Bruchsteinbau (1562) mit Schornsteingiebel und polygonalem Treppenturm und Fachwerktürmchen an der Seite, bereichert die Moselansicht. Ebenfalls an der Mosel weiter aufwärts liegt die gotische *Georgskapelle* und daneben ein Fachwerk-Giebelhaus. Beide zusammen gehörten zur ›unteren Klause‹. Ein Brüderpaar stiftete sie 1318 samt Liegenschaften für sechs Frauen. Die Kapelle überdauerte als einziger Sakralbau neben St. Kastor die Zeiten, obwohl sie nach der Säkularisation als Pferdestall diente, verkürzt wurde und ihre ursprünglichen Gewölbe verlor. 1857 erwarb sie die evangelische Gemeinde und versah ihre Maßwerkfenster mit Glasgemälden, die Melanchthon, Luther, Calvin und Friedrich den Weisen darstellen. Markierungen am Chor melden vom Hochwasser, das Karden oft schlimm überflutete.

Die Verwaltungsreform vereinigte 1969 Karden mit **Treis** am jenseitigen Kopf einer Brücke, so daß die Gemeinde nun *Treis-Karden* heißt. Treis erlitt durch die Bombardierung der Brücke 1945 erhebliche Schäden. Beachtliche Häuser fielen dem Krieg zum Opfer. Auch die dreischiffige *Katharinenkirche* aus der zweiten Hälfte des 15. Jahrhunderts wurde zerstört. An ihrer Stelle errichtete man das *Rathaus* und erhielt als Anbau nur den Chor. Auf eindrucksvollen Figurenkonsolen – besonders originell die voluminösen Flügel der Engel – ruht das Gewölbe mit den Schlußsteinen des Sterns von Bethlehem und der segnenden Hand Gottes. An der Wand neben dem Eingang hat man drei hervorragende ehemalige Altarblätter aus dem 18. Jahrhundert angebracht. Sie führen dem Besucher ganz realistisch das Jüngste Gericht vor Augen, schildern das Martyrium des Sebastian und bilden die Gottesmutter von Engeln umgeben ab.

In der alten Kirche fand der Gottesdienst nur bis 1830 statt. Von 1824–31 erbaute Johann Claudius von Lassaulx die neue Pfarrkirche *St. Johann Baptist*, die den Krieg relativ unversehrt überstand. Ein wenig früher als in Güls schuf er hier, geleitet von seiner Idee des Fortwirkens mittelalterlicher Baukunst, zum ersten Mal, diesmal mit neugotischen Details, einen exemplarischen Bau seines neuen Stils. Bewußt bezog er die Kirche auf die umgebende Landschaft. Weithin ist das Gotteshaus sichtbar. Es überragt alle Dächer und sein Turm hebt sich von den grünen Hängen der östlichen Uferberge ab. Für Lassaulx sollte der Bau eine Landmarke sein, Kardens St. Kastor entsprechend. In der Nähe ließ er Tonschiefer brechen. Er wählte die Steine sorgfältig aus und schichtete sie zu nur 94 Zentimeter dicken Mauern so auf, daß sie die Wände lebendig strukturierten. Zierat verwand er sparsam. Nur ein Bogensims läuft um. Das Portal überspannt ein Spitzbogen mit Krabben und Fialen und Kreuzrose, und vier fast mannsgroße Heilige akzentuieren die Fassade. Die drei Schiffe zu fünf Jochen werden von einem einzigen Dach beschirmt. Je vier Basaltlava-Säulen und Dienste an den Wänden tragen das Kreuzrippen-Gewölbe. Je sechs Fenster erhellen einen Raum, dessen ungewöhnliche Wirkung auf die Maße zurückzuführen ist. Ein durch sieben Stufen erhöhter Chor setzt in der Breite des Mittelschiffes an. Inmitten der sternförmig angeordneten Rippen öffnet ein achteckiger Oculus das Gewölbe und erzeugt einen eigentümlichen Lichteffekt für ein Kruzifix aus spätgotischen und barocken Stilelementen. Eine Pietà (um 1500) und drei Gemälde ›Auferstehung Christi‹, ›St. Kastor‹ und ›St. Katharina‹ stammen aus der alten Katharinenkirche.

Am Rand von Treis fließen der Flaumbach und der Dünnbach zusammen und münden gemeinsam in die Mosel. Beide Täler sind herrliche Wandergebiete. Zwischen ihnen deuten die auf einem Felsgrat liegenden Ruinen der *Burg Treis* (11. Jh.) und der *Wildburg* (12. Jh.) wieder einmal auf die verwickelten Verhältnisse und auf die Auseinandersetzungen um die Macht zwischen Erzbischöfen und Adelsgeschlechtern hin.

Doch kehren wir über die Brücke zum Ortsausgang Kardens und zur Bundesstraße 49 zurück. Dort liegt nur wenige Kilometer entfernt, auch mit einem Schenkel ins Pommerbach-Tal ausgreifend, **Pommern** (ebenfalls unterhalb der Martberges). Wiederum leitet sich vom dortigen keltisch-römischen Tempel die Geschichte des gallo-römischen Ortes her. Sein Name soll entweder vom lateinischen Pomerium (= Apfelgarten) oder von der römischen Göttin des Obstes Pomona kommen. Die Apfelernte wird hier jedoch kaum ansehnlich gewesen sein. Die Traubenernte war es gewiß. Vor 2500 Jahren unterhielten die Römer ein starkes Kastell, und vor 2000 Jahren war Pomaria als Weinkurort für römische und griechische Händler bekannt. Der aufgefundene Gedenkstein des Tychikos berichtet es, denn er vermeldet, daß der Mann durch eine Behandlung mit hiesigem Rebenblut von schwerer Krankheit genaß. Sicherlich wegen des Weins erwarben einflußreiche Klöster des Mittelalters hier Land, und heute liefert die längste zusammenhängende Südlage am Fluß immer noch geschätzte, elegante Riesling-Tropfen mit feinfruchtigem Bukett.

Wohlstand spiegelt eine Anzahl erhaltener Häuser des 16. bis 18. Jahrhunderts: das Renaissance-Burghaus des Erzbischofs, das *Pfarrhaus (ehem. Hof der Abtei Himmerod,* Abb. 23) und wohl auch die *Kirche* von 1786 mit aufeinander abgestimmten und von Zeller Handwerkern geschaffenen Ausstattungsstücken. Allerdings ersparte man sich damals den Turm. Man übernahm ihn vom frühgotischen Gotteshaus. An seiner Nordostecke, etwa drei Meter über dem Boden, mauerten die Bauleute einen sonderbaren, runden Kopf in einem Dreieckrahmen ein. Volkskundler bestimmten ihn als heidnisches Abwehrsymbol, das Dreieck dagegen symbolisiere die christliche Heilige Trinität.

Klotten, mit 1800 Einwohnern doppelt so groß wie Pommern, war im 14. Jahrhundert Stadt und Sitz eines Amtes. Die Gründung des Ortes erfolgte allerdings weitaus früher. Ein Echternacher Dokument nennt 698 einen Berg des Clothus, und eine Urkunde von 814 erwähnt Cloduna, eine Zusammenziehung des merowingischen Königsnamens Clothar mit dem keltischen Wort für Burg. Ob das etwas mit der *Burg Coraidelstein* auf dem Bergkegel über Klotten zu tun hat, wer weiß es? Den Grundstein der Burg soll Pfalzgraf Hermann I. im 10. Jahrhundert gelegt haben. Seine Enkelin und Tochter Kaiser Ottos III., die Polenkönigin Richeza, nach dem Tode ihres Gatten vertrieben, verbrachte acht Jahre in ihren Mauern. Die Befestigung wechselte im Laufe der Jahrhunderte unzählige Male den Eigentümer. Im 19. Jahrhundert gehörte sie den Grafen von Kesselstatt. Sie überstand die Franzosenzeit, wurde aber 1830 auf Abbruch verkauft. 1923 geriet die Ruine in den Besitz eines Düsseldorfer Industriellen, und die Erben richteten in ihr eine Töpferwerkstatt ein, deren Erzeugnisse Keramikfreunde wegen ihrer Glasuren sammeln.

Vom Burgberg genießt man eine herrliche Aussicht auf Landschaft und Ort. Winklige Gassen mit Fachwerk- und anderen Häusern zeugen von Wohlstand. Er beruhte aber nicht allein auf dem Weinertrag. In Klotten wohnten auch Besitzer von Schiefergruben bei Kaisersesch, und die verschifften, bevor es die Eifelbahn gab, die Schieferplatten von Klotten aus.

Über steile Gassen steigt man zur Pfarrkirche *St. Maximin* hinauf. Sie ist ein mustergültiges Beispiel für die im 19. Jahrhundert einsetzende Denkmalpflege. 1868 erweiterte A. Himpler zurückhaltend und den alten Formen angepaßt einen spätgotischen Bau, der anstelle eines romanischen im 16. Jahrhundert entstanden war. Er veränderte ihn für seine dreischiffige Halle bis auf den Durchbruch an der Nordwand nicht, verwendete aber eine Kapelle an der Südseite als neue Portalvorhalle. Im alten Gotteshaus, so lang wie der neugotische Teil breit, tragen zwei Säulen und Konsolfiguren der Apostel und des Kirchenpatrons ein prächtiges Sternengewölbe, Leider stört die Orgelbühne den Gesamteindruck. Vorzügliche Arbeiten sind die lebendigen, klar gegliederten Altäre des St. Nikolaus, des St. Hubertus und der Maria aus der Hoffmann-Schule sowie die von einer Petrus-Figur gestützten

Kanzel (in den Feldern vier Evangelisten, Christi Himmelfahrt und Muttergottes), alle aus dem 17. Jahrhundert. Diese Werke und die Figuren des St. Sebastian, des St. Jacobus und eine Pietà im alten Chor verlangen eine eingehende Betrachtung.

Außer den historischen und kunsthistorischen Sehenswürdigkeiten bietet Klotten noch ein Naturerlebnis. Ein Durchlaß im Bahndamm, etwa 300 Meter vorm Ortseingang, öffnet den Zugang zum ersten Naturschutzgebiet an der Mosel, zum Erosionstal des *Dortebaches*. Senkrecht in die Tiefe stürzende, fast 150 Meter hohe Felsen begrenzen es. Ein über einen solchen Felsen schäumender Wasserfall schließt es ab. Überall auf Felsstufen, Bändern und in Spalten gedeihen Pflanzengesellschaften, die andernorts längst ausgestorben sind. Sie sind die Überbleibsel einer Schwarzmeer-Mittelmeer-Flora.

Mit **Cochem** erreicht der Reisende das Verwaltungszentrum des Kreises Cochem-Zell. Die Kreisstadt liegt am Scheitelpunkt des ›Cochemer Krampen‹, der letzten großen Schleife des Mäanderlaufs der Mosel, und zählt mit den eingemeindeten Cond, Sehl und Brauhek rund 7000 Bürger. Für den umliegenden Bezirk ist sie Handwerker- und Einkaufszentrum, Weinhandelsplatz, Behördensitz und Zentrum für Schulen aller Art und für die Versorgung von Kranken. Außerdem ist hier ein Jagdbomber-Geschwader stationiert. Vor allem aber ist Cochem mit jährlich 500 000 Übernachtungen und 2,5 Millionen Tagesbesuchern der bedeutendste Fremdenverkehrsort der Mosel. Insgesamt 130 Hotel- und gastronomische Betriebe kümmern sich um die Gäste, und zahlreiche Einrichtungen von Hallenschwimmbad, Sommerrodelbahn, Yachthafen, Schiffsrund-, Ausflugs- und musikalische Abendfahrten, Wildpark, Märchenwald, Sessellift zu einem Aussichtsberg mit Freizeitpark bis zu Rundfahrten durch Stadt- und Landschaft mit einer Art Straßenbahn ohne Schienen bieten Sport, Spiel und Spaß. Die Gäste kommen vorzugsweise aus den Ballungsgebieten an Rhein und Ruhr, aus Baden-Württemberg und Bayern, aus den Niederlanden und in den letzten Jahren auch vermehrt aus Großbritannien und Skandinavien. In der Saison drängen sich die Touristen durch die Straßen. Parkplätze sind rar (Parkhochhaus in der Endertstraße, der linksseitigen Verlängerung der Moselbrücke).

Man fragt sich, warum Cochem so beliebt ist. Wahrscheinlich wirkt die lange Fremdenverkehrstradition aus dem 19. Jahrhundert nach. Immerhin gibt es idyllischere Flecken an der Mosel. Zudem wurde die Stadt im letzten Krieg zu 53 Prozent zerstört. Doch davon ist nichts mehr zu bemerken. Viele historische Bauwerke blieben erhalten oder wurden wiederhergestellt und zeugen von der bewegten Geschichte der Stadt. Von keltischen und römischen Funden und der Annahme eines fränkischen Königshofes abgesehen, beurkundet ein Dokument von 886 den eigentlichen Eintritt Cochems in die Geschichte. Es spricht von einem Dorf Cochuma. 1051 ist von einem castrum Cuochomo die Rede. Dieser Burg verdankt Cochem seine weitere Entwicklung. Vermutlich erhielt sie ein pfalzgräflicher Vorfahre jener ehemaligen Polenkönigin Richeza vom Kaiser als Lehen oder Geschenk. Ihr Erbe, darunter die Burg, vermachte Richeza ihrem Vetter unter der Bedingung, daß er die Güter der von ihren Eltern begründeten Abtei Brauweiler schütze. Als Erzbischof Anno von Köln diese Besitzungen antastete, kämpfte der Vetter, wie er es gelobt hatte, unterlag

Cochem, um 1840. Stahlstich

und mußte drei Jahre Gefangenschaft im lothringer Kloster Gorze (s. S. 262) verbüßen. Zurückgekehrt nach Cochem, spaltete er im Irrsinn seiner Frau den Kopf.

Von da wechselte die Burg entweder durch verzwickte Verwandtschaftsverhältnisse oder Streitereien um die Pfalzgrafenschaft ständig den Besitzer. Ein Burgherr wurde, als er die Wachsamkeit seiner Leute prüfen wollte, vor den Mauern von einem Stein erschlagen. Ein anderer schreckte nicht vor einem Mord an seinem Gegner zurück. Dieses Verbrechen veranlaßte Kaiser Konrad III., die Burg mit Waffengewalt als Reichslehen einzuziehen. 1294 verpfändete es König Adolph von Nassau mitsamt fünfzig Orten der Umgebung an Erzbischof Boemund von Trier, und da das Reich das Pfand nicht wieder einlöste, mußten nachfolgende Könige und Kaiser den Erzbischöfen das Eigentumsrecht immer wieder bestätigen. Cochem wurde Sitz eines kurtrierischen Amtes. Erzbischof Balduin baute die Burg aus, befestigte den Ort und erhob Schiffszoll, indem er durch eine den Fluß sperrenden Kette die Schiffe an der Weiterfahrt hinderte. Den Dreißigjährigen Krieg überstand die Stadt zwar, doch fiel sie, zusammen mit der Burg, im pfälzischen Erbfolgekrieg den Franzosen zum Opfer. Während der Preußenherrschaft kaufte der Berliner Kommerzienrat Ravené die Ruine vom Fiskus und ließ sie als Sommersitz historisierend aufbauen. Heute gehört die Burg der Stadt (Farbt. 12). Sie pflegt sie als beherrschendes Bauwerk ihres Panoramas und als attraktive Sehenswürdigkeit; die Räume sind mit Mobiliar aus Gotik und Renaissance und kunsthandwerklichen Reproduktionen ausgestattet. (15 Minuten Fußweg, Besichtigungen März bis Oktober, täglich 9 bis 17 Uhr.)

Von der Balduin-Befestigung bestehen noch das *Balduinstor* und das *Enderttor* (›Alte Thorschänke‹; Abb. 25). Aus dem ehemaligen Amtshaus von 1739 wurde das jetzige *Rathaus* am Markt. Der Platz mit seinen Fachwerkhäusern, dem Martinsbrunnen und dem alles überragenden Turm der *Martinskirche* mit seiner Barockhaube präsentiert sich als geschlossenes Architektur-Ensemble (Abb. 24). Der Kirchturm wurde allerdings 1963 wieder aufgebaut, nachdem der richtungweisende, moderne Kirchenbaumeister Dominikus Böhm aus Köln 1951/52 die zerstörte Kirche mit einem gänzlich neuen, nach Norden gerichteten Schiff umorientierte. Den erhaltenen Chor gestaltete er zur Marienkapelle um. Das etwas nüchterne Langhaus beleuchten großartige farbsatte Symbolfenster. Statuen einer Maria auf der Mondsichel, der Schmerzensmann und eine Pietà akzentuieren die glatten Wände. Eine besonders schöne Plastik ›Gnadenstuhl‹ (um 1450) steht in der Kapelle. Die Gesichtszüge Gottvaters und des Sohnes offenbaren – anders konnte es sich der Künstler nicht vorstellen – eine tiefe Verbundenheit und innige Liebe.

Über den Dächern der Markthäuser sind die Gebäude des ehemaligen Kapuzinerklosters zu erblicken. An seiner Stelle lag, so wird vermutet, einst Cuchuma. Der Baugrund für das Kloster ist ein Geschenk des Kurfürsten Lothar von Metternich. Eigentlicher Stifter und Geldgeber war jedoch Johann Jakob zu Eltz-Kempenich. Von 1634 an bis zur Vertreibung durch die französischen Revolutionstruppen waren die Mönche in der Armenfürsorge, unterrichtend und seelsorgerisch in Stadt und Umgebung tätig. Obwohl heute die Räume leerstehen und die Altäre der Kirche in anderen Pfarreien im Hunsrück und an der Ahr aufgestellt wurden, prägt die Anlage den Stadtprospekt wesentlich mit.

Teil des Panoramas ist auch die *Ruine* Winneburg, die sich am Horizont auf einem Bergkegel über dem Tal des Endertbaches erhebt. Die wahrscheinlich um 1200 erbaute Feste gehörte bis 1637 zum Besitz der Familie von Winneburg. Als diese ausstarb, fiel die Burg an den Erzbischof, und von diesem übernahm sie Reichsgraf von Metternich zu Lehen. 1689 wurde sie von den Franzosen zerstört, die ihre Reste versteigerten. Sie kaufte der österreichische Staatskanzler Fürst Clemens von Metternich später zurück.

Zum Schluß muß noch auf eine außergewöhnliche technische Leistung in Cochem aufmerksam gemacht werden. Beim Bau der Eisenbahnlinie Berlin–Metz, die ihres strategischen Zwecks wegen ›Kanonenbahn‹ genannt wurde, durchstießen die Ingenieure in mühseliger Arbeit mit dem ›Kaiser-Wilhelm-Tunnel‹ einen Berg zwischen Cochem und Eller. 30 000 Waggons transportierten Schiefer- und Grauwackengestein ab. 8,8 Millionen Mark kostete das Unternehmen. 1877 wurde der Tunnel eröffnet. Ein 230 Meter hoher Schacht belüftet die 4,2 Kilometer lange Röhre, die den üblichen Weg an der Mosel um 18 Kilometer verkürzt. Wie damals ist sie immer noch der längste Tunnel der Deutschen Bundesbahn und wie damals verschwinden die Züge nach einem Viadukt über der Endertstraße durch ein mit dem Reichsadler geschmücktes Portal im Berg.

Nach Bernkastel

Nach Cochem gerät der Reisende in die Mäander der Mosel und damit in die faszinierend-
sten Gefilde des Flusses. Die Gewässer bildeten mit ihrem eigenwilligen Lauf in Millionen
von Jahren eine ganz und gar eigentümliche Landschaft aus. Es kann passieren, daß der
Autotourist auf den die Bögen und Schleifen begleitenden Straßen oder der Schiffspassagier
ihren außerordentlichen Charakter nur halb erkennt, weil er beispielsweise nicht ahnt, daß
hinter nur einem wenig breiten Bergrücken der Strom parallel, aber in entgegengesetzter
Richtung als auf seiner Seite fließt. So liegt Valwig im Cochemer Krampen – der Ausdruck
›Krampen‹ rührt vom Niederdeutschen her und bedeutet ›Haken‹ – eigentlich Klotten nur
zwei Kilometer entfernt gegenüber. Ein rund 300 m hoher Berg trennt allerdings die beiden
Orte voneinander. Auf einer Strecke von zirka 30 Kilometern wendet sich die Mosel zwei-
mal nach Westen, zweimal nach Osten und Südosten und dreimal nach Norden. Diese
geomorphologischen Besonderheiten sind nur von Höhen aus zu erblicken, und deshalb sei
als Auftakt für den weiteren Fahrtabschnitt zu einem Abstecher nach **Valwigerberg** geraten.
Von Cochem aus führt der Weg über die Brücke nach Cond, dann rechts an der ›Mosel-
Loreley‹, dem lotrecht abstürzenden Felsen ›Brauseberg‹ vorbei, zum am Ufer liegenden
Valwig (Kirche von Lassaulx mit St. Sebastian und Maria aus dem 15. Jh.). Von dort geht es
in engen Serpentinen zum Kamm des Schwarzen Berges hinauf. An der höchsten Stelle,
umgeben von einigen Häusern, birgt eine romanische, im 16. Jahrhundert veränderte
Kapelle das Gnadenbild einer gekrönten Madonna (um 1400) und die Reliefs der Verkündi-
gung Mariä und des Schmerzensmannes (16. Jh.). Von der Aussichtskanzel am Rande des
Plateaus kann man sich einen ersten Eindruck von jenen wiederholten Richtungsänderungen
der Mosel verschaffen. Sie kommt geradewegs aus dem Süden und biegt unterhalb der
Plattform im fast rechten Winkel nach Westen ab.

Die Lagen am Fuß des Berges bewirtschaften die Winzer von **Ernst** am jenseitigen Wein-
hang. Die Pfarrkirche des Ortes, *St. Salvator,* erbaute wiederum Lassaulx 1844–48. Hier
verwirklichte er eine neue Konzeption. Er schuf aus Quadraten und Rechtecken, die eine
Kreuzform andeuten, einen Zentralbau. Den Abschluß bildet der Chor auf Dreiviertel-
Grundriß. Vier Säulen mit quadratischen Deckplatten und flache Pilaster an den Wänden
tragen das Gewölbe. Der Besucher empfindet sofort die Harmonie, die dieser neoromani-
sche Raum ausstrahlt. In diese Architektur fügt sich der Hochaltar, eine schöne Arbeit von

1896, ebenso ein wie die älteren Altäre mit Szenen aus dem Leben Mariens und der Kindheit Christi, mit einer Heiligen Dreifaltigkeit und einer Salvator-Statue (alle 17. Jh.). Anläßlich des Kirchweihfestes am 6. August schmücken Gemeindemitglieder die Figur des Patrons mit Trauben.

Von Valwigerberg blickt man auf **Bruttig-Fankel** am südlichen Winkel des Schenkels. Eine Straße über die Hochebene führt in den Doppelort hinunter. In **Bruttig** stößt man sogleich auf das *Schunksche Haus*, ein Renaissance-Baudenkmal besonderer Qualität (Abb. 28). Die Architektur zeichnen zwei volutengeschmückte Zwerchgiebel vor einem hohen Walmdach aus. Die Inneneinrichtung, geschnitzte Wendeltreppe, repräsentativer Ofen, stukkierte Balkendecken, ist vollständig erhalten. Da die Räume bewohnt sind, verbietet sich eine Besichtigung. – Ein Stück weiter verengt das *alte Rathaus*, dreigeschossig mit mächtigem Treppenturm (1659), die Straße (Abb. 27). Bergwärts säumen Fachwerkhäuser die Gassen, die leider eine jetzt mit Rebstöcken bepflanzte ehemalige Eisenbahntrasse durchschneidet. Sie war die Rampe eines Tunnels von Treis nach Bruttig, der 1918–20 für eine niemals fertiggestellte zweite Strecke an der Mosel gebohrt wurde. Dieser diente von 1943–45 als Produktionsstätte der V1- und V2-Waffen für die Abschußstellen in Eifel und Hunsrück. Nach Kriegsende sprengten französische Besatzungstruppen die Anlage.

In der *St. Margarethen-Kirche*, im 19. Jahrhundert dem Turm eines früheren Baues von 1507 angesetzt, befinden sich einige interessante Kunstwerke; zuerst das noble gotische Sakramentshäuschen mit der Schutzpatronin in der Maßwerkbekrönung, dann die lebensgroße St. Margarethe, den Drachen mit einer Kette zähmend, schließlich aus der Hoffmann-Schule drei bemalte Tuffreliefs mit Szenen aus dem Marienleben. – Ein Sohn Bruttigs, Peter Schade, genannt Petrus Mosellanus, brachte es als Gelehrter zu hohem Ansehen. Er war Freund von Erasmus von Rotterdam, Reuchlin und Hutten, zudem Rektor der Universität Leipzig. Dort nahm er an dem Streitgespräch zwischen Luther, dessen Gefährten Karlstadt und deren Gegner Eck teil.

Die *Pfarrkirche* in **Fankel** überdauerte im Gegensatz zu der in Bruttig unversehrt die Zeiten. Turm, Schiff und Chor (14. und 15. Jh.) bilden noch eine Einheit. Dem Gotischen paßten sich die vollständig erhaltene barocke Innenausstattung (Altäre, Beichtstühle, Bänke, Empore) und die 1955 restaurierte Bemalung von 1762 bemerkenswert gut an. – Zusammenhängende Hausfronten des 16. bis 18. Jahrhunderts, meist Fachwerk, überraschen in der Hauptstraße. Besondere Aufmerksamkeit verdienen mehrere Giebelfassaden mit vorkragenden Geschossen, Türmchen und Erkern. Der obere Teil der Hauptstraße endet in den Arkaden des Rathaus-Erdgeschosses unter einem Fachwerkgiebel. Der rückwärtige Giebel dagegen besteht nur aus Stein, und an ihm gestattet eine Freitreppe den Zugang zu den oberen Räumen (Abb. 30).

Die Staustufe Fankel hebt den Wasserspiegel der Mosel um sieben Meter an. Um einen Begriff von den umfangreichen Arbeiten zu vermitteln, die die Flußregulierung verlangte: Hier wurden 1,3 Millionen Kubikmeter Felsgestein abgebaggert, und ein drei Kilometer langes Band beförderte den Schutt auf zwei 190 Meter hoch über den Fluß gelegene Halden zwischen Bruttig und Valwigerberg.

An der Außenseite einer weiteren Kurve des Cochemer Krampens zwängt sich **Beilstein** in den Einschnitt einer Bergflanke (Abb. 31). Seine Häuser ziehen sich die Hänge hinauf und auf einer hohen Kuppe wird eine Burgruine, auf einer niedrigeren eine Kirche mit angrenzenden Gebäuden eines ehemaligen Klosters sichtbar. Kommt man in den Ort, erweist er sich – wären die Touristen nicht – sozusagen unberührt. Kein Wunder, er steht als Gesamtensemble unter Denkmalschutz. Nicht von ungefähr bot er die Kulisse für fünf erfolgreiche Filme.

Burg und Kloster bestimmten den Charakter von Beilstein (Abb. 32, Frontispiz S. 2). Eine Urkunde von 1129 bezeichnet einen Ritter Cuno von Beyhelstein als ersten Besitzer der *Burg*, obwohl die Feste möglicherweise früher vorhanden war. 1268 belehnte das Erzstift Köln die Braunshorn aus dem Hunsrück mit der Burg, dem Ort und weiteren Gütern. Sie erweiterten ihren Besitz allmählich zur Herrschaft mit siebzehn Dörfern. Ein Johann von Braunshorn, Hofmeister Kaiser Heinrichs des VII., gewann für Beilstein städtische Privilegien, befestigte es und siedelte zehn jüdische Familien an. Das von ihnen zu zahlende Schutzgeld und ihre Steuern verhalfen dem Herrn zu ansehnlichen Einkünften. Markt wurde gehalten und Wein, Schiefer und landwirtschaftliche Erzeugnisse umgeschlagen. Doch die Braunshorner starben aus. Ein Winneburger aus Cochem, mit einer Braunshorn verheiratet, übernahm die Hinterlassenschaft. Familienstreitereien um das Erbe, Verpfändungen, Verwicklungen mit dem pfälzischen Grafenhaus, kurtrierische Interessen führten 1488 zum ›Beilsteiner Krieg‹. Kurtrier obsiegte. Trotzdem wurde Beilstein, aufgrund enger Beziehungen der Winneburger zur evangelischen Kurpfalz, von 1554–1636 protestantisch. Aber im Dreißigjährigen Krieg besetzten Spanier vierzehn Jahre lang das Städtchen und führten erneut den katholischen Glauben ein. Mit dem Tode des letzten Winneburgers 1637 fiel die Herrschaft an Kurtrier zurück, und die Kurfürsten belehnten den Reichsfreiherrn von Metternich, der auch schon die Winneburg erhalten hatte, mit Beilstein. Die Burg erlitt das gleiche Schicksal wie die anderen. Die Franzosen brannten sie 1689 nieder. Metternich zog nach Koblenz. Vögte verwalteten den Besitz bis 1794. Ein Nachfahre, der mehrfach erwähnte österreichische Staatskanzler (1773–1859), erwarb sie, ebenso wie die Winneburg, zurück. Er war der letzte Eigentümer der Burg und bewahrte die Reste der einst mächtigen Anlage vor dem endgültigen Untergang.

Der Trierer Dompropst Emerich von Metternich brachte nach dem Abzug der Spanier unbeschuhte Karmeliter aus Köln zur Gründung einer Niederlassung nach Beilstein. Neffen des Dompropstes schenkten ihnen den Kamerberg. Ein Laienbruder aus Springiersbach erbaute die das Ortsbild prägende *Kirche*. 1808 verließ der letzte Karmeliter das Kloster. Der Südflügel und der Kreuzgang wurden niedergelegt, das Gotteshaus zur Pfarrkirche erklärt. 1948 kehrten Mönche aus Straubingen in den Ostflügel des Klosters zurück. In den anderen Teilen sind das Pfarrhaus und eine Gastwirtschaft untergebracht. – Das Innere der Kirche aus der Erbauungszeit ist überaus sehenswert. Prachtstück der Ausstattung ist der dem heiligen Joseph gewidmete Hochaltar aus Nußbaumholz mit seinen Statuen zwischen den gedrehten Säulen und der Heiligen Familie in der Bekrönung. Zwei Seitenaltäre zeigen die Heiligen Anna und Simon Stock. Kanzel, Beichtstühle, Orgelemporen stehen mit ihrem

Schnitzwerk den Altären nicht nach. Beachtlich auch die Skulptur ›Christus am Ölberg‹ und eine naivere Pietà. In der linken Seitenkapelle verehren die Gläubigen das Gnadenbild der ›Schwarzen Madonna‹. Diese maurisch-spanische Arbeit brachten die Besatzungstruppen im 17. Jahrhundert mit. Nach Auflösung des Klosters erstand sie ein Privatmann. Ein Pfarrer kaufte sie ihm ab, ein anderer schenkte sie wiederum dem Erzbischof von Trier, und das dortige Diözesanmuseum übergab sie 1950 wieder den Karmelitern.

Am Moselufer und in den Gassen mit seinen verschachtelten Häusern entdeckt der Besucher manche verbauten Türme und durch Überbauten vereinigte Tore. Mittelpunkt ist der wie aus dem Fels gebrochene Marktplatz. Ihn legte Johann von Braunshorn 1322 an. Er erbaute dort auch die *St. Christophs-Kirche.* 1732 neuerrichtet, wendet sie seltsamerweise den Chor und nicht die Fassade dem Markt zu (seit 1805 profaniert). Ein Bogengang verbindet sie mit dem *Metternicher Hof,* dem Amtshaus des Freiherrn von 1727. Ein Säulenportal mit dem Wappenschild derer von Braunshorn-Winneburg-Metternich und Tekenplatten schmücken die Front. Heute ist hier das Hotel Lippmann untergebracht. Ihre Inhaber sammelten einheimische Gerätschaften, Waffen und Gegenstände des jüdischen Kults, die in den Weinstuben ausgestellt sind. Auf der anderen Seite der Kirche schließt ein Gang in Dachhöhe und ein Schwibbogen das *Zehnthaus* an die Kirche an (Abb. 33). Das düstere, 26 Meter lange und 10 Meter breite, unterkellerte Bruchsteingebäude errichtete Philipp von Winneburg-Beilstein zur Lagerung der von den Bauern rigoros eingetriebenen Getreide- und Weinabgaben. Kaum ein anderes Zehnthaus an der Mosel ist so eindrucksvoll erhalten wie dieses. Die Herren bezogen aber auch nicht unbeträchtliche Einkünfte durch die Erhebung von Zoll. Ein ehemaliges *Zollhaus* von 1634, ein Bau mit steinernem Sockelgeschoß und Fachwerkobergeschoß (Dependance Hotel Lippmann), fällt an der Moselfront auf.

Wie alle Orte an der Mosel haben auch die flußaufwärts folgenden heutigen Winzer- und Fremdenverkehrsdörfer eine lange und bewegte Geschichte. Und wenn man es ihnen auf den ersten Blick nicht ansieht; die Herkunft der Namen und Bauwerke bestätigen dies. Beilstein gegenüber liegen in *Ellenz* eine romanisch-gotische, nicht mehr benutzte Kirche, ein stattliches Fachwerk-Gemeindehaus (1541) und ein Burghaus des Herrn von Warsberg (1473); in *Poltersdorf* gibt es einen spätgotischen Kirchturm mit Straßendurchlaß; in *Briedern* die spätromanisch-gotische Servatiuskirche mit einer originellen Fachwerksakristei; in *Mesenich* ein romanischer Turm an einem barocken Saalbau und das barocke Hofgut der Abtei Brauweiler; in *Senheim-Senhals* stehen wiederum ein romanischer Turm, dem später ein Saal angefügt wurde, und eine Kapelle des 13. Jahrhunderts mit Fresken. Zwischen Nehren und Ediger fällt unmittelbar neben der Bundesstraße 49 ein romanischer Wachtturm ins Auge. Er ist der Rest eines *Hauses der Ritter von Lehmen,* das bis zu Anfang unseres Jahrhunderts noch andere ›Lehmener Höfe‹ umgaben.

Ediger, seit der Gebietsreform mit dem benachbarten Eller vereint, hat sein historisches Fluidum bewahrt, beziehungsweise durch intensive Denkmalpflege wiedergewonnen. An die sechzig Häuser aus dem 16. und 17. Jahrhundert, sieben aus dem 18. und eine beträchtliche Anzahl aus dem 19. Jahrhundert fügen sich reizvoll zusammen. Ihr Fachwerk war zumeist verputzt, denn nach 1860 durften die Besitzer deswegen eine staatliche Feuerversicherung zu günstigen Bedingungen beanspruchen. Doch heute zeigen mehr als zwanzig Häuser wieder ihre ursprünglichen gediegenen Fassaden mit Rundbogenkonsolen, geschnitzten Pfosten und Simsen, Rosetten und Reliefs als Schmuck. An den Tür- und Fensterstürzen von fünfzehn Gebäuden sind Jahreszahlen und Zeichen angebracht. Einige Türen sind zweihundert Jahre alt. Alte Wetterfahnen zieren Dächer. Aus der angedeuteten Vielfalt seien einige Häuser hervorgehoben: Oberbachstraße 4, wohl das schönste des Dorfes (1623), Oberbachstraße 18 und Hochstraße 28, der ehemalige Dompropsteihof (18. Jh.) in der Paulusstr. 7, das jetzige Verkehrsamt in der Pelzerstraße 1 mit vierseitigem Erker (1623, innen zu besichtigen) sowie die gegenüberliegende Apotheke, Moselweinstraße 11, und als ältestes das ehemalige kurfürstliche Hofhaus (16. Jh.) in der Moselweinstraße 13. Ediger genoß offenbar Blütezeiten, wenn man will, bis in die jüngste Zeit, denn wie sonst wären die aufwendigen Restaurierungen möglich gewesen.

Der Wohlstand kam wie meistens an der Mosel vom Wein. Nach vorgeschichtlicher und römischer Besiedlung der Gegend schenkte der Franke Dagobert im 7. Jahrhundert dem Kloster in Speyer Teile seines Königsgutes. Da sie zu weit von Speyer entfernt lagen, verkaufte die Abtei sie 1230 an das Erzbistum Trier. Ein späterer Bischof veranlaßte Kaiser Karl IV., dem Ort die Stadtrechte zu verleihen und eine Ummauerung zu gestatten – was auf eine schon damalige Bedeutung schließen läßt. Ediger wurde zwar trotzdem keine richtige Stadt, schöpfte aber seine ›Freiheiten‹ aus. Von der Befestigung existieren noch wesentliche Relikte, Mauern, Tore und Türme aus dem 14. Jahrhundert. Schließlich bezeugt auch die *St. Martins-Kirche* florierende Epochen (Farbt. 15, Abb. 36). Auf ihrem Schieferfelssporn über den Gassen befand sich vom 12. bis zum Anfang des 16. Jahrhunderts eine romanische Basilika. Diese ließ die Gemeinde völlig umgestalten. Bestimmt vom Bauplatz, erhebt sich der spätgotische Neubau über einem unregelmäßigen Grundriß. Der Turm mit seinem Helm, Dachgauben, Ecktürmen und Maßwerkbalustrade, dem von Klotten verwandt, und der Chor sind aus der Achse verschoben. Ein Chorumgang über weit auskragenden Konsolen sucht über ein Stadttor Anschluß zum Wehrgang. 1951–53 erweiterte Willy Weyres die Kirche um ein Schiff mit Empore. Steigt man von der Kirchstraße die Treppe zum Umgang

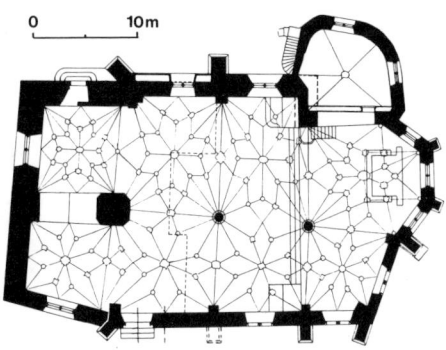

Ediger, St. Martin, Grundriß vor dem Anbau des nördlichen Seitenschiffs

hinauf, trifft man auf ein großes, spätgotisches Kruzifix, und öffnet man die Tür zum südlichen Seitenschiff, frappiert im ungewöhnlichen Raum zuerst ein Netzgewölbe. Aus zwei Säulen entfalten sich die Rippen wie die Äste eines Baumwipfels, reichen bis in den Chor und über die Orgelempore – und man staune –, 117 von enormer künstlerischer Phantasie entworfene Schlußsteine unterschiedlicher Motive verknoten die steinernen Maschen miteinander. – Von der Ausstattung stammen der Taufstein vermutlich aus dem romanischen Vorgängerbau, das Vesperbild aus dem 15. Jahrhundert, die anrührende Plastik des Schmerzensmannes und der Bildnisgrabstein eines Schöffen neben der Kanzel aus dem 16. Jahrhundert. Die Gruppe der ›Grablegung‹ schuf ein Meister des 17. Jahrhunderts nach dem Münstermaifelder Vorbild, und ein Künstler des 18. Jahrhunderts entwarf die Kanzel und den Hochaltar.

Dem Kunstfreund wird eine kleine *Kapelle der Muttergottes von Einsiedeln* von 1666/67 am Ufer ansprechen. Sie ist zwar von Häusern umbaut, befindet sich auch in keinem guten Zustand, aber anders als in den großen, restaurierten Gotteshäusern verspürt man in ihr eine echte Frömmigkeit, als hätte der Atem der Betenden die Wände getränkt. Ihren Dachreiter zieren Brot und Kreuz, das Westportal ein Vesperbild. An der Innentür der Vorhalle ein Erzengel Michael mit Schwert und Seelenwaage (1666), links das Relief einer Pietà und rechts das einer Kreuzigung. Im eigentlichen Kirchenraum formt ein Steinaltar das Gnadenbild von Einsiedeln nach: eine Madonna vor Strahlenkranz, darüber die Trinität mit Engeln. Die Figuren des Antonius (rechts), des hl. Meinrad (links) und des hl. Joseph (im Giebel) umgeben sie.

Das Ediger Ambiente lohnt einen eingehenden Rundgang, bei dem der Besucher noch manchen reizvollen Winkel entdeckt (Farbt.18, Abb. 35). Wahrscheinlich wird er schnell die Gliederung der gesamten Ortsanlage erkennen. Ediger demonstriert deutlich den an der Mosel verbreiteten Typus des ›Fährgassendorfes‹: Von einem parallel zum Hang verlaufenden Weg, hier von der Hochstraße, zweigen im rechten Winkel mehrere Gassen zum Fluß ab. Ein Aufenthalt lohnt zudem, um den fruchtigen, gehaltvollen Wein zu kosten. In welch großem Maße der Wein auch für den Lebensunterhalt der Moselaner sorgen mag, das Geheimnis der Verwandlung des Weines in Christi Blut hat trotzdem für sie einen tiefen Sinn. In Ediger symbolisiert ein Bildwerk ergreifend und anschaulich die Wein-Blut-Mystik. Ein Pfad klettert durch die Weinberge hinter dem Ort zum Kreuzberg hinauf. Ihn säumen fünfzehn Stationen (1762) mit Darstellungen von der Verurteilung Jesu bis zur Kreuzauffindung durch die Kaiserin Helena. Über dem letzten Sandsteinstock steht auf schmalem Schiefersporn eine einfache *Kapelle*. Unmittelbar hinter ihrer Tür ist ein 100 × 90 Zentimeter großes, bemaltes Relief eingelassen: ›Christus in der Kelter‹ (Umschlagklappe vorn). Christus ist Traube und Keltertreter zugleich. Aus den Wunden des unter dem Gewicht des Kreuzbalkens ächzenden Leibes preßt die Spindel das Blut, und die Füße stampfen es im Keltertrog wie Weinbeeren. Acht Bibelzitate interpretieren das Bildthema. Das Relief ist eine Replik des in der Sakristei von St. Martin sicher verwahrten Originals. Doch der getreue Abguß schmälert nicht die Betroffenheit des Betrachters oder die Andacht der Gläubigen. Der Eindruck ist so stark, daß man das in einer unbekannten Werkstatt des

16. Jahrhunderts gemeißelte Original nicht vermißt. Die Kapelle entstand wahrscheinlich zum Dank für eine überstandene Pestseuche am Anfang des 18. Jahrhunderts. Außer dem Kelterbild statten sie ein großes Kruzifix (um 1500), eine Skulptur ›Gottvater‹ aus dem 18. Jahrhundert und ein Altaraufsatz aus der schon oft erwähnten Hoffmann-Schule aus.

Den Besuch der Kapelle sollte niemand versäumen. Auch wer schlecht zu Fuß ist, braucht nicht darauf zu verzichten. Eine Nebenstraße nach Cochem führt auf der Höhe an einem Wanderparkplatz vorbei, und von dort gelangt man in wenigen Minuten zum von Buschwald eingeschlossenen Bethaus. Bei der Rückfahrt ins Tal empfiehlt sich ein Verweilen in einer der Kehren des Weges (Abb. 35). Ein Bach kerbte vom Plateau aus in den Abhang ein. Beidseits reihen sich Rebstock an Rebstock. Einen Traubenhang hinab blickt man auf Ediger. Seine Schieferdächer blinken silbern. Das Wasser der Mosel flimmert im Gegenlicht, und der dunkelgrüne Wald des gegenüberliegenden 420 Meter hohen Hochkessels fängt den Glanz auf. Die Kuppe nimmt ein 40 mal 140 Meter messender Ringwall aus der Latènezeit (5–1. Jh. v. Chr.) ein.

In **Eller** beginnt der ›Cochemer Krampen‹, und hier endet der die Wegstrecke verkürzende Eisenbahn-Tunnel. Der Schienenstrang verschwindet jedoch über eine Brücke gleich wieder in einem anderen Tunnel, der das Bremmer Hamm schneidet. Eller gehörte wie Ediger zum Besitz des Königs Dagobert I. Obwohl bis 1969 selbständig, teilte es im wesentlichen die Geschicke Edigers. Der Name Eller kommt von Elira. Das Wort meint den hl. Hilarius von Poitier. Ihm war bereits die erste Kirche, eine Mutterkirche für einen weiträumigen Pfarrbezirk, zu dem auch Ediger gehörte, geweiht. Doch Eller verlor diesen Rang an das inzwischen größere Ediger (vom keltischen ethegreia – Sandufer), das dadurch an Bedeutung gewann und schließlich den Nachbarort überflügelte. Der Unterschied zwischen den beiden Ortsteilen ist in der Bebauung deutlich sichtbar. Doch auch das Zentrum von Eller bietet Sehenswertes.

Eine offene *Straßenkapelle* mit geschweifter Haube, der Chor einer gotischen *Pestkapelle* und ein schlanker, romanischer Turm mit Langhaus und Portal bilden eine geschlossene Ansicht. Der Turm (1346) stammt von einem kleineren Gotteshaus. Die Gemeinde ersetzte es durch einen spätgotischen Bau, und als dieser nicht mehr ausreichte, fügte sie 1718–21 ein neues Schiff zwischen romanischem Turm und gotischem Chor ein. Das Pilasterportal kennzeichnet es. Von der Ausstattung von *St. Hilarius* ist neben dem Grab des Bürgermeisters Kulwer († 1566), der in seiner Amtstracht dargestellt ist, der rechte Seitenaltar aus der Hoffmann-Schule erwähnenswert. Das großformatige Mittelfeld – Maria mit Kind, Engel und dem Stifterehepaar zu ihren Füßen – umgeben Szenen aus der Kindheit Jesu bis zur Taufe im Jordan. Wahrscheinlich stand das Retabel auf dem Hochaltar an der Stelle, die jetzt eine passable Arbeit des Bildhauers Mayer aus Koblenz von 1891 einnimmt. Über dem Fenster der längst profanierten Pestkapelle ist eine Schrift angebracht: »Arnolphus der heilt zur Stund, Menschen, Vieh und rasenden Hund«; ein spätgotisches Fresko, auf dem der Heilige einen von einem Bauern gehaltenen Hund durch Brennen mit dem Hubertusschlüssel von der Tollwut befreit, illustriert den Spruch. Die offene Kapelle dagegen beschirmt ein Missionskreuz von 1733 mit einem großen Corpus.

Zum Besitz von Kurtrier gehörte der sogenannte *Freidthof*, die ehemalige Kellnerei von 1585 am Ufer. Doch spätere An- und Umbauten verunstalten seine ursprüngliche Gestalt fast bis zur Unkenntlichkeit. Nahebei steht auch das einzige nennenswerte Fachwerkhaus Ellers, die Wohnung des Bürgermeisters Kulwer von 1556.

Bevor man alsbald Bremm erreicht, berührt die Straße den 360 Meter hohen *Calmont*. Die Wand ist mit 76 Prozent Steigung der steilste Weinberg in Deutschland. Seine Winzer nutzen die horizontalen Falten im Fels als nur wenige Meter breite, doch 200 Meter hoch übereinandergetreppte und mit Stützmauern gesicherte Terrassen. Auf beschwerlichen Wegen tragen sie im Frühjahr den Dünger zu den Rebstöcken, und im Herbst buckeln sie die Trauben ebenso mühsam hinunter zu den Keltern. Hier reifen die Rieslingtrauben sozusagen unter südlicher Sonne. Sie ergeben einen finessereichen, charaktervollen Tropfen (die meisten Winzer ernten nur Beeren für ein halbes Faß und einige nur ein Fuder von tausend Litern).

Der zwei Kilometer lange Calmont krümmt sich wie ein Hohlspiegel. Ein bewaldeter Bergrücken verwehrt der kalten Luft der Eifel den Abfluß ins Tal. Das Moselwasser wirkt klimamildernd, und der Schieferboden mit einem Anteil von 60 Prozent Steinen erwärmt sich schnell und speichert die Wärme längere Zeit als üblich. Deshalb wollen Wissenschaftler den Namen von calides mons – heißer Berg herleiten. Andere führen ihn auf das keltische kal – hart und wieder andere auf calvus mons – kahler Berg zurück.

Von der gegenüberliegenden Seite des Flusses her spiegelt sich die Ruine der 1685 erbauten Klosterkirche *Stüben* im Wasser (Abb. 38). Ritter Egelolf stiftete und die Abtei Springiersbach begründete das Augustinerinnen-Kloster 1137. Es verwahrte jahrhundertelang eine kostbare Reliquie, ein Stück vom Kreuz Christi, das Heinrich von Ulmen während eines Kreuzzuges in der Hagia Sophia zu Konstantinopel aufspürte. Die Nonnen befleißigten sich im 18. Jahrhundert eines lockeren Lebenswandels. Ihre Klausuren wurden 1788 in ein freies Damenstift umgewandelt und 1794 aufgehoben. Das Reliquiar gelangte in den Limburger Domschatz. Das Kloster verfiel.

Unter dem Calmont beschreibt die Mosel eine Biegung von 180 Grad. Die engen, kopfsteingepflasterten Gassen von **Bremm** ziehen sich den Hang hinauf, und über ihnen thront *St. Laurentius*. Die erste Kirche, von der die drei unteren Geschosse des Turmes erhalten blieben, soll zum Andenken an den Sieg Kaiser Otto I. über die Ungarn gestiftet worden sein. Das Langhaus wurde mit zwei Jochen und zweischiffig im 15. Jahrhundert errichtet. Aber 1895 verlängerte man es und fügte mit dem ursprünglichen Baumaterial den Chor originalgetreu wieder an. Aus zwei Sandsteinsäulen verzweigen sich die an den Wänden von Figurenkonsolen gehaltene Rippen eines Netzgewölbes mit Schlußsteinen. Zur Ausstattung zählen ein Retabel in der Manier der erstaunlich produktiven Hoffmann-Werkstatt mit einem Abendmahl im Mittelfeld, gerahmt von den Figuren des Laurentius und Stephanus, Passionsbildern und einer Grablegung und bekrönt von einer Muttergottes. – Von den

30 FANKEL Rathaus, 17. Jh. ▷

32 BEILSTEIN   Burg Metternich, 13. Jh.   33   BEILSTEIN   Zehnthaus, 1537
◁ 31 BEILSTEIN
34 Die Mosel bei Beilstein

35 EDIGER

36 EDIGER Befestigung und St. Martin

37 POLTERSDORF   St. Andreas, gotischer
Turm

38   Kloster STÜBEN bei Bremm, ehem. Kirche, 17. Jh.

39   PÜNDERICH

40, 41 PÜNDERICH Fachwerk, 16. und 17. Jh.

42 ST. ALDEGUND Christophorus-Haus, 1710

43 PÜNDERICH Ehemaliges Fährhaus, 1621

44 ZELL mit ›Pulverturm‹, 13. Jh.

45 Die MARIENBURG auf dem Petersberg im ›Zeller Hamm‹

46 GRAACH Josephshof, St. Martins-Relief, 18. Jh.

47   MERL   Turm der ehemaligen Pfarrkirche St. Michael, 12. Jh.

48 Weinberge bei Enkirch

49 SPRINGIERSBACH Klosterkirche
    St. Nikolaus, 18. Jh.

50 ALF St. Remigius, Christus in der Rast, um 1500

51 TRABEN-TRARBACH Ev. Pfarrkirche (15. Jh.)

52 ENKIRCH Ev. Pfarrkirche, 13.–17. Jh.

53 TRABEN-TRARBACH Böcking-Grabstätte (18. Jh.)

54 TRABEN-TRARBACH Epitaph (17. Jh.) an der Kirche

55   KRÖV   ›Dreigiebelhaus‹, 17. Jh.

56 KRÖV   Grabkapelle der Grafen von Kesselstatt, 17. Jh.

57 KRÖV   Fachwerk, 17. Jh.

58 KINHEIM   Bildstock, 18. Jh.

59 Blick auf GRAACH und WEHLEN

60 GRAACH Bildstock, 1648

62 Weinberg ›Wehlener Sonnenuhr‹ ▷

61 GRAACH Johannes Nepomuk, 18. Jh.

Fachwerkbauten des Ortes zieht wegen seines prächtig geschnitzten, farbigen Dekors das sogenannte *Storchenhaus* an der Uferstraße den Blick auf sich.

In **Neef**, auf dem rechten Ufer der Mosel, sind das mehrfach umgebaute, wehrhafte *Burghaus* des Erzbischofs Balduin, später von einem Sponheimer Grafen übernommen, und vor allem die romanische *Kapelle* auf dem von der Eisenbahn untertunnelten Petersberg erwähnens- und besuchenswert. Von dort oben blickt man auch auf die imponierende Flußkehre und das umliegende Land, u. a. auch auf **St. Aldegund** unterhalb des ›Spieskopfes‹ am linken Ufer, der hier schnurgerade nach Norden verlaufenden Mosel. Der Ort reiht sich in die Kette der zahlreichen Dörfer ein, die ›moderne Zeiten‹ nur wenig zu beeinträchtigen vermochten. Die Einwohner gehen zwar in Betrieben der Umgebung ihrem Broterwerb nach und bewirtschaften ihre Weinberge meist nach Feierabend, bewahren aber gleichzeitig das Alte und Traditionelle. So wenden sie, wie der Augenschein beweist, z. B. für die Instandhaltung alter Häuser viel Mühe und Geld auf. Allerdings überdauerten auch besonders schöne Gebäude die Zeiten, so das *Christophorus-Haus* (Abb. 42). Das im Kern 1470 erbaute und im 18. Jahrhundert veränderte Wohnhaus des kurfürstlichen Küfers, bemalt, mit Schnitzwerk geschmückt und mit einem doppelt auskragenden Erker versehen, bildet mit anderen (deren alte Türen sogar noch erhalten sind) eine vorzüglich restaurierte Fachwerkgruppe an der Ecke Römerstraße/Christophorusstraße.

Die Einwohner von St. Aldegund haben allen Grund, auf die Geschichte ihres Ortes stolz zu sein. Im 4. Jahrhundert bewohnte eine vornehme Kaufmannsfamilie eine Villa. In ihren Trümmern soll Aldegundis, aus merowingischem Adelsgeschlecht, ein Kloster eingerichtet haben. Aber darüber gibt es keine verläßlichen Nachrichten. Adela aber, die in den Resten des römischen Kaiserpalastes in Pfalzel ein Kloster gründete und ebenfalls dem merowingischen Adel entstammte, nannte in ihrem 733 abgefaßten Testament Besitzungen in der Gemarkung, so daß frühe Beziehungen zwischen Pfalzel und St. Aldegund als wahrscheinlich erscheinen. St. Aldegund pflegte später aber auch Verbindungen zu den Abteien von St. Simeon in Trier, von Springiersbach und Stüben. Die späteren Grundherren von Ulmen vermachten ihren Besitz 1337 dem Erzbischof Balduin, der den Ort in sein Kurfürstentum eingliederte. In römischer Zeit und im Mittelalter war St. Aldegund ein wichtiger Weinumladeplatz. Die Schiffe legten in einem toten Arm der Mosel an (der erst verschwand, als die nahe Staustufe den Wasserspiegel um sieben Meter hob), und Karren transportierten die Fässer in die Städte am Niederrhein. Vom Dreißigjährigen Krieg blieb der Ort verschont, so daß die meisten seiner repräsentativen Fachwerkbauten sich erhalten haben.

Mit dem Stift Pfalzel war auch die alte Kirche *St. Bartholomäus*, idyllisch vor dem Berg gelegen, verbunden. Der Bau, ein quadratischer Chor und ein fast quadratisches Schiff mit Turm, stammt vom Anfang des 12. Jahrhunderts. Um die Mitte des 14. Jahrhunderts baufällig geworden, stellte ihn die Gemeinde mit Hilfe von Pfalzel wieder her. Sie sorgte für seine Unterhaltung, während das Stift für Kultgeräte und Priestergewänder aufkam. Nach einer Umgestaltung im 18. Jahrhundert wurde das Gotteshaus noch einmal 1971 völlig renoviert und neu konsekriert (Im Ersten Weltkrieg diente es nämlich als Gefangenenlager, Pferdestall und Trafostation und im Zweiten wieder als Gefangenenunterkunft und Munitionsdepot), und zwar mit Unterstützung des inzwischen weithin bekannten Kunstmäzens und Sammlers Peter Ludwig aus Aachen. Dadurch konnten die mittelalterlichen Freskenreste erhalten werden (Apostel Paulus an der Südwand, St. Bartholomäus an der Ostwand und eine Kreuzigung an der Nordwand des Chores, über dem linken Seitenaltar eine Heilige und an der nördlichen Langhaus-Wand eine Figurengruppe). Eine Figur des gefesselten und gegeißelten Christus, daneben eine Säule mit der Darstellung der Geißelwerkzeuge aus Sandstein und polychromiert, sind durch Jahreszahl und Steinmetzzeichen auf 1522 datiert und wurden wahrscheinlich vom kurfürstlichen Schultheißen aus Lothringen beschafft. Die lebensgroße Madonna stammt aus dem 17. Jahrhundert. Der Kanzelkorb, eine gute schmiedeeiserne Arbeit des 17. Jahrhunderts, konnte vom Kunsthandel zurückerworben werden. Mit Hilfe der Ludwig-Stiftung gelangte auch das 1900 verkaufte Rultz-Epitaph 1971 wieder an seinen alten Platz. Rultz war von 1570–1601 kurfürstlicher Vogt in St. Aldegund. Seine Adoptivtochter beauftragte Hans Ruprecht Hoffmann mit der Ausführung des Gedächtnismales. Es scheint im Stil mit den bisher vorgestellten Arbeiten der Hoffmann-Schule nichts gemein zu haben. Die Kunsthistoriker führen diesen Unterschied darauf zurück, daß es sich um eine eigenhändige Arbeit des Meisters handelt, indem sie nachweisen, welche Figuren er selbst und welche sein Sohn Heinrich schuf. Neben diesen Kunstwerken sind noch ein gotischer Opferstock und die hölzerne Eingangstür beachtlich, aber auch die Basaltkreuze vom 17. bis 19. Jahrhundert auf dem ehemaligen Friedhof, der die Kapelle umgab. Eines von 1811 gedenkt eines ertrunkenen Schiffers. Einst befand es sich in einer Gasse des Dorfes, und einem Mann erschien in seiner Nähe nachts der Teufel in Bocksgestalt.

In der alten Kirche lassen sich heute gern Hochzeitspaare trauen. Der Gemeindegottesdienst findet dagegen in der *Pfarrkirche St. Aldegundis und Bartholomäus* statt. Das mit seinem Turm und hohem Schiff im Ortsbild mit der alten Kirche konkurrierende Gotteshaus erbaute der Düsseldorfer Architekt Rincklage 1864–75 im neogotischen Stil. Die Figuren der Aldegundis und des Bartholomäus, eine Anna selbdritt-Gruppe, bei der das Kind freudig nach einer Traube in der Hand der Anna greift (15. Jh.), eine Pietà (um 1600) und ein Taufbecken schmückten ehemals die alte Kirche. Diese Ausstattung ergänzen bemerkenswerte Werke aus der heutigen Zeit, so ein Hängekreuz von 1967, eine Sakramentssäule und ein Kreuzweg.

Einige Kilometer weiter mündet der mit dem Ueßbach vereinigte Alfbach in die Mosel. Im Ort **Alf** sind neben der neugotischen Basilika *St. Remigius* eine Kreuzigungsgruppe aus der Erbauungszeit und eine Statue ›Christus in der Rast‹ aus dem 15. Jahrhundert aufgestellt (Abb. 50), die man bei Arbeiten im Pfarrgarten fand. Sicherlich gehörte sie zur Ausstattung eines Vorgängerbaues, denn der Turm der Kirche ist im Kern mittelalterlich, obwohl eine Jahreszahl ihn auf 1937 datiert.

Beim Zusammenfluß des Alf- und Ueßbaches erhebt sich auf einem bewaldeten, 200 Meter hohen Bergkegel die *Burg Arras*. Der Sage nach versperrte hier ein hünenhafter Schmied mit zwölf ebensolchen Söhnen den Hunnen den Weg von den Eifelhöhen ins Moseltal. Kaiser Otto I. soll dem tapferen Mann 938 die Veste zu Lehen gegeben, ihn zum Ritter geschlagen und damit das Geschlecht derer von Arras begründet haben. Historisch belegt ist, daß Pfalzgraf Hermann auf der schon früher wehrhaft besiedelten Kuppe die Burg 938 als Reichslehen zur Abwehr von Ungarneinfällen erbaute. Ihre Mauern wurden vom 12. bis zum 16. Jahrhundert verstärkt, ihre Besitzer wechselten häufig, doch Reichslehen blieb sie bis zur französischen Zeit. Danach verfiel sie. Die Ruine erwarb ein Bergwerksdirektor aus dem Ruhrgebiet. Er ließ sie 1907–10 unter Wahrung des vorhandenen Bestandes wieder aufbauen. Seitdem ist die Burg bewohnt, und ein Restaurant wird unterhalten. Eine Sammlung von alten Ansichten und Karten, Rüstungen, Waffen und Möbeln lädt zur Besichtigung ein. Der jetzige Burgherr, ein Neffe des früheren Bundespräsidenten Heinrich Lübke, stellt in einem Raum auch Erinnerungsstücke an diesen aus.

Der Blick von der Höhe läßt die nahe Mosel nur ahnen. Die Landschaft prägt, so weit das Auge reicht, der große Staatsforst *Kondelwald*. Er verbirgt auch **Bad Bertrich** im romantischen Tal des Ueßbaches. Funde in der näheren Umgebung des Bades beweisen eine steinzeitliche Besiedlung der Gegend; die Artefakte, aus einer Höhle im Falkenberg stammend, sind vielleicht die ältesten im Eifel-Moselgebiet überhaupt. In Bad Bertrich sprudelt mit 170000 Litern pro Tag die einzige Glaubersalz-Therme der Bundesrepublik aus vulkanischem Gestein. Das Wasser wird in Form von Trink- und Badekuren zur Behandlung von Erkrankungen des Verdauungstraktes, von Stoffwechselerkrankungen und Rheuma angewandt. Nach der Herkunft des Namens zu schließen, war die Quelle wahrscheinlich schon den Kelten bekannt. Gewiß aber suchten bereits die Römer hier Heilung von ihren Leiden. Sie faßten, wie man durch Abdeckplatte und Steigrohr weiß, jedenfalls den Austritt in einem 25 Meter tiefen Schlund und unterhielten ein luxuriöses Badehaus. Um diese Einrichtung bildete sich ein vicus, ein Dorf für die ersten Kurgäste. Eine Töpferei stellte Terrakottafiguren her, die die Heilungsuchenden als Votivgaben den Gottheiten in verschiedenen, durch Ausgrabungen festgestellten Tempeln widmeten. In einem ermittelte man einen Altar der Quellgöttinnen Vercana und Meduna und eine Marmorstatuette der Diana mit Hund und Hirschkuh, die seinerzeit nicht nur als Jagd-, sondern auch als Heilgöttin verehrt wurde. Auch im Mittelalter wurde der Brunnen genutzt. Einer Überlieferung zufolge heilte ein Einsiedler mit Namen Bertricus mit dem Wasser Kranke. Im 15. Jahrhundert ging der Ort in den Besitz des Erzbistums Trier über, und der Bischof baute für 16000 Gulden die Badeeinrichtung aus und schützte den Platz durch eine starke Mauer. Im 16. Jahrhundert wiesen mehrere Gelehrte in geographischen Büchern auf die Wirkung der Therme hin. Trotzdem vernachlässigten sie alsbald die hohen Herren in Trier ... bis der letzte Kurfürst Clemens Wenzeslaus 1785 Promenaden anlegte, ein Kurhaus erbaute und Bad Bertrich zur Sommerresidenz erkor. Selbst die Präfekten des französischen Departements förderten nach der Revolution den Kurbetrieb. Das Badeschloß des Clemens Wenzeslaus besteht als ›Kleines Kurhaus‹ noch heute. Das Kurhotel daneben, innen verändert, aber in der Fassade im ursprünglichen Zustand erhalten, wurde ebenfalls mit Unterstützung des Kurfürsten 1788/89 als Gasthaus erbaut. Das ›Große Badehaus‹, 1909 errichtet und 1927/28 verändert, und der Kursaal schließen den jetzigen Kurgarten ab. Nach dem letzten Krieg begann ein neuer Aufschwung, da Karlsbad und Marienbad in der Tschechoslowakei sowie Bad Elster (Vogtland) in der DDR mit ihren ähnlich wirkenden Thermen für Kranke aus der Bundesrepublik nicht mehr erreichbar waren. Heute verfügt Bad Bertrich über mannigfache, nach den neuesten balneologischen Methoden ausgestattete Institutionen. So beherrschen Kliniken, Sanatorien, Hotels und Erholungsheime das Ortsbild. Die vielen Gäste wissen das besondere Fluidum des von der Tradition geprägten, typischen Kurortes zu schätzen.

Doch kehren wir nach Alf zurück. Bevor wir wieder an den Fluß gelangen, zweigt im Ortsteil Fabrik bei der Burg Arras die Bundesstraße nach Wittlich ab. Folgt man ihr am Alfbach entlang, zuerst durch das enge Höllental und dann durch eine Talweite, die einmal ein Moselbett war, so erreicht man nach etwa 8 Kilometern eine Nebenstraße, die zur Klosteranlage **Springiersbach** führt, die in der mittelalterlichen Geschichte der Region so bedeutsam war.

Das Kloster entwickelte sich aus einer cella, die eine Witwe Benigna aus der Familie der Dauner Edelherren auf einem ererbten Gut 1102 einrichtete. Erzbischof Bruno weihte die Niederlassung. Erster Abt der nun schon größeren Gemeinschaft war Richard (1118–58), der Sohn der Gründerin. Er übernahm die strengen Regeln der in der kirchlichen Reformbewegung um 1100 entstandenen Augustinerchorherren-Stifte und setzte sie konsequent durch. Springiersbach genoß hohes Ansehen. Mönche anderer Klöster traten hier ein. Hiesige Chorherren reformierten andere Konvente. Darüber hinaus rief Springiersbach neue Klöster ins Leben. Doch allmählich gewannen die Adelsgeschlechter der Umgebung zunehmend Einfluß auf die Abtei. Die Sitten lockerten sich. Ab 1600 wurden nur noch Bewerber mit mindestens vier adligen Vorfahren aufgenommen. Die Chorherren führten alsbald mehr das Leben weltlicher Herren als das von Ordensbrüdern. Clemens Wenzeslaus wandelte das Kloster 1787 daraufhin in ein Ritterstift um. Aber 1794 okkupierten die Franzosen den Kurstaat. Das Klostergut wurde versteigert. Bischof Mannay, ein Franzose, erreichte aber, daß die Kirche der Pfarrgemeinde Bengel übergeben wurde, so daß sie erhalten blieb. Doch Bengel erbaute eine neue Kirche im Ort. Springiersbach verlor jegliche Funktion, bis 1922 der Karmeliterorden einige vorhandene Gebäude und die Kirche erwarb. Doch 1940 brannte die Kirche nieder. 1946 war sie wiederhergestellt. Ein Neubau des Klosterostflügels von 1962–65 reproduziert die Fassade des Baues von 1682 und restauriert aus noch erhaltenem alten Material den spätromanischen, zweischiffigen und gewölbten Kapitelsaal in den Originalmaßen (Bündelpfeiler mit feinen Ranken- und Blattkapitellen). Das Gebäude dient als Noviziat der Oberdeutschen Ordensprovinz der Karmeliter. Romanische Spolien sind außerdem im Klosterbezirk als Gartenpfosten oder als Steintisch verwendet. Von anderen Bauten bestehen noch die Abtswohnung aus dem 17. Jahrhundert mit Durchfahrt und Treppenturm, das ehemalige Refektorium und Teile des Kreuzganges, das ehemalige Hospital aus dem 15. Jahrhundert nordöstlich des Komplexes, die ehemalige Gerberei (jetzt Bauernhof) und das ›Springiersbacher Hof‹ genannte Gut (1720) auf einer Höhe in Richtung Bengel.

Die jetzige *Kirche* ließ der letzte Abt Holtrop 1769–72 vom Straßburger Paulus Stehling errichten. Das Abtswappen ziert das Hauptportal im von Haube und Laterne bekrönten Turm. Innen gliedert sich die festlich anmutende Halle in zwei gleich große Teile, in Schiff und Chor. Das gesamte Tonnengewölbe bedeckt ein Fresko, das ursprünglich der Bernkasteler Maler Freund 1773 schuf und das dann vom Restaurator Velte nach dem Brand neu gemalt wurde. Es stellt in drei Feldern von Ost nach West die Heilige Dreifaltigkeit, die Himmelfahrt Mariens und den Ordenspatron St. Augustinus dar. Auf dem Hochaltar, nach dem Unglück verändert, überreicht die Gottesmutter dem heiligen Simon Stock das Skapulier, begleitet von den Patronen der Karmeliter, Elias und Elisäus. Die beiden schräggestellten Seitenaltäre, links mit der Figur der Immaculata, rechts mit der heiligen Katharina, erscheinen als abschließende Elemente des prächtigen Rokoko-Chorgestühls. An der rechten Wand auch eine Statue des St. Nikolaus (Abb. 49). Im selben Stil auch zwei schöne Beichtstühle. An der Wand der Kanzel gegenüber ruhen in einem Schrein die Gebeine des heiligen Bischofs Abrunculus von Trier. Sie waren im 12. Jahrhundert aus dem dortigen St. Paulin nach Springiersbach überführt worden. In einer vom Friedhof aus zugänglichen Krypta unter dem Chorschluß der Kirche sind der erste Abt Richard, der Abt Absalon, 1193 aus einem Pariser Stift berufen, und nach der Neubesiedlung verstorbene Karmeliter bestattet. – Stille beherrscht das Klosterareal. Die Bäume des Kondelwaldes reichen bis ans Stift. Einsam liegt es in der Flur. Der genius loci des Fleckens abseits jeden Verkehrs nimmt den Besucher gefangen.

Wieder in Alf angekommen, fällt in **Bullay** am gegenüberliegenden Ufer die Kirche auf, deren Architektur nicht ins Landschaftsbild paßt. Im 19. Jahrhundert errichtet und 1936 nicht sehr gelungen erweitert, ist sie als Bau unbedeutend, doch enthält sie bemerkenswerte Kunstwerke. Auch hier findet sich wieder ein Werk aus der Trierer Hoffmann-Werkstatt, ein steinernes Altarretabel. Diesmal stellen die Felder den ›Gnadenstuhl‹ und die ›Auferstehung‹ sowie die Szenen ›Joseph flieht vor der Frau des Pontifar‹, ›Abraham opfert Isaak‹, ›Daniel in der Löwengrube‹ und ›Daniel befreit Susanne‹ dar. Die Bildinhalte bestimmte sicher der Auftraggeber 1618. Er hieß nämlich Daniel Engel. Eine Kreuzigungsgruppe von 1520 wurde durch die später geschnitzte Figur des Johannes bereichert. Ikonographisch besonders interessant ist aber die Statue der Maria Magdalena (3. Viertel 17. Jh.). Maria befindet sich augenscheinlich auf dem Weg zum Grab des Herrn am Ostermorgen, um dessen Leib zu salben, denn sie trägt Salbtopf und Linnen in den Händen.

Nicht die Kunstwerke verhalfen Bullay indes zu einer gewissen Berühmtheit, sondern das sogenannte ›Saufbähnchen‹. Der Ort war die Endstation einer 103 Kilometer langen Kleinbahnstrecke, die von einer Privatgesellschaft betrieben wurde. Von Trier kommend folgte die Bahn allen Bögen des Flusses, hielt bis Bullay dreißigmal, und auf der vierstündigen Fahrt wurde den Reisenden – Moselfreunden, Weinliebhabern, Besuchern von Winzern und ihrer Feste – zeitweise ein besonderer Service geboten: Sie hatten Gelegenheit, Wein aus den Lagen zu verkosten, die an der Strecke lagen. Eine stattliche Anzahl mitgeführter Weinflaschen machte dieses Vergnügen möglich. Die Bahn wurde im Januar 1968 wegen mangelnder Rentabilität endgültig eingestellt. Heute ist Bullay D-Zug-Station der Linie Koblenz – Trier. Diese wechselt hier auf einer doppelstöckigen Gitterbrücke – unten Fahrbahn, oben Schienenstrang – zur Gegenseite.

In Bullay endet aber auch die 14 Kilometer lange Moselschleife, der *Zeller Hamm*. ›Hamm‹ heißt soviel wie ›Kummet‹, die Bezeichnung für den Teil des Pferdegeschirrs, der

Kloster Marienburg, 1841. Aquatinta von Carl Bodmer

um den Hals des Tieres liegt. Der Fluß umschlingt den *Peters-* und den *Barl-Berg.* Folgt der Reisende von Bullay aus der Biegung am rechten Ufer, sieht er sogleich einen Grat mit einer markanten Bebauung. Von dort oben (Fußweg 45 Minuten von Alf aus; Fahrweg-Abzweigung von der Bundesstraße 53 auf der anderen Seite des Flusses) kann er die Mosel mit einem Blick gleich zweimal erfassen. Die in entgegengesetzten Richtungen strömenden Gewässer sind nur etwa 400 Meter voneinander getrennt. Nicht verwunderlich, daß die Kelten auf diesem ausgezeichneten Platz eine Kultstätte und die Römer eine Befestigung errichteten. Jahrhunderte später trug der Bergrücken einen fränkischen Königshof, dann eine erzbischöfliche Burg und die Peterskirche. Sie wurde die Pfarrkirche für die Bewohner des Hamm und 1030 sogar Mutterkirche für 77 Orte und 27 Filialkirchen. Der Erzbischof übertrug ihren Besitz Springiersbach. Abt Richard begründete anstelle der Burg ein Kloster für adlige Augustinerinnen und erbaute ein neues, 1156 geweihtes Gotteshaus. Der Berg hieß danach castrum beatae Mariae – *Marienburg* (Farbt. 14, Abb. 45). Kurfürst Richard von Greiffenklau löste das Stift 1515 jedoch auf (als Vorwand diente ihm der nicht immer klösterlich-strenge Lebenswandel der Nonnen, jedenfalls zogen sie nur unter Zwang nach Stüben um). Statt dessen befestigte er die strategisch unübertreffliche Höhe erneut. Die Soldateska des Dreißigjährigen Krieges belagerte und besetzte den Wehrbau verschiedene Male. Schließlich zerstörten 1687 Franzosen die schon schwer mitgenommene Feste. Zur instandgesetzten Kirche pilgerten die Gläubigen allerdings in großer Zahl. Durch die Säkularisierung zu

Anfang des 19. Jahrhunderts wurde sie ihrer Funktion beraubt. Neben der Burg verfiel nun auch die Kirche zur Ruine.

Aus den Trümmern entstand von 1952–57 ein Hotel mit Restaurant und eine Begegnungsstätte der Diözese Trier. In deren neue *Kirche* wurde der ursprüngliche Chor übernommen und der Gesamtkomplex mit angemessenen, zeitgenössischen Werken von Ernst Alt ausgestattet. Er nahm mit seinen Arbeiten die Blut-Wein-Mystik in der moselländischen Kunst wieder auf. Eine Traubenmadonna im Ährenkleid ist an der Außenmauer angebracht. Im Vorraum hängt ein bronzener ›Lebensbaum‹, ein bewegendes Gabel-Kruzifix, an dessen Ästen die Weintraube und das Korn des Brotes reifen. Im Chor wiederholt ein expressiv gemaltes Bild das Motiv ›Christus als Keltertreter‹, und eine Kelterspindel ist zum Leuchter umgeformt. Unter einem Muttergottesrelief von einem alten Schlußstein tritt man in die rippengewölbte, kleine Gnadenkapelle ein. Ein Vesperbild des 15. Jahrhunderts ruht auf einem Weintraubensockel. In einer Nische befindet sich ein gotischer Schmerzensmann. Maßlosen Schmerz, gesteigert durch die abgebrochenen Arme, drückt der ›Marienburger Weinbergheiland‹, ein gotischer Corpus, über der Tür aus. Durch solche Zeugnisse des tiefverwurzelten Glaubens, durch seine Lage im Hamm und durch seine Geschichtsträchtigkeit wird der Petersberg zum sinnhaften Wahrzeichen des deutschen Mosellandes. Vom Kamm sieht man Merl und Zell im Osten und Pünderich und Briedel im Westen.

Merl, das alte Merila (782), am Fuße des 371 Meter hohen ›König‹ markiert ein besonders schöner romanischer Turm vom frühesten Typus im Trierer Raum. Er steht inmitten eines Friedhofs in den Weinbergen (Umschlagvorderseite, Abb. 47) und war einst der Chorturm der Pfarrkirche *St. Michael* vom Anfang des 12. Jahrhunderts. Vier Evangelistensymbole umgeben ein Kreuzfenster. Das Relief gilt als die älteste moselländische Steinplastik. Neben St. Michael bestand noch die Kirche des 1803 aufgelassenen Minoritenklosters. Da Napoleon meinte, zwei Sakralbauten für den Ort seien zuviel, verfügte er, daß das Gotteshaus des Konvents als Pfarrkirche fungieren solle. St. Michael verfiel und wurde 1823 abgerissen.

Die um 1280 erbaute, fast unversehrte *Kirche* des Konvents bezeichnete der Kunsthistoriker Hans Vogts als bemerkenswertes Beispiel für einschiffige Klosterkirchen der Frühgotik an der Mosel und die Sakristei – vielleicht der ehemalige Kapitelsaal – als Vorbild der am Fluß verbreiteten, späteren quadratischen Räume mit Mittelpfeiler. So bedeutend wie der Bau sind auch Teile seiner Einrichtung. Ein sorgfältig gearbeitetes, dem Münstermaifelder verwandtes Retabel aus Antwerpen stand einst auf dem Altar der ersten Kirche im Weinberg und war die Stiftung eines Springiersbacher Abtes (in fünfteiliger Predella Szenen der Kindheit Jesu und Stammbaum Christi; von den Ästen des Stammbaums umrahmt in drei Nischen unter Baldachinen; links Kreuztragung, in der Mitte überhöht der Kalvarienberg, rechts Beweinung. Die Gemälde an den Seitenflügeln ergänzen die Thematik des Schnitzwerkes). Von der Decke hängt eine anmutige gotische, 1,15 Meter große Marienfigur. Sie schreitet auf Wolken und der Mondsichel und ist von Engeln umgeben. Das Kind hält einen Apfel in der Rechten, was als liebenswürdige Abwandlung des Traubenmotivs aufzufassen ist. Befestigt an einer Wand ist dagegen ein zwei Meter hohes Kreuz (17. Jh.) mit einem naturalistisch modellierten Corpus. An die Nordmauer der Kirche schließen die inzwischen verunstalteten Klostergebäude an. Ihr gegenüber, neben dem Bahnhof, steht ein Turm der von den Franzosen geschleiften Befestigung, der hierher versetzt wurde und einstmals die Funktion eines Eisbrechers erfüllte.

In den Straßen sind noch alte Häuser zu sehen: auffallend der *Klappenburg* genannte Hof (16. Jh.), der *Springiersbacher Hof* (18. Jh.) und der *Zandthof* (18. Jh.). Die Ritter des Geschlechts der ›Zandt von Merl‹ waren lange Zeit kurtrierische Ministerialen mit umfangreichen Besitztümern und großem Einfluß im Lande. Wahrscheinlich förderten diese Herren im 17. Jahrhundert hier die Riesling-Rebe, denn hier wurde sie zum ersten Mal an der Mosel angebaut.

Merl ist ein Stadtteil von **Zell**, und Zell ist mit ca. sechs Millionen Rebstöcken in seiner aus 16 Einzellagen bestehenden Großlage ›Schwarze Katz‹ eine der größten Weinbaugemeinden am Fluß. ›Schwarze Katz‹ ist ein Phantasiename, und niemand weiß so recht, wie er entstand. Etiketten mit dem gebuckelten Kater kleben auf Flaschen, die sowohl leichte und trockene als auch schwere und liebliche Weine enthalten. Die Marke erwies sich als werbewirksam, so daß ein von Burger aus Mayen geschaffener Brunnen am Markt das Bild des auf einem Faß fauchenden Tieres als Plastik wiederholt. Der berühmte Wein lockt selbstverständlich auch Fremde an. Sie verleihen Zell nebenbei auch das Prädikat ›Erholungsort‹, zu dem ihn auch seine Freizeiteinrichtungen sowie die Anlagen machen, die am Ufer nach Stillegung des ›Saufbähnchens‹ entstanden.

Von der denkwürdigen Geschichte Zells erzählen allerdings nur noch wenige Bauten. 1848 brannten 152 Häuser, 1857 erneut zwanzig Gebäude ab. Unter den vom Feuer verschonten verdient besondere Aufmerksamkeit das sog. *Haus Caspary* in der Balduinstraße, 1515 für den kurtrierischen Kellner Johann von Senheim erbaut. – Sitz des Amtes, die ›Kellnerei‹, war das kurfürstliche *Schloß* (Ende 15. Jh.) am Anfang der Schloßstraße. Heute ist es der ansehnlichste Bau der Stadt (Hotel). Die rückwärtigen Flügel flankieren zwei Türme. Ein Treppenturm betont die Front. Eine Galerie verbindet im vierten Stock einen Laufgang. Maßwerkfenster zeichnen die Geschosse nach. Der im rechten Winkel mit der Schmalseite an die Straße stoßende Flügel mit eingebundenem Achteckturm fungierte ehemals als freistehender Torbau mit Durchfahrt. Über dem Tor zieren Blendbögen drei Fenster, deren mittleres zusätzlich ein kunstvolles Gitter aufweist. Die Verbindung der beiden Flügel wurde erst im 18. Jahrhundert durch ein niedrigeres Bauglied geschaffen. Aus dieser Periode stammen auch die Figuren der Diana und des Apoll auf den Pfeilern der Hofeinfahrt. Die Kurfürsten wohnten mehrfach im Schloß. 1502 quartierte sich sogar Kaiser Maximilian I. ein, der mit großem Gefolge zum Reichstag nach Trier zog.

Ein paar Schritte vom Schloß entfernt entging auch die Pfarrkirche *St. Peter und Paul* von 1786 den Bränden. Sie ist die Nachfolgerin eines der Abtei Springiersbach inkorporierten älteren Gotteshauses. Ihr heller Innenraum, einheitlich im Stil der Bauzeit ausgestattet, hütet einen gotischen Taufstein und eine gotische, versonnen auf das Kind blickende Muttergottes aus der ersten, abgebrochenen Kirche. – Von der 1229 vollendeten und von den Franzosen 1689 teilweise zerstörten Stadtumwehrung ist der *Pulverturm* erhalten. Ebenfalls im Friedhof bei den Weinbergen gelegen, erscheint er als Pendant zum Kirchturm in Merl

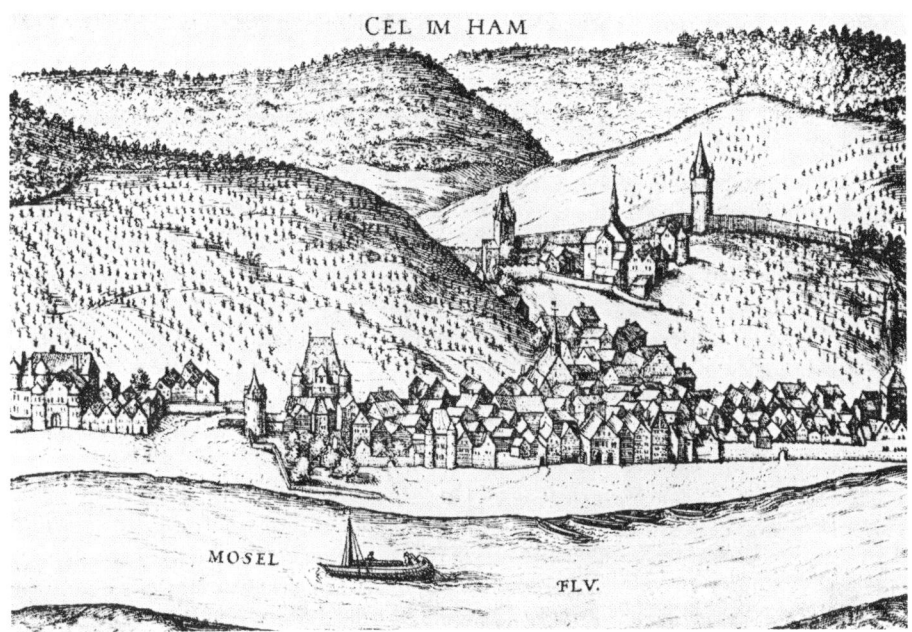

CEL IM HAM

MOSEL   FLV.

Zell, um 1576. Nach Braun und Hogenberg

und wie dieser in Merl akzentuiert er das Ortsbild von Zell (Abb. 44). Ansonsten weisen Funde in der Umgebung auch hier eine Besiedlung der jüngeren Steinzeit und eine umfangreichere aus der Römerzeit nach. Vom römischen cella leitet sich der Name Zell ab.

Der Name des über einen Fußgängersteig erreichbaren Stadtteils **Kaimt** stammt dagegen vom keltischen cambetum – Ort an der Flußbiegung – ab. Hier überstand mehr Fachwerk die Zeiten als in Zell. Als eines der eigentümlichsten Fachwerkhäuser im Moselraum gilt der *Hof der Boos von Waldeck* mit hohem Giebel, regelmäßigen Feldern und Andreaskreuz-Reihen unter den Fenstern. Diesen Ministerialen gehörte Burg Waldeck im Hunsrück oberhalb Treis. Sie erbauten das Haus an der Mosel 1580 als ihren Sommersitz und erweiterten es im 18. Jahrhundert durch einen massiven Flügel. Der Reichsgraf Ludwig Joseph von Boos zu Waldeck und Montfort war der letzte Oberamtmann von Zell. Ein Hofverwalter kaufte den Bau 1824. Durch Heirat kam er 1889 an die Familie von Treis, deren Weingut es heute noch ist. Aufmerksamkeit erregt außerdem das massive Giebelhaus eines ähnlichen Hofes der Abtei St. Maximin in Trier. Von einer romanischen *Kirche* blieb zudem ein Turm erhalten, während das im 18. Jahrhundert anschließende Langhaus niedergelegt und 1968 durch einen Neubau ersetzt wurde.

Umfährt der Reisende von Zell aus den Bogen der Mosel, dann erreicht er auf der gegenüberliegenden Seite des Hamm in gleicher Höhe liegend, **Briedel**, einen Ort mit ebenfalls gut erhaltenen, alten Häusern. Hoch über den Schieferdächern leuchtet weiß *St. Martin*. Eine Kirche in Bredaculo wurde 745 erwähnt, und um diese Zeit scheint auch der Ort entstanden zu sein. Er gehörte erst dem Bistum Metz. Dieses übereignete ihn dem Kloster St-Trond (Belgien) und von diesem erwarb ihn 1263 die Eifelabtei Himmerod. Ihr Zeichen, verschlungene Ringe, entdeckt man im Dorf allenthalben. Auch eine Seitentür der Kirche zeigt es. Die Kirche selbst ist ein Neubau aus den Jahren 1772–76. Eine Nische über dem Turmportal birgt eine vergoldete St. Martin-Gruppe aus Gußeisen, einem für solche Zwecke selten verwandten Material. Sie ist eine Arbeit der Sayner Hütte von 1853. Der Innenraum überrascht mit einer harmonischen Rokoko-Ausstattung. Braun und Gold kehren an Altären, Kanzel, Beichtstühlen, Orgelprospekt und auch in den Deckenfresken wieder. Sie malte Franz Freund, der Meister von Springiersbach. Die Fresken gleichen denen der dortigen Kirche. Sie stellen die Geburt Christi, die Anbetung der Weisen, St. Martin, Christus im Tempel, Kreuzigung und Auferstehung und im Chor die Heilige Dreifaltigkeit dar. Den flachbogigen Chorschluß schmückt ein Gemälde von 1781; Säulen und Architrave tragen einen Baldachin und einen kreuztragenden Christus mit Krone.

So klein Briedel ist, sein Wein ›Briedeler Herzchen‹, auf dem Südwesthang des jenseitigen Berl wachsend, ist weithin berühmt. Ein Briedeler Winzer pilgerte vor langer Zeit mit seiner Tochter nach Klausen. In Bernkastel-Kues übernachteten sie bei einem Fährmann. Dessen Sohn und Gehilfe war krank, und keine Arznei half. Das Mädchen tröstete ihn liebevoll und reichte ihm ein Glas vom mitgebrachten Wein. Der schien den Gesellen zu kräftigen. Sie schenkte ihm deshalb am nächsten Tag den Rest, und Vater und Kind wanderten weiter. Auf dem Heimweg von Klausen erkundigten sie sich nach dem Befinden des Kranken. Der aber stand genesen am Seil der Fähre und rief, als er das Mädchen kommen sah: ›Willkommen, mein Briedeler Herzchen.‹ Eine Legende war geboren. Das Paar heiratete ein Jahr später, und ihr jüngstes Kind wurde der große Kardinal Nikolaus von Kues.

Fuhr man von Bullay nach Zell in südöstlicher Richtung, so fährt man jetzt in nordwestlicher. Alsbald taucht – wie verwirrend – die Marienburg zur rechten Hand wieder auf. Unter ihr im Tal – wieder an der engsten Stelle des Hamm am Gleithang des beginnenden Bogens – liegt das Dorf **Pünderich** (Abb. 39). 1128 wurde es in einer Urkunde des Papstes Honorius erwähnt. Sie bestätigte der Abtei Springiersbach die ihr vom Bischof Albero mitsamt der Peters-Kirche geschenkten Güter, zu denen auch Land in Punderacha zählte. Seine *Kirche* gehörte zu den Filialen der Marienburg. Das derzeitige Gotteshaus ist ein Neubau des Straßburgers Paul Stehling, der bekanntlich auch die Kirche in Springiersbach schuf. Ihre einheitliche, rein goldene Rokokoausstattung ist wiederhergestellt. Doch ganz Pünderich ist eine Sehenswürdigkeit wegen seines fast geschlossenen Fachwerkhaus-Ensembles (Abb. 40, 41). Das schmale, zweigeschossige Haus Kirchstraße 23, mit Arkaden im Erdgeschoß, verzeichnet als eine der ältesten Datierungen im Moselgebiet die Jahreszahl 1565. Ein Schmuckstück, das seinesgleichen sucht, stellt das ehemalige *Fährhaus* von 1621 dar (Abb. 43). Vom römischen Wort Ponto (= Fährschiff) ist der Ortsname abgeleitet, und eine Ponte, wie die Fähren im Volksmund an der Mosel immer noch heißen, benutzen die Winzer noch heute, um zu ihren Anbauflächen unterhalb der Marienburg zu gelangen. Farbiges Schnitz-

werk, variable Rosetten, Dämonengesichter und Fabelwesen schmücken die beiden Wohn-
etagen und auch das Speichergeschoß. Volkskundler meinen, vom Zierat auf den Charakter
des ersten Eigentümers schließen zu können: Er bezöge sich auf ihren Symbolgehalt, ver-
spottete damit aber auch den Zeitgeist. – Außergewöhnlich für den kleinen Ort ist auch das
mächtige *Rathaus* (16. Jh.) hinter dem Fährhaus, ein verputzter Fachwerkbau mit Treppenturm und Kamin an der Rückseite.

Auf der Weiterfahrt erblickt man alsdann am anderen Ufer das tausendjährige *Reil* am
Sockel des ›Reiler Hals‹, ein Bergkamm, der Alfbach und Moseltal trennt. Im Ort soll
Gerhard von Ryle, der Erbauer des Kölner Doms, um 1248 geboren sein. Diesseits berührt
man das eine 2000jährige Geschichte behauptende Dorf *Burg*.

Das wenige Kilometer weitere **Enkirch** feierte 1983 den 1250. Jahrestag seiner ersten
Erwähnung im Testament der Adela, der merowingischen Adligen und Gründerin des
Klosters Pfalzel. Sie vermachte 733 neben der Abtei und ihren Gütern auch die in Anchiria-
cum der ›Kirche‹ in Trier. Besiedelt war der Ort bereits von den Kelten. Auch trägt eine
römische Säule das Gewölbe eines alten Weinkellers. An anderer Stelle freigelegte Säulen
gelten als die eines Tempels oder einer Villa. 968 wurde der Ort als Reichslehen des Trierer
Erzbistums genannt. Aus Reichsbesitz gelangte er 1125 an einen Grafen von Sponheim vom
Zweig Sponheim-Starkenburg. Das von der Nahe stammende, in Territorien des Rheinlan-
des über 500 Jahre herrschende Geschlecht mit weitreichender Verwandtschaft hatte überragenden Einfluß auf die Geschichte der deutschen Lande. Der letzte Sponheim-Starkenbur-
ger vererbte seine ›Hintere Grafschaft‹ seinen Vettern, den Markgrafen von Baden und den
Grafen von Veldenz. Von diesen wiederum gelangte sie in den Besitz des Schwiegersohns
des letzten Veldenz, den Pfalzgrafen von Zweibrücken und Simmern, und dieser führte 1557
in seinem Herrschaftsbereich, also auch in Enkirch, die Reformation ein. Seitdem ist die
Bevölkerung Enkirchs überwiegend protestantisch, und die in der Ortsansicht dominierende *Kirche* ist ein evangelisches Gotteshaus (Abb. 52). Kern der Siedlung seit keltischer
Zeit ist das kleine Plateau, auf dem der Bau über merowingischen Mauern steht. Er setzt sich
aus drei gotischen Chören, einem Langhaus von 1718 und einem Turm von 1616–18 zusammen. Die Apsis des Hauptchores war die Konche eines vormals romanischen Sakralbaues.
An der Nordseite lehnt sich ein verschieferter, auf Holzpfosten ruhender Kubus an, einst die
sog. Balgkammer für den von Jungen getretenen Blasebalg der Orgel. Daneben ehrt ein
besonders sinnvolles Denkmal die Toten der letzten Kriege: eine Witwe trauert, während ihr
Sohn sich schon wieder der Zukunft zuwendet (vom Kölner Bildhauer Heinz Fritz, 1925).
Dem Postulat der Reformation – Schlichtheit, um ein Abschweifen der Gedanken zu verhindern – entsprechend ist die Innenausstattung der Kirche nur karg: eine gute Orgel der
Gebrüder Stumm aus Sulzbach im Hunsrück (1764–71), zwei Grabsteine von Rittern, ein
spätgotisches Sakramentshäuschen aus Sandstein, ein geschnitztes Epitaph für den pfälzischen Rat Molitor (1670), Glasgemälde nach biblischen Themen von H. Lobeck aus Trier
(1963). Eine zum 400. Geburtstag Luthers vor mehr als 100 Jahren gepflanzte Linde mit
ausladendem Geäst beschirmt einen idyllischen Kirchhof, der als Ort der Sammlung und
Ruhe von Einheimischen und Fremden geschätzt wird. Dabei zogen sich ehemals die

Bewohner in Notzeiten hier in eine gesonderte Befestigungsanlage inmitten der äußeren Stadtumwallung zurück. Ein Torbogen und Reste von Gewölben der Verteidigungsmauer, in denen die Bürger ihre Habe in Sicherheit brachten, sind erhalten.

Ansonsten genießt Enkirch den Ruf einer ›Schatzkammer des moselländischen Fachwerkbaues‹, und tatsächlich gruppieren sich um den Hügel zahlreiche schön restaurierte Häuser, die einen speziell sponheimschen Fachwerkstil repräsentieren. Seine besonderen Kennzeichen sind gute Proportionen, maßwerkartige Balkenlineamente an Brüstungs- und Seitenfeldern, ein reicher Kerbschnittschmuck und die Liebe zur ausgeprägten Erkergestaltung. Reichtum bewirkten in Enkirchs schon früh begüterte Klöstern und Adelsfamilien mit ihren Weinhöfen. Über deren Herkunft informieren erklärende Schilder. Ein ausgedehnter Spaziergang durch die Gassen ist allemal vergnüglich, denn eine Umgehungsstraße verschont den Ort vor dem Durchgangsverkehr, und sollte auch den Besuch der *Heimatstuben* in einem Haus mit besonders schönem Erker einbeziehen (jetzt mit Ratsweinschenke). Sie zeigen eine alte Winzerküche, eine Schöffenstube mit Halsgeige und Schandstein, Geräte von elf Handwerkszünften sowie eine Sammlung steinzeitlicher, bronzezeitlicher, hallstattzeitlicher und römischer Funde.

Übersehen werden darf auch die 1,5 Kilometer vom Ort entfernt im Großbachtal liegende, jetzige katholische Pfarrkirche *St. Franziskus* nicht. Sie geht auf die Kapelle eines von Klausnern betreuten Hospitals aus dem 12. Jahrhundert zurück. Wegen eines Muttergottesbildes wurde sie Wallfahrtsstätte. Pilgerscharen machten im 15. Jahrhundert einen Neubau nötig. Trotz späterer Eingriffe erhielt sich dieser mit einem hohen Chor, einer neuen Marienkapelle für das wundertätige Bild und der Sakristei. Die Reformation verhinderte dann weitere Wallfahrten. Ein Hospital unter einem Propst wurde wieder eingerichtet. Es existierte, bis just Ludwig XIV. ein Franziskanerkloster gründete und dessen Mönche die Kirche benutzten. Anstelle der Propstei erbaute ein Trierer Architekt 1760/61 einen dreiflügeligen Komplex. Er wurde nach der Revolution abgerissen. Das Gnadenbild verschwand. Von der Kircheneinrichtung konnten nur zwei Barockaltäre, einige Figuren, eine Kreuzigungsgruppe sowie einige Gemälde und ein spätgotisches Sakramentshaus gerettet werden.

Enkirch benachbart ist das Dorf **Starkenburg**. Dort erhob sich auf einem Felsrücken hoch über der Mosel, eine Burg, nach der sich die Sponheimer nannten. Von hier aus regierten sie ihre ›Hintere Grafschaft‹. Heute existieren von der Veste nur noch spärliche Reste, doch ist mit ihrem Namen ein für die damalige Zeit ungewöhnliches Ereignis verbunden. Gräfin Loretta, Witwe und Verwalterin des Besitzes für ihre Kinder, sperrte den mächtigen Erzbischof und Kurfürsten Balduin von Trier neun Monate lang im Kerker ein. Der Fürst hatte sich, die Gelegenheit nutzend, an sponheimschen Ländereien bereichern wollen. Daraufhin ließ die Gräfin ihn 1327 auf einer Moselfahrt kurzerhand verhaften. Erst nach schriftlicher Zusicherung ihrer Rechte und dem Abschluß eines gegenseitigen Hilfsabkommens erhielt der Fürst seine Freiheit zurück. Papst Johannes XXII. belegte Loretta zwar, ob ihres an einem hohen Würdenträger begangenen Frevels, mit dem Kirchenbann. Doch Balduin intervenierte und der Bann wurde wieder aufgehoben. Die Starkenburg verfiel und wurde als Steinbruch ausgebeutet, als der Sohn der Gräfin die Regierung übernahm.

Er ließ an strategisch wirksamerer Stelle auf einem Felssporn 140 Meter über Trarbach in den Jahren 1350–57 die *Grevenburg* errichten. Die Grafen residierten fortan dort. Von 1620–1734 belagerten, eroberten, beschädigten, verstärkten Spanier, Schweden, kaiserliche Truppen, Franzosen, Hessen, Dänen, Holländer und wiederum Franzosen die Befestigung. Dreizehnmal wechselte sie den Besitzer, bis die Franzosen sie 1735 endgültig sprengten. Die Silhouette ihrer Kommandantenwohnung ragt weithin sichtbar auf.

Von hier oben bietet sich ein umfassender Überblick über das 7200 Einwohner zählende Traben-Trarbach, eine Doppelstadt, die 1904 aus den Ortsteilen **Traben** und **Trarbach** entstand. Sie liegen sich in der Südkehre einer neuerlichen Moselschleife gegenüber. Das ältere, 830 beurkundete Traben am linken Ufer nimmt auf einer Länge von drei Kilometern den Saum des sich hier sanft neigenden Mont Royal ein. Trarbach zwängt sich in die schmalen vom Kautenbach und vom Schottbach ausgeschürften Rinnen des steil abfallenden Hunsrück. Eine Brücke verbindet seit 1899 beide Viertel miteinander. Verheerende Brände vernichteten 1761, 1857 und 1879 in Traben wie in Trarbach die mittelalterliche Bausubstanz. Alte Baudenkmale gibt es deshalb nur wenige.

Trarbach und die Grevenburg, 1669. Kupferstich von Hoffmann

In Traben sind es hauptsächlich die evangelische *Pfarrkirche,* ursprünglich romanisch, wie der Turm nachweist, mit gotischen Haupt- und Nebenchor und Veränderungen durch ein drittes Schiff 1968/69 zur quergestellten Halle (Abb. 51), der *Aacher Hof* an der Ecke Moselufer/Aacherstraße (Gut des Aacher Marienstifts, an das Ludwig der Fromme 830 die Zehnt vergab), der *Mönchshof* (18. Jh., vom Kloster Himmerod), das sog. *Wohnhaus des französischen Kommandanten* (18. Jh.), ebenfalls am Moselufer gelegen, und die *Alte Ratsschenke* (Kirchstr. 19, 1674).

In Trarbach überstanden die Feuersbrünste u. a. das *Haus Kayser* (Moselstr. 10, 1762 von Hofbaumeister Seiz; schöne pilastergegliederte Rokokofront), das *Oberamtmannshaus* (Casinostraße, 16. Jh., mit Erker, 1833 umgebaut), der sog. *Rittersaal* (Schottstraße, 14. Jh., mit Kapellenerker), das *Amtmannshaus* (Brückenstraße, 17. Jh., mehrfach verändert) und das *Palais Böcking* (Enkircher/Moselstraße, 1760 mit Balkon und Rudimenten eines Barockgartens zur Moselfront sowie rückwärtigem Portal). Die Familie Böcking bezog ihren Reichtum aus dem Weinhandel und dem Bergbau im Kautenbachtal. Über hundert Bergleute förderten dort im 18. Jahrhundert in acht Stollen 500 Zentner Kupfer jährlich, bis 1799 Wasser einbrach und die Gruben aufgegeben werden mußten. In ihrem Haus weilte 1792 Goethe zu Gast, nachdem er eine stürmische Moselfahrt hinter sich hatte, auf der er beinahe ertrunken wäre. Kontor- und Wohnräume sind im Originalzustand erhalten und Teil des in diesem Hause untergebrachten *Mittelmoselmuseums.* Seine Sammlung umfaßt Dokumente zur Sponheimer-Zeit, zum Weinbau, historische Moselansichten und Karten, Kurfürstenporträts und Ofenplatten. Wer sich über die als Raumschmuck verwendeten Delfter Fliesen wundern sollte: Sie brachten holländische Handelsschiffe mit, wenn sie nach Traben-Trarbach kamen, um Wein zu laden. Nahe der evangelischen Kirche in Trarbach befindet sich die *Grabstätte der Böckings.* Heute ist sie zwar verwildert, doch die kunstvollen Reliefs zeugen noch immer vom Ansehen und der Bedeutung der Familie (Abb. 53).

Die evangelische *Kirche* am Hang des Schloßbergs blieb ebenfalls vom großen Brand 1857 nicht verschont. Beim Wiederaufbau hat man ihr aber ihr ursprüngliches Aussehen zurückgegeben. Ein Graf von Sponheim baute eine Kapelle der Mutterkirche Traben um 1330 zur Kirche aus. Der letzte Sponheim fand dort 1437 seine Ruhe. 1491–1513 wurde das Gotteshaus zur zweischiffigen Halle umgebaut und verlängert und der Turm eingeschlossen. Eine ›Laube‹ wurde 1518 zugefügt. Von hier bis zu den Chören überziehen feine Rippen das Gewölbe. Im rechten Chor stützt sich das Gewölbe auf Figurenkonsolen. Ein Gähnender, ein Schlafender und ein scheinheilig Betender warnen vor Lässigkeiten im Gotteshaus, und zwei drohen als Teufelsfratzen. Mehrere Schlußsteine zeigen die verschiedenen Sponheimer-Wappen. Seit 1963 füllen von Hans Lobeck entworfene Chorfenster den Raum mit Licht. Zur Besinnung fordern eindringlich der Knochenmann an der Außenmauer der Laube (Abb. 54) und das aus Kelterholz gemeißelte Kriegerehrenmal in der Laube (1931 von Theo Brun) auf. An der Südseite der Kirche schließt unmittelbar die Lateinschule an, ein Giebelbau mit Treppenturm von 1573. Die Schule diente bis 1800 als Gymnasium. Kirche und Schule bilden zusammen mit einem auf dem Rest der Stadtmauer aufsitzenden Wohnhaus eine reizvolle Baugruppe.

Nach den Bränden, vor allem nach einem Wirtschaftsaufschwung um die Jahrhundertwende setzte in Traben-Trarbach eine rege Bautätigkeit ein. Aber man griff nicht mehr auf den historisierenden Stil zurück, sondern wendete unter Benutzung einheimischen Materials die damals modernen Architekturelemente des Jugendstils an. Besonders der ideenreiche Bruno Möhring aus Berlin beeinflußte mit solchen Formen das Stadtbild. Er begann sein Werk 1899 mit dem kuriosen *Brückentor* in Trarbach. Es erinnert noch an eine Bastion, ist aber schon stilisiert und mit plastischen Dekorationen versehen. Die Reliefs schuf der ortsansässige Bildhauer Wendhut. Sie zeigen ein tanzendes Winzerpaar in Lebensgröße, von Reblaub und Trauben bekränzte Frauenköpfe, Ausonius und den Verfasser und Komponisten eines Liedes, das damals ungemein populär war (in der Schenke über dem Torbogen internationale Graphik-Galerie). Ebenfalls in Trarbach baute Möhring 1905–07, die Beschaffenheit des Geländes beachtend, die schon originellere *Kellerei Julius Kaiser* und schließlich am Moselufer in Traben das *Hotel Claus-Feist* (1902/03) sowie die eigenartigen *Villen Breucker* (1904) und *Huesgen* (1904/05).

Außer den Möhring-Bauten entstanden aber um die gleiche Zeit auch andere Gebäude von verschiedenen Planern – zum Beispiel in Traben das Rathaus, die Post, der Bahnhof, die Volksschule, die katholische Kirche und in Trarbach ebenfalls eine katholische Kirche, ein Gymnasium und ein Erholungsheim. Bemerkenswert ist auch das von Ferdinand Nebel aus Koblenz 1833 klassizistisch errichtete und nach dem Unglück von 1857 wiederaufgebaute Rathaus in Trarbach. Alle diese Architekturen stehen inzwischen unter Denkmalschutz.

Ihren Wohlstand, vor allem seit der Jahrhundertwende, verdankt die Stadt größtenteils dem traditionellen, im 17. Jahrhundert begründeten Weinhandel. Die namhaftesten Firmen exportierten nach England, Skandinavien, Rußland, in den Fernen Osten und in die USA. Einige alte Unternehmen bestehen noch heute, besitzen zudem auswärtige Weinberge in beträchtlicher Zahl und verkaufen sogar ausländische Sorten. In den Kellern der Stadt lagern 30 Millionen Liter Wein, 18 Millionen davon allein in einer Zentralkellerei, was dokumentiert, daß Traben-Trarbach noch immer einer der wichtigsten Weinhandelsmärkte an der Mosel ist.

Daneben entwickelte sich nach dem letzten Kriege als weiterer bedeutender Wirtschaftsfaktor der Tourismus. Mosellage, Hotellerie, Gastronomie, Heimat- und Weinfeste, Sporteinrichtungen (so der erste deutsche Minigolfplatz), ein Landeplatz für Sportflugzeuge auf dem Mont Royal, Ruderregatten, Wasserskiwettkämpfe, internationale Motorbootrennen auf der gestauten Mosel, Campingplätze und eine Ferienhauskolonie auf dem Mont Royal ziehen die Fremden an.

Traben-Trarbach nennt sich aber auch ›Kurstadt‹. Der Hauptstollen des Kupferbergwerks im *Kautenbachtal* schnitt im 18. Jahrhundert eine warme Quelle an. 1883 wurde sie gefaßt und einem Badehaus zugeführt. Daraus entwickelte sich das zur Stadt gehörende **Bad Wildstein**. Pro Minute steigen 590 Liter eines radioaktiven Heilwassers (33,2 °C) aus einem 3000 Meter tiefen, erkalteten Magmaherd auf. Es findet vor allem bei Erkrankungen der Bewegungsorgane, der ableitenden Harnwege und bei Altersschäden Anwendung.

Den *Mont Royal* umfließt, ähnlich wie den Berl im Zeller Hamm, die Mosel von drei Seiten. Mit diesem natürlichen Wassergraben als Schutz bot sich die Hochfläche für eine Befestigung an. Sie ließ Ludwig XIV. von seinem berühmten Bauingenieur Vauban anlegen. Dem König zu Ehren erhielt sie den Namen ›Montroyal‹. Ziel des Königs war es, Gebiete des durch den Dreißigjährigen Krieg geschwächten und in 400 Kleinstaaten zersplitterten Reiches seiner Macht zu unterstellen. Im Westfälischen Frieden zu Münster wurden ihm 1648 die habsburgischen Besitzungen im Elsaß zugesprochen. Sein Sieg über Spanien brachte ihm weitere Ländereien ein. Er setzte Erbansprüche seiner Frau in Holland durch und behauptete schließlich 1679 auf Grund alter, verwickelter Verträge Rechtsansprüche – Reunionen (Wiedererringung) genannt – auf dem Gebiete an Nahe, Saar und Mosel, die Grafschaft Sponheim eingeschlossen. Da es ihm nicht ratsam schien, diesen Ansprüchen nur auf diplomatischem Wege Geltung zu verschaffen, unterstützte er sie durch militärische Aktionen und errichtete zahlreiche Festungen und Befestigungen von Städten. Montroyal im Mittelpunkt dieses Netzes sollte die Versorgungsbasis werden. Das Reich erkannte die Reunionen selbstverständlich nicht an. Um eine Bedrohung Montroyals durch kaiserliche Armeen zu verhindern, ließ der König alle Burgen im Mosel-Hunsrück-Eifel-Distrikt 1686–89 zerstören.

Der Bau von Montroyal begann 1687. Sechzehn elsässische Bataillone holzten einen Tannenwald ab. Bis zu 8000 Männer aus der Umgebung leisteten Fronarbeit. Das Unternehmen verschlang riesige Summen: französische Staatsgelder und andere zwangsweise eingetriebene Mittel. Geplant war eine regelrechte Festungsstadt mit Straßen und Plätzen, Privathäusern, Verwaltungs-, Gerichtsbarkeits- und Versorgungseinrichtungen, Arsenal, Kasernen usw., die das gesamte Plateau einnehmen sollten. Ihren Mittelpunkt bildete die 50 Hektar große, von einem drei Kilometer langen Hauptwall umgebene Zitadelle mit Kasematten, Bastionen, Türmen und Vorwerken 200 Meter hoch über der Mosel. Außenwerke in Enkirch und die verstärkte Grevenburg sollten Montroyal zusätzliche Deckung verschaffen. 1690 lagen vierzehn Regimenter mit 8450 Mann in der Festung. Sie war mit 115 Geschützen bestückt. Unübersehbare Mengen von Verpflegungsgütern, z. B. zwei Millionen Liter Wein, stapelten sich in den Magazinen. Doch Ludwig XIV. konnte unter wachsendem politischen Druck aus ganz Europa eine solche kostspielige Anlage mehr als 100 Kilometer von Frankreich entfernt nicht halten. Kriegerische Auseinandersetzungen verliefen für ihn unglücklich. Aber auch seine Gegner waren des Krieges müde. Verhandlungen endeten 1697 mit dem Frieden von Ryswick (Niederlande). Frankreich mußte auf die Reunionen-Gebiete verzichten und das noch unvollendete Montroyal schleifen. Die Steine der Ruinen verwandten Bewohner der Umgebung als Baumaterial. Die Trümmer wurden von Gesträuch überwuchert und später vergessen. Erst Dr. Spies, der Gründer des Mittelmoselmuseums, stellte an Hand von bis dahin geheimen Bau- und Sprengplänen Nachforschungen an und konnte von 1929–37 Verbliebenes ausgraben und sichern. Der Wanderer kann die zugewachsenen Reste neben Wegen unter Bäumen und Gestrüpp entdecken. Tafeln erklären ihre ursprünglichen Zwecke. Neugierige seien jedoch vor dem eigenmächtigen Betreten solcher Relikte gewarnt. Abstürze, verborgene Öffnungen, brüchiges Mauerwerk bergen

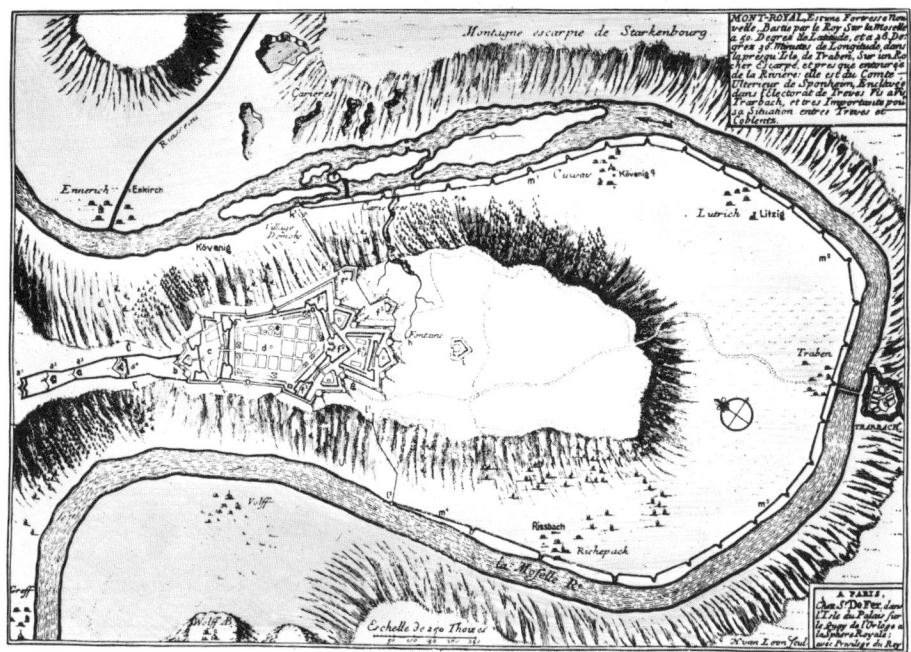

Mont Royal, um 1750. Kupferstich von H. van Loon

Gefahren. Da ist es schon besser, sich einer sachkundigen Führung anzuschließen (Auskunft bei der Kurverwaltung in Traben, Bahnhofstr. 22).

Autofahrer folgen von Traben aus den Wegweisern ›Flugplatz‹ und gelangen dann über eine Serpentinenstraße zum Mont Royal. Wer nach einer Besichtigung moselaufwärts weiterreisen möchte, braucht jedoch nicht nach Traben-Trarbach zurückzukehren, sondern erreicht über einen ebensolchen Serpentinenweg, der einen herrlichen Ausblick auf eine weitere Flußwindung bietet, bald **Kröv** (Farbt. 13). Auch hier – wie üblich – erst römisches Croviacum, dann 741 merowingisches Königsgut Crovia. Aus diesem Reichsgut entwikkelte sich ein seltsames Territorium, das ›Kröver Reich‹, mit den Orten Reil, Kinheim, Erden, Bengel, Kinderbeuren, Kövenig und Kröv als Mittelpunkt. Schenkungen, insbesondere an Reichsabteien, schmälerten schon im 9. Jahrhundert das Besitztum. Doch es verblieb immer noch soviel, daß Rudolf von Habsburg 1274 es dem Grafen Heinrich von Sponheim verpfänden konnte. Kurfürst Balduin wollte das Pfand einlösen. Gräfin Loretta verhinderte es. Daraufhin kaufte Balduins Nachfolger Beomund II. die reichslehnbaren Vogteirechte dem Grafen von Daun ab. Seitdem stritten sich Kurtrier und die Sponheimer und ihre Nachfolger um die Landes- und Glaubenshoheit, bis 1784 ein Vergleich die Auseinandersetzungen beendete. Aber zehn Jahre später war es wegen der Französischen Revolution mit dem ›Kröver Reich‹ ohnehin aus und vorbei.

129

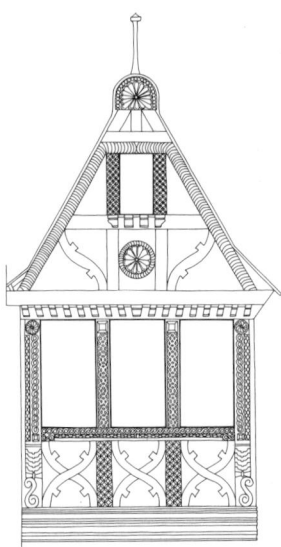

Kröv, sog. ›Dreigiebelhaus‹, 1685, linker Erker

Welche vielfältigen Interessen sich hier überschnitten, verdeutlichen auch über zwanzig Höfe von Klöstern und Adelsfamilien, von denen vierzehn noch heute als Winzer- und Wohnhäuser genutzt werden. Besondere Beachtung verdienen der ehemalige *Hof der Abtei Stablo-Malmedy* (Ardennen), ein prachtvolles ›Dreigiebelhaus‹ mit zwei Rechteckerkern von 1658 (Abb. 55), sowie der *Echternacher Hof* von 1764 mit seiner von drei Giebelrisaliten gegliederten und einem Mansarddach versehenen Fassade (beide Moselstraße). Der Abtei Echternach gehörte die Kirche mit Weinbergen und Weinzehent seit dem 9. Jahrhundert. Sie ließ auch die jetzige *Pfarrkirche* auf eigene Kosten 1725 erbauen. Von den Vögten Kurtriers, den Grafen von Kesselstatt, stammt dagegen eine *Grabkapelle* von 1662 für ihre Familie am nördlichen Ortsrand (heute Gefallenen-Ehrenmal, Abb. 56). Unter den Platten des 14. bis 18. Jahrhunderts fällt das Epitaph für einen Säugling (1651) auf. Engel geleiten das tote Kind in den Himmel.

Der Rechteckbau ist schon von Weinbergen der Großlage ›Kröver Nacktarsch‹ umgeben. Dieser eindeutige Name hat den Ort und seinen Wein in aller Welt bekannt gemacht. Er entsprang in den zwanziger Jahren der Phantasie zweier einheimischer Originale und verbreitete sich wegen seines volkstümlichen Klanges rasch. Einer der weinfrohen Männer bezog sich dabei auf Götz von Berlichingen. Der hätte Gefallen am Kröver Tropfen gefunden. Aber auch andere Legenden erklären seine Entstehung; eine berichtet von den Mönchen des *Klosters Wolf*. Sie hätten eine kahle Kuppe neu mit Reben bepflanzt und verwundert festgestellt, daß dieser ›nackige Arsch‹ bei der ersten Lese so viel und so gute Trauben lieferte. Eine andere Überlieferung berichtet von der Gepflogenheit eines Kröver Klostergutes, seinen Weinbergarbeitern als Lohn zu gestatten, einen Tag für sich privat die Trauben zu ernten. Die Leute arbeiteten bei dieser Gelegenheit selbstverständlich besonders fleißig. Das wurde einem Klostervogt zu teuer. Er ließ ein Schwein schlachten und verteilte das frische, fette Fleisch schon am Morgen, so daß nach kurzer Zeit ein mordsmäßiger Durchfall die Arbeitswut der Leute lähmte. Nur ein Mann ließ sich's nicht verdrießen. Er zog kurzerhand die Hosen aus und heimste noch während der Notdurft ein. Der Klostervogt soll gerufen haben: »Dieser Nacktarsch hat mich überlistet.« Manche Heimatkundler leiten den Namen aber auch vom keltischen Nackas (= felsige Höhe) oder vom römischen Nectar ab. Das Kloster Wolf ging, nach der sponheimschen Reformation aufgelöst, unter. Seine Kirche verfiel nach dem Dreißigjährigen Krieg. Von der Ruine auf dem *Gokelsberg*, der Landzunge gegenüber Kröv, blickt man weit in die Runde.

Einen ehemaligen Echternacher Hof gibt es auch im nächstfolgenden Ort **Kinheim** (Abb. 58) und ein Burghaus derer von Kinheim, einem im ›Kröver Reich‹ angesehenen Geschlecht, dazu.

Ürzig – Ursiacus – ist im Testament der Äbtissin Adela von Pfalzel 732 zum ersten Mal genannt. Vier Burgen in den Weinbergen – in denen übrigens Rotliegendes durch den Schiefer drängt – und etwa zwanzig verschiedene Besitztümer geistlicher Herrschaften zeigen, wie begehrt auch hier der Wein war. Die erste Burg war freilich eine frühgeschichtliche Wallanlage, die anderen dagegen Stammsitze mittelalterlicher Geschlechter. Ein *Wachtturm* mit zwei acht mal zehn Meter großen Räumen ist in die Wand des ›Urlay‹ getrieben. An der Mauer ist eine Sonnenuhr angebracht, in deren Nische eine Figur des Kuno von Pfullingen steht. Sein Onkel, Erzbischof Anno von Köln, wollte ihm zum Trierer Bischofsstuhl verhelfen. Aber ehe er in der Stadt eintraf, fingen ihn Gegner ab und stürzten ihn 1066 hier zu Tode.

Von den Klosterhöfen sind der oft veränderte *Himmeroder Hof* von 1574 (protzige Renaissance-Fassade von 1898) und der ebenfalls mehrmals umgebaute *Jesuitenhof* von 1567 erhalten (beide an der Uferstraße). Erhalten haben sich aber auch eine Reihe guter Fachwerkhäuser, allen voran das mächtige *Haus Arens* (Rathausplatz 1). Flechtmuster und Dämonenfratzen zeichnen die Hölzer über dem steinernen Unterbau aus. Ebenfalls bemerkenswert ist ein Haus mit Rosetten gegenüber der *Kirche*. Das Gotteshaus ist neugotisch, bezieht aber einen gotischen Turm in den Baukörper ein. Gleich daneben lehnt an der Wand des Seitenschiffes eine farbig gefaßte, steinerne Kreuzigungsgruppe, die 1618 zwei durch den Weinhandel wohlhabend gewordene Bürger stifteten. Ürziger ›Würzgarten‹ (Farbt. 16) und ›Goldwingert‹-Weine, fruchtige Tropfen mit großem Bukett, sind nach wie vor begehrt.

Ganz in der Nähe von Ürzig, dort, wo die B 50 von Wittlich auf die B 53 trifft, leuchten aus dem satten Grün der Vegetation die gelben Gebäude des vorzüglich wiederhergestellten *Zisterzienserinnenklosters Machern*. 1084 gegründet und 1238 adligen Nonnen übergeben, genoß es im Mittelalter hohes Ansehen. Das zeigt sich in vielen Schenkungen von Grundstücken, Zehnten und anderen Einkünften. Zudem dürfte es nicht unerhebliche Vorteile aus seiner Lage gezogen haben. Hier wurde Eifeler Eisenerz verschifft. Händler brachten über Wittlich Leder aus Malmédy in den Ardennen nach Rachtig zum Markt und kehrten mit dem seltenen Rotwein aus Rachtig auf demselben Weg zurück, um ihn weiter nach Brabant und Flandern zu verfrachten. Der Erzbischof erlaubte auch einen Jahrmarkt, zu dem die Nonnen

Wein ausschenken durften. – Der Chor der *Kirche* überragt alle anderen Gebäude und ist, so wie er am Ende des 17. Jahrhunderts erbaut wurde, erhalten (schöner Hochaltar mit dem Bild der Himmelfahrt Mariens und Figuren der Heiligen Joseph und Hieronymus). Im Langhaus, zuletzt als Heuschober benutzt, richtete dagegen der jetzige Besitzer Konferenzräume und einen Festsaal ein.

Die Wein- und Lederhändler mußten nach Rachtig übersetzen. Heute überspannt eine Brücke nach **Zeltingen-Rachtig** die Mosel. Das Gebiet um den Doppelort, von dem einst Rachtig wichtiger war als Zeltingen, gehörte – zum Verdruß der Trierer Kurfürsten – bis 1806 zu Kurköln. Es heißt, Erzbischof Kunibert von Köln sei im 7. Jahrhundert in Zeltingen geboren und hätte die Güter seiner Familie dem Erzstift vermacht. Ob wahr oder Legende, in einer Kunibertsburg aus dem 12. Jahrhundert residierte der kölnische Amtmann, bis 1712 sein Amtshaus errichtet wurde, das heute als Pfarrhaus dient.

Wenn man die noch bestehenden alten Häuser in Zeltingen und Rachtig (dort besonders den *Deutschherrenhof* aus dem 18. Jh. mit spätgotischem Flügel) betrachtet, scheint die kölnische Herrschaft segensreich gewesen zu sein. Auch die Kirchen lassen darauf schließen (in Rachtig Pfarrkirche *Mariä Empfängnis*: Turm von 1725 mit prächtigem Portal, sonst Anfang 20. Jh., aber mit alter Ausstattung; in Zeltingen Pfarrkirche *St. Stephanus*: 17.–18. Jh., gutes Rokokoportal mit St. Stephanus und Hochaltar mit einer Steinigung des hl. Stephanus, Nebenaltären und Sakramentshäuschen aus der Hoffmann-Werkstatt). – Die Vergangenheit wird lebendig, wenn jedes Jahr im Juli auf dem Markt die von den Bürgern selbst gestaltete Operette ›Zeltinger Himmelreich‹ zu ihrem und der Fremden Vergnügen aufgeführt wird.

Um sich Bernkastel-Kues zu nähern, bleibt man am besten auf der rechten Seite der Mosel. Die Straße führt an einer Kette von Weinbergen entlang, so u. a. an der berühmten Lage ›Wehlener Sonnenuhr‹ (Abb. 62), die die Winzer von **Wehlen** am jenseitigen Ufer über eine Hängebrücke erreichen (Abb. 59). In der Reihe der Häuser an der Wehlener Moselfront ist das barocke, ehemalige *Zehnthaus* der Trierer Kurfürsten mit Walmdach und Gauben am auffälligsten. – Diesseits, kurz vor Graach, stößt die Straße am Fuß der nicht weniger berühmten Lage ›Graacher Himmelreich‹ auf den *Josephshof*. Er ist das uralte Weingut der Trierer Abtei St. Martin und war angeblich seit dem 6. Jahrhundert in ihrem Besitz. Im 17., 18. und 19. Jahrhundert wurden grundlegende Neu- und Umbauten, auch der einer Kapelle, vorgenommen. Ihre Fundamente ruhen auf alten, gewölbten Kellern. Die Türstürze schmücken schöne Reliefs: An der Kirche das Wappen eines Abtes und über den Hauseingängen ein St. Martin und eine von Winzern gehaltene Schriftrolle mit der Abbildung des Heiligen (Abb. 46). Nach der Säkularisierung ging der Hof in Privatbesitz über und wurde ein Mustergut des Weinbaues.

In **Graach** dagegen wurde der *Mattheiserhof,* Gut der St. Matthias-Abtei aus dem 18. Jahrhundert, Schule, Lehrerwohnung und Jugendheim. Der Südflügel mußte allerdings dem Pfarrhaus weichen. Über den Türen sind ebenfalls Abtswappen angebracht und eine Figur des heiligen Matthias und an der Stirnseite des Nordflügels die Figur eines römischen Imperators und die Zahl 1723. – Die Pfarrkirche *St. Andreas* ist ein gelungenes Beispiel für die neugotische Erweiterung eines älteren Baues. An ein Langhaus aus dem 14. Jahrhundert fügte man anstelle eines früheren Bauteils 1905 ein größeres Querschiff und einen größeren Chor an und schuf auf diese Weise behutsam eine neue Raumeinheit. Die Kreuzigungsgruppe auf dem Hochaltar stammt aus dem 18. Jahrhundert. Zwei flankierende Kapellenräume beziehen den Turm von 1601 in den Gesamtbaukörper ein. Auf der ehemaligen Friedhofsmauer beschirmt eine hölzerne Portallaube eine 1,30 Meter hohe Statue des Johannes Nepomuk (Abb. 61). Daneben steht ein 1616 gestiftetes 2,50 Meter hohes Steinkreuz mit einem Vesperbild (Abb. 60).

Hinter der Kirche windet sich in oft spitzen Haarnadelkurven eine schmale Straße den steilen Hang zum Ortsteil **Graacher Schäferei** hinauf (Abb. 63). Für einen ungeübten Autofahrer ist der Weg beschwerlich und wegen der Häuser auch unnötig. Er soll jedoch wegen des faszinierenden Panoramas empfohlen werden. Im zeitigen Frühjahr oder späten Herbst, wenn das Weinlaub abgefallen ist und der Wind dunkle Wolken von der Eifel zum Hunsrück treibt, wird die Landschaft zum artifiziellen monochromen Bild mit einer aus den Vertikalen der Rebstöcke und den Horizontalen der Wege sich verbindenden grafischen Struktur. Die Straße wurde Mitte des vorigen Jahrhunderts angelegt, um auf der Höhe neues Land für Bauern zu erschließen, da der Weinbau in einer Krise steckte. Dadurch vermehrten sich die Häuser und Ställe der hier schon wohnenden Schäfer. Auf dem 425 Meter messenden, höchsten Gipfel des Bergrückens oberhalb der Häusergruppe findet man die Überreste der sog. ›Graacher Schanze‹. Sie war einst das Kernstück einer Befestigung, die diesmal nicht die Franzosen, sondern 1794 die Preußen anlegten. Ihr Zweck? Sie sollte Einfälle des französischen Revolutionsheeres verhindern. Doch dieses Heer zog so schnell voran, daß die Preußen ihre Schanzen im gleichen Jahr kampflos räumten und sich zum Rhein zurückzogen. Den Franzosen wiederum kam eine solche Stellung gelegen, denn kaiserliche Truppen unternahmen Gegenstöße. Sie ließen die ›Schanze‹ durch Einheimische auf 22 Kilometer Länge mit Außenwerken in Enkirch und Mülheim zu ihrem ›Montroyal‹ ausbauen. Brachflächen, Dornenhecken, Gräben zeigen heute die Lage der Hauptbastion an.

In Bernkastel findet der Reisende eine ähnliche Topographie vor wie in Traben-Trarbach. Die aus dem Westen kommende Mosel biegt hier nach Norden ab. Am Gleithang eines Plateaus breitet sich das größere und ältere **Kues** aus. Seit 1905 ist es mit **Bernkastel** vereinigt, das sich vor dem steilen Hunsrück-Bergzug an der Mündung des einschneidenden Tiefenbaches ausbreitet (Abb. 63). Eine 219 Meter lange Brücke verbindet seitdem beide Siedlungen. Auch hier beruhte der Wohlstand auf dem Weinhandel und dem Bergbau in Kupfer-, Blei- und Eisenerzminen. Eine Burgruine prägt die Ansicht Bernkastels am rechten Ufer. – Rund 7500 Menschen bewohnen **Bernkastel-Kues**, und neben Cochem und Traben-Trarbach ist es gegenwärtig das dritte Touristenzentrum an der Mosel. 460 000 Übernachtungen pro Jahr, 280 000 davon allein in Kurkliniken, zählt das Fremdenverkehrsamt. Die meisten Urlauber sind freilich Tagesgäste, obwohl das Städtchen in dieser Beziehung nicht mit Cochem konkurrieren kann. Die Stadtväter schufen 1974 auf der Kueser Hochfläche ein Zentrum für die Früherkennung und Rehabilitation von Herz- und Kreislauferkrankungen und mit der ebenfalls dort zu findenden Mosellandhalle eine Vielzweckhalle für alle Arten

Bernkastel-Kues, 1841. Aquatinta von Carl Bodmer

von Veranstaltungen. Höhepunkt und krönender Abschluß der Saison ist das mehrtägige große Weinfest am vierten Wochenende des September. Samstagabends illuminiert ein Brillant-Feuerwerk die Ufer, und am Sonntag findet ein farbenprächtiger Umzug mit 25 Festwagen, Folkloregruppen, fünfzig bis sechzig Musikkapellen und Spielmannszügen statt. Hieran beteiligen sich mehr als zwanzig Gemeinden der Gegend. Dieses Weinfest lockt ungefähr 270 000 Besucher, z. T. von weither, an.

Der Besucher, der in Bernkastel-Kues geruhsam schlendern will, sollte die Sommermonate meiden. Der Ort verlangt wegen seiner Sehenswürdigkeiten einen Aufenthalt ohne Hast. So ist der Bernkasteler *Markt* der schönste weit und breit (Abb. 64). Seine Häuserfronten bilden einen geschlossenen Raum mit leicht geneigtem Boden, doch ohne Plafond. Sie würden, zumal bei abendlicher Beleuchtung, wie die Kulissen einer Bühne erscheinen, wären da nicht einige Fassaden des 19. Jahrhunderts. Diese heben jedoch den Eindruck einer gewollten Künstlichkeit auf und bestätigen, zusammen mit dem Renaissance-Rathaus, eher die lebendige Kontinuität in der Bebauung über die Jahrhunderte. Besondere Beachtung verdient das *Haus* an der Ecke *Markt/Römerstraße*. Über einem niedrigen und kleinen Parterre kragen drei Geschosse nach oben immer mehr aus. Tierköpfe stützen die rankengeschnitzten Hölzer der Fenstergruppen-Umrahmungen (1583). Das 1608 und 1903/04 vergrößerte *Rathaus* zeigt dem Markt seine Giebelseite. Die wegen des 1913 eingerichteten Ratskellers jetzt verglasten Arkaden öffneten das Erdgeschoß zur Halle. Hier befand sich die

Gerichtsstätte. Am Mauerwerk der linken Ecke hängt noch die alte Prangerkette. Eine Säule zwischen den Bögen trägt einen Erker mit Wappen, geschweifter Bedachung und einer Statue des Erlösers mit der Weltkugel. Zwei Fenstergiebel sitzen dem Dach vor. Schließlich vervollständigt der von Johann Ruprecht Hoffmann 1606 aufgestellte *Michaelsbrunnen* das Bild des Marktes (Farbt. 21). Auf bauchigem Pfeiler steht der goldene, schwertschwingende Erzengel. Wasserstrahlen springen in ein Basaltbecken, das mit einem kunstvollen, schmiedeeisernen Gitter verziert ist.

Stattliche Fachwerkhäuser aus dem 16. und 17. Jahrhundert säumen auch die vom Markt abzweigenden Gassen, besonders in der alten Römerstraße. In der Karlsstraße fällt das sonderbare ›Spitzhaus‹ auf. Auf schmalem Unterbau hängt das Obergeschoß nach drei Seiten über.

Die Römerstraße mündet in die Graacher Straße ein. Hier fielen 1857 35 Häuser den Flammen zum Opfer, während die meisten ihrer Bewohner halfen, die große Feuersbrunst in Trarbach zu löschen. Eine Straßenfront und das *Graacher Tor* – das einzig erhaltene, allerdings im 18. Jahrhundert umgebaute – der Stadtbefestigung blieben glücklicherweise verschont. Hinter dem Durchgang wachsen bereits die Reben des berühmten Doctor-Wei-

*Bernkastel-Kues, Fachwerkhäuser in der
Römerstraße, 17. Jh.*

135

nes. – Eine abschüssige Gasse führt zum *Gestade*, zur Moselpromenade, mit repräsentativen Häusern der Gründerzeit. Doch auch hier trifft man auf einen Rest der Befestigung, auf einen dunklen Bruchsteinturm mit einem von acht Türmchen umkränzten, spitzen Helm (Farbt. 20, Abb. 63). Ebenso wie die Kirche *St. Michael* war er 1386 vollendet. Damals jedoch stand der Turm noch frei, und erst eine Verlängerung der Kirche um ein Joch band ihn in das Gotteshaus ein. Ursprünglich war das Langhaus quadratisch. Der Chor setzt das Mittelschiff in der gleichen Länge fort und schließt polygonal ab. Eine fünfseitige Sakristei verlängert den Bau nach Osten. Bemerkenswert sind das schmale, rechte Seitenschiff und die ins linke Seitenschiff eingepaßte Grabkapelle des Sekretärs des Trierer Domkapitels, Johann Jakob Kneip. Sie ist in der unteren Zone quadratisch, dann oktogonal mit Fenstern, Haube und Laterne. Die Ausstattung der Kirche ist reich. Zu nennen wären die Kreuzigungsgruppe über dem Hochaltar (1496), das gotische Sakramentshaus und der Heilig-Grab-Altar (1606) von Heinrich Hoffmann; der Sebastianus-Pestaltar aus Alabaster von dessen Sohn Hans in der Kneipschen Kapelle, der Marien- und Nikolaus-Altar von 1751 und 1754 an den Seitenschiffen, die Pietà des 15. Jahrhunderts und die Grabplatte des Burggrafen Reiner (1372) am Ende des rechten Seitenschiffes.

Ein paar hundert Meter weiter am Gestade stehen nach Beschädigungen im Jahr 1945 noch zwei Flügel der *kurfürstlichen Kellnerei* von 1656–61. Ebenso wie die Wappen der Stadt und des Kurfürsten Lothar von Metternich am Rathaus, so verdeutlichen auch dieses mächtige Amtsgebäude und die *Burg Landshut* im Hintergrund, daß die Geschicke der Stadt jahrhundertelang vom Kurstaat abhingen. Auf der Ruinenkuppe lag ein Festungswerk, von dem in einer Urkunde des 7. Jahrhunderts als Primacastellum die Rede ist. Aus dem Wort entstand Birnkastel und daraus der Name Bernkastel – sagen die einen. Andere meinen, er stamme vom Wappentier des Adelbero von Luxemburg ab, einem Bären, und deshalb sei dieser auch im Stadtwappen dargestellt. Andere wieder sind der Überzeugung der Name leite sich von ›Beros Kastell‹ ab. Adelbero erbaute nämlich im 10. Jahrhundert eine neue Burg auf dem Bergkegel. Sie wurde in den Zwistigkeiten von Adel und Erzstift zerstört, wiedererrichtet und wieder zerstört, bis schließlich die Herrschaft nach Erlöschen der letzten Grafenfamilie an den Erzbischof Heinrich von Finstingen fiel. Dieser erbaute eine neue Burg, größer und mächtiger als der Vorgängerbau. Sein Nachfolger Beomund II. wandelte sie in ein Schloß um und verschaffte dem Ort 1291 Stadtrechte, während wiederum sein Nachfolger Balduin die Anlage mit der Stadtbefestigung verband und sie auf diese Weise noch einmal sicherte. Seit Beomunds Zeiten bevorzugten die Erzbischöfe das Schloß als Sommerresidenz. – Beomund erkrankte dort einmal lebensgefährlich an Fieber. Als keine Medizin mehr half, brachte ihm ein Ritter ein Faß Wein. Durch ihn genas der Fürst überraschend schnell, und deshalb bezeichnete er den guten Tropfen als ›Bernkasteler Doctor‹. Die Lage heißt heute noch so.

1692, mitten im Frieden, vernichtete ein Feuer die Wohnveste ›Landshut‹, und seitdem ist sie Ruine. Anläßlich des Besuchs des preußischen Königs Friedrich Wilhelm IV. 1839 machte der Magistrat sie dem Kronprinzen zum Geschenk. Die Gemeinde erwartete von ihm einen Wiederaufbau, jedoch die Hoffnung trog. Die Burg liegt weiterhin in Trümmern und beherbergt nur ein Restaurant. Wanderer steigen auf romantischen Wegen bis zum noch 30 Meter hohen Bergfried und den Resten des Palas hinauf, um die großartige Fernsicht zu genießen (Farbt. 17). Wer weniger gut zu Fuß ist, benutzt von April bis Oktober den Bus ›Landshut Expreß‹ (Abfahrt stündlich am Gestade). Zudem führt eine Straße aus dem Tiefenbachtal zum Parkplatz oberhalb der Ruine.

Das am linken Ufer liegende **Kues** ist insofern älter als Bernkastel, als man dort 1962 das erste moselländische Dorf, eine Siedlung aus der Jungsteinzeit (4000–3000 v. Chr.) ausgrub. Schriftlich belegt wurde Kues 1030 als Covese. Im Mittelalter war es ein Winzer- und Schifferdorf, und Winzer, Schiffer und Fährmann war damals auch der Vater des berühmten Kardinals Nikolaus Cusanus, der hier geboren wurde. Nikolaus war ein universaler Kopf, mathematisch-naturwissenschaftlich gebildet und von den geistigen Strömungen seiner Epoche beeinflußt. An der Schwelle des Mittelalters zur Neuzeit legte er mit seinen zahlreichen Schriften die Grundlagen für eine neue Wissenschaft des Seins und Erkennens, die auf die Versöhnung der Gegensätze zielte. Er definierte das Wesen Gottes als das Zusammenfallen aller Gegensätze und den Menschen als einen Mikrokosmos, der das unendliche Universum und das Göttliche reflektiert. Seine Fachgenossen von heute sehen in ihm den Begründer der deutschen Philosophie. In weiteren Darlegungen befaßte er sich mit politischen und kirchlichen Reformen oder mit dem Ideal einer einzigen Weltreligion, zu der sich alle Glaubensgemeinschaften vereinigen sollten, und anderen Themen.

Neben seiner geisteswissenschaftlichen Arbeit entfaltete Nikolaus eine vielseitige, praktische Wirksamkeit. Sein Vater, Henne Chrypfs oder Kreves, d. h. ›Krebs‹, schickte ihn zur ersten Ausbildung in eine Klosterschule in Deventer (Holland). 1416 bezog Nikolaus die Universität Heidelberg, 1417 die von Padua. Dort erwarb er 1423 den Doktorgrad des kanonischen Rechts. 1425 hielt er Vorlesungen an der Universität Köln, kam aber durch einen Freund mit der Theologie in Berührung und studierte dieses Fach. 1426 empfing er die Priesterweihe. Die Erzbischöfe von Trier förderten ihn. 1429 war er Dechant in Oberwesel, 1431 Dekan von St. Florin in Koblenz. Anläßlich eines Streites um den Bischofsstuhl begleitete er einen der Anwärter, der seine Ansprüche gegen die Entscheidung des Papstes durchsetzen wollte, 1432 zum Konzil nach Basel. Dort geriet er in die Händel zwischen Kaiser, Papst und nationalen Kurfürsten. Er nahm wachsenden und vermittelnden Einfluß auf die Verhandlungen und gewann dadurch in der Kirche eine herausragende Stellung. Nach dem Konzil reiste er im Auftrag des Papstes nach Konstantinopel, um bei den griechischen Patriarchen und Kaiser von Ostrom für die Einigung der Kirchen zu arbeiten. Von 1438–48 war er Gesandter des Papstes auf deutschen Reichs- und Fürstentagen, zugleich aber von 1435–45 auch Propst in Münstermaifeld und 1438 Domkanoniker in Lüttich. Zum Dank für seine erfolgreiche Tätigkeit als Diplomat der Kurie ernannte ihn Papst Nikolaus V. 1450 zum Kardinal und Fürstbischof von Brixen und zu seinem persönlichen Legaten für eine innere Reform der Kirche in Deutschland. Seine durch lange Visitationsreisen verursachte Abwesenheit von Brixen benutzte der Herzog von Tirol, um die Rechte des Bischofs zu schmälern. Es kam zu einem heftigen Streit zwischen beiden, der damit endete, daß Nikolaus zwangsweise auf sein Bistum verzichten mußte. Er wurde Kurienkardinal und Generalvikar der Diözese Rom. Auf einer Reise starb er 1464 in Todi in Umbrien. Sein Leib wurde in St. Pietro in Vincoli zu Rom beigesetzt, aber sein Herz ruht in Kues.

Obwohl in der großen Welt zu Hause, blieb der Diplomat und Gelehrte stets seiner Heimat verbunden. Ab 1440 nannte er sich nicht mehr Krebs, sondern Nikolaus Cusanus, und als Vermächtnis stiftete er in seinem Geburtsort mit Hilfe des elterlichen Eigentums und dem Vermögen seiner kinderlosen Geschwister zu Ehren Gottes das *St. Nikolaus-Hospital* (Farbt. 20). Der Zahl der Lebensjahre Christi gemäß, bot es alten und bedürftigen Männern, die über 50 Jahre alt sein mußten, Wohnung und Unterhalt. Noch heute, mehr als 500 Jahre später, erfüllt es diese Funktion, wirtschaftlich gesichert durch den auf dem alten Besitz beruhenden Weinbau. Dem Hospital gehören rund 75000 Rebstöcke. Sie liefern die besten Kreszensen, z. B. ›Kueser Weißenstein‹ und ›Kardinalsberg‹, ›Bernkastler Lay‹ und ›Badstube‹, ›Graacher Himmelreich‹, ›Brauneberger Juffer‹ und andere. Das von Obst- und Blumengärten umgebene Hospital, am linken Kopf der Brücke von Bernkastel nach Kues gelegen, war 1453 fertiggestellt, die Kapelle aber erst nach dem Tode des Kardinals 1465. Das Hospital ist zu besichtigen (außer in den Ruhezeiten von 12 bis 14 Uhr und nach 18 Uhr). Man betritt es durch ein prächtiges Risalitportal (Abb. 65). Auf dem Gesims über der Tür steht eine Statue des St. Nikolaus, zur Seite sein Attribut: drei Knaben im Bottich. Einer Legende zufolge hat ein grausamer Wirt die Jungen zerstückelt und eingesalzen, doch der Heilige erweckte sie wieder zum Leben. Im Volutengiebel halten Löwen und Engel das Kardinalswappen, in dem ein Krebs auf seinen Namen verweist. – Hinter dem Vorbau gelangt der Besucher sogleich in den mittelalterlichen Kreuzgang, jeder Flügel mit einem andersgestalteten Netzgewölbe versehen (Abb. 66). Konsolen tragen die Rippen und symbolisieren zugleich in Köpfen und Büsten die damalige Gesellschaft – Adlige, Bürger, Mönche, Nonnen, Heilige und Sünder. Eine gleiche Fülle von Symbolen – u. a. Wappen des Reiches, des Papstes, Kurtriers, das Brixener Lamm und der Krebs – zieren die Schlußsteine.

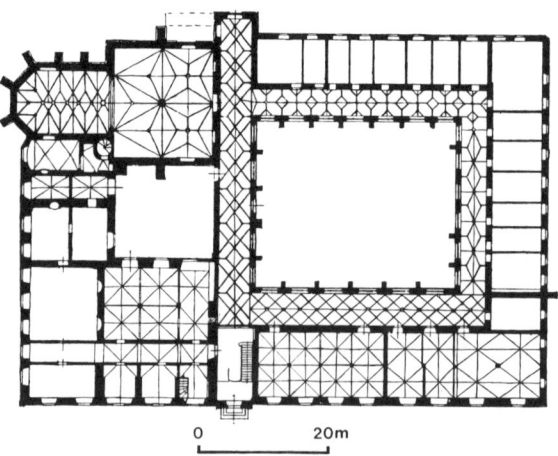

0   20m

Bernkastel-Kues, St. Nikolaus-Hospital in Kues, Grundriß

Bernkastel-Kues, St. Nikolaus-Hospital in Kues, 1841. Aquatinta von Carl Bodmer

Der Gang verbindet einige Zimmer der Pfründner und ihren Speisesaal (ein Kreuzgewölbe auf drei Mittelpfeilern mit jetzt freigelegten Fresken des 16. Jh.). Den Türsturz zum Refektorium schmückt ein Relief der Verkündigung Mariä. Im Südflügel des Kreuzganges hängen außerdem die Gemälde des einheimischen Künstlers Franziskus Freund: Allegorien der Sieben Werke der Barmherzigkeit und Schilderungen der Lebensgeschichte des prachtliebenden Rektors Stephan Schoenes. Er ließ um die Mitte des 18. Jahrhunderts Umbauten vornehmen und durch den Hofarchitekten Seiz insbesondere einen Trakt zur Mosel hin zwischen mittelalterlicher Küche und Kapelle einfügen. Im Erdgeschoß stattete er einen prunkvollen Konventsaal u. a. mit Stukkaturen des Trierer Michael Eytel aus. Gemälde porträtieren Zeitgenossen und erzählen Ereignisse aus dem Leben des Stifters. Im Obergeschoß dieses Teils richtete der Rektor seine Wohnung ein. In dem mittelalterlichen Teil des Obergeschosses befinden sich dagegen noch Stuben der Pfründner und die Bibliothek. Dieser wiederum gewölbte Saal verwahrt die Manuskripte des Gelehrten, seine astronomischen Geräte, seine Sammlung von Urkunden und Handschriften sowie Wiegendrucke vom 9. bis 15. Jahrhundert (Besichtigung nur bei vorangemeldeten Führungen möglich).

Zwischen den Bücherwänden gibt ein Fenster den Blick auf den Hochaltar der Kapelle frei. Diese *Kirche* ist nun der bewundernswerteste Raum des Cusanus-Stiftes. Er war Vorbild für viele Kirchen ähnlicher Art an der Mosel. Über einem 11,50 Meter langen und 10,95 Meter breiten Grundriß mauerte der unbekannte Baumeister die Wände des Schiffes auf.

Aus einem Mittelpfeiler verzweigen sich die Rippen eines im Scheitel 9,60 Meter hohen, herrlichen Sterngewölbes. Ein Chor in den Abmessungen 10,70 mal 6,50 Meter vollendet mit seinen Proportionen die gesamte Raumgestalt durch eine wohlausgewogene Spannung. Im Boden des Chores bedeckt eine Messingplatte, deren Zeichnung die des Grabes in Rom wiederholt, die Urne mit dem Herzen des Kardinals. Hinter ihr auf dem Hochaltar öffnet ein kostbarer Kreuzigungsretabel seine Flügel. Es erinnert noch einmal an den Gelehrten und seine Familie, denn die sich am Kreuzstamm festhaltende Maria Magdalena trägt die Züge seiner Schwester Klara; vor ihr knien in der personenreich und erstaunlich lebendig gemalten Szene klein und demütig Cusanus selbst und sein Bruder Johannes, der Pfarrer von Bernkastel war. Cusanus gab das Bild beim bedeutendsten niederrheinischen Maler des 15. Jahrhunderts, dem anonymen Kölner ›Meister des Marienlebens‹, in Auftrag. Der schönen Schwester in Patriziertracht – sie war die Frau eines Trierer Bürgermeisters – begegnet der Besucher auf einer Grabplatte an der Südwand des Schiffes erneut. So wie dieses Relief die hohe Qualität der Plastik der Epoche dokumentiert, so dokumentiert vorzüglich auf der gegenüberliegenden Wand ein 1957 freigelegtes Fresko ›Jüngstes Gericht‹ von der Hand eines namenlosen Künstlers das hohe künstlerische Niveau der Malerei. Das Epitaph des Rektors Johannes von Neuerburg neben dem linken Seitenaltar – vielleicht ein Frühwerk Johann Ruprecht Hoffmanns – und das Grab des Rektors Nikolaus Deunsch – vermutlich in seiner Nachfolge geschaffen – sind Beispiele für die wirklichkeitsnahe Porträtdarstellung der Renaissance.

Den Hof des Hospitals nehmen mehrfach umgestaltete Wirtschaftsgebäude ein. Die Remise baute der Landkreis Bernkastel-Wittlich zu einem *Moselwein-Museum* aus. Im Parterre kann der Besucher an didaktisch klug geordneten Geräten und Gefäßen die Arbeit der Winzer und Winzerfrauen in Weinberg, Keller und Haushalt und die Geschichte des Weinbaues nachvollziehen. Ein Saal im Obergeschoß dient Veranstaltungen, die dem Wein gewidmet sind. Vitrinen präsentieren eine beachtliche Sammlung von Gläsern (18. und 19. Jh.)

Wer sich über das Leben und Werk des Cusanus eingehender informieren möchte, dem empfiehlt sich ein angenehmer Spaziergang durch eine Auenlandschaft zum *Geburtshaus* am Hafen, das zu einem Cusanus-Museum ausgestaltet wurde. Der Kardinal vermachte das Haus nach dem Tode seiner Eltern testamentarisch dem Hospital. Aber es verfiel und mußte 1570 von Grund auf erneuert werden. Hundert Jahre später verkaufte es die Hospital-Verwaltung an private Interessenten, die es für ihre Zwecke veränderten. Die Cusanusgesellschaft – sie pflegt die Erinnerungsstätte und erschließt durch wissenschaftliche Untersuchungen und die Herausgabe von Schriften das geistige Erbe des großen Denkers – erwarb es 1973 und restaurierte das Gebäude im Stil des 16. Jahrhunderts (Abb. 67). Über seine Aufgabe als Museum hinaus ist es auch ein Kulturzentrum – hier werden mehrmals im Jahr Kunstausstellungen, Dichterlesungen und Konzerte vor allem junger Musiker veranstaltet – und eine Begegnungsstätte für Vertreter aller Kirchen, die hier im Sinn des Theologen, Philosophen und Kirchenmannes um den Frieden in unserer waffenstarrenden Welt bemüht sind. Das Geburtshaus des Nikolaus Cusanus an der völkerverbindenden Mosel ist dafür gewiß der rechte Ort.

Von Bernkastel-Kues nach Trier

Bei Bernkastel-Kues zieht die Mosel ihre Schleifen ein wenig weitläufiger als bisher. Bei der Stadt knickt der Lauf fast rechtwinklig ab und beschreibt einen weiten flachen Bogen. So war es nicht immer. Die Geologen fanden heraus, daß der Fluß sein heutiges Bett vor 110 000 Jahren ausschürfte, indem er z. B. zwischen Mülheim und Lieser, an unserer Route weiter flußaufwärts, das Felsgestein durchschnitt. Früher, vor ungefähr 350 000 Jahren, suchte sich die Mosel bei Kesten-Brauneberg einen Weg nach Süden in Richtung Burgen, wendete am Bitschberg wieder nach Norden um, floß über Mülheim nach Osann und weiter auf Platten zu, bog kurz vorher ins jetzige Liesertal ab und ergoß sich bei Lieser wieder in den jetzigen Graben. Vor zirka 250 000 Jahren änderte sie jedoch wieder die Richtung. Sie durchstieß bei Brauneberg eine Barriere, gab die Windung um den Bitschberg auf und folgte dem ehemaligen Verlauf, um vor 180 000 Jahren diesen noch einmal zu verkürzen. Sie schaffte bei Maring-Noviand einen Durchbruch ins derzeitige Tal. Der aufmerksame Beobachter des Geländes erkennt am Bitschberg und am Maringer Berg sowie am Noviander Hüttenkopf sogenannte Umlaufberge der Mosel.

Die Gegend war früh besiedelt. Vor dem 5. Jahrhundert vor Christi Geburt sollen die Ligurer, ein von Gallien bis Mittelitalien verbreitetes Volk, hier ansässig gewesen sein. Die Kelten drängten sie zur Mittelmeerküste ab. Selbstverständlich hinterließen auch Römer und Franken, wie überall an der Mosel, ihre Spuren.

Als im Ursprung ligurisch deuten Sprachforscher den Namen **Lieser.** Im frühen Mittelalter hieß der Ort Lisura. Von 1516–1648 war ein noch existierender Posthof die dreizehnte Station des Postweges der Thurn und Taxis von Wien nach Brüssel. Die Kirche *St. Peter* auf einem Felsen über den Häusern thronend, am Ende des 18. Jahrhunderts erbaut, enthält einen Altaraufsatz von 1624, der den Altären aus der Werkstatt des Hans Ruprecht Hoffmann gleicht. – Sechzig Jahre älter ist die *Kapelle* in den Weinbergen auf dem Paulsberg. Sie ist freilich ein Neubau anstelle der mittelalterlichen Pfarrkirche von Lieser, die, wie es heißt, vom hl. Bonifatius errichtet worden ist. Sie war die Mutterkirche von vierzehn Dörfern der Umgebung und viel besuchte Wallfahrtsstätte bis ins 16. Jahrhundert hinein (Ausblick über die Mosel nach Bernkastel-Kues).

Von Hoffmann signiert ist ein Kreuzigungsrelief auf dem Altar von *St. Remigius* in **Maring** und in *St. Lambert* in **Noviand** befinden sich sehenswerte Statuen der Maria und des Nepomuk aus dem 18. Jahrhundert. Beide Ortsnamen stammen aus dem Keltoromanischen und lauten in der Übersetzung ›großer Ort‹ und ›Neudorf‹. Im Ortsteil **Siebenborn,** nach Quellen so benannt, steht noch ein Flügel der *Propstei des Klosters Himmerod* mit Kapelle über einem kreuzgratgewölbten Keller und der *Hof des Trierer Stifts St. Paulin* aus dem 18. Jahrhundert. Sie erinnern daran, daß sich hier zwanzig geistliche und weltliche Herrschaften den Grundbesitz teilten. – Ungefähr einen Kilometer unterhalb von Maring-Noviand mündet die bei Kelberg in der Eifel entspringende Lieser in die Mosel. Hier werden die Hechte gefangen, die Restaurants der Umgebung servieren.

Der Mündung gegenüber liegt **Mülheim,** und hier vermischen sich gleich zwei Gewässer, der Frohnbach und der Veldenzbach, mit dem großen Fluß. In der evangelischen *Kirche,* 1669–75 erbaut (flachgedecktes Langhaus mit Gratgewölben, Chor und Turm des 13. Jh.) sind die Emporenbrüstungen mit sechsundzwanzig Gemälden, Szenen aus der biblischen Geschichte darstellend, bemalt worden. Den Stilunterschieden nach zu urteilen waren zwei Künstler am Werk. Sehenswert ist auch das *kurpfälzische Oberamtsgebäude* von 1785. Hier stößt man auf eine protestantische Enklave zwischen den sonst katholischen Gemeinden an der Mosel. Das Gebiet, einschließlich Burgen, Andel, Gornhausen, Veldenz und Brauneberg, kam 1444 durch Erbschaft an das Haus Pfalz-Zweibrücken. Herren einer protestantischen Nebenlinie wurden 1543 die Grafen von Veldenz, bis sie durch die Revolutionstruppen der Franzosen verjagt wurden. Viele der Bewohner der Grafschaft blieben evangelisch. Auch die *Kirche* in **Burgen,** den Frohnbach aufwärts, ist evangelisch. Ihr romanischer Turm erscheint monumentaler als das Langhaus, und beide Bauteile sind in ihren Proportionen schlecht aufeinander abgestimmt.

Von Burgen aus sei ein Abstecher nach **Veldenz** empfohlen. Die Straße führt durch ein anmutiges, gewelltes Tal. Die *Burg,* auf einer bewaldeten Bergkuppe gelegen, war der Stammsitz der ersten Veldenzer Grafen. Sie empfingen sie als Lehen des Bistums Verdun (dem schon der König Childibert II. die Ländereien im 6. Jahrhundert schenkte) an der Wende vom 11. zum 12. Jahrhundert. Die Franzosen zerstörten sie. Teilweise wiederaufgebaut, dient sie als Jugenderholungsheim. Eine Schenke bewirtet (ab 11 Uhr) Gäste. Über das romantische *Thalveldenz* gelangt man in einem ebenso romantischen Bachtal (Landschaftsschutzgebiet) zum Parkplatz der Burg. Von hier aus dauert der steile Aufstieg ungefähr sieben Minuten. Eine herrliche Aussicht belohnt die Mühe. Außerdem kann man an den erhaltenen Toren, Wohngebäuden und Ringmauern die Stärke der mittelalterlichen Anlage ermessen. Sie zählte immerhin zu den größten an der Mosel. – In Veldenz selbst erinnert die *Münze* neben der Kirche, die Prägestätte der Grafen, an die frühere Herrschaft. Die *Kirche* (1884) ahmt einen karolingischen Zentralbau nach, bezieht aber den auf bizarrer Schieferklippe im 13. Jahrhundert errichteten Turm ein.

Auf der Rückfahrt zur Mosel nach Brauneberg durchquert man kurz vor dem Ort ein weites Rebgelände. Im Spätherbst sind die Blätter der Stöcke, manchmal von Nachtfrösten gestreift, braun. Am gegenüberliegenden Hang aber leuchten sie noch gelb. Diesseits wächst Wein minderer Güte, jenseits aber auf dem Brauneberg am Südhang hauptsächlich der bekannte ›Brauneberger Juffer‹ und die ›Juffer Sonnenuhr‹. Ihre Rieslingtrauben ergeben einen rassigen, kräftigen und fruchtigen Wein. ›Juffer‹ ist eine Bezeichnung für angesehene, unverheiratete Frauen, so daß wohl ein Nonnenkloster als einstiger Eigentümer anzunehmen ist. Wahrscheinlich gehörte die Lage den Franziskanerinnen aus dem Ortsteil **Filzen**. Das *Kloster* bestand seit 1455. Seine Gebäude (1712–21), um einen fast quadratischen Hof angeordnet, beherbergen nun ein privates Weingut. An der Südwestecke schließt es den Turm der nachmaligen *Andreas-Kapelle* ein. Dieser Bau stammt aus dem 11. Jh. Ein sorgsam geschichtetes Mauerwerk öffnen nach oben kleiner werdende Rundbogen-Arkaden. Die ehem. *Klosterkirche* (1712–20) von dem Franziskanerbruder und späteren Hofbaumeister Paul Kurz entworfen, fügt sich an der anderen Ecke an (Dachreiter, Hochaltar mit dem hl. Franziskus und der hl. Familie, Nonnenempore und große, spätgotische Kreuzigung).

Im Zentrum von **Brauneberg** steht ein für die Diözese Trier ungewöhnliches Gotteshaus, die vom kurpfälzischen Hofarchitekten Rabaliatti 1776/77 errichtete Simultanpfarrkirche *St. Remigius*. Seit 1957 trennt eine Wand das katholische Hauptschiff vom evangelischen Chor ab. – Nach seiner ersten Erwähnung im 11. Jh. hieß der Ort übrigens Dusemond, entweder nach Dulcis mons – ›Süßer Berg‹ oder nach dem in mehreren Urkunden genannten Namen Amandus. Erst seit 1925 heißt er Brauneberg, auf eben jenen Tonschieferrücken hinweisend, der mit seinem ›Juffer‹ das Winzerdorf bei Weinfreunden so bekannt machte.

Der Name von **Kesten** am linken Ufer dagegen ist eindeutig vom römischen Castanidum (=Kastanienhain) abgeleitet. Diese Bäume sind allerdings längst verschwunden. Aber im nahen *Dreisbachtal* sprudelt noch ein Sauerbrunnen aus einer römischen Einfassung, den schon Cäsars Legionäre tranken. Ansonsten säumen zahlreiche Wohnhäuser des 16. bis 18. Jahrhunderts mit schönem Fachwerk die Straßen. Manche sind aber leider auch verputzt. An einem Haus in der Paulinstraße von 1662 mit Eckerker nisten seit Menschengedenken, niemand kann erklären warum, unzählige Schwalben. Sie schießen durch die Gassen, und ihre sirrenden Stimmen dringen, alles andere übertönend, in die Ohren. – Auf Kesten blicken die Häuser von **Monzel** auf dem sich bis dahin dehnenden Brauneberg herab. Sie gleichen von weitem einer wehrhaften Burg. Ort und Weinberg bilden vom Tal aus ein hübsches Panorama.

Minheim liegt ein paar Kilometer südlich im Innern einer Moselschleife (*St. Johann Baptist*: kahler Saalbau von 1840–42, aber mit großartigem Altar, um 1770, mit einer Dreifaltigkeit und bewegten Figuren; auf dem Kirchhof ein interessantes neogotisches Maßwerk-Grab eines Pfarrers). – Von hier aus empfiehlt sich ein Abstecher (9 km) nach **Klausen**. Die

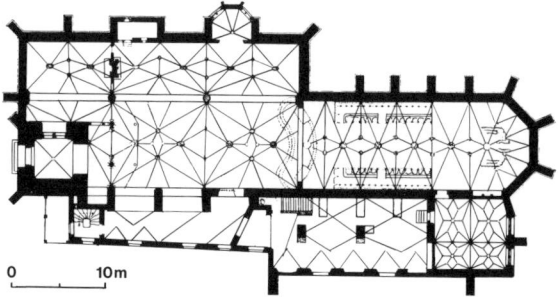

Klausen, St. Marien, Grundriß

0   10m

Straße steigt durch die Weinberge zur Höhe hinauf, führt erst am Waldrand entlang, dann durch den Bewuchs hindurch zu dem Dorf auf einem Eifelplateau. Während der Fahrt bietet sich dem Auge immer wieder ein eindrucksvolles Landschaftsbild: in der Nähe die Rebflächen am steilen Hang, ihr helles Grün vom dunkleren des Gehölzes begrenzt, in der Tiefe der Fluß und seine Niederung mit grauen Dörfern und großen Weingärten und schließlich in der Ferne am Horizont, vom Dunst bläulich verfärbt, wieder der Wald.

Inmitten von Obstgärten liegt die Pfarr- und Wallfahrtskirche *St. Marien* (Abb. 69): weiß die Mauern, rot die Strebepfeiler, die schmalen Fenster mit feinem Maßwerk unter dem Schieferdach, der weißrote Turm mit geknickter, überaus spitzer Haube. Die Pilgerstätte geht auf einen frommen Tagelöhner namens Eberhard Taub zurück. Er zog sich einst in die Waldeinsamkeit zurück, stellte eine Muttergottesfigur in einer Baumhöhle auf und lebte als frommer Einsiedler. Von einer Vision veranlaßt, errichtete er der Figur ein Heiligenhäuschen, ersetzte die Muttergottes aber bald durch eine neue Pietà aus Eichenholz aus Trier. Sie galt bald als wundertätig, und Gläubige pilgerten ihrer Gebrechen wegen nach Eberhards-Klausen. Daraufhin begann der Einsiedler 1445 mit dem Bau einer Kapelle, doch schon 1448 unterstützt vom Erzbischof von Sierck, mit der Errichtung einer 26 Fuß langen und 12 Fuß breiten Kirche. Eberhard starb 1451. Darauf beriefen das Trierer Domkapitel und der Grundherr Gottfried von Esch Augustinerchorherren aus den Niederlanden, um an diesem Platz eine Kanonie zu gründen. Sie ließen das heutige zweischiffige Gotteshaus von einem Baumeister aus Antwerpen errichten. Er begann mit dem Chor. 1474 wurde dieser konsekriert. Dann legte er die frühere Kirche nieder und führte das Langhaus auf. Dabei benutzte er Teile der alten Südwand und die unteren Geschosse des Turmes, den er zugleich aufstockte. 1502 war der voluminöse, steinerne Schrein für das wundertätige Vesperbild fertig.

Das Innere überrascht durch seine Weite und Helligkeit. Schiffe und langgestreckter Chor sind gleich hoch, und gleichgestaltete Netzgewölbe lassen beide nahtlos ineinander übergehen. Zwei schlanke Achteckpfeiler unter hohen Spitzbögen versperren nicht den Blick in das linke Seitenschiff. So entsteht der Eindruck eines einheitlichen Raumgefüges (das rechte, niedrigere und dunklere Seitenschiff hat keinen Einfluß auf die Raumwirkung; es ist ein Stück vom früheren Klosterkreuzgang und wurde erst im 19. Jahrhundert einbezogen). Prachtstück ist der Hochaltar mit dem Antwerpener Schrein, 6,20 Meter hoch und 3,50 Meter breit. Das Schnitzwerk unter üppiger Baldachinarchitektur faßt Kreuzerrichtung, Kreuzerhöhung und Kreuzabnahme in lebendigen Szenen zusammen. In der Gliederung des Retabels verstecken sich an den Säulen Figürchen der vier Kirchenlehrer Moses, Aaron, Melchisedek, David, der heilige Kaiser Heinrich und die Heiligen Paulus, Johannes und Barbara, in den Baldachinen die Evangelisten und musizierenden Engel, insgesamt 36 kleine Figuren. Der gemalte rechte Flügel stellt die Kreuztragung und Auferstehung, der linke die Geburt Christi und die Anbetung der Könige dar. Die kleineren Bilder über den seitlichen

1 KOBLENZ Moselmündung am Deutschen Eck ▷

3 KOBLENZ Sogenannte ›Vier Türme‹, 1608

◁ 2 KOBLENZ Moselufer mit St. Florin

4 KOBLENZ Ehemalige kurfürstliche Burg

5 KOBLENZ Deutschordenskommende

6 KOBLENZ Liebfrauenkirche

7 KARDEN ›Korbisch‹, ehemaliges Propstei-
gebäude

8, 9 KARDEN St. Kastor, Mittelschiff und Altar aus der Hoffmann-Schule

11   Bei Cochem-Cond

◁ 10   Burg Eltz bei Moselkern

13 Moselschleife bei Kröv

◁ 12 COCHEM Burg, ursprünglich 1020, restauriert 1868–77

14 Blick von der Marienburg

15 EDIGER Romanisch-gotische Kirche und Fachwerk, 16. Jh.

16 Der ›Würzgarten‹ bei Ürzig ▷

18 EDIGER
◁ 17 BERNKASTEL-KUES Blick von Burg Landshut
19 Weinlese bei Beilstein

20 BERNKASTEL-KUES Cusanusstift in Kues und Befestigungsturm

23 TRIER St. Paulin, Chor ▷

21 BERNKASTEL-KUES Marktbrunnen, 1606   22 BERNKASTEL-KUES Fachwerk, 1583

25 TRIER Kurfürstliches Schloß und ›Basilika‹
◁ 24 TRIER Dom und Liebfrauenkirche
26 TRIER Kaiserthermen, 4. Jh.

27 TRIER Hauptmarkt mit ›Steipe‹, 1430 ▷

28 METZ Kathedrale St-Étienne

29 METZ Fensterrose in der Kathedrale

30 METZ Justizpalast

31   METZ   Deutsches Tor, 13. Jh.

32 TOUL Kreuzgang von St-Gengoult

33 TOUL Kathedrale St-Étienne

34 ÉPINAL Madonna am Portal von St-Maurice

35 NANCY Schmiedeeisernes Gitter am Place Stanislas

36 Die Mosel bei Rupt-sur-Moselle

37 Die Mosel bei Gondreville

39 ARS-SUR-MOSELLE Römischer Aquädukt, 1. Jh. ▷

38 Moselquelle am Col de Bussang, Vogesen

Hochreliefs zeigen die Verkündigung und die Sendung des Heiligen Geistes. Den Altar stiftete Prior Johannes von Eindhoven 1480. Im nördlichen Seitenschiff steht auf dem Altar der erkerartigen Michaelskapelle ein den Teufel bezwingender und von Rokokozierat umgebener Michael von 1751. Drei Stufen erhöht, ist dem Seitenschiff eine Nachbildung der Klause des Eberhard, vermutlich an der originalen Stelle, eingepaßt. An der Südseite des Chores führt eine von gekehltem Stabwerk umrahmte Tür in den Sakristeianbau. Sein Obergeschoß beherbergte eine reiche Bibliothek (jetzt in der Stadtbücherei von Trier), in der Wandmalereien vom Anfang des 15. Jahrhunderts erhalten sind. Daneben birgt die Kirche eine Fülle weiterer Ausstattungsstücke, jedes einzelne ein Kunstwerk: Altäre, Beichtstühle (1770), eine hervorragende Kanzel (1774), das Chorgestühl (15. Jh.), einzelne Statuen von Heiligen aus dem 15. bis 17. Jahrhundert, der Volksfrömmigkeit verpflichtete Ölgemälde (Prozessionen und Wunderheilungen schildernd), eine Sammlung schmiedeeiserner und von den Wallfahrern gestifteter Weihekerzenhalter vom 16. bis zum 18. Jahrhundert und Grabmäler.

Der wichtigste Teil von St. Marien ist selbstverständlich die *Gnadenkapelle*. Reste des ehemaligen Lettners (16. Jh.) schließen sie gegen das Seitenschiff ab. Ein Steinmetzmeister änderte 1902 das Mittelstück zum Altar um. Die 23 Zentimeter hohe schmerzhafte Muttergottes aus dem 15. Jahrhundert, jetzt im Aufsatz oben hinter einem Gitter, ist ein schönes Beispiel für die deutsche Auffassung des Motivs im Mittelalter. Eine in sich geschlossene Gestaltung vereinigt den Leib des Herrn mit dem der Maria. Mit wahrhaft schmerzlichem Gesicht betrachtet sie den von ihrer Rechten gestützten Kopf des Sohnes. Dieses ergreifende Bild schien den Pilgern des 17. Jahrhunderts nicht mehr zu genügen, denn in dieser Zeit wurden Drucke eines anderen Bildes verbreitet. Die jüngere Skulptur ist wiederum eine Pietà, doch von abweichendem Typus. Nicht nur, daß sie aus der Barockzeit stammt und ein steinernes, fast naturalistisches Werk ist, die übliche Zuordnung ›Herr und Maria‹ ist vielmehr jetzt um Johannes und Maria Magdalena vermehrt. Der Auftraggeber oder der Künstler, man kennt weder den Namen des einen noch des anderen, nahmen sich dabei wahrscheinlich die längs der Mosel verbreiteten Grablegungen zum Vorbild. Die Gruppe steht jetzt ebenfalls auf dem Altar und wird gleichermaßen von den Wallfahrern verehrt. Immerhin pilgern jährlich die Gläubigen aus 135 Pfarreien des Bistums nach Klausen. Ältliche Mädchen haben auch einen Sonderwunsch: nämlich den nach einem ehrbaren Ehemann. Dafür beten sie angeblich aber nicht zur Maria, sondern vor der Grabplatte des Ritters Philipp von Ottenesch († 1535, nahe dem Eingang an der Wand rechts), dabei die sich unter seiner Landsknechtstracht gut abzeichnenden Genitalien berührend. Ob es jemals geholfen hat, ist nicht bekannt.

Von der einst großen Stiftsanlage hat die Zeit wenig übriggelassen. Es gibt noch, jetzt für andere Zwecke genutzt, das Brauhaus, einen Remisenbau und die Fremdenherberge, alle aus dem 18. Jahrhundert. Anderes verfiel dem Abbruch, nachdem des Kloster 1802 aufgehoben wurde.

Nach Besichtigung der Kirche wird sich der Reisende wieder der Mosel zuwenden. Über enge Kehren fährt er durch die steile Lage Falkenberg (Riesling mit pikanter Säure) und erreicht das langgestreckte **Piesport** (Abb. 70). Die Straße ist ein Stück der römischen Querverbindung zwischen Eifel und Hunsrück, denn die alte Siedlung hieß porto pigontio (Furt des Pigontius), das sich in Piesport verwandelte. Ländereien und Weinertrag teilten sich die Abteien Prüm, Eberhardsklausen, Mettlach und das Domkapitel in Trier. Die unterschiedlichen Besitzverhältnisse spiegelt die Pfarrkirche *St. Michael* (Abb. 68). Nach Plänen des Tirolers Paul Miller 1776/77 errichtet, bezahlten Turm und Sakristei die Gemeinde, das Schiff die Abtei Mettlach, den Chor das Domkapitel und die Portalpfeiler vor der Westfront (Engel mit den Symbolen ›Glaube‹ und ›Liebe‹) verkaufte Klausen um 1860 nach Piesport. Innen bedecken großartige Fresken das gesamte Gewölbe. Eine Fülle von Muschel- und Flammenwerk, Blumenranken, Allegorien und Ornamenten umrahmt Bilder der Himmelfahrt Mariens, des Engelsturzes und des Heiligen Franziskus Xaverius, der zu Negern und Indern predigt. In der Umrahmung dieses Gemäldes stellte sich auch der Künstler in einem Akt dar. Er hieß Johann Peter Weber, wohnte in Trier und schuf das Werk 1778. Auch die Leinwand mit der rührenden Szene des Schutzengels, der ein vom Teufel bedrohtes Kind an der Hand in den Himmel führt, stammt von ihm. Ein drastischer Luzifer mit Hörnern, Bocksfüßen und Schwanz krönt die Kanzel. Erzengel Michael führt ihn gerade in Ketten ab, und es sieht aus, als winsele der Höllensohn um Erbarmen. Diese Darstellung gehört, ebenso wie die Altäre, zur Ausstattung der Erbauungszeit. Die Originalfiguren auf den Altären ersetzte jedoch der Bildhauer Hellwegen aus Moselweiss in den zwanziger Jahren offensichtlich durch Reproduktionen barocker Vorlagen. Die gut gelungenen Plastiken beeinträchtigen das Rokokoensemble nur wenig. Allein in den etwas manieriert ausgeführten Gesichtern bemerkt man die Imitation.

Von den Bürgerhäusern Piesports ist der *ehemalige Klausener Klosterhof* (Ausoniusufer 6–8) erwähnenswert. Dem Wirtschaftsgebäude mit der Kelter von 1613 wurde 1806 ein Wohnhaus mit breiter Front und Walmdach vorgesetzt. Über dem klassizistischen Portal eine Pietà (1530) mit der Figur des Johannes.

In **Niederemmel,** durch die moderne Brücke mit Piesport verbunden, steht die Kirche *St. Martin* (1732) über römischem Mauerwerk. Es gehörte anscheinend einmal zu einem Tempel, wie der Rest einer Granitsäule in der Turmhalle vermuten läßt. Am Ortsausgang neben der Straße nach Neumagen-Dhron fanden die Archäologen 1950 eines jener seltenen antiken Diatretgläser höchster Vollendung (jetzt Landesmuseum Trier), wie sie gelegentlich reichen Römern im 3. Jahrhundert, hier wohl einem Gutsherrn, mit ins Grab gegeben wurden.

Zum wahren Dorado für die Altertumsforscher wurde aber – bereits in den Jahren 1877–85 – **Neumagen.** In einem Bezirk, der als die Anlage einer mittelalterlichen Befestigung angesehen wurde, stießen Arbeiter beim Ausschachten für die Fundamente eines Hauses auf Mauerwerk, das mit Reliefs durchsetzt war. Der Pfarrer rief Felix Hettner, den Direktor des eben gegründeten Rheinischen Landesmuseums Trier. Dieser erkannte zumindest, daß sie einer früheren Epoche zuzuordnen waren, und kaufte die behauenen Steine nach Gewicht für 2 232 Mark, eine Mark pro Zentner. Er veranlaßte 1884 auch systematischere, wenn auch in heutiger Sicht noch nicht wissenschaftliche Ausgrabungen; und siehe, es kamen immer neue Bilder zutage. Kein Fund zuvor hatte jemals auf so greif- und begreif-

Neumagen   1 Untere oder Petersburg, im 13. Jh. von Erzbischof Beomund I. erbaut   2 Erhaltener Turm   3 Bogengasse   4 heutiges Notariat   5 Staaden, heute Moselstraße

bare Weise vom Leben der Vorfahren der Moselaner erzählt, wie es auf dieser Bildfolge geschah. Über tausend Stücke beschrieben das einheimische Wild in den Wäldern, Weinbau und Weinhandel, Alltag und Feste, Bildung und Glauben. Heute weiß man, daß das, was die Arbeiter entdeckten, die Grundmauern eines *römischen Kastells* waren. Es war von eiförmigem Grundriß, 130 mal 113 Meter groß, mit vierzehn Türmen bestückt und besaß zwei Tore. Da Überfälle der Germanen die Gegend unsicher machten, ließ es Kaiser Konstantin I. zum Schutz der Straße Mainz – Trier am Anfang des 3. Jahrhunderts errichten. Aber schon seit dem 1. Jahrhundert waren in diesem Noviomagus Treverorum (einem offenbar wichtigen Hafen und Warenumschlagplatz) wohlhabende Händler ansässig, hatten Häuser erbaut, Heiligtümer errichtet, Friedhöfe angelegt. Als es nun den Legionären an Baumaterial mangelte, vermauerten sie kurzerhand deren Grabpfeiler, Altäre und Stelen in die Basen ihres Bollwerks. Der im vorigen Jahrhundert in Neumagen gehobene Schatz zählt zu den Prachtstücken des Trierer Museums (Abb. 88, 89). Das berühmteste Steinbildnis, das *Weinschiff* mit dem fröhlichen Steuermann und andere schmücken zumindest als Abgüsse Neumagen. Um die jetzige Kirche ist an Mosel-, Burg-, Krichelsbergstraße und Spielesgasse der Verlauf der Umfassungsmauer des Castrum Constantin zu verfolgen. Die jetzige Römerstraße durchquerte die Anlage von einem Tor zum anderen.

Was wurde aus der römischen Feste? Anscheinend besserte sie Bischof Nicetius (Mitte 6. Jh.) aus, falls man ein Poem des merowingischen Dichters und Reisenden Venantius Fortunatus richtig deutet. Er spricht von einem Palast des Kirchenfürsten. Wie auch immer, die Normannen zerstörten Numago. In den Ruinen richtete der erste freiadlige Herr von Numago dann tatsächlich eine mittelalterliche Befestigung ein, die ›Helenen‹- oder *Obere Burg*. Das 13. Jahrhundert berichtete außerdem von einer *unteren*, von Bischof Beomund I. erbauten *Petersburg*. Die Obere Burg gehörte seit 1553 den Grafen von Sayn-Wittgenstein, und deren spätere Linie Berleburg übte die Herrschaft bis zur französischen Besetzung aus

Neumagen, 1838. Stahlstich von Schumacher u. Comp.

(und deshalb unterhält die Gemeinde jetzt noch Verbindungen zu diesem Haus in Berleburg am Südrand des Rothaargebirges (Nordrhein-Westfalen).

Reste der Oberen Burg standen noch 1840. Letzte Mauern wurden 1905 niedergelegt. 1818 wurde die baufällige Petersburg abgerissen. Ein Turm blieb im Haus Römerstraße 78 erhalten. – An das Geschlecht *Sayn-Wittgenstein* erinnert deren *Hof* (Ecke Hinterburg/ Grafenweg), ein Barockbau mit mittelalterlichem Keller, und an das Geschlecht der Marsberg der sogenannte *Marsberger Hof* (Römerstraße 98) von 1730, ein dreiflügeliger Bau mit Vorhof (Wappen über dem Tor, daneben Brunnennische). Auffällig auch die *Bürgerhäuser Römerstraße 94: Willemsches Haus* (Abb. 73) *und 92* (auf Köpfen ruhender Kamin an der Giebelfront) und einige variationsreiche Wegekreuze in dieser Straße. – Besondere Beobachtung verdient jedoch die *Peterskapelle* (unter altem Baumbestand, hinter dem Weinschiff). Der Chor von 1314 blieb unangetastet und ist ein Beispiel edelster Gotik (Abb. 72), während das Langhaus, 1710 wiederhergestellt, nur Teile älteren Mauerwerks einbezieht. Unter dem hölzernen Vorbau sollen nach einer Pestepidemie alle Einwohner Neumagens einen Platz gefunden haben.

Die Pfarrkirche *St. Maria* ließ ihr Patron, Graf Christian Heinrich von Sayn-Wittgenstein, 1792/93 anstelle eines mittelalterlichen Sakralbaues errichten. 24 Jahre zuvor hatte er versucht, in Neumagen die Reformation einzuführen, konnte sich aber dem Kurfürsten gegenüber nicht durchsetzen. Er durfte nur katholische Pfarrer berufen. Ein Kuriosum also: Der evangelische Adlige errichtete und betreute eine katholische Kirche. 1964 erfolgte eine gründliche Restaurierung mit Um- und Anbauten, sodaß die Kirche ihren ursprünglichen Charakter fast gänzlich einbüßte, zumal auch die barocke Ausstattung umgruppiert wurde.

– Unweit der Kirche, im alten Gemeindehaus, ergänzt ein kleines *Heimatmuseum* die Ortsbesichtigung. Ein Modell des Castrum Constantin, Trinkgefäße und einige bescheidene andere Exponate unterrichten über die Römerzeit. Ansonsten gilt die Sammlung der Moselfischerei und -schiffahrt und vor allem dem Weinbau. Neumagen ist schließlich der älteste deutsche Winzerort.

Inmitten der anmutig gewellten Rebenlandschaft steht außerhalb des Dorfes (Straße nach Leiwen) die *Marterkapelle* zu Ehren der in Trier ermordeten christlichen Soldaten der Thebäischen Legion. Der Legende nach sollte das Blut der Ermordeten bis hierher das Wasser der Mosel rot gefärbt haben. Etwa zwei Kilometer südlich der Kapelle liegt die Anhöhe ›Auf der Kron‹. Eine Legende schildert, daß hier Kaiser Konstantin 313 das Bild eines Kreuzes erschien. Es verhieß ihm den Sieg über seinen Feind und Mitkaiser Maxentius. Nach der Schlacht bekehrte sich Konstantin der Große zum Christentum und förderte den neuen Glauben auch im Land an der Mosel.

Von diesem Aussichtspunkt erblickt man **Trittenheim** auf der Innenseite einer überaus engen Flußschleife. Der Name zeigt fränkische Besiedlung an. Der Ort wurde zum ersten Mal 893 erwähnt. In Trittenheim besaßen die Abteien Prüm, St. Matthias in Trier und die Grafen von Vianden und Manderscheid ihre Güter. Die Abtei St. Matthias erbaute die heutige Pfarrkirche mit dem seltenen Patrozinium *St. Clemens* (Papst 92–101) 1790–93. Der Saalbau zeichnet sich durch eine einheitliche Innenausstattung aus der Bauzeit aus. Barocke Bildstöcke mit lebhaften Szenen zieren zahlreiche Häuser.

Ein Kreuzweg, beginnend am südlichen Ende des Dorfes, begleitet den Aufstieg zur *Laurentiuskapelle* inmitten der Weinberge (vor 1583, jetzt Gefallenen-Gedächtnisstätte). Fünf Winzerfamilien stifteten je eine der Leidensstationen als Dank nach dem Erlöschen der Pest 1654.

In Trittenheim kam 1462 Johannes Zeller, nach seinem Geburtsort Tritheminus genannt, als Sohn eines Winzers zur Welt. Der große Gelehrte, Historiker, Mathematiker und Naturwissenschaftler war Benediktinerabt in Sponheim bei Kreuznach und im Schottenkloster zu Würzburg. Die von ihm in Sponheim zusammengetragenen Bücher nahm die Vatikanische Bibliothek in Rom auf. Seine Grabplatte in der Neumünsterkirche zu Würzburg schuf Tilman Riemenschneider. Trotz seiner weltläufigen Gelehrsamkeit, die sogar Magierwissen einschloß, lobte er immer wieder seine Herkunft und Heimat. Die Gemeinde setzte ihm an ihrer Hauptstraße ein würdiges Denkmal.

Um nach der Trittenheimer Haarnadelbiegung des Flusses den etwas weiteren gegenläufigen Bogen auszufahren, wendet man sich über die Brücke im Ort zum rechten Ufer. Die Straße steigt zur *Zummethöhe* auf, von wo sich wieder eines jener für den deutschen Mosellauf so eigentümlichen Panoramen bietet. Der Weg neigt sich dann zur *Kleinen Dhron* mit einer Trinkwassertalsperre in idyllischem Waldgelände. Eines der Gehöfte im Tal ist das Geburtshaus des Dichters Stefan Andres. Der Erinnerung an die Kinderzeit widmete er seine Novelle ›Der Knabe im Brunnen‹.

Vor den Zummethöfen zweigt die Straße hinunter nach **Leiwen**, dem ersten Ort im Bogen, ab. Sehenswert sind *St. Stephan und Rochus* mit spätgotischem Chor und Rokoko-ausstattung sowie die kurtrierische *Zehntscheune*, um 1600. – **Köwerich**, der Geburtsort von Beethovens Mutter, besitzt in einer neuen *Kirche* (1873/74) zwei farbig gefaßte Stein-altäre des Hoffmannschülers Manternach. Der linke, 1620 gestiftete, kopiert das jüngere Gnadenbild von Klausen vor einer Stadtansicht, unter ihm die Stifterfamilie und daneben die Figuren der heiligen Katharina und Anna selbdritt. Am rechten, prachtvolleren, stellte der Künstler ein Hochrelief mit der Darstellung St. Martins, der seinen Mantel teilt, in die Mitte einer Säulenarchitektur. In der Nische links St. Nikolaus und rechts St. Sebastian; oben die mit der Trinität vereinigte Kreuzigung und kniende Stifter; auf dem Gesims die vier Evange-listen und auf den Konsolen des Dreiecksgiebels die Bischöfe Eligius und Kunibert.

In **Thörnich** findet man im vom Reichsgrafen von Kesselstatt gestifteten *St. Maternus* wiederum einen Saalbau (1789/90) mit einheitlicher Rokokoausstattung. – In **Detzem**, an der Innenseite der Moselkurve, genau Leiwen gegenüberliegend, stellt *St. Agritius* mit sei-nem schlanken Turm und seinem weißen Verputz ein reizvolles Motiv dar. Der ursprüng-liche Kirchenbau stammte von 1500. Nachdem aber ein Sturm das Gotteshaus beschädigte, mußten 1735/36 Turm und Langhaus neu aufgerichtet werden, während spätgotischer Chor und die Sakristei erhalten blieben. Den Neubau veranlaßte die Abtei St. Maximin in Trier. St. Agritius war einer der ersten Bischöfe von Trier (314). Eine Statue auf dem Hochaltar stellt ihn neben den Heiligen Michael und Donatus dar. Zum Besitz der Abtei gehörte auch der jetzt verbaute Barockhof neben der Kirche. – 893 war St. Maximin von König Arnulf das Königsgut vermacht worden, ein Besitz, auf dem schon Römer ansässig waren. Reste eines Gehöfts, ein Gräberfeld, Kleinbronzen und Gebrauchsgegenstände wurden gefunden. Römischen Ursprungs ist auch der Name des Ortes, der ›ad decem lapidem‹, beim zehnten Meilenstein an der Straße Trier – Mainz lag. Heute spielt Detzem für den Schiffsverkehr eine Rolle. Hier staut eine Wehrmauer, mit neun Metern die höchste an der Mosel, den Fluß, und in einer 170 mal 12 Meter großen Schleuse überwinden die Schiffe die Stufe.

Doch zurück nach Thörnich und über die Brücke zur anderen Seite des Flusses. Rechts vom Übergang liegt **Klüsserath**, ein Straßendorf am Fuß der Lage ›Klüsserather Bruder-schaft‹. Das Wort ›Bruderschaft‹ besagt, daß die Lage Eigentum einer Mönchsgemeinschaft war. 698 schenkte die Tochter des merowingischen Hausmeiers Odo dem hl. Willibrord von Echternach einen Rebenberg. Auch Metz besaß hier Grund und Boden. Bischof Chrode-gang überließ ihn 743 der Abtei Gorze in Lothringen. Später ging der Ort in den Besitz des Bischofs und Kurfürsten von Trier über. Einer seiner Ministerialen erbaute anstelle eines romanischen Gotteshauses eine gotische Kirche, und deren rippengewölbten Chor ver-wandte der Baumeister Le Planc 1783 für sein Langhaus, das wiederum 1934 in dem Erweite-rungsbau durch J. Monz aufging. Von der Einrichtung der Kirche *St. Maria* sind besonders wertvoll eine Gruppe Anna selbdritt aus dem 15. Jahrhundert und der Altar des Robert Johann Hoffmann: die Heiligen Hubertus und Walburgis flankieren eine Pietà. Auf dem Gesims stehen acht Apostel. Ein Hochrelief der Krönung Mariens und eine Kreuzigungs-gruppe vollenden den Aufsatz. – Die *Wasserburg* des kurtrierischen Ministerialen wurde nach einem Brand im 18. Jahrhundert ein Wohnhaus; ihr zweischiffiger, gewölbter Keller blieb jedoch unversehrt und wird wie ehedem als Weinkeller genutzt.

Ein wenig abseits der Mosel, vier Kilometer nordwestlich der Brücke, vermittelt das *Schloß* von **Bekond** einen Eindruck vom Lebensstil hoher Herren am Anfang des 18. Jahrhunderts. Der Trierer Dompropst Karl Kaspar von Kesselstatt ließ 1710 durch den kurtrierischen Baudirektor von Ravenstein die Stammburg des Geschlechts der von Bekond in einen Landsitz verwandeln. Der dreigeschossige Mittelbau mit Walmdach und haubenbekrönten Flügeln verbirgt mittelalterliche Substanz. Seine Schaufront zum Garten ist durch ein Säulenportal mit Balkon akzentuiert. Vom Park blieben allerdings nur noch einige Bäume und die zur Scheune verunstaltete Orangerie übrig. Neben dem wappengeschmückten Hoftor setzen ehemalige Stallungen und die Kapelle im rechten Winkel an den Haupttrakt an.

In **Mehring**, wieder an der Mosel, zeigt sich, welche Veränderungen die Flußregulierung nicht nur Landschafts-, sondern auch Ortsbildern zufügte. Sie machte eine drei Meter höhere Uferstraße mit höhergelegten Häusern und Wasser- und Abwasserleitungen erforderlich. 73 Gebäude wurden abgebrochen und 52 wieder aufgebaut. Kosten insgesamt: 9,5 Millionen DM.

Weiter auf der Bundesstraße 53 macht alsbald ein Wegweiser mit dem fremd klingenden Namen **Longuich** auf den Ort wieder jenseits einer Brücke neugierig. Der Name ist keltischen Ursprungs und leitet sich von lunc (= krumm) und wich (= Bach) ab. Die Siedlung gehörte zum Detzemer Königsgut und damit zur Abtei St. Maximin. Diese erbaute eine erste *Kirche* im 13. Jahrhundert. Von ihr rühren die vier Untergeschosse des Turmes her. Die Abtei ließ auch den jetzigen Barockbau von Johannes Seiz 1771 und den großen viereckigen Hof daneben errichten. Ihr Wappen über dem Tor bestätigt es.

In der Kirche *St. Laurentius* befinden sich sehenswerte Altäre, Kanzel, Bänke und Heiligenfiguren aus der Bauzeit. Im Kirchturm eingemauert ist die Grabplatte des 1496 verstorbenen Junkers Gerhard Platt von Longuich, der das Gut als Lehen innehatte. Auf dem Friedhof steht das Relief der knienden Dorothea von Benzerath (um 1570). Die Familie Benzerath übernahm von der Familie Platt die sogenannte *Alte Burg*, einen mächtigen Giebelbau auf quadratischem Grundriß aus Schieferbruchstein um 1500, etwa 200 Meter nördlich der Kirche. Der Kirche gegenüber liegt das *Burghaus der Kratz von Scharfenstein*, ursprünglich aus dem 13. Jahrhundert, jetzt freilich mit einem Wohnbau des 18. Jahrhunderts.

Geschichtsträchtig ist auch das kleine **Riol**, das sich in Sichtweite am Hang unter den Viadukten der Autobahn hinzieht. Schon Tacitus nannte im Jahre 70 Rigodulum. Er berichtet, daß sich während des Aufstandes der germanischen Bataver gegen die Römer aufrührerische Treverer dort verschanzten und nur ein eigens aus Mainz anmarschierender Feldherr die Rebellion beenden konnte. – Zur Kirche *St. Martin* führt eine Treppe hinauf. Zwischen romanischem Turm und gotischem Chor schiebt sich unter Verwendung einer barocken Langhausmauer ein Erweiterungsbau von 1923/24. Ein großes Kruzifix (18. Jh.) hängt im Triumphbogen; im Altar eine frühchristliche Grabplatte. Eine Inschrift erinnert an Peter Aspelt, der hier 1820 Pfarrer dieses Gotteshauses war. Ihm gelang es, Erzbischof in Mainz und Kanzler des Reiches zu werden. So mit Rang und Macht ausgestattet, verhalf er Heinrich VII. von Luxemburg 1308 zur Kaiserwürde, krönte dessen Sohn Karl IV. in Prag zum König und dessen Nachfolger Ludwig IV. von Bayern 1314 in Aachen wiederum zum römisch-deutschen Kaiser.

Riol liegt auf einer der Niederterrassen des nun beginnenden Trierer Beckens. Hier floß die Mosel vor ungefähr 400 bis 350 Millionen Jahren über einen flachen Gebirgsrumpf und räumte, einer Störungslinie folgend, den etwa 20 Kilometer langen und zwei bis drei Kilometer breiten ebenen Talboden von Südwesten nach Nordosten allmählich aus. **Schweich** auf der linken Moselseite liegt schon in der Niederung. Heute führt eine Brücke über den Fluß, früher setzte man per Fähre über. Ihr linker Turm existiert noch. Er diente als Wohnung des Fährmanns und als Eisbrecher zugleich. Die hier liegenden Güter gehörten den Abteien St. Maximin, Prüm und Echternach. In der Nähe des Fährturmes steht das ehemalige *Amtshaus* der Trierer, ein wohlproportionierter Barockbau unter einem hohen Mansarddach und mit dem Abtswappen über der Tür. Im *Niederprümer Hof* (Hofgartenstraße 26) unterhält eine Gesellschaft das Stefan-Andres-Archiv und stellt Lebensdokumente und Originalmanuskripte aus. Der Bau fußt auf den Quadern einer römischen Villa und wurde im 13. Jahrhundert dem Niederprümer Kloster adliger Nonnen von einem Laienbruder geschenkt, zu dessen Familienbesitz er gehörte. An den Dichter, der hier seine Kinderjahre verbrachte, erinnert auch ein Brunnen in einer kleinen Parkanlage (hinter der Kreissparkasse).

Auf der Bundesstraße 53 erreicht man in **Quint** bereits das Trierer Stadtgebiet. Der Name kommt von ›ad quintum lapidem‹ – ›am fünften Meilenstein‹ der Straße Trier – Andernach. Am Quintenbach begründete Franz von Pidoll 1683 eine erst 1972 geschlossene *Eisenhütte* mit Gießerei. Ihr Wohn- und Verwaltungsgebäude baute der kurtrierische Hofarchitekt Seiz 1760: ein dreiflügeliges *Schloß* um einen Ehrenhof. Die Mitte der Gartenfront gliedern Pilaster, Portal, Balkon und Giebel. Unter dem Rundbogen stützt der ruhende Chronos eine Uhr. Auf ihm trägt ein Adler den fackelschwingenden Prometheus, und auf der Balustrade feiern Allegorien den Ackerbau und den Gewerbefleiß (heute umfangreiche Restaurierungsarbeiten).

Am Ortsausgang nach Ehrang erinnert ein Wegekreuz auf römischer Säulentrommel an den bei einem Jagdunfall zu Tode gekommenen Erzbischof Milo (717–753).

Ehrang an der Mündung der Kyll, Funden zufolge römische und fränkische Siedlung, war bis zum 18. Jahrhundert Stadt. Die Befestigung wurde 1673 von den Franzosen gesprengt, in die Ruinen bauten die Einwohner später ihre Häuser und zwischen Ehrang und Pfalzel baute Trier im Zuge der Moselkanalisierung seinen Hafen. Er wurde 1965 eingeweiht. In den ersten zehn Jahren seines Bestehens schlug er schon 720 000 Tonnen um, um die Hälfte mehr, als bei seiner Planung veranschlagt. Er verfügt über Kräne für Massen- und Stückgut, Löscheinrichtungen für Getreide und Mineralöl und 50 500 Quadratmeter Lagerfläche, darunter auch ein Silo mit 15 700 Tonnen Fassungsvermögen. In einem 30 Hektar großen angrenzenden Industriegebiet fabrizieren für die Trierer Wirtschaft wichtige Werke verschiedenartige Produkte.

Schräg gegenüber fließt der *Ruwerbach* in die Mosel. Die neogotische *Kirche* (1870/71) des nach dem Bach benannten Trierer Vororts **Ruwer** bewahrt eine qualitätvolle sitzende Muttergottes des 14. Jahrhunderts. – Außerdem sei noch auf den *Duisberger Hof* an der Straße nach Eitelsbach aufmerksam gemacht. An den Gebäuden, die den Rechteckhof säumen, fallen ein viergeschossiger Wohnturm (14. Jh., 1571 umgestaltet), ein angefügter dreiseitiger Treppenturm (1588) mit Renaissanceportal und ein Wohnflügel mit Treppenturm an der Innenseite und Wehrturm an der Außenseite auf. Die Anlage war die Burg eines Herrn von Schönberg. Nach wechselnden Besitzverhältnissen kam sie im 19. Jahrhundert durch private Schenkung an das bischöfliche Konvikt in Trier.

Pfalzel leitet seinen Namen von palatiolum (=kleine Pfalz) ab. Diesen *Palast* erbaute möglicherweise Julian der Abtrünnige in der Zeit der Frankeneinfälle, als für einige Jahre Frieden herrschte. Er versah ihn mit prächtigen Fußboden-Mosaiken und Wandmalereien. Seinem Nachfolger, dem christlichen Kaiser Valentinian I., mißfielen die heidnischen Bilder. Er ließ das Palais umgestalten und nutzte es als Sommersitz, ebenso wie sein Sohn Gratian. Ausgrabungen 1928–36 und 1961/62 stellten seine Seitenmaße mit 65 mal 56 Meter fest und wiesen einen 26 mal 18 Meter großen Innenhof nach. Schließlich fiel das Schloß den Franken doch anheim. Um 700 schenkte Hausmeier Pippin der Mittlere die verfallene Anlage seiner Schwägerin Adela. Sie gründete einen Benediktinerinnen-Konvent, wurde erste Äbtissin und baute in seiner Nordostecke eine kreuzförmige Kirche mit gleichlangen Armen, indem sie vorhandenes Mauerwerk entweder benutzte oder ausbrach. Adela genoß

Pfalzel, rechts Burg und Stift, links bürgerliche Siedlung, Ende 16. Jh. Kupferstich von Franz Hogenberg

so hohes Ansehen, daß sie sogar der Apostel Deutschlands, Bonifatius, während einer Reise von Friesland nach Rom besuchte. Doch die Klostersitten müssen sich im Laufe der Zeit gelockert haben. Den Verfall der Zucht illustriert eine Sage. Danach war die Nonne Medea in Liebe zu Erzbischof Poppo entbrannt. Sie erbat von den hohen Herrn die Erlaubnis, für ihn ein Gewand weben zu dürfen. Doch sie beschaffte sich von Dämonen ein sinnenreizendes Zaubermittel und arbeitete es in den Stoff ein. Als Poppo ihn überwarf, verspürte er die Hexerei und schleuderte ihn entsetzt von sich. Ob davon oder durch realere Zügellosigkeiten veranlaßt, der Kirchenfürst wandelte das Damenstift 1027 in ein Kanonikerstift um. Sein Nachfolger Albero richtete im Südteil der römischen Pfalz eine *Burg* ein. Diese benutzten die Trierer Erzbischöfe bis ins 16. Jahrhundert mehrmals als Fluchtort vor aufsässigen Trierer Bürgerschaften. Die Franzosen zerstörten die Burg und so sind heute nur noch einige Reste zu sehen. Darüber hinaus war der Ort Sitz eines kurfürstlichen Amtes für über hundert Dörfer und seit dem 14. Jahrhundert gänzlich ummauert. Die im 16. Jahrhundert verbesserte und mit Bastionen ausgestattete Befestigung wurde – ebenso wie die Burg – 1673/74 von den Franzosen geschleift. Zu erkennen sind noch ein Torturm und in Wohnungen verbaute Partien mit spätgotischen Fensterrahmungen.

Die Pfarrkirche *St. Maria* ist ein dreischiffiger Neubau von Otto Vogel aus den Jahren 1960–62. Der Architekt bezog selbstverständlich das in mindestens fünf mittelalterlichen Bauepochen entstandene alte Gotteshaus ein. Es bildet jetzt das Querschiff. In seinen nördlichen Wänden erhielt sich zwölf Meter hohes römisches Mauerwerk. Die Apsis des 11. Jahrhunderts (Abb. 71) fungiert jetzt als Seitenkapelle (dort ein dreiteiliger, steinerner Altaraufsatz mit Kreuzigung und Heiligenreliefs 1542), und der Chor der ehemaligen Marienkapelle buchtet jetzt das neue rechte Seitenschiff aus (gotische Madonna). Im linken Seitenschiff befinden sich das Grabmal eines Hauptmanns von Sulzbach (1566) und an einem Pfeiler eine schöne Anna selbdritt (1500). Das Äußere der Kirche ist ohne jeden Schmuck. Nur die Apsis teilen Pilaster und Blendbögen in fünf Felder. Poppo ließ sie anstelle eines Rechtecks aus abgebrochenen, römischen Steinen errichten. Ein kleiner Garten erlaubt einen Blick auf das ebenmäßige Halbrund. In diesem stillen Bezirk gedenken die Einwohner ihrer Toten. Dort bewahrt die ehemalige gotische Nikolauskapelle die Namen der Gefallenen auf Tafeln unter einem lebensgroßen Christus am Kreuz. Sein Blut fangen Engel in Kelchen auf. Hier befindet sich auch das Original des Friedhofskreuzes aus dem 16. Jahrhundert, dessen Abguß auf dem Kirchplatz steht. – Die ehemalige *Stiftskurie* (15. Jh.), Kirchplatz 3, liegt in der Flucht des alten Gotteshauses und nimmt wie dieses ein Stück der römischen Pfalz mit seinem Mauerwerk ein. Nonnen kamen wohl anfänglich in noch vorhandenen Räumlichkeiten des Palatiolums unter. Frühe andere Bauten sind jedenfalls nicht nachgewiesen. Vom Kloster des 16. Jahrhunderts aber bestehen Joche eines Kreuzgangflügels, eine *Petrikapelle* sowie ein Wohngebäude im Bereich der jetzigen ›Klosterschenke‹ nördlich der Kirche. Auch das *kurfürstliche Amtshaus*, heute Rathaus (1544 und 1577), existiert noch (Residenzstraße), wie andere Wohnhäuser aus dem 16. Jahrhundert in der Umgebung auch. – Nach der Besichtigung von Pfalzel drängt es den Reisenden sicherlich, endlich Trier zu erreichen. Nun: es sind nur fünf Kilometer bis dorthin.

Trier – Vergangenheit und Gegenwart

Das Signum kommunaler Drucksachen nennt Trier ›Moselhauptstadt‹. Was dieser werbe-wirksame Begriff für welchen Distrikt auch bedeuten mag, die am Beginn des letzten Drittels des Flußlaufes gelegene Stadt war zweifellos einmal *die* Moselmetropole für die gesamte Strecke von der Quelle bis zur Mündung. Ihr historischer Ortskern nimmt an einem letzten Bogen des Flusses in der von ihm geschaffenen Talweite 125–150 Meter über Normalnull einen Gleithang ein. Das Becken vereint die Naturräume Trier-Luxemburger Bucht, den Moselhunsrück und die Südwesteifel. Es war seiner begünstigten Lage wegen ein Straßen-knotenpunkt im Land der keltischen Treverer. Ein größerer Ort der Treverer konnte aller-dings bei Trier bisher nicht nachgewiesen werden, obwohl Flur- und Ortsnamen auch auf eine keltische Besiedlung hinweisen. Dagegen behauptete um 1000 zum ersten Mal und bis ins 16. Jahrhundert immer wieder eine Legende, daß Trier eintausenddreihundert Jahre vor Rom vom sagenhaften Trebeta, dem Sohn des Assyrerkönigs Ninus und Stiefsohn der babylonischen Königin Semiramis gegründet worden sei. Doch diese Fabel war politische Zweckpropaganda und sollte Ansprüche verschiedenster Art unterstützen. Gegründet wurde Trier vor rund 2000 Jahren. Es gilt als älteste deutsche Stadt und hat deshalb den ›Geburtstag‹ 1984 gebührend gefeiert. Ein genaues Jahr steht jedoch nicht fest. Schriftliche Quellen fehlen. Lediglich Ausgrabungen und Funde erlauben eine ungefähre Datierung. Nach ihnen existierte um 17–12 v. Chr. (an einer hölzernen Brücke über die Mosel an der Fernstraße Lyon–Metz–Trier–Rhein) ein römisches Militärlager mit einer Siedlung von Spezialisten, die die Soldaten versorgten. Die Römer bauten damals ein Straßennetz zur Sicherung ihrer Rheingrenze aus. Lager und Siedlung trugen offenbar als Nachschubbasis zu dieser Sicherung bei, dienten vielleicht sogar den Vorbereitungen zu einer Offensive gegen die Germanen. Zugleich schützten sie den wichtigen Flußübergang inmitten des Stammesge-bietes der noch längst nicht befriedeten Treverer. Obwohl nicht bezeugt, ist anzunehmen, daß bei dieser Bedeutung Kaiser Augustus die Niederlassung an einem 1. August zwischen 17 und 12. v. Chr. als römischen Hauptort im Trevererland offiziell mit dem Namen Augu-sta treverorum etablierte. Die Siedlung muß einen raschen Aufstieg genommen haben. Schon 44 n. Chr. beschrieb sie ein römischer Geograph als ›urbs opulentissima‹, als reiche, prächtige Stadt. Ihre Straßen, mit Bürgersteigen und Laubengängen vor den Häusern, ver-liefen rechtwinklig in der Art eines Schachbrettmusters entlang einer Nord-Süd- und einer Ost-West-Achse. Es gab einen Markt, Verwaltungsbauten und Tempel für den Kaiserkult und die Götter Jupiter, Juno und Minerva, aber auch einen Kultbezirk außerhalb des Sied-

Trier, Trebeta, der sagenhafte Gründer der Stadt. Phantasie-Porträt von Claudius Markar, 1684

lungsviereck für die Götter der von der Stadt angezogenen Treverer. Am Rand des Stadt-gebietes arbeiteten Ziegeleien und Töpfereien. In der zweiten Hälfte des 1. Jahrhunderts wurden hochwassergefährdete Uferstraßen aufgeschüttet, um Bauland zu gewinnen. Läden, eine Marktbasilika, ein Versammlungsraum der städtischen Selbstverwaltung wurden errichtet, Trinkwasserleitungen und Abwässerkanäle angelegt. Die Privathäuser mit ver-putzten und bemalten Wänden und Estrichböden nahmen südländischen Charakter an. Die Bewohner lebten mehr und mehr nach römischer Manier und benutzten importiertes Geschirr und andere Gerätschaften. Sie aßen nach mittelmeerischen Vorbild gezüchtete Gemüse und Früchte. Die ersten Rebstöcke wurden angepflanzt. Auf großen Gräberfeldern im Weichbild der Stadt bestattete man die Toten.

Blühte die Stadt bereits im 1. Jahrhundert, so setzte im 2. Jahrhundert eine wahre Hoch-blüte ein. Dazu trug die einheimische Bevölkerung kräftig bei. Ein langer Frieden, nur kurz von einem bei Riol schnell beendeten Aufstand der Treverer unterbrochen, förderte Land-wirtschaft, Handwerk, Handel und Wandel nicht nur in Trier, sondern auch im Hinterland. Trier wuchs auf eine Größe von 285 Hektar an und veränderte allmählich sein Aussehen. Reiche Bürger, oft Kaufleute, erweiterten ihre Häuser und statteten sie prunkvoll mit Fuß-bodenheizungen, Bädern, farbstarken Fresken, Mosaiken, Säulenportiken und Gärten aus. Sie errichteten ihren Toten nicht mehr nur Grabsteine, sondern Monumente. Dem Allgemein-wohl zugedachte Stiftungen erlaubten die Errichtung der Barbarathermen, ein aufs beste eingerichtetes Bad, ein Amphitheater für Tierhatz und Kampfspiele, einen Zirkus für Wagenrennen (beide gehörten zu den größten im ganzen römischen Imperium), neue und prachtvollere Tempel und eine steinerne Brücke anstatt des früheren Holzbaus. Ein großes

Forum bildete den Mittelpunkt der Stadt. Der Staat ließ aufwendige Verwaltungsbauten errichten, und hohe Beamte schufen sich luxuriöse Wohnpaläste. Schließlich umgab eine 6,8 Kilometer lange, 8 Meter hohe und 4 Meter starke Stadtbefestigung mit 47 Türmen und vier kolossalen Torburgen die urbs. Die Romanisierung war vollendet, wenn die Treverer auch ihr ›Volkstum‹ zum Teil bis zum Untergang des Römischen Reiches nicht völlig aufgaben.

Doch im dritten Jahrhundert zeigten sich Verfallserscheinungen im Imperium. Schwierigkeiten im Innern gestatteten einer Reihe von Usurpatoren, nach dem Kaisertitel zu greifen – und die Germanen griffen an. Der Limes mußte aufgegeben werden. Postumus (258–268), durch die Stärke seiner Legionen mächtiger Sonderkaiser in Gallien, erhob Trier anstelle von Lyon zur Hauptstadt, obwohl er meist in Köln residierte. Seine Nachfolger Victorinus (268–270) und Tetricus (271–274) hielten hof und regierten dagegen in Trier. Alle drei stabilisierten die Lage an der Grenze. Aber der in Rom wieder zur Macht gelangte rechtmäßige Kaiser Aurelian beendete die Herrschaft des Tetricus. Allerdings wurde Aurelian alsbald ermordet, und wahrscheinlich veranlaßte sein Tod die fränkischen Alemannen, wiederum loszuschlagen. Sie stürmten die Verteidigungslinie zwischen Mainz und der Mündung der Ahr, drangen an der Mosel vor und legten 275/76 Trier in Schutt und Asche. Die Bevölkerung floh.

Erst Kaiser Diokletian (284–305) ordnete die verworrenen Verhältnisse im Römischen Reich wieder. 287 wurde der Mitkaiser und Augustus Maximian zum Konsul in Trier

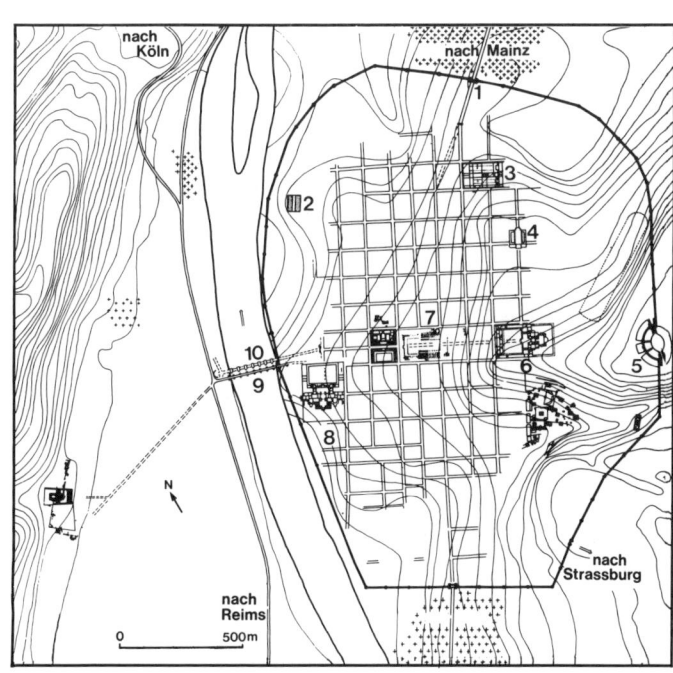

Trier, Plan der römischen Stadt

1 *Porta Nigra*
2 *Horrea von St. Irminen*
3 *Doppelbasilika, Dom und Liebfrauenkirche-St. Laurentius*
4 *Aula palatina*
5 *Amphitheater*
6 *Kaiserthermen*
7 *Forum*
8 *Barbarathermen*
9 *Römerbrücke*
10 *Pfahlrostbrücke*

181

Trier, römische ›Basilika‹, Westfront. Stahlstich um 1800

ernannt. Er schlug die Alemannen zurück. Dann erweiterte Diokletian die Kaiserherrschaft zur Tetrarchie. Mitregenten wurden sein Schwiegersohn Galerius und der Caesar Constantius Chlorus mit Residenz in Trier. Eine Reform teilte das Reich in neue Verwaltungsbezirke, in zwölf Diözesen mit 101 Provinzen ein. Trier war die Hauptstadt der Diözese Gallien, zu der auch die Provinzen Germania prima und secunda zählten. Zugleich wurde aber auch die alte Provinz Belgica in Belgica prima und Belgica secunda geteilt. Der Verwaltungssitz der zweiten wurde Reims, während Trier zu der Verwaltung der Diözese auch noch die Verwaltung der Provinz Belgica prima (zu ihr gehörten Metz, Toul und Verdun) und die Ämter der Militärbefehlshaber erhielt. Solche Behörden erforderten zahlreiches Personal und großartige Staatsbauten. Die von den Alemannen hinterlassenen Trümmer und Brachflächen boten für sie und Beamtenwohnungen genügend Platz. Ruinen wurden ausgebessert, neue Gebäude errichtet. Handwerker und Händler zogen wieder zu, vermehrten die Einwohnerzahl und steigerten die Wirtschaftskraft.

Im Laufe der Zeit entwickelte sich Treveris zur vornehmen Kaiserresidenz, zu einer Weltstadt mit 70 000 Einwohnern und immer wieder umgestalteten oder neuerrichteten, repräsentativen Palästen. Ein Redner pries die Stadt 310 als prächtiger den je. Konstantin I., der Sohn des Constantius Chlorus, war ein besonderer baufreudiger Herr. Die beiden Oberkaiser Diokletian und Maximian traten 305 zurück. Constantius Chlorus starb 306 auf einem Feldzug in York in Britannien. Konstantin folgte ihm als Regent nach. Die Tetrarchie löste sich auf. In Kämpfen um die Vormacht besiegte Konstantin in einer Schlacht vor den Toren Roms seinen Gegner, und damit wurde er 312 Herrscher über das Westimperium. Er regierte weiterhin in Trier und unterhielt einen großen Hofstaat, dem auch seine Mutter

182

Helena angehörte. Wegen Auseinandersetzungen mit seinem oströmischen Rivalen Licinius kehrte Konstantin 316 Trier den Rücken. Er erhob seinen ältesten, damals noch minderjährigen Sohn Crispus zum Kaiser Galliens. Die Staatsgeschäfte führte freilich ein Präfekt. 324 kapitulierte Licinius nach zwei verlorenen Schlachten, Konstantin herrschte nun allein über das Gesamtimperium und gründete mit Konstantinopel eine neue Hauptstadt. Er ließ, dabei möglicherweise eine Intrige Helenas vollziehend, Crispus und seine zweite Frau Fausta wegen nicht bewiesener, unerlaubter Beziehungen ermorden. Fortan regierten seine anderen Söhne Konstantin II. und Konstans und sein Enkel Konstantius II. nacheinander von Trier aus das Westreich.

Als das Geschlecht der Valentianer die Macht errang, war Trier glanzvolle Residenz für Valentinian I. und Gratian. Beide beriefen Gelehrte, unter ihnen den Historiker und Dichter Ausonius, an ihren Hof. Der Regierungssitz wurde auch eine Kulturmetropole und rangierte unter den zwanzig bedeutendsten Städten des Weltreiches an sechster Stelle. Selbst der Usurpator Maximus übernahm – nach der Ermordung Gratians 393 – die Kapitale. Doch 395 wurde die Verwaltung nach Arles und die Kaiserresidenz des Westens nach Mailand verlegt. Die Rheingrenze war zu unsicher geworden. Als schließlich Truppen vom Rhein abgezogen und in Italien gegen die Ostgoten eingesetzt werden mußten, brachen die Franken zu neuen Eroberungen auf. Zwischen 406 und 435 plünderten sie Trier viermal, nahmen es 480 endgültig und gliederten es danach dem fränkischen Reich Cloderichs ein.

Eine erste Christengemeinde gab es in Trier um 180, und seit der Mitte des 3. Jahrhunderts war es Sitz eines Bischofs. Die ersten Bischöfe waren Eucharius und Valerius. Ihnen folgten Agritius, Maximinus und Paulinus. Konstantin der Große und die kaiserliche Familie hingen nach und nach dem Christentum an. Im 4. Jahrhundert war Trier dessen Zentrum nördlich der Alpen. Der Kirchenvater Ambrosius wurde als Kind eines römischen Präfekten

Trier, älteste, noch fabulöse Ansicht der Stadt, 1487. Holzschnitt

in Trier geboren. Die kirchliche Organisation konnte unter den Franken ihre Kontinuität bewahren. Der heilige Martin und die Kirchenväter Augustinus und Hieronymus weilten und wirkten in der Stadt. Klöster entstanden. Fränkische Könige statteten sie mit Gütern aus. Ein Gaugraf als Vertreter des Königs zog in den ehemaligen Kaiserpalast ein. In anderen Ruinen von Großbauten wohnten ebenfalls Adlige. Im 6. Jahrhundert übten die Bischöfe auch weltliche Hoheitsrechte aus. Sie verloren sie wieder. Dafür verlieh ihnen Karl der Große im 8. Jahrhundert die Erzbischofswürde. Die Bistümer Metz, Toul und Verdun gehörten zur Erzdiözese.

Spätere Schenkungen legten den Grund zum Kurstaat. Trier wurde seine Hauptstadt. Die Kirchenfürsten bauten sie wie ehemals die Römer zur Residenz aus, förderten Handwerk, Handel, Kunst und Wissenschaft und behaupteten ihre weltliche Herrschaft immer wieder gegen Bürgerschaft und pfalzgräfliche Ministerialien, ja, vergrößerten sie sogar. Trier litt unter mannigfachen Händeln und Fehden. Kriege schädigten es. Erzbischöfe flohen, kehrten zurück.

Die Stadt überdauerte die Jahrhunderte im Auf und Ab und in wechselnder Gestalt und mit wechselnden Einwohnerzahlen (z. B. Mitte des 14. Jh. 12000; Mitte des 17. Jh. 3600; Anfang des 18. Jh. 4000; Anfang des 19. Jh. 9900). Nachdem zu Anfang des 18. Jahrhunderts schon einmal ein Erzbischof und Kurfürst die Verwaltung des Kurstaates in Koblenz-Ehrenbreitstein unterbrachte, erhob am Ende des Jahrhunderts der letzte Erzbischof und Kurfürst Clemens Wenzeslaus Koblenz noch einmal zur Residenz. Doch die Revolutionstruppen der Franzosen besetzten den Kurstaat bald und hoben ihn auf. Kirchliches Eigentum wurde enteignet und verkauft, die Klöster Triers aufgelöst und manche ihrer Gebäude und Gotteshäuser auf Abbruch versteigert. Die Sozialstruktur änderte sich. Trier verwandelte sich in eine französische Stadt und zur Zentrale des Saar-Departements. Die Universi-

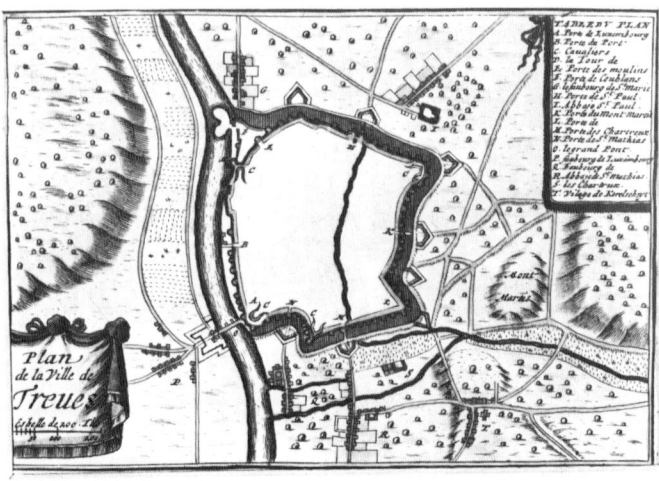

Trier, Stadtplan, vermutlich 17. Jh.

184

tät wurde geschlossen, das kulturelle Leben erstarb. Um dem entgegenzusteuern, gründeten interessierte Bürger, allerdings auf französische Anregung, die ›Trierer Gesellschaft für nützliche Forschung‹. Sie versuchte, die Bibliotheken der Klöster und der Universität zu retten und sammelte das Erhaltene in der Stadtbibliothek.

Schließlich marschierten 1814 preußische Truppen ein. Ein Regierungspräsident der neuen preußischen Rheinprovinz übernahm die Amtsgeschäfte. Trier wurde dadurch Grenzstadt und verlor seine Absatzmärkte in Frankreich. Es kam zur wirtschaftlichen Krise, von der es sich nur langsam erholte. Preußen war bemüht, die Wirtschaft wieder zu beleben. Unter anderem verhalf der Ausbau des Eisenbahnnetzes zum Anschluß an andere Wirtschaftsräume. Erst nach dem Deutsch-Französischen Krieg 1870/71 erlebte Trier wieder einen gemäßigten Aufschwung durch einige neue Industrien und durch den Weinhandel. Der Krieg eröffnete der Wirtschaft wieder Verbindungen nach Lothringen. Es setzte wieder eine rege Bautätigkeit ein. Sie gefährdete die historischen Baudenkmale. Deshalb wurde eine besondere Kommission von der Stadtverordnetenversammlung mit der Denkmalspflege betraut. Sie erließ sogar 1908 zum ersten Mal in Deutschland ein Statut, das die Bebauung regelte und Verschandelung von Straßenbildern verhinderte. Die Folgen des Ersten Weltkrieges beraubten Trier noch einmal seines lothringischen und auch des saarländischen Hinterlandes. Wieder lag die Wirtschaft danieder. Französische Truppen besetzten die Stadt von 1918–30. Nach der Rückgliederung des Saarlandes (Volksabstimmung 1935) ins Deutsche Reich besserte sich die Lage. Doch da brach der Zweite Weltkrieg aus. Alliierte Bombenangriffe vernichteten 44 Prozent der Bausubstanz. Amerikaner eroberten die Stadt. Ihnen folgte die französische Militärregierung, bis Rheinland-Pfalz Trier eingliederte. Geldmangel bremste einen zügigen Wiederaufbau. Der Ausbau der Mosel als deutsch-luxemburgisch-französischer Schiffahrtsweg, der Anschluß an die Autobahn, eine Vielzahl von Schulen, angefangen bei Volksschulen bis zur Pädagogischen Hochschule und anderen Fachschulen, die Neugründung der Universität, der Ausbau eines Universitätsviertels sowie neue Wohn- und Gewerbeviertel, die Neuansiedlung von Betrieben, die kommunale Neugliederung, die der Gemeinde 105 000 Einwohner bescherte und Trier 1969 zur Großstadt erhob, verschaffte ihr allmählich wieder die Funktion einer Metropole. Sie wurde das Zentrum für ein Gebiet mit einer Bevölkerung von etwa einer halben Million.

Heute leben nur noch rund 94 000 Bürger in der 117 Quadratkilometer großen Stadt (84 Prozent Katholiken, 11 Prozent Protestanten). Eine Bezirksregierung und eine Reihe anderer Behörden, Kammern und regionaler Spitzenverbände haben hier ihren Sitz. Das Bistum unterhält Einrichtungen wie Theologische Fakultät, Katholische Akademie, Diözesanmuseum und andere. Kulturelle Institutionen, z. B. ein Theater, das Rheinische Landesmuseum als wichtige Forschungsstätte für provinzialrömische Archäologie, die Stadtbibliothek einschließlich des Stadtarchivs mit 4000 Handschriften und 2500 Wiegendrucken, das Stadtmuseum, das Karl-Marx-Museum mit dem angeschlossenen Studienzentrum haben weit über den Ort hinausreichende Bedeutung.

Die Wirtschaft ist vorwiegend mittelständisch strukturiert. Von 56 000 Arbeitnehmern, darunter 20 000 Einpendler, sind allein 14 000 in über tausend Handwerksbetrieben beschäf-

Trier, um 1548, Ansicht aus der Cosmographie des Sebastian Münster

Palatiū

Alba porta

Cartuſia

ſ Mathis

Nittag

Meridies

veteres ruinæ

S.Barbar

Moſella fl.

C.S.

tigt. Der Einzelhandel erzielt einen über den Durchschnitt anderer vergleichbarer Städte liegenden Umsatz. Fabriken produzieren Nahrungs- und Genußmittel, Korken und Verpackungsmaterial, Bekleidung und andere Textilien, Walz- und Edelstahl und verarbeiten Eisen, Gummi und Asbest. Doch eine dominierende Industrie fehlt. Ein nicht unwesentlicher Wirtschaftsfaktor ist die Universität mit 6600 Studenten und 900 Beamten, Angestellten und Arbeitern. Traditionsgemäß nimmt der Weinbau und Weinhandel einen bevorzugten Platz in der Trierer Wirtschaft ein. 60 Haupterwerbs- und 90 Nebenerwerbsbetriebe bearbeiten 327 Hektar Rebfläche in der Gemarkung. Große Weingüter an Mosel, Ruwer und Saar werden von Trier aus verwaltet. In den Kellern der Stadt lagern 30 Millionen Liter Wein. Im Herbst eines jeden Jahres findet eine große Weinversteigerung statt. Lehr- und Versuchsanstalten bilden Betriebsleiter und Berater aus, forschen und entwickeln Anbau- und Kellereimethoden weiter. Und ebenfalls traditionsgemäß trägt der Fremdenverkehr nicht unerheblich zur Wirtschaftskraft bei. Wallfahrten und Pilgerzüge, Tagungen und Kongresse, vor allem aber die Zeugnisse einer großen Vergangenheit ziehen Besucher an. 442 000 Übernachtungen und 1,5 bis 2 Millionen Tagestouristen werden jährlich gezählt.

Trier ist trotzdem ein behaglicher Ort. Seine modernen, kubischen Wohnblöcke auf den Höhen halten sich quasi fern, als gehörten sie nicht dazu. Eine nordsüdlich verlaufende Straßenachse im Kern fungiert sozusagen als Rückgrat des Stadtkörpers. Restaurierte und farbige Häuserfronten lassen dieses Stück Trier wie ein südländisches Municipium erscheinen. Männer und Frauen jeglichen Alters flanieren gelassen an den Fassaden vorbei. Ein Fußgängerareal faßt hier die Straßen zu einer einzigen Piazza zusammen. Diese Zone bildet auch das Einkaufszentrum mit Warenhäusern und Geschäften aller Branchen. Wenn Händler an ihren Ständen auf dem Hauptmarkt nicht gerade Obst, Gemüse und Blumen verkaufen, kreuzt ihn der ›Schülerbummel‹. Zusätzliches Wohlgefühl verschaffen Gaststuben und Cafés. In ihnen mischen sich Jung und Alt, Einheimische und Auswärtige. Das alles mutet bürgerlich an. Aber dieses Ambiente durchsetzt auch Ungewohntes. Monumentales sprengt gelegentlich das Gefüge. Jene Denkmale der Historie brechen es auf. Die Bürger eignen sich jedoch die imperialen Zeugnisse der Antike und die stattlichen des Mittelalters auffallend gemütlich an. Für den Besucher hat dies manchmal etwas Beklemmendes, wenn er bedenkt, welche ungeheuren Geschehnisse, welche Schicksale, welche Schöpferkraft diese Bauten ausweisen und bestätigen. Andererseits ist die Selbstverständlichkeit bewunderungswürdig, mit der sie die überkommenen Belege außerordentlicher Zeiten benutzen, ohne daß sie offenbar ihr Lebensgefühl beeinflussen.

Diese besondere Atmosphäre sogleich genießend, beginnt man seinen Rundgang zu den Sehenswürdigkeiten sinnvollerweise an der genannten Achse, der Simeonstraße – die ehemals die Nordsüdachse der römischen Kapitale war –, mit der Besichtigung der *Porta Nigra* (Abb. 85). Dieser steinerne, jetzt schwarze Koloß blieb als einzige von den ursprünglich vier Torfestungen des Mauerringes aus dem letzten Drittel des 2. Jahrhunderts erhalten. Mit 36 Metern Länge, 21,5 Metern Tiefe und 30 Metern Höhe ist sie dazu die größte und besterhaltene auf dem Territorium des ehemaligen Römischen Weltreiches. Zwischen zwei Türmen, an der Feldseite halbkreisförmig und an der Stadtseite als Risalite ausgebildet, spannt sich ein

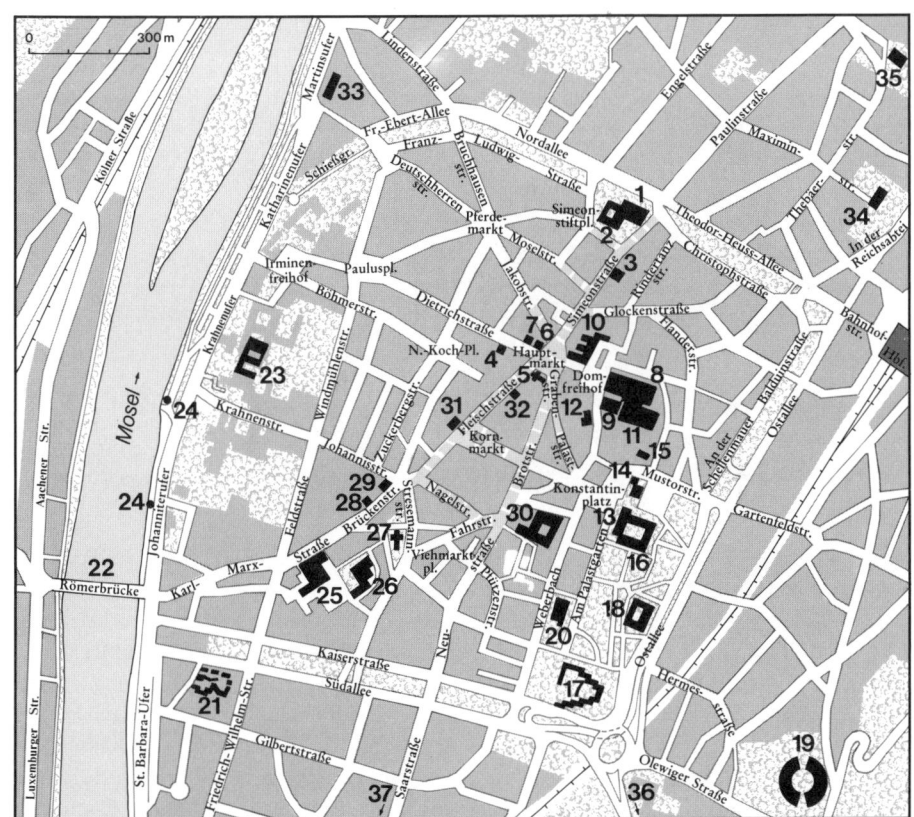

Trier 1 Porta Nigra 2 Simeonstift 3 Dreikönigenhaus 4 Frankenturm 5 St. Gangolf 6 Steipe 7 Rotes Haus 8 Dom St. Peter 9 Liebfrauenkirche 10 Palais Walderdorff und Dompropstei 11 Bischöfliches Palais 12 Palais Kesselstatt 13 Konstantinbasilika 14 Ehem. Niederschloß (Staatliches Hochbauamt) 15 Bischöfliches Dom- und Diözesanmuseum 16 Kurfürstliches Schloß 17 Kaiserthermen 18 Rheinisches Landesmuseum 19 Amphitheater 20 Stadtbibliothek 21 Barbara-Thermen 22 Römerbrücke 23 Kloster St. Irminen 24 Drehkräne 25 Ehemaliges Augustinereremitenkloster (Rathaus) 26 Stadttheater 27 St. Antonius 28 Karl-Marx-Haus 29 Haus Venedig 30 Jesuitenkolleg mit Dreifaltigkeitskirche 31 Postgebäude/Casino 32 Brasserie 33 St. Martin 34 St. Maximin 35 St. Paulin 36 Heilig-Kreuz-Kapelle 37 St. Matthias

Trakt mit zwei Durchfahrten auf jeder Seite, einem Zwinger und Wehrgängen in drei Geschossen. Die Türme dagegen zeigen vier Geschosse. Das untere verfügt nur über Sehschlitze, die oberen aber haben Rundbogenfenster als Öffnungen. Außen gliedern Halbsäulen, im Innenhof flache Pilaster die Wände. Im Verteidigungsfall sollten Gitter und gewaltige Torflügel die Portale schließen. Die Anlage wurde streng symmetrisch geplant. Ihr ursprünglich hellgrauer Sandstein, erst durch Verwitterung schwarz geworden, wurde im

Trier, Porta Nigra als Simeonskirche (Stadt-seite), um 1660. Kup-ferstich von Caspar Merian

nahen Pfalzeler Wald gebrochen. Die Blöcke sind nur roh behauen, und die Forscher meinen, ihnen fehle die übliche letzte künstlerische Bearbeitung. Sie nehmen an, daß um 200 der von Kaiser Septimius Severus abgefallene Caesar Albinus das kaisertreue Trier belagerte. Um die Bastion zur Verteidigung vorzubereiten, seien die Steinmetzgerüste entfernt und später nicht wieder aufgebaut worden. Quader lastet auf Quader, sie waren nicht durch Mörtel, sondern durch bleivergossene Eisenklammern verbunden. Dieses Material schlugen die des Metalls bedürftigen Franken aus, und das riesenhafte Bauwerk wäre nach und nach eingestürzt, wenn Erzbischof Poppo es nicht vor dem Untergang bewahrt hätte. 1028 ließ sich nämlich ein Freund des Poppo, Simeon aus Syrakus, in einem Raum des Ostturmes einmauern. Als der Einsiedler 1034 starb, verblieben seine Gebeine in dieser Zelle. 1035 wurde der Asket heiliggesprochen. Poppo gründete neben der Porta ein Kanonikerstift und verwandelte das Doppeltor in eine Doppelkirche. Zu diesem Zweck ließ er den Zwinger mit Schutt füllen, die Untergeschosse mit Erde anschütten und an der Stadtseite eine breite Freitreppe zum ersten Geschoß aufführen. Durch den Einzug von Decken im nach oben offenen Zwinger entstanden das zweigeteilte Mittelschiff und aus den Wehrgängen die Seitenschiffe. Der untere Teil diente den Laien, der obere den Patres zum Gottesdienst. Während des Umbaues verlor der Ostturm sein drittes Obergeschoß. Der Westturm dagegen wurde als Glockenturm aufgestockt. Im 12. Jahrhundert erweiterte dann Erzbischof Albero von Montreuil die Kirche durch die an den römischen Ostturm gefügte romanische polygonale Chorapsis. Vorlagen stützen den Baukörper. Ornamentfriese, in der Mitte kör-perhaft, oben reliefartig reich ausgearbeitet, Fenster und eine abschließende Zwerggalerie verraten, mit welcher Sorgfalt die mittelalterlichen Baumeister dem römischen Monument begegneten. Sie kamen wohl aus Lothringen oder folgten zumindest lothringischen Vorbil-dern, denn Stileigentümlichkeiten dieser Kunstlandschaft kehren in ihrer Architektur wieder. Sie beweisen das frühe Vordringen solcher Elemente in die Rheinlande und deklarieren die Apsis zu einem Hauptwerk der Romanik im westdeutschen Raum.

Spätere Generationen veränderten die Torkirche oftmals. Ein kleines Portal wurde hinzugefügt. Kapellen und Kapellchen lehnten sich an. Die Glockenturmhaube wies im Laufe der Zeit unterschiedliche Formen auf. Die Innenräume wurden barockisiert. Aus dieser Zeit sind vom Trierer Bildhauer Amlinger in die römischen Steine gemeißelte Heiligenbildnisse und Verzierungen noch zu sehen. Als Napoleon 1804 Trier besuchte, befahl er, die Porta von allen fremden Zutaten zu befreien, damit der ursprüngliche Zustand des ›gallischen Monuments‹ wiederhergestellt würde. Aber nach ein paar Jahren stellte man die Arbeiten aus Geldmangel ein. Der preußische Staat finanzierte sie ab 1815 wieder, aber erst 1876 war der Bau bis zum römischen Niveau gänzlich ausgeräumt. Der romanische Chor blieb erhalten. Umfangreiche Restaurierungen in den Jahren 1969–73 sicherten schließlich dieses einmalige Denkmal und machten es für Besichtigungen zugänglich.

Das *Simeonstift*, wahrscheinlich in seinen Resten eines der ältesten in Deutschland und einst bedeutend durch seine gelehrten Kanoniker, verwahrloste nach der Säkularisierung. Große Teile des Gevierts mußten mit Erhaltenem rekonstruiert werden. Aus dem 11. Jahrhundert stammen nur die Mauern des Nordflügels. Er beherbergt das *Städtische Museum*. Seine Schätze ermöglichen ein anschauliches Nachempfinden Trierischer Kulturgeschichte vom Mittelalter bis zum 19. Jahrhundert. Das Museum sammelt allerdings auch moderne Kunst. Außerdem besitzt es eine Kollektion spätantiker koptischer Textilien und Skulpturen, Keramiken, Masken und Mumienporträts aus gleicher Zeit und von gleicher Herkunft. Die wertvollen Exponate spiegeln die geistesgeschichtliche Beziehung zwischen Ostrom und der gallischen Kaiserresidenz wider.

Von der Stadtseite der Porta Nigra aus geleiten Pfeilerstümpfe den Fußgänger in die Simeonstraße. Sie deuten an, daß Lauben die alte römische Cardo maximus säumten. Trotz der Kriegsbeschädigungen folgt hier, bisweilen durch Neubauten gestört, eine schöne Rokoko- oder klassizistische Fassade der anderen. Am Anfang rechts wölbt sich an einem Barockhaus eine Kapelle vor (mit Heiligenfigur). Sie gehörte zur Nikolauscurie des Stiftes. Gegenüber im Haus Nr. 8 wohnte von 1819–35 Karl Marx. Am Haus nebenan fallen sogenannte Rollköpfe auf. Durch ihre Mäuler liefen die Seile der Flaschenzüge, die Warenballen hievten. Dann sticht das besonders vornehme Haus des Schinkelschülers Wolff von 1820 (Nr. 54) ins Auge. Aus der Reihe fällt freilich das frühgotische *Dreikönigenhaus* des 13. Jahrhunderts. Mit seiner von Lisenen gegliederten Front und den farbig gefaßten Fenstergruppen vertritt es spätstaufische Architektur und den Typus des zum Wohnpalast weiterentwickelten Geschlechterturmes. Zugleich zeigt es die Kraft eines erstarkten Bürgertums an, das sich dem Erzbischof gegenüber behaupten wollte. Das Erdgeschoß war früher bis auf eine Schlupfpforte geschlossen. Der Haupteingang lag im ersten Stock und war über eine hölzerne Treppe erreichbar, die der Hausherr bei Gefahr leicht entfernen konnte. – Ein älterer, aus dem 11. Jahrhundert stammender, nach einem Besitzer Franco von Senheim *Frankenturm* genannter Bau steht in der nahen, fast unberührt gebliebenen Dietrichstraße. Er betont noch einmal die vom Stadtpatriziat angestrebte Macht.

Die Simeonstraße mündet auf den *Hauptmarkt* ein. Hier begegneten sich im Mittelalter das Erzstift und die Stadt, sie trafen manchmal sogar hart aufeinander. Der Platz entstand im 10. Jahrhundert. Trotz der in den Jahrhunderten wechselnden Stile entwickelte er sich, als zielten alle Baumeister von vornherein auf eine homogene Einheit, zu einem der schönsten deutschen Stadtzentren. Im letzten Krieg arg mitgenommen, konnten die Denkmalpfleger seine Gestalt wiederherstellen. Die Mitte bezeichnet das irischen Vorbildern nachgeformte *Marktkreuz* mit dem Lamm Gottes auf römischem Granitschaft (Farbt. 27). Erzbischof Heinrich stellte es 958 als Symbol seiner Herrschaft und Signum des Marktfriedens auf (Original im Stadtmuseum). Auch den *Petrusbrunnen* am Markt gab ein Kirchenfürst, der Erzbischof Johann VII. von Schönberg, bei Hans Ruprecht Hoffmann 1590 in Auftrag. Seine Allegorien der Kardinaltugenden Gerechtigkeit, Stärke, Mäßigung und Klugheit sollten das kurfürstliche Regiment preisen. Eine lateinische Inschrift verkündet, daß aus diesen Tugenden, gleich dem Wasser aus der Quelle, das Heil des Volkes und alles Gute für die Stadt fließt (Originalfiguren ebenfalls im Städtischen Museum).

Am Markt befand sich außerdem im 10. Jahrhundert eine bischöfliche Eigenkirche. Aus ihr ging im 15. Jahrhundert die jetzige Stadtpfarrkirche *St. Gangolf* hervor. Bürgerhäuser schnüren sie ein. Ein schmaler, mit einem prächtigen Barockportal verzierter Durchlaß bildet den Zugang zu ihr. Für ihren Turm mit Balustrade und Eckwarten um einen spitzen Helm stiftete eine reiche Bürgermeisterwitwe 1507 die Mittel zur Erhöhung um zwei Stockwerke, damit der nun mächtige Donjon als Zeichen des Bürgerstolzes einen städtischen Akzent gegen die Hohe Domkirche setzte. Das Langhaus ist eine einfache Halle mit nördlichem Seitenschiff. Das Kreuzgratgewölbe des Seitenschiffs überziehen Stukkaturen von 1746. Die Chorwand bedeckt ein Gemälde von August Gustav Lasinsky (1850; Christus in der Glorie zwischen Maria und Josef und unten die Ritter St. Gangolf und St. Sebastian). Das Bild ist ein bedeutendes Beispiel der Monumentalmalerei der Nazarener. Ebenfalls von künstlerischem Wert sind ein bronzenes Taufbecken des 12. Jahrhunderts, das Stück eines steinernen Altarretabels vom Trierer Bildhauer Peter von Wederath (1467) und der Aufsatz eines Marienaltars von H. R. Hoffmann (1602).

Mehr noch als der Kirchturm demonstriert aber die *Steipe* das Selbstbewußtsein der Stadt (Farbt. 27). ›Steipe‹ kommt von Stütze und kann doppelsinnig gedeutet werden, einmal als die Stützen, die Stockwerke tragen, zum anderen aber auch als Unterstützung, die sie dem Regiment des Rates leistete. Die Steipe wurde, 1481–83 vollendet, das Versammlungs-, Trink- und Festhaus der Ratsherren, und nicht von ungefähr demonstrieren Zinnenkranz und zwei Männer in Harnisch die Verteidigung der bürgerlichen Freiheiten. Die Figuren (Originale im Stadtmuseum) an den Arkadenbögen bilden die Schutzgeister der Stadt ab; Petrus der Stadtpatron, der Eucharius nach Trier entsandte; Helena, die Mutter Konstantins, die den Heiligen Rock und einen Nagel vom Kreuz nach Trier brachte; Paulus, den Patron der eben von den Bürgern gegründeten Universität, und Jakobus, dessen Namen eine Bruderschaft trug, die bei Entscheidungen ein gewichtiges Wort mitredete.

Das an die Steipe anschließende *Rote Haus* (mit Volutengiebel, 1684) betont noch einmal nachdrücklich das Selbstgefühl des Stadtvolkes. An seiner Wand steht in goldenen Lettern geschrieben: »Ante Roman Treviris stetit annis mille trecentis perstet aeterna pace fruatur« – »Vor Rom stand Trier eintausenddreihundert Jahre. Möge es weiterbestehen und sich eines ewigen Friedens erfreuen.« Die Worte weisen auf den legendären Trebeta hin, der die Stadt angeblich gründete, ehe es überhaupt einen Bischof gab.

Diese Äußerung des Freiheitswillens, selbst Kämpfe, bei denen die Bürgerschaft den Bischof sogar einmal besiegte, und alle Anstrengungen, die Reichsunmittelbarkeit zu erlangen, waren jedoch am Ende vergebens. Kaiser Rudolf II. bestätigte 1580 dem Erzbischof und Kurfürsten endgültig die Hoheit über die Stadt. Ein kurfürstlicher Statthalter, meist der Dompropst, steuerte die Verwaltung bis 1789. Danach brachten die Revolutionstruppen endlich die ersehnte Freiheit. Aber die Bürger zahlten dafür einen hohen Preis: Trier fiel erst an Frankreich, dann an Preußen. Auch diese Epochen haben sich in der Bebauung des Hauptmarktes niedergeschlagen; zum Beispiel am noblen, vom französischen Klassizismus geprägten Haus Nr. 17 an der Ecke zur Jakobstraße oder an anderen Häusern des 18. und 19. Jahrhunderts an der Ostseite des Platzes. Doch die Löwenapotheke (übrigens die älteste in Deutschland, 1241 erwähnt), die auffallend schöne Fachwerkgruppe zur Simeonstraße hin und die beiden Häuser mit den Rollwerkgiebeln neben der Steipe sind ins frühe und späte 17. Jahrhundert zu datieren.

Bischof und Bürgerschaft sind inzwischen selbstverständlich längst versöhnt. Eine Gemeinde verbindet sie. Wenn die Glocken von St. Gangolf zum Abendgottesdienst läuten und danach die des Domes dunkler dröhnend einfallen, kommt es einem vor, als besiegele der himmelansteigende und den Stadtraum füllende Ton diese Einigung täglich neu.

Das Marktkreuz ist ein guter Standort, um die Blicke über die Fassaden ringsum schweifen zu lassen, Details wahrzunehmen und den Fußgängerstrom zu beobachten, der von der Porta Nigra her den Platz überquert und sich rechts und links der Stadtpfarrkirche in andere Straßen verteilt. Fasziniert jedoch gewahrt das Auge, gelenkt durch die Perspektive der kurzen Sternstraße, das monumentale Westwerk des Domes (Abb. 75, 77). Es fesselt durch seine Maße wie durch seine Formen. Da bilden konvexe und konkave, pyramidale, kubische, vertikale, horizontale und gerundete Formen an Apsiden, Türmen, eingetieften Portalen, Schall- und Lichtöffnungen und Säulengalerien in außergewöhnlicher Harmonie eine mächtige Gottesburg. Nur der Südturm stört die Symmetrie – oder macht sie vielleicht erst recht bewußt. Er wurde 1515 um ein Geschoß erhöht und war als Widerpart zum Turm von St. Gangolf gedacht. Der Westbau wurde von Erzbischof Poppo von Babenberg nach einer Pilgerreise ins Heilige Land 1037 begonnen. Er verstarb 1047 auf dem Baugerüst an einem Hitzschlag. Unter Udo wurden die Arbeiten 1075 beendet. Die lange Baugeschichte des Domes begann allerdings mit Konstantin dem Großen. Er errichtete 325 über einem niedergerissenen Palast seiner Mutter Helena eine große Doppelkirche, eine für Bischof und Klerus, die andere für Laien, wie es heißt, als Sühne für die ungerechtfertigten Morde an Frau und Sohn. Wahrscheinlich bewogen den Kaiser jedoch handfeste politische Gründe dazu. Da er 313 in Mailand ein Toleranzedikt erlassen hatte, das neben dem bis dahin allein staatstragenden Kaiserkult auch die Ausübung anderer Religionen erlaubte und er dem christlichen Glauben zuneigte, förderte er den Bau christlicher Kirchen. Bei Ausgrabungen

1945/46 und 1967/68 fanden Archäologen 3,50 Meter unter dem heutigen Domboden ein Zimmer des Helena-Palastes und Tausende von Bruchstücken einer prunkvoll gemalten Decke. Sie bargen die Reste, und die Konservatoren des bischöflichen Museums setzten sie bis 1983 wieder zu fünfzehn Bildfeldern zusammen. Vier stellen Mitglieder der Kaiserfamilie dar; Helena, die Mutter; Constantia, die Stiefschwester des Kaisers; Fausta, seine Frau und die jüngere Helena, Gattin des Crispus (heute sind die Malereien die wertvollsten Exponate des Diözesanmuseums).

Während der inneren Wirren nach dem Tode des Konstans und unter dem heidnischen Usurpator Magnentius wurde der Ostteil der konstantinischen Bischofskirche beschädigt. Die Kaiser Valentinian und Gratian bauten ihn aber, einen 40 × 50 × 30 Meter messenden Würfel, wieder auf. Reste dieses Mauerwerks sind bis zu 25 Meter hoch im heutigen Dom enthalten (an den von Ziegellagen durchschossenen Rotsandsteinschichten der Außennord- wand und innen erkennbar). Vier 12,50 Meter hohe Granitsäulen trugen eine Vierung mit Lichtgaden. Der ›Domstein‹ am jetzigen rechten Portal ist das Stück einer solchen Säule. Eine andere montierte man 1974 für einen bronzenen Engel von Th. Heiermann im Lichthof wieder zusammen. Die Franken zerstörten diesen Kernbau im 5. Jahrhundert. Bischof Nicetius (525–565) stellte ihn wieder her und ersetzte die geborstenen Granit- durch Kalk- steinsäulen. Beim Normannensturm 882 ging dann die gesamte Kirche zugrunde. Hundert Jahre später begann Egbert (977–83) mit dem Bau einer dreischiffigen Pfeilerkirche, aber sie blieb unvollendet.

Mit Poppos Maßnahmen begann dann die für das heutige Aussehen des Gotteshauses entscheidende Bauperiode. Die Egbertbauten wurden abgebrochen, ein durch wechselnde

Trier, Grundriß der konstantinischen Doppelkirchenanlage, Ende 4. Jh.

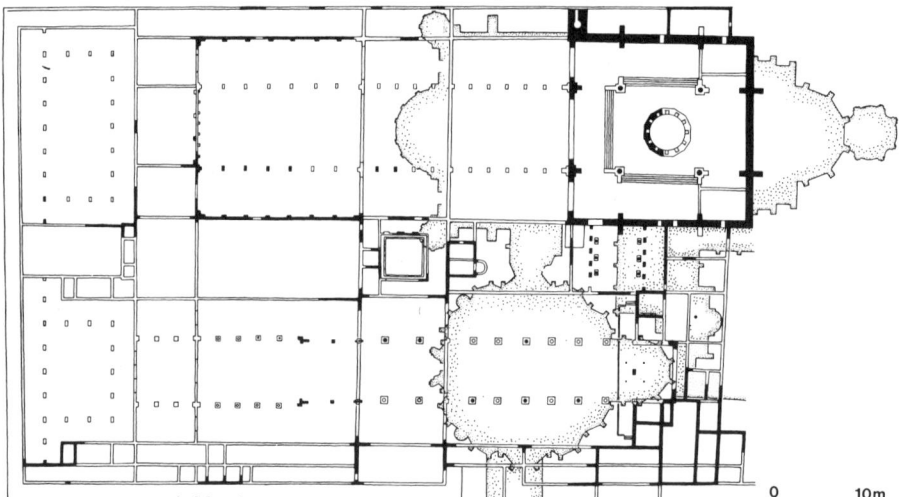

0 10m

Trier, Westwerk des Domes, Ende 19. Jh. Zeichnung von Reinhold Wirtz

Trier, im heutigen Dom enthaltene römische Reste (nach Wilmowsky)

schmale und quadratische Joche rhythmisiertes Langhaus dem alten römischen Zentralbau angefügt, zwischen den Ostjochen des Mittelschiffs eine Krypta angelegt, das Westwerk mit der Chorapsis begonnen, während im Osten eine einfache Wand aus dem 4. Jahrhundert den Raum abschloß. Erst Erzbischof Hillin (1152–69) erweiterte ihn durch einen Choranbau mit einer zweiten Krypta. Anlaß dazu war eine Synode, die 1147/48 stattfand. Die Kirche hatte sich für die Versammlung unter Papst Eugen III. als zu klein erwiesen.

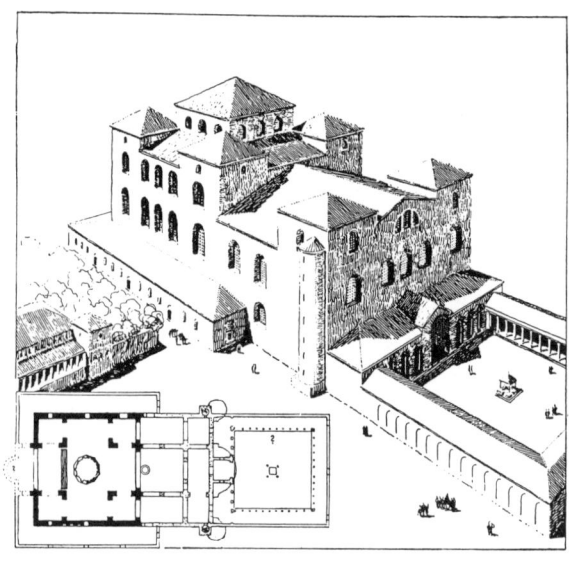

Trier, römischer Kernbau des Domes, vermutetes erstes Bauvorhaben (nach Krencker)

Nachfolgende Generationen bauten danach ständig weiter. Im 13. Jahrhundert wurde das Langschiff eingewölbt, im 15. Jahrhundert der sogenannte ›Badische Bau‹ an der südlichen Chorseite angesetzt. 1687 wurde der Frankfurter Architekt und Bildhauer Fröhlicher beauftragt, für das nahtlose Gewand Christi (um das die Soldaten auf Golgatha würfelten) die Heiltumskammer dem Ostchor anzugliedern. Fröhlicher starb jedoch 1700, und der kurfürstliche Hofarchitekt Ravenstein führte den Plan zu Ende. Ebenfalls ein Baumeister in kurtrierischen Diensten, Hans Georg Judas, gestaltete das Gotteshaus nach einem Brand 1717 zu einer barocken Querschiffanlage um. In der Franzosenzeit diente der Dom als Proviantmagazin. Instandsetzungen wurden notwendig. Stilpuristen wollten gegen Ende des 19. Jahrhunderts alle nachmittelalterlichen Bauteile entfernen. Aber es kam glücklicherweise nur zur Veränderung von Querhausgiebeln und -dächern. Obwohl der Dom im letzten Krieg kaum beschädigt wurde, zeigten sich in den darauffolgenden Jahren zunehmend Risse im Mauerwerk. Der Bau war nicht mehr sicher. Mit eisernen Ankern, durch Injizierungen oder Austauschen zerbröselnden Gesteins und das Unterfangen schadhafter Fundamente wurde er stabilisiert, mußte aber 1964 trotzdem für den Gottesdienst geschlossen werden. 1968 unterbreiteten zehn bekannte Architekten verschiedene Pläne zur statischen Sanierung, Restaurierung und Neueinrichtung für den Gottesdienst nach der Liturgiereform. Die Kölner G. Böhm und N. Rosiny erhielten den Auftrag. Sie entwickelten ein unsichtbares statisches Sicherungssystem und arbeiteten an der Aufgabe von 1970–76. Heute ist der altehrwürdige Trierer Dom, ein einmaliges europäisches Kulturdenkmal, gerettet.

Die Innenausstattung des Domes ist ungewöhnlich reich. Deshalb kann hier keine vollständige Beschreibung gegeben werden. Jedes Stück ist ein hervorragendes Stilbeispiel für

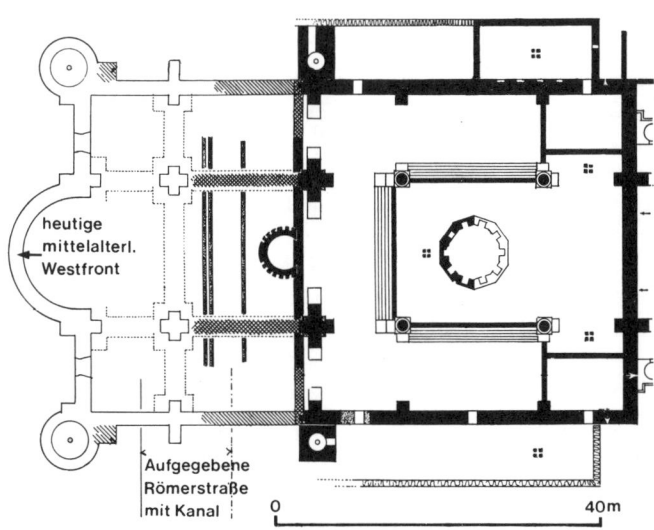

Trier, Grundriß des Kernbaues nach der Einrichtung zur Kirche, in Verbindung mit dem frühromanischen Erweiterungsbau

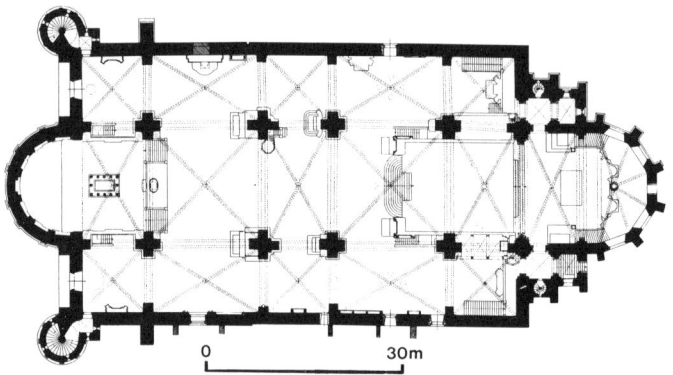

Trier, Dom, Grundriß

0   30m

die Kunst der jeweiligen Epoche. Aus dem 12. Jahrhundert stammen Reste eines Lettners (Maria und Christus, Johannes d. T., 1974 ergänzt) und die Seitenschranken des Kapitelchores. Beste romanische und gotische Arbeiten sind auch die Figuren von Christus, Maria und Petrus im Tympanon eines jetzt geschlossenen Portals zur Liebfrauenkirche, die Bögen über den Gräbern des Erzbischofs Albero gleich am Anfang des südlichen Seitenschiffs, und die folgenden Gräber der Erzbischöfe von Finstingen († 1286), Udo († 1078), Egilbert († 1101), Bruno († 1124) und das des Kardinallegaten Ivo († 1142). Ebenfalls bemerkenswert ist die gotische Tumba des Erzbischofs Balduin († 1354) im Westchor. Die Renaissance vertreten der Grabaltar des Richard von Greiffenklau am zweiten Pfeiler des nördlichen Seitenschiffs, 1525–27 von Jakob Kerre geschaffen, und das Grabdenkmal des Kurfürsten von Metzenhausen an der Wand des nördlichen Seitenschiffs (1542 von Hieronymus Bildhauer). Den Übergang von der Renaissance zum Barock markieren zwei Hauptwerke des Hans Ruprecht Hoffmann. An der Kanzel (1570–72) realisierte der Künstler in bewegten Szenen ein vielfältiges ikonographisches Programm (Bergpredigt, Jüngstes Gericht, Werke der Barmherzigkeit, vier Evangelisten, Allegorien der fünf Sinne). Am Allerheiligenaltar voller lebendig wirkender Figuren, zugleich Grab des Lothar von Metternich (am dritten rechten Pfeiler), kniet der Fürst vor der von Heiligen begleiteten Madonna, Michael vernichtet mit dem Drachen das Böse, und Stationen und Reliefs stellen Personen und Ereignisse aus dem Alten und Neuen Testament dar. In reinem Barockstil erscheinen dann die Stuckdecke der Westapsis, der Kreuzaltar (1687 von Th. Weidemann) am zweiten linken Pfeiler vom Eingang und am zweiten rechten das Grab des Erzbischofs von Orsbek, der Dreikönigsaltar (1682 und 1703 von Harnisch und Gröninger).

Erzbischof von Orsbek gab auch das großartigste Barockdenkmal, die Heiltumskammer, in Auftrag. Sie bildet den Mittelpunkt der Kirche. Sowohl die Raumbewegung als auch alle Ikonographie sind auf sie ausgerichtet. Wie ein Hochaltar füllt ihre marmorne Schaufassade die Ostapsis. Zu beiden Seiten schwingen Treppen – an der Balustrade die Bildnisse der Helena und des Konstantin – zu ihrem Portal hinauf. Im retabelartigen Aufbau gestattet es den Blick auf den Schrein, der den Heiligen Rock umhüllt. Da die Kapelle auch Reliquien des Petrus und Paulus, der beiden Johannes und der Heiligen Anna bewahrt, schmücken deren Statuen die Fassade, und in einer Nische erinnern die Figuren des Eucharius, Valerius und Maternus an die ersten Trierer Bischöfe. Inmitten der Wand leuchtet ein über der Tunika Christi schwebendes vergoldetes Kruzifix (1972 von Klaus Balke, Köln). Die Gläubigen sehen es von jeder Stelle des Mittelschiffs, aber sie beten auch in der kleinen Marienkapelle vor einer stehenden Madonna mit Kind (um 1500). Die Kapelle scheiden Arkadenbögen, die auf Säulen eines romanischen Lettners aufsitzen, vom südlichen Seitenschiff ab. Ihre Wand und das Gewölbe verkleiden reizende farbige Stuckreliefs des Rokoko. (Neben ihr der Eingang zu den Krypten, von dem die vordere ältere die jetzige Bischofsgruft ist und der Aufgang zur Domschatzkammer im Badischen Bau. Sie ist ein Tresor mit unermeßlichen Werten. Die Trinkschale der Helena aus einem Amethyst, die eine Reliquienübertragung schildernde Elfenbeintafel aus dem Konstantinopel des 5. Jahrhunderts, der in der Egbertwerkstatt 977–993 in Trier entstandene Tragaltar für die Sandale des Heiligen Andreas, die ebenfalls dort geschaffene Hülse für den heiligen Nagel, zahlreiche Evangeliare mit kostbaren Deckeln, Rauchfässer und Bischofsstäbe vom 12. bis zum 20. Jahrhundert z. B. reflektieren im Dom wieder – diesmal im Bereich des Kunsthandwerks – die Kultur der Epochen.)

Klassizistische Merkmale weist wiederum das Grabdenkmal des Johann Philipp von Walderdorff am vierten linken Pfeiler auf. Die moderne Kunst jedoch präsentiert sich zunächst auffällig aufdringlich und wenig ins Gotteshaus passend. In die Nischen über den beiden Westportalen malte der Schweizer Ferdinand Gehr den Anfang und das Ende der Welt und die Heilsgeschichte überaus abstrahiert in grellen Farben. Das zweite Beispiel der Moderne, die bedeutendste Veränderung des 20. Jahrhunderts im Dom, hebt jedoch den Eindruck von der Disharmonie wieder auf. Die Kölner Bildhauergruppe Th. Heiermann, E. Hillebrand und J. Peshau gestalteten die Altarzonen in der Vierung neu. Einen graugrünen Basaltpodest überzieht ein Netz von eingetieften und erhabenen Lineamenten. Sie verknüpfen sich zu vielen sinnbildhaften Zeichnungen, erklären auf diese Weise das Geschehen in der Kirche und mahnen mit dem Frühchristentum entlehnten Gleichnissen die Christen von heute. Der Altarblock, aus dem gleichen Material und in der gleichen Technik bearbeitet, nimmt in seiner Ornamentik das Lebensbaumsymbol vom Podest wieder auf. Statt einer Reliquie enthält das Sepulcrum zwei Brocken vom Fels des Golgathaberges, Erde vom Petrusgrab in Rom und einen Stein aus der konstantinischen Grabeskirche Christi in Jerusalem. Sie schließen, vereint mit dem Geist der von den heutigen Künstlern entworfenen Bildern, Raum und Zeit überbrückend, den Dom zu Trier an die fernen heiligen Stätten an.

Mehr als im Dom selbst stößt der Besucher im *Kreuzgang* auf den Stil der Gotik. Durch eine unscheinbare Tür im rechten Seitenschiff gelangt der Besucher dorthin. Große Rundbögen öffnen den Gang, drei kleinere auf schlanken Säulen ohne Kapitele teilen jeden Bogen auf, und über dem mittleren, niedrigeren ist ein Sechspaßring eingespannt. In den Westflügel ist die Weihbischofkapelle eingefügt, und nur sie zeigt spitze Bögen. Der Kreuzgang entstand im Zusammenhang mit dem Bau der *Liebfrauenkirche* von 1245–70. Obwohl Liebfrauen hier noch nicht erwähnt wurde, müssen diese Kirche und der Dom eigentlich in einem Atemzug genannt werden. Man erfaßt, aus welchem Blickwinkel auch immer, daß beide einen einmaligen Komplex bilden (Farbt. 24). Der Kreuzgang verklammert ihn architektonisch und vermittelt optisch zwischen Dom und Liebfrauen. Die Rundbögen des Kreuzganges wiederholen sich in der Galerie der Domapsis, an den Seiten- und Querschiffenstern des Domes, und die Spitzbögen kehren abgewandelt in seinem Vierungsturm, aber vor allem an denen des Liebfrauenchores, wieder.

Die Liebfrauenbasilika steht, wie Ausgrabungen bewiesen, über den Fundamenten der Laienkirche, die zur Doppelanlage des Konstantin aus dem 4. Jahrhundert gehörte. Diese tausend Jahre alte, nach Zerstörungen durch die Normannen einschiffig wiederhergestellte Bau war verfallen. Unter Erzbischof Theoderich von Wied begannen um 1235 französisch geschulte Bauleute unter der Leitung eines Baumeisters aus der Champagne mit der Errichtung eines der frühesten und reifsten gotischen Gotteshäuser in der für die Gotik seltenen Gestalt eines Zentralbaues. Gegen 1260 war er vollendet und wirkte sofort vorbildlich für andere gotische Kirchen. Die Konstruktion ist bewundernswert klar und streng. Der Grundriß entwickelt sich aus dem Vierungsquadrat zu einem Kreuz und drei gleich langen und einem längeren Chorarm. Die drei Arme enden drei- und der Chor siebenseitig, und in den Winkeln der Arme setzen an vier kleineren Quadraten je zwei vierseitige Kapellen an. So entsteht die Form einer zwölfblättrigen Rose, einer ›rosa mystica‹ als Symbol der Kirchenpatronin Maria. Aber auch der Aufriß geht vom Quadrat aus. Ein seine Kontur halbierendes gleichschenkliges Dreieck bestimmt nach einer Seitenlänge des Grundrißquadrates die Höhe, die der Vierungsturm allerdings, der gleichen Maßeinheit unterworfen, übersteigt. Aus diesem System ergibt sich zwangsläufig die Stellung von zwölf Pfeilern, die den Bau tragen. Sie verkörpern aber auch die zwölf Apostel (was aufgemalte Bilder andeuten), auf denen die Kirche ruht. Das Gebäude voller verborgener symbolhafter Geometrie drückt die transzendente Idee des ›Himmlischen Jerusalem‹ im irdischen Stoff aus. In der Offenbarung Johannes heißt es, daß der Evangelist die aus Gold und Edelsteinen gebaute Heilige Stadt von Gott aus dem Himmel herabfahren sah. Der Baumeister suchte deshalb das Gewicht des Mauerwerks aufzuheben. Blenden und große lichtdurchflutete Fenster lösen um des Imaginären willen die Wände auf. Man muß sich vorstellen, wie hier ursprünglich eine weitaus größere Zahl von Glasgemälden erstrahlte, den Raum mit mystischem Licht übergossen und wie die Ausmalung (Reste erhalten) es auffing und brach (die heutigen Fenster entwarfen Alois Stettner und Jacques Le Chevallier nach dem letzten Kriege).

Von der Ausstattung ging vieles verloren, manches ist verblieben. Von hoher künstlerischer Qualität sind das Epitaph des Domaltristen Johann von Segen († 1564, ein erstklassiges Gelehrtenporträt seiner Zeit) neben der Eingangstür oder die Sitzende Maria mit Kind (14. Jh., neu gefaßt) auf dem neogotischen Altar der ersten Kapelle links, das Grab des Weihbischofs Karl von Metternich (1675 von Fröhlicher) in der letzten linken Ostkapelle oder das Denkmal des Archidiakons Hugo von Schonenburg († 1581 mit einer figurenreichen Himmelfahrt Christi in der Manier des R. H. Hoffmann), um von den anderen Epitaphen und Gräbern in den Kapellen zu schweigen. Bänke, Sakramentshaus und Altar ordnete der Kölner Architekt Rudolf Schwarz nach dem Kriege im Sinne der Gesamtstruktur an. Den Hochaltar schuf damals M. Trierweiler. Die Schmerzhafte Muttergottes in der Ein-

63 BERNKASTEL-KUES Bernkastel und Graacher Schäferei

65, 66 BERNKASTEL-KUES St. Nikolaus-Hospital in Kues, Portal, 18. Jh., und Kreuzgang, 1458

◁ 64 BERNKASTEL-KUES Markt in Bernkastel

67 BERNKASTEL-KUES Geburtshaus des Nikolaus von Kues in Kues

68 PIESPORT   St. Michael, 1776/77

69 KLAUSEN   St. Maria, 16. Jh.

70 PIESPORT

71 PFALZEL   St. Marien, Apsis, 11. Jh.

72 NEUMAGEN   Peterskapelle, 14. Jh.

73 NEUMAGEN   Willemsches Haus, 18. Jh.

74 TRIER   Diözesanmuseum, Anna selbdritt

75 TRIER Dom St. Peter, Westapsis, 11. Jh.

76 TRIER Liebfrauenkirche, 13. Jh.

77 TRIER Dom St. Peter, Arkaden an der Westfront, 11. Jh.

78   TRIER   Dom St. Peter, Altar der Marien-
     kapelle, spätgotische Madonna

79   TRIER   Dom St. Peter, Apsisgewölbe des
     Westchores, 1668

80, 81   TRIER   Liebfrauenkirche, Westportal und Chor, 13. Jh.

83 TRIER St. Matthias, Westbau, 12. und 18. Jh.
◁ 82 TRIER Dom St. Peter, Ostchor, 12. Jh.

85 TRIER Porta Nigra (2. Jh.) und Simeonstift, urspr. 11. Jh.

◁ 84 TRIER Römische ›Basilika‹, Westfront, 305 n. Chr.

86   TRIER   Landesmuseum, römische Wandmalerei mit Treverer-Gutshaus

87   TRIER   Diözesanmuseum, Deckengemälde aus dem römischen Palast unter dem Dom, 4. Jh.

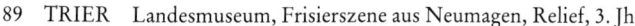

88 TRIER Landesmuseum, das ›Weinschiff‹ aus Neumagen, 3. Jh.
89 TRIER Landesmuseum, Frisierszene aus Neumagen, Relief, 3. Jh.

90 TRIER Römerbrücke, 2. Jh.

91 IGEL ›Igeler Säule‹, Denkmal der Secundinier, 3. Jh.

92 TRIER Amphitheater, 2. Jh.

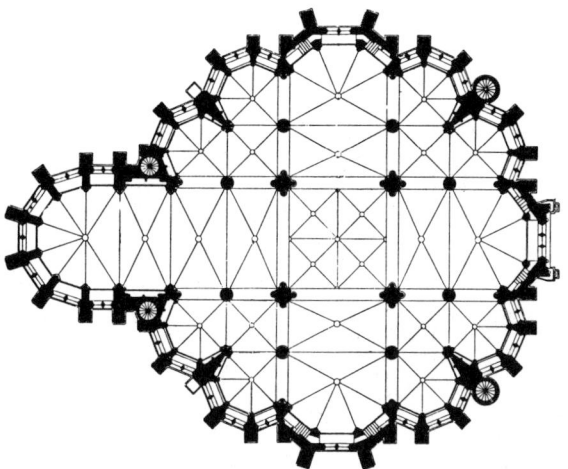

Trier, Liebfrauenkirche, Grundriß

gangshalle (in dem Liebfrauen und den Dom verbindenden sogenannten ›Paradies‹) ist ein Werk der Trierer Künstlerin Anni Höfken-Hempel, gearbeitet aus einem erhaltenen Balken des verbrannten Glockenstuhls. Das Tympanon dort über dem Nordportal stammt freilich aus dem 13. Jahrhundert und stellt die von einer Engelschar begleitete Krönung Mariens dar.

Der inneren Harmonie der Kirche entspricht die Außenarchitektur. Sie steigt von den Kapellen über die Kreuzarme zum Turm in der Mitte wie eine Stufenpyramide auf. Der Abschluß des nördlichen Armes ist zur Hauptfassade ausgebildet. Ihr Figurenschmuck aus dem 13. Jahrhundert, von der Kathedrale in Reims angeregt, folgt gemäß den Bedeutungsinhalten des Inneren einem ikonographischen Programm. Es erzählt die Heilsgeschichte. Noah, Abraham und die Propheten des Alten Testamentes auf den Pfeilern zeigen sie an (Kopien und Neubildungen eines Metzer Künstlers). Sie beginnt mit der Verkündigung, Engel und Maria (Kopie) neben dem Mittelfenster und setzt sich im Tympanon des Portals fort. Dort thront die gekrönte Maria, das Böse in der Gestalt des bezwungenen Drachens unter dem Fuß, flankiert links von den Szenen der Verkündigung an Hirten und Könige und rechts von der Darbringung im Tempel und dem Bethlehemitischen Kindermord. In der ersten Archivolte darüber tragen Engel Kronen und Weihrauchgefäße, in der nächsten versinnbildlichen acht Bischöfe mit Büchern in den Händen die Hierarchie und in der darauffolgenden versammeln sich acht Kirchenlehrer. Im vierten Bogen musizieren acht Könige, Älteste der Apokalypse. Den fünften nehmen die klugen wie die törichten Jungfrauen ein, und der äußere Bogen umgrenzt die übrigen mit üppigem Blattwerk. Das Nordportaltympanon im Paradies rechnet ebenfalls zur ikonographichen Skulpturenfolge. Sie gipfelt in der dominierenden Kreuzigungsgruppe am Giebel. – Die Betrachtung der Einzelheiten sollte noch einmal eine Zusammenschau beenden. Tritt man ein paar Schritte nach Süden zurück und wendet sich wieder um, scheint die Fassade von Liebfrauen unmittelbar

217

Trier, römische ›Basilika‹, 1856. Stahlstich

an das Westwerk des Domes anzuschließen, und das Einanderantworten der Architekturen sieht man noch klarer als im Kreuzgang.

Dom und Liebfrauenbasilika bilden den Mittelpunkt des sogenannten Domberinges. Früher umgab ihn – eine Stadt in der Stadt – eine Mauer. Seine Grenzen verlaufen von der Ostseite des Hauptmarktes – Glockenstraße – Flanderstraße – Dominikanerstraße – Eulenpfütz – Mustorstraße – Palaststraße – Grabenstraße. Innerhalb dieses Bezirks liegen heute, manchmal in Gärten hinter Mauern versteckt, manchmal direkt an der Straße, erhaltene Kurienhäuser der Domgeistlichkeit aus dem 17. und 18. Jahrhundert. Im *Palais Walderdorff* (1766) und der mit ihm verbundenen *Dompropstei* am Domfreihof residierten später die französischen Präfekten und die preußischen Regierungspräsidenten. In der Liebfrauenstraße, der Kirche angebaut, verbinden sich zwei Kurienhäuser zum *Bischöflichen Palais*. Gegenüber ließ sich der Oberamtmann *Freiherr von Kesselstatt* von 1740–45 sein *Palais* erbauen. Der Architekt J. V. Thomann aus Mainz paßte es der Straßenführung an und akzentuierte Gebäude und Straße geschickt durch einen vorgewölbten Portalrisalit im stumpfen Winkel der Front.

Nach einem die Liebfrauenstraße überspannenden Bogen tritt man hinaus auf den Konstantinplatz und steht gebannt vor der gewaltigen ›Konstantinbasilika‹ (Abb. 84). Sie war die *Palastaula* des Kaisers und lange Zeit der Schauplatz kaiserlicher Pracht und Machtentfaltung. Konstantin erbaute sie um 310. Im ersten Jahrhundert befand sich an dieser Stelle eine Straße, im zweiten Jahrhundert ein großer Palast mit Saal, Wandelhalle und Laubengängen und einem Innenhof. Aber die Alemannen zerstörten ihn in der zweiten Hälfte des dritten Jahrhunderts. Konstantin ebnete die Ruinen für seine Anlage ein. Nach dem Abzug der Römer mußte das achtunggebietende Bauwerk manche Veränderung über sich ergehen lassen. Die Franken, Ziegelbauten nicht gewöhnt, konnten es nicht erhalten. Es verfiel. Die

Trier, römische ›Basilika‹, Apsis vor der Zerstörung 1944

Decke stürzte ein, und die Eroberer bauten in das Geviert kleine Wohnungen, Lager und Ställe. 1147 kaufte es ein Erzbischof, und Kirchenfürsten lebten zuerst in der zum Wohnturm umgewandelten Apsis und erweiterten ihn später zur mittelalterlichen Pfalz. Als die Kurfürsten am Anfang des 17. Jahrhunderts ein ihnen angemessenes Palais planten, griffen sie entscheidend in die Substanz der Basilika ein. Sie gliederten sie in ein vierflügeliges Schloß ein und verringerten durch Abriß der Ostwand ihre Breite um 18 Meter, um Raum für einen Wohntrakt zu schaffen. In der so verstümmelten Aula richteten die Franzosen erst ein Militärlazarett ein, dann bauten sie die gesamte kurfürstliche Residenz zur Kaserne um. Die Preußen vervollständigten den Kasernenbau, bis König Friedrich Wilhelm IV. die Basilika wieder in den ursprünglichen Zustand versetzen ließ und sie 1856 der evangelischen Gemeinde als ›Kirche zum Erlöser‹ übergab. Im August 1944 brannte sie nach Bombenabwürfen aus. Wiederhergestellt, das antike Mauerwerk konserviert, nimmt die Basilika jetzt ein Rechteck von 67 mal 27,5 Metern ein. Ihre 2,70 Meter dicken Mauern ruhen auf vier bis sechs Meter tiefen Fundamenten und reichen 30 Meter hoch. Die von zwei Reihen von je neun Fenstern und Pfeilern vertikal betonte Front mit ihren Ziegelschichtungen beeindruckt den Betrachter gerade durch diese grandiose schmucklose Einfachheit. Selbst die mächtig ausgewölbte Apsis stört sie nicht. In Konstantins Zeit waren die Ziegel freilich verputzt und zum Teil bemalt, und zusammen mit diesen Dekorationen verursachte auch noch eine Außengalerie ein völlig anderes Aussehen als heute. – Fast noch mehr als die Außenfront erstaunen die Dimensionen des Innenraums. In ihnen erscheint der Mensch als Zwerg. Konstantin beabsichtigte diese Wirkung sicherlich. Wenn er im erhöhten Halbrund der Apsis inmitten seines Hofstaates, um sich die Büsten der Mitglieder des Kaiserhauses in goldmosaizierten Nischen, thronte, sollten die Zeitgenossen vor ihm auf dem beheizbaren schwarzweiß gemusterten Marmorfußboden und vor dem mit Marmorinkrustationen verkleideten Wänden die Größe des Römischen Reiches und die Majestät seines Herrschers erschauernd fühlen.

Vom Renaissanceschloß, von Lothar von Metternich begonnen und von Christoph von Sötern mit dem sogenannten Niederschloß zögernd vollendet (von Sötern paktierte in den Wirren des Dreißigjährigen Krieges mit den Franzosen und wurde wegen Hochverrats zehn Jahre in Wien gefangengehalten), haben wesentliche Teile überdauert. Vom Kernbau blieben der Ost- und Nordflügel mit einem Eckturm erhalten. Sie mußten sich beim Wiederaufbau einige Veränderungen gefallenlassen, sind aber vor allem mit ihren Hoffassaden und Portalen immer noch ein bemerkenswertes Beispiel deutschen Renaissancestiles. Vom Niederschloß existieren noch das in das jetzige Staatliche Hochbauamt eingebaute Petrusburgportal und das kurfürstliche Archiv- und Kanzleigebäude, der ebenfalls veränderte Rote Turm.

Ihm gegenüber liegt an der Ecke der Banthusstraße das *Bischöfliche Dom- und Diözesanmuseum* mit Ausgrabungsstücken, Deckenmalereien des Helenenpalastes, aus den frühchristlichen Kirchen unter Dom und Liebfrauen, mittelalterlichen Stein- und Holzplastiken, Altargeräten, Paramenten, Wandmalereien aus St. Maximin, den Originalplastiken vom Westportal von Liebfrauen und vielem anderen mehr.

Der Südtrakt des Renaissanceschlosses wich im 18. Jahrhundert dem Rokokopalais des Johann Philipp von Walderdorff. Er verlegte die Residenz von Ehrenbreitstein zurück nach Trier. Sein Hofarchitekt Johannes Seiz baute ihm diesen neuen repräsentativen *Kurfürstlichen Palast*. Der Bildhauer Ferdinand Tietz aus Böhmen, der Stukkateur Michael Eytel aus Tirol und die Maler Januarius Zick und Johann Zauffally statteten ihn aus. Seine Hauptfassade ist eigentlich die Hofseite. Sie wurde demzufolge prunkvoll gestaltet. Doch der Wiederaufbau der Basilika beeinträchtigte seine Wirkung. So muß heute die Gartenfront als Schauseite gelten (Farbt. 25). Diese Wertschätzung bestätigt sie großartig, obwohl der Plan des Architekten nicht vollendet ausgeführt werden konnte. Der Betrachter wird sofort bemerken, daß links ein Pendant zum östlichen Pavillon fehlt. Dort brach man den Renaissance-

Trier, Kurfürstlicher Palast, Entwurf von Johannes Seiz für den Südflügel, 1756

trakt in ganzer Höhe ebenfalls ab, ohne einen neuen an seiner Stelle zu errichten. Die im 19. Jahrhundert wieder aufgeführte Südwand der römischen Basilika brachte die Ansicht erst recht aus dem Gleichgewicht. Freilich kann man darüber streiten, ob der Zusammenklang von Antike und Rokoko nicht eine viel reizvollere Impression hinterläßt, als sie die Fassade in einem einheitlichen Stil hervorrufen könnte. Obwohl der Hauptpavillon nun den westlichen Teil der Fassade beschwert und der Ostpavillon die Wirkung nicht aufheben kann, ist dieser kurfürstliche Palast ein Juwel der Baukunst. Die Gebäudekomplexe neben und zwischen den Pavillons sind relativ einfach ausgeführt. Um so mehr treten die letzteren hervor. Besonders der als Mittelstütze einer Symmetrie gedachte Pavillon spiegelt das heitere Hochgefühl eines großzügig regierenden Fürsten wider. Das Relief der Venus mit Apoll und Pomona, ihr Früchtefüllhorn leerend, die munteren Putten im Giebelfeld, die Figuren der Jahreszeiten auf dem Balkon und die der Tageszeiten auf der Attika, schwellende Pilasterkapitelle, Fensterumrahmungen und ein Balkon – alles weiß-rot und goldgefaßt – suggerierten ein Leben als immerwährendes Fest. Man meint, der Herrscher hätte das Ende der Epoche durch die nur Jahrzehnte spätere Revolution vorausgeahnt und feiere noch einmal seine Zeit. Als wolle er den nachfolgenden Generationen seine Zeichen hinterlassen, zieren seine Initialen, der Titel ›Churfürst‹ und der Kurhut die Brüstung des Balkons. Die Dekoration des

Eckpavillons ergänzt die Symbolik des anderen. Im Giebel reiten Juno und Iris auf Wolken, flankiert von den Attributen Pfau und Heroldstab, und die Putten auf den Vasen der Ecken rühmen die sprießende Natur.

Die Skulpturen schuf Ferdinand Tietz. Er gestaltete auch mit Seiz zusammen das herrliche Treppenhaus im Inneren des Hauptpavillons. Während die Salons im Rokokopalast mehrfach, zuletzt nach Schäden im Zweiten Weltkrieg, verstümmelt wurden, konnte das Treppenhaus im wesentlichen originalgetreu restauriert und als geniale Schöpfung von europäischer Bedeutung erhalten werden. Eine Überfülle von Formen – Putten, Tiere, Pflanzen, wirbelnde Rocaillen – sind in kraftvoller Dynamik verbunden. Sie bekunden jetzt im Raum das schon an der Außenfront in Allegorien manifestierte Weltempfinden, vielleicht weniger verspielt, noch einmal. Heute ist das Kurfürstliche Schloß folgerichtig, wenn man an die Vergangenheit des Ortes denkt, der Sitz der Rheinland-Pfälzischen Bezirksregierung.

Glücklicherweise wirkt die Südfassade des Rokokopalais inzwischen nicht mehr ins Leere. Aus dem Exerzierplatz der Preußen und dem Volksgarten von 1936 gestaltete man, zumindest annähernd, wieder ein barockes Gartenparterre (Abgüsse von Götterstatuen des Ferdinand Tietz und seiner Schule). Es schließt allerdings römisch mit den Ruinen der *Kaiserthermen* ab (Farbt. 26). Diese Bäderanlage gehörte zum konstantinischen Palastbezirk. Sie war 250 Meter lang und 145 Meter breit und schloß ein Warmwasserbad, ein Warmluftbad, ein Kaltwasserbad, Räume zum Schwitzen und Massieren, Heizkammern, Toiletten, Innenhöfe, Wandelgänge und einen Gymnastikplatz ein. Als Therme ist sie freilich nie fertigge-

Trier, Kaiserthermen, Rekonstruktion des ersten Bauzustandes (nach Krencker)

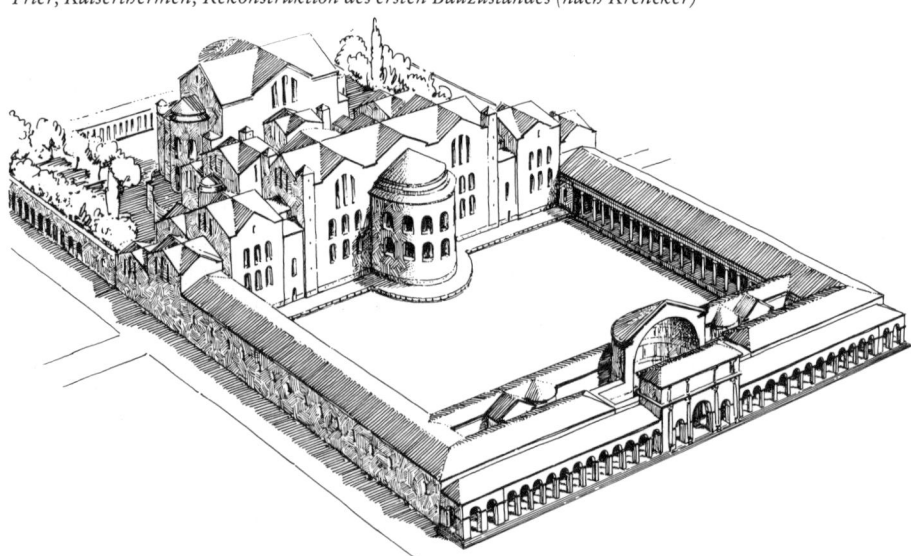

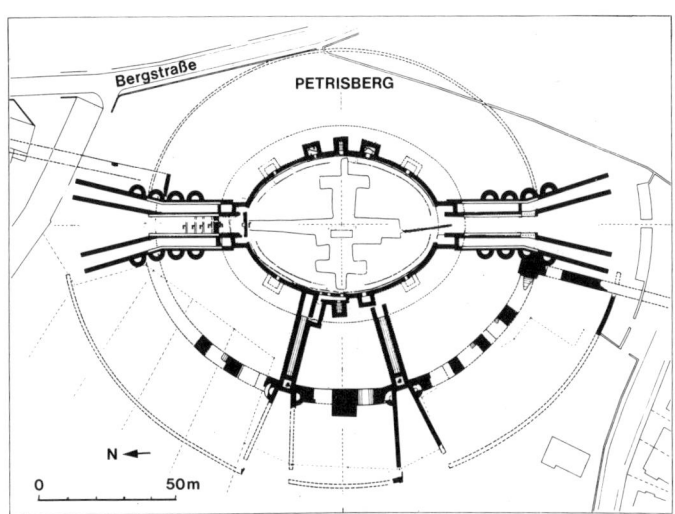

Bergstraße

PETRISBERG

N ←

0   50 m

Trier, Amphitheater,
Grundriß des Keller-
geschosses

stellt worden. Um die Mitte des 4. Jahrhunderts erfolgte eine Umgestaltung des Rohbaues; zu welchem Zweck, weiß man nicht genau. Die Archäologen vermuten, daß Valentinian I. (364–375) die Anlage eines Forums plante. Vielleicht beeinflußten die erstarkten, den Kult um den Körper vernachlässigenden Christen die Veränderungen. Anhand der Bruchstücke aus verschiedenen Bauzuständen kann der Besucher nur schwer einen Gebäudekomplex in seiner Vorstellung rekonstruieren. Am ehesten vermitteln ihm die noch bis 19 Meter hohen Reste des Treppenturms und die Apsiden des Caldariums, die übrigens dem Westwerk des Domes als Vorbild gedient haben sollen, eine Ahnung von einstiger Größe und Luxus.

Sinnvollerweise wurde das *Rheinische Landesmuseum* in diesem ehemaligen antiken Bezirk an der Ostflanke des Palaisgartens errichtet. Ein Beschluß des preußischen Kulturministers begründete es 1875 mit Beständen der Gesellschaft für nützliche Forschung, einer 1820 begonnenen königlichen Sammlung und einigen Privatkollektionen. Der Bau wurde bis in jüngste Zeit mehrmals erweitert. Seine Exponate aus Trier und dessen Bereich veranschaulichen durch Zahl und Qualität eindringlicher als anderswo die Kulturen vorgeschichtlicher, römischer und frühchristlicher Zeit in Deutschland. Aufwendig ausgestattete Kataloge zu einer anläßlich der 2000-Jahr-Feier veranstalteten Ausstellung informieren umfassend. – Wer darüber hinaus den großartigen Bestand der frühen Klöster an illuminierten und oft kostbar gebundenen Handschriften und Inkunabeln – singuläre Schätze – ermessen will, sollte den Tresor in der *Stadtbibliothek* zwischen den Straßen Am Palastgarten/Weberbach am westlichen Rand des barock nachgebildeten Gartenparterrres besuchen.

Doch noch einmal zurück zur Antike. Wenn man an den Kaiserthermen den Straßenknotenpunkt zur Olewiger Straße überquert, gelangt man nach ein paar Minuten zum *Amphitheater* am Fuß des Petrisberges (Abb. 92). Seine 2710 Quadratmeter große Arena war etwa

223

seit 100 n. Chr. 250 Jahre lang Schauplatz grausamer Belustigungen. Tiere wurden aufeinander gehetzt, Gladiatoren kämpften mit Stieren, Bären, Löwen und Leoparden oder gegeneinander. Von Konstantin dem Großen heißt es, daß er, kaum an die Macht gekommen, gefangene Franken, darunter Könige, den Bestien zum Fraß vorwarf. In den Kellern hielten Wächter die Tiere und bewachten die Gefangenen. Eine Schule bildete die Gladiatoren aus. Die Inschrift eines aufgefundenen Weihealtars berichtet von einer Berufsgenossenschaft der Kämpfer. Auf den Rängen drängten sich ungefähr 20000 Zuschauer zum Spektakel. Im 2. Jahrhundert umfaßten die Römer ein Ovalsegment des Amphitheaters mit Mauern und Ecktürmen ihrer Stadtbefestigung. Es bildete ihr Osttor. Bauarbeiten unterbrachen die Spiele jedoch nicht. Später wurde die Arena zur Fluchtburg umgewandelt. In ihr verschanzten sich Einwohner vor den Franken. Danach gewannen die Bauleute des Mittelalters hier ihr Material. Lange Zeit war die Anlage verschüttet. Schon 1816 begannen Ausgrabungen, so daß die Archäologen nach und nach die Gestalt des Theaters ermitteln und so gut wie möglich wiederherstellen konnten.

Zur Straßenkreuzung zurückgekehrt, trifft man auf den Ring der Alleen. Sie zeichnen die Befestigung der mittelalterlichen Stadt nach, die gegenüber der Römerstadt um die Hälfte kleiner war (Mauerreste bei den Kaiserthermen). Die Südallee streift im Westen die Überbleibsel der *Barbarathermen*. Hier verlief die Ostwestachse der wirtschaftlich blühenden Römerstadt des 2. Jahrhunderts, und diese Konjunktur ermöglichte den Bau dieser Bäder. Da die Kaiserthermen nicht vollendet wurden, gebrauchte die Bevölkerung die Barbarathermen wahrscheinlich bis zum Frankensturm. Die Franken benutzten sie als Wohnungen. Im 11. Jahrhundert saßen Grafen, Angehörige des Stadtadels, im offenbar noch standfesten Gemäuer. Jesuiten bauten im 17. Jahrhundert aus seinen Steinen ihr Kollegium.

Die Barbarathermen waren umfangreicher als die Thermen am Palastgarten und verfügten über alle der damals üblichen Räume und Einrichtungen. Ausgegrabene Reste von Marmorinkrustationen der Wände und Fußböden, verzierte Architekturdetails und Skulpturentorsen zeigen, daß sie nicht ärmlich, sondern im Gegenteil prunkvoll ausgestattet waren. Der Laie kann aus den Resten jedoch noch weniger als bei den Kaiserthermen die Pracht und Größe nachempfinden.

Das ist bei der neuen *Römerbrücke* schon anders (Abb. 90). Sie ist der einzige antike Brückenbau, über den gegenwärtig Autos fahren. Außer dem letzten Pfeiler am linken Ufer und dem vorletzten am rechten stammen ihre als Eisbrecher zugeschnittenen Pfeiler aus Eifelbasalt etwa aus derselben Zeit wie die Barbarathermen. Die beiden anderen Pfeiler wurden mit der Einwölbung durch Hofbaumeister Judas erneuert. Die erwähnte erste hölzerne Brücke stand um 45 n. Chr. 25 Meter weiter flußaufwärts. In der Nähe muß auch der römische Hafen mit lebhaftem Warenumschlag gelegen haben, denn noch weiter flußabwärts befanden sich jenseits der jetzt verkehrsreichen Uferstraße zwei riesige Speicherhallen. In den von ihnen verbliebenen Mauern siedelten sich Nonnen des von König Dagobert im 7. Jahrhundert gestifteten Klosters *St. Irminen* an. Nach der Säkularisation wurde aus ihm ein Altersheim der ›Vereinigten Hospitien‹. Es betreut noch heute Betagte. Ein Stück Speicherwand grenzt einen Speisesaal nach Westen ab.

Irminia, die zweite Äbtissin, war eine Verwandte des fränkischen Hausmeiers Pippin und Mutter der Klostergründerin in Pfalzel, Adela. Der Turm des barocken Saales der Klosterkirche aus dem 18. Jahrhundert ist der der romanischen Abtei aus dem 11. Jahrhundert. – Hier an der Moselpromenade erinnern außerdem zwei *Drehkräne*, der eine von 1413, der andere von 1774, daran, daß auch nach den Römern noch die Schiffe am Ufer anlegten.

Von der Römerbrücke führen nacheinander die Karl-Marx-, Brücken- und Fleischstraße zum Hauptmarkt zurück. An ihnen und in den Nebenstraßen findet der Besucher zahlreiche Zeugnisse der Geschichte des an Sehenswürdigkeiten schier unerschöpflichen Trier. Am Augustinerhof ist im *ehemaligen Augustinereremitenkloster* die Stadtverwaltung untergebracht. In der *Kirche* (14. Jh.) tagen die Ratsherren. Am Innenportal wurde ein Hauptwerk der romanischen Plastik, das Relief vom 1877 abgebrochenen Neutor der mittelalterlichen Stadtbefestigung, eingemauert. Der Klotz des von Graubner, Hannover, entworfenen *Stadttheaters* (1962–64) kann als typisches Beispiel der Nachkriegsarchitektur gelten. Die zweischiffige Pfarrkirche *St. Antonius* vom Anfang des 16. Jahrhunderts zeigt ein reiches Netzgewölbe, eine Antoniusgruppe von H. R. Hoffmann und eine besonders schöne Kanzel von F. Tietz. Der *Herkulesbrunnen* vor der Nordseite, ein Eisenguß des 18. Jahrhunderts, stammt aus der Quinter Hütte. – Im Haus Brückenstraße 10 wurde der Vater des wissenschaftlichen Sozialismus, Karl Marx, am 5. 5. 1818 als drittes Kind eines Advokaten geboren. Das *Karl-Marx-Haus* ist ein barockes (1727), im 19. Jahrhundert verändertes und jetzt restauriertes bürgerliches Wohngebäude. Eine ständige Ausstellung in seinen Räumen veranschaulicht anhand von Dokumenten aus dem Leben von Karl Marx und Friedrich Engels und aus ihrer Zeit die Entwicklung der marxistischen Ideen, und andere erklären deren weltgeschichtliche Wirkungen. Am interessantesten sind das Geburtszimmer von Karl Marx und das anschließende Kabinett (Nr. 11 und 12 im ersten Stock) mit Belegen zu seinen Lebensumständen und Beziehungen in Trier während des Studiums und der ersten Tätigkeit als politischer Journalist. Aus ihnen wird ersichtlich, daß eine trierische Wirtschaftskrise das Denken von Marx beeinflußte. – Das Haus Nr. 2 in der Brückenstraße, *Haus Venedig* genannt, erbaute ein von Como nach Trier zugewanderter italienischer Kaufmann 1683–85 mit Eckerkern (in einer Nische die Statue Johannes des Täufers). – Über die Nagelstraße erreicht man das *Jesuitenkolleg* (jetzt Katholische Theologische Fakultät). Drei von 1610–14 erbaute Flügel, mit Treppentürmen verbunden und von Portalen und Ziergiebeln geschmückt, bilden einen Hof. Seine Mitte nimmt ein Votivaltar (1727) mit Madonna und Heiligenfiguren ein. Von 1773–78 waren die Gebäude die Universität. Kurfürst Clemens Wenzeslaus ließ damals eine Promotionsaula im schönsten Rokoko einbauen. An den Ostflügel schließt die *Dreifaltigkeitskirche* an. Den Bau der dreischiffigen Halle begannen Franziskaner um 1240 mit dem Chor, dem Mittel- und Seitenschiff um die Jahrhundertwende folgten. Von 1739–43 vervollständigte das südliche Seitenschiff gotisierend den Bau. Im Chor ein bemerkenswerter Epitaph für Elisabeth von Görlitz († 1451), Herzogin von Luxemburg und Bayern, von der Hand eines Trierer Meisters. Im rechten Seitenschiff ruht Friedrich Spee von Langenfeld. Er starb 1635, angesteckt bei der Pflege verwundeter Soldaten, an der Pest. Berühmt wurde er als leidenschaftlicher Gegner des Hexenwahns und durch seine religiöse Lyrik. – Wieder an der Fleischstraße, fällt die von Pflanzenreliefs kunstvoll überwucherte Fassade eines *Jugendstilhauses (Nr. 45)* von 1901 auf. An der Ausbuchtung zum Kornmarkt sieht man das unter Verwendung von Architekturteilen eines Rokokopalais 1881 neubarock errichtete *Postgebäude*, die wiederhergestellte klassische Fassade des *Casinos* und vor allem den erst kürzlich restaurierten *Georgsbrunnen*. Der Rat der Stadt ließ ihn 1749 von Johannes Seiz zu Ehren des Erzbischofs von Schönborn entwerfen. Er dürfte zu den schönsten Rokokofontänen Deutschlands zählen. Den letzten Teil der Fleischstraße zum Hauptmarkt säumen außerdem noch einige sehenswerte Häuserfronten des 19. Jahrhunderts. Die Fassade der ›Brasserie‹ *(Nr. 12)* von 1812 ist ein besonders gelungenes Beispiel des klassizistischen Stils.

Der Trier-Besucher kann nach der Lektüre der vorangegangenen Seiten leicht abschätzen, daß er in Stunden oder einem Tag das eigentümliche Fluidum der Stadt kaum erspüren kann. Dafür ist ein längerer Aufenthalt vonnöten. Er sollte seine Besichtigungsgänge auch nicht nur auf den Bezirk zwischen Alleen und Uferstraßen beschränken. Jenseits des Vierecks vervollkommnen für die Ausstrahlung des Ortes wichtige Plätze das Erlebnis. Es sind christliche Stätten.

Noch nahe bei der ehemaligen Stadtumwallung, unweit der Kaiser-Wilhelm-Brücke (1913), steht ein Renaissanceflügel des *Klosters St. Martin* (jetzt Studentenheim) mit Volutengiebel und Zwerchhäusern. Er ist der Rest einer 1804 abgebrochenen, einst bedeutenden Benediktinerabtei. Der Legende nach vollbrachte hier in der Villa des Prokonsuls Tetradius der heilige Martin erstaunliche Wunder. Der Römer ließ 385 sein Haus in eine Kapelle umwandeln. Einer seiner Nachfahren, Erzbischof Magnericus (573–596), erbaute anstelle der inzwischen verfallenen Kirche zu Ehren des St. Martin ein größeres Gotteshaus. Mönche

Trier, Abtei St. Martin, nach 1794. Aquarell von Fr. Lothary

siedelten sich an. Aus deren Kommunität erwuchs im Laufe der Zeit das Kloster. Einige Male zerstört, wurde es immer wieder, wenn auch in wechselnder Gestalt, aufgebaut.

Eine seltsame Atmosphäre umgibt *St. Maximin* in der Vorstadt nordöstlich der Porta Nigra. Eine hochbarocke Turmfassade überragt ein verloren anmutendes Tor, und von links drängt sich die Konstantin-Hauptschule mit grotesker Wandverkleidung aus durcheinanderwirbelnden Zahlen, Buchstaben, mathematischen Zeichen auf giftgrünem Grund auf. Im Kirchenschiff sollen demnächst die Schüler turnen. Solchen profanen Zwecken diente der Bau schon einmal. St. Maximin ist nämlich die Kirche der gleichnamigen Benediktinerabtei. Nach der Säkularisation verwandten sie die Franzosen als Schmiede und Kaserne, und die Preußen richteten in ihr eine katholische Garnisonskirche und eine Schule ein. Dabei war die Abtei mit riesigem Grundbesitz und anderen Gütern die bedeutsamste in weitem Umkreis, wenn nicht die bedeutendste im damaligen Deutschland überhaupt. Ihre Kirche entstand aus einer Grabbasilika inmitten eines vom 4. bis zum 5. Jahrhundert belegten Friedhofes. Das Gotteshaus erhielt den Namen Maximins, nachdem der Leichnam dieses Bischofs dorthin überführt wurde. Neben ihm ruhten sein Vorgänger Agritius und später seine Nachfolger Nikedius, Basilius und Weomad. Für das 6. und 7. Jahrhundert sind zwei, wegen Wallfahrten größere, Neubauten mit Klerikergemeinschaften bezeugt. Unter den Karolingern wurde St. Maximin Benediktinerkloster. König Heinrich I. förderte es im 10. Jahrhundert. Damit gewann es den Rang eines Reichsklosters und deshalb kam es zu Streitigkeiten mit dem Erzbischof. Welche Macht und Kultur es einst verkörperte, kann man zum Beispiel an den karolingischen Wandmalereien aus der Krypta der Kirche im Bischöflichen Museum oder an dem Ada-Evangeliar in der Schatzkammer der Stadtbibliothek ermessen. Ada war eine Schwester Karls des Großen. Sie stiftete die um 800 in der Aachener Palastschule geschriebene und mit Miniaturen illustrierte Kostbarkeit der Abtei. Ada wurde in ihrer Kirche

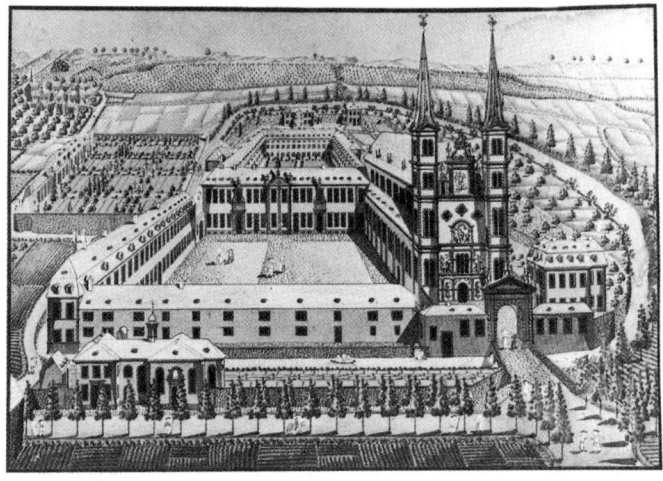

Trier, Abtei St. Maximin, um 1805. Aquarell von Fr. Lothary

begraben. 1499 beauftragte Abt Otto von Elten den Trierer Goldschmied Wolf, einen neuen Deckel für die Handschrift zu schaffen, und der ist ein unbeschreiblich wertvoller Schatz an Kunstfertigkeit und Material. In vergoldetem Silber und Messing, verziert mit Halbedelsteinen und Glasflüssen, sind die Figuren von Evangelisten und Trierer Bischöfen getrieben. Sie rahmen eine große Kamee aus konstantinischer Zeit, der den Kaiser und seine Familie abbildet. – Fünf Mönche der Abtei wurden Bischöfe verschiedener Diözesen, andere gründeten oder reformierten weitere Klöster. Doch alle Bedeutung verhinderte auch hier Zerstörungen nicht. Nach dem Bau im 7. Jahrhundert wurden Konventgebäude und Kirche dreimal verwüstet und wieder aufgebaut, bis Abt Alexander Henn mit der Planung für die jetzige Kirche (1680–98) den wenig begabten Trierer Baumeister Kuckeisen beauftragte.

Mehrere hundert Meter stadtauswärts zeigt sich dagegen St. Paulin, eine andere ehemalige barocke Stiftskirche, noch in ihrer ganzen Pracht. Das Gotteshaus ist eine geniale Schöpfung des Balthasar Neumann. Außergewöhnlich schmal, weil die Mittelschiffundamente eines romanischen Vorgängerbaus ihre Maße bestimmen, strebt der Baukörper in die Höhe. Der völlig in das Volumen aufgenommene Turm verstärkt noch diese eigentlich ›gotische‹ Tendenz durch seine enorme Abmessung von 53 Metern, aber auch durch die diese Vertikale pointierenden Pilaster. Konkav eingebogene Mauern und aus dem zweiten Geschoß niederschwingende Voluten, von Obelisken auf einer Attika in ihren Bewegungen angehalten, verbinden den Turmbau organisch mit dem Schiff und entwickeln so den Vorbau zur eleganten Schaufassade. Innen klingen Architektur, Plastik, Malerei, Eisenfiligran, Orgelwerk zum volltönenden Gesamtkunstwerk zusammen. Nirgendwo spürt man lastende Schwere. Wogen schwingen, Schweben fasziniert. Gold- und andere Farbtöne heben den Stoffcharakter jeglichen Materials an Pfeilern, Nischen, Wölbungen, Gesimsen, Stukkaturen der Wandflächen auf. Das Prangen gipfelt im Chor (Farbt. 23). Zwei zusammengezogene Pfeiler vermeiden meisterhaft einen Bruch zwischen seinem engeren und dem weiteren Raumgefüge des Schiffes. Die Apsis füllt gänzlich der Hochaltar. Neumann entwarf ihn und der Hofbildhauer Tietz führte ihn 1755–61 kongenial aus. Vier rotgraue, vier Meter hohe Säulen auf Sockeln umgeben den Tisch und tragen ein üppig verziertes Gebälk. Über seiner Mitte ragt das Wappen des Erzbischofs und Kurfürsten Franz Georg von Schönborn mit dem Kurhut bis in die Halbkugelwölbung. Eine wunderbare Immaculata mit den rührend-lieben Gesicht einer wahren Jungfrau begleiten zwischen den Säulen außen die Namenspatrone des Fürstbischofs, St. Franziskus und St. Georg, und innen der Patron der Kirche, der heilige Paulinus sowie der heilige Felix. Die Deckenfresken, vom Augsburger Maler Christoph Thomas Scheffler 1743 vollendet, sind Paulinus und den Märtyrern der Thebäischen Legion und denen der Stadt Trier gewidmet. Sie starben vom 4.–6. 10. 286 für ihren Glauben. An den Wänden schildern Ölgemälde von Counet aus Lüttich (1711–14) die Marterungen noch einmal. Das dargstellte Martyrium soll auf dem Marsfeld, dem bis zur Mosel reichenden Gelände um St. Paulin und St. Maximin, stattgefunden haben. Das Blut färbte angeblich das Wasser bis nach Neumagen rot. Bei den Märtyrern ließen sich in der folgenden Zeit viele Gläubige bestatten, und der hl. Felix errichtete am Ende des 4. Jahrhunderts die erste Basilika. Aus Kleinasien wurden die Gebeine des Bischofs Paulinus, der dort 558 gestorben war, nach Trier überführt und in dieser Kirche beigesetzt. Im Streit des Arius gegen Athanasius um den rechten Glauben stand Paulinus auf der Kirchenversammlung 553 in Arles auf der Seite des Athanasius. Kaiser Konstantius II., Anhänger der Arianer, verbannte ihn deshalb ins vorderasiatische Gebirge.

An der Trierer Kultstätte muß schon frühzeitig eine weltliche Priestergemeinschaft gewirkt haben, jedenfalls deutet eine Stiftung des Merowingerkönigs Dagobert I. darauf hin. Man weiß auch, daß die Gebeine des Bischofs und die von Märtyrern in der Krypta der alten Kirche ruhten. Dieser Raum ist der östliche Teil der Krypta, die sich jetzt unter dem Chor von St. Paulinus erstreckt. Man ist sogar sicher, daß die Sarkophage, nun allerdings mit barocken Tumben umkleidet, noch an der gleichen Stelle wie damals stehen. Als man 1883 die Tumba des Paulinus öffnete, kam eine Lade aus Zedernholz zum Vorschein, in der sich die Gebeine des Heiligen, in spätantikes Gewebe gehüllt, befanden.

Der Bauherr der Barockkirche, Franz Georg von Schönborn, betrachtete das unterirdische Gewölbe mit den Reliquien als Kernzelle seines Gotteshauses. Er finanzierte es 1730 aus seiner persönlichen Schatulle, nachdem er Propst des Stiftes geworden war und die Kanoniker nicht in der Lage waren, den vom Kommandanten der Truppen Ludwigs XIV. Vignory gesprengten früheren Saalbau wiederherzustellen. Von der alten Immunität blieb ein Säulenkreuz (1088) auf dem Rasen vor der Kirche übrig. Welche Bedeutung es hatte, weiß man nicht. War es ein Markt-, Gerichts- oder ein Märtyrerkreuz, das an die Leiden erinnern sollte? Unabhängig davon: einmal jährlich gedenken der Oberbürgermeister und die Ratsmitglieder aller Fraktionen ihrer hingemetzelten Ahnen und des heiligen Bischofs in einem Gottesdienst über ihren Gräbern.

Außerhalb der mittelalterlichen Ansiedlung liegt auf einer Höhe im Süden der Stadt die *Heilig-Kreuz-Kapelle*, heute Mittelpunkt eines kleinstädtischen Ortsteils. Ein Dompropst erbaute sie in der Mitte des 11. Jahrhunderts anstelle eines angeblich von der Kaiserin Helena gestifteten Gebetshauses als Zentralbau über dem Grundriß des griechischen Kreuzes. Diese Form geht auf die Grabeskirche in Jerusalem zurück und wurde damals von der Kreuzzugs-begeisterung inspiriert. Nach dem letzten Krieg retteten Denkmalpfleger die Kapelle, indem sie den romanischen Zustand aus übriggebliebenen und neuen Steinen mit schönen Einzelheiten an Portal und Gliederung des Vierungsturmes rekonstruierten. Die Pfarrgemeinde versicherte sich des genius loci dieser frühen Glaubensstätte, fügte ihr die von Böhm 1960–62 aufgerichtete Kirche an und läßt seitdem die Neugeborenen in der Kapelle taufen.

Am Fuß des Heilig-Kreuzer-Hügels, unweit des Moselufers, trifft der Besucher schließlich auf *St. Matthias*, die letzte große und gut erhaltene Abtei der Stadt. Ein Vorhof schließt sie mit einem Teil der Klosterbereichmauer gegen die Straße ab, schafft einen Bezirk der Besinnung und bewahrt der Fassade der Basilika den notwendigen Raum für ihre monumentale Wirkung (Abb. 83). Die Basilika ist Pfarr- und Klosterkirche zugleich, denn in den mittelalterlichen und barocken Abteigebäuden leben und arbeiten seit 1922 wieder Benediktinermönche. Das rechts der Kirchenfront angelegte Portal führt in Kreuzgang, Kapitelsaal, Refektorium und Dormitorium (Besichtigung nicht möglich), das linke zu einem Friedhof. Auf dem Gelände – damals weitaus größer – wurden bereits nichtchristliche und christliche

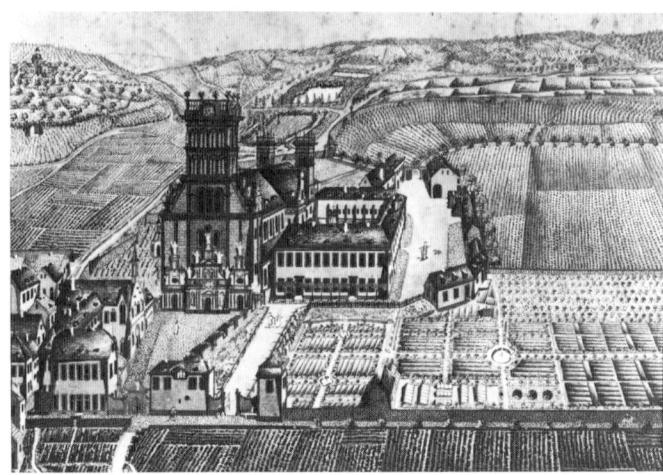

Trier, Abtei St. Matthias, 1808. Aquarell von Fr. Lothary

Römer bestattet. Diesem Gräberfeld wieder vor den Mauern der Kaiserresidenz verdanken auch St. Matthias und die Abtei ihre Entstehung. Unter der romanischen (1287), barock ummantelten runden Quirinuskapelle im Friedhof befindet sich als eine von mehreren Kammern die Gruft mit dem Sarkophag der Senatorenfrau Alba und ihres Gatten aus dem 3. Jahrhundert (1967 zugänglich gemacht, Besichtigung nach Anmeldung im Pfarramt, Mat-

St. Matthias-Basilika, Schnitt der Westfront

thiasstr. 79). Porträts der beiden und auf heidnischen Kult bezogene Reliefs schmücken ihn. Im Palast dieser Römer wohnte der erste Trierer Bischof Eucharius. Er errichtete über den Toten eine dem Evangelisten Johannes geweihte Kirche. In ihr wurden er und sein Nachfolger Valerius bestattet. Diese ›Cella Eucharii‹ verbrannten die Franken. Bischof Cyrillus erbaute um 460 inmitten anderer Gräber in der Nähe ein neues Münster und übertrug die Gebeine der Heiligen dorthin. Zu dieser Zeit siedelte sich auch hier eine Klerikergemeinschaft an. Gegen 1050 gelangte sie in den Besitz der Gebeine des Apostels Matthias. Kaiserin Helena hatte sie Trier geschenkt. Um die Gebeine vor dem Normannensturm 882 zu retten, waren sie vergraben worden. Nach der Wiederauffindung barg man sie in einem Altar der Euchariuskirche. Dieses Gotteshaus wich aber unter Bischof Egbert (977–993) und dem Abt des inzwischen etablierten Benediktinerkonvents Bertulf (1024–50) einem Neubau. Als dann Abt Eberhard 1127 noch einmal einen Neubau, den der jetzigen Basilika, begann, mußte ein Altar der ungefähr hundert Jahre älteren Kirche abgebrochen werden. In ihm fand man die Reliquie des Matthias, und damit war das Heiligtum nicht nur die Grablege der Bischöfe und Mönchskirche, sondern wurde zugleich das Ziel unzähliger, den Apostel verehrender Pilger. Der Volksmund wandelte den Namen der Wallfahrtsstätte von St. Eucharius in St. Matthias um. Wie schnell sie Bedeutung erlangte, zeigt, daß Papst Eugen III. sie 1148, noch unvollendet, weihte, und daß sein Lehrer Bernhard von Clairvaux und 47 Kardinäle an dieser Feier teilnahmen.

Beendet wurden die Arbeiten erst 1160. An der im Laufe der Jahrhunderte mehrfach modifizierten dreischiffigen Pfeilerbasilika stammt aus dem 12. Jahrhundert der Kern des

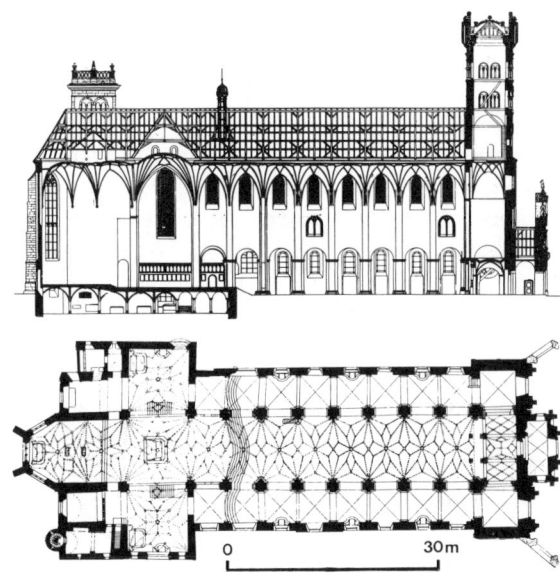

Trier, St. Matthias-Basilika,
Längsschnitt und Grundriß

0   30m

Westwerks. Ein barockes Torensemble verdeckt ein romanisches Portal und sechs Fenster. Drei Blendarkaden zieren das Giebelfeld. Ihm sitzt der von Arkaden geöffnete Block des zweigeschossigen Turmes auf, und ein stark ausgearbeiteter Sims, Uhr und Balustrade bekrönen ihn. Sie geben der Fassade ein ungewöhnliches Aussehen. Den Turm rekonstruierte nach einem Brand ein Baumeister Neurohr 1786 mit romansichen Teilen, aber er konnte sich nicht enthalten, mit dem Balustradenaufbau die Front nach eigenen Ideen im Stil seiner Zeit zu ›bereichern‹. Im Mittelschiff blieb die romanische Arkadenzone und im Chor das romanische Joch unverändert. Sterngewölbe, Maßwerkfenster, Chorapsis und Abweichungen im ersten Stock der romanischen Sakristei am nördlichen Seitenchor und eine Kryptenerweiterung nach Osten gehören zu den Umgestaltungen von 1496–1514. Der Westteil der Krypta ist noch die ottonische vom Bau des Egbert. Hier ruhen in römischen Sarkophagen Eucharius und Valerius, und im Abschluß ist Cyrillus begraben. Das Grabmal des Apostels mit einer Liegefigur des Matthias (1468) befindet sich dagegen im letzten Mittelschiffjoch an der Treppe zu Zelebrationsaltar und Mönchschor. An seine linke Wand wurde aus der Vierung der Lettner (1230) verlegt. Das mittlere Apsisfenster, eine Kreuzigungsdarstellung, schuf Wilhelm von der Eifel 1515. Die Frontplatte des Altars (5. Jh.) im rechten Seitenchor stammt wahrscheinlich von der Chorschranke der ersten Kirche. Im rechten Querhaus die Tür zum Kreuzgang (1230) und die Grabplatte eines Ritters (1350), im linken Querhaus die Grabplatte eines anderen Adligen (1351) und eines Abtes (1675), sowie ein Altaraufsatz von Hans Bildhauer (1563); – im letzten Joch des linken Seitenschiffs ein Weihekreuz von 1148 und am fünften rechten Pfeiler des Mittelschiffs die anmutige Figur einer Maria mit Weintraube von 1480. Die neuzeitliche Ausmalung dieses ehrwürdigen Gotteshauses folgt bedauerlicherweise keinem historischen Befund. Viermal am Tage versammeln sich die Mönche in der Kirche zum Gebet. Aber sie schließen sich der Welt gegenüber nicht ab, sondern laden vielmehr junge Männer für jeweils eine Woche in ihre Gemeinschaft zur Besinnung ein. In der Begegnung mit den Fratres stärken sie sich für ein christliches Leben im Alltag.

Das ›zweite Rom‹, das wie kaum eine andere deutsche Stadt geschichtsträchtige Trier, regt Moselreisende gewiß zu einen dem Ort würdigen Abschied an. Bei einem Rundblick über die Talweite z. B. gibt sich Treviris noch einmal eindrucksvoll die Ehre. Im Panorama von der Weißhausterrasse (während der Saison Kabinenbahn vom Zurlaubener Ufer), von der Mariensäule über dem linken Steilhang des Beckens im Westen oder vom Petrisberg im Osten bietet es sich dann zum letzten Mal großartig dar: Dom, Liebfrauenbasilika und die Türme von St. Gangolf, St. Paulin und St. Maximin ragen als seine markanten Erkennungszeichen aus dem Gewirr der Dächer. Von den Höhen reichen die Rebgärten bis an die Straße, berühmte Lagen, von denen der Autor hofft, daß der Reisende sie bei Mahlzeiten und Rasten längst vorm Abschied probierte. Vielleicht genoß der Gast aber auch andere Spezialitäten, etwa sauren Moselfisch und Moselaal mit sehr herbem, Viez genannten Apfelwein, ein Weinhändlerfrühstück oder vielleicht sogar ein nach römischen Rezepten gekochtes Gericht. Von Trier bleiben nicht nur die Sehenswürdigkeiten, sondern auch die gemütliche Gastlichkeit in Erinnerung.

An der deutsch-luxemburgischen Grenze

Für die Weiterfahrt an der Mosel bieten sich dem Reisenden in Trier zwei Straßen an. Die Straße am linken Ufer berührt den Industrievorort Euren und erreicht in Wasserbillig an der Mündung der Sauer in die Mosel das Großherzogtum Luxemburg. Die andere führt an St. Matthias vorbei aus der Stadt. Ihre Schilder weisen nach Metz in Frankreich. Beide Routen sind gleichermaßen interessant. Wer auf der Römerbrücke oder der Konrad-Adenauer-Brücke den Fluß überquert und auf der Bundesstraße 49 Trier verläßt, sollte, zwischen Euren und Zewen abbiegend, dem Wegweiser zum Campingplatz folgen und einen Blick auf das Lustschloß *Monaise* werfen. Es ist zwar, da seit 90 Jahren unbenutzt, in einem unwürdigen Zustand. Aber seine Substanz wurde gesichert, denn seine Architektur ist in diesen Breitengraden einmalig. Der Franzose Mangin erbaute diesen Sommersitz von 1779–83 für den Dompropst Philipp Nikolaus von Walderdorff im frühklassizistischen Stil. Seine Schaufassade zum ehemaligen Park mit vier Geschossen, Attika und Säulenloggia deutet auf die norditalienischen Landvillen des großen Baumeisters Palladio als Vorbilder. Andrea Palladio (1508–80) beeinflußte die Baukunst jahrhundertelang. Bei den Innenräumen dachte Mangin dann aber weniger an Schönheit als an seiner Zeit gemäße Bequemlichkeit. Die Zimmer gruppieren sich manchmal in sieben Geschossen um die Beletage der Loggia, und sie wiesen alle Einrichtungen auf, die ein Herr mit Dienerschaft zum angenehmen Aufenthalt braucht. Schließlich heißt ›Monaise‹ übersetzt ›Meine Behaglichkeit‹, und ein ins Deutsche übertragener lateinischer Satz in der Attikamitte besagt: »Genieße die Ruhe mit Würde.«

Fast genau gegenüber auf der anderen Seite der Mosel liegen neben der Straße in **Konz-Karthaus** die Überreste einer einst großen Klosteranlage, eben die der *Kartause*. Sie gab dem Stadtteil den Namen. Die schmale, hohe, einschiffige Kirche bildete ihre Mittelachse. Die Portalfassade aus Rotsandstein reicht mit dem doppelten Volutengiebel auf Gesims und Pilastern über das Dach hinaus. Die Front schmücken außerdem wirkungsvoll eine abgetreppte Rundbogenvertiefung mit riesiger Muschel und Tierkopf und überlebensgroßen Figuren des hl. Bruno links und des hl. Franz rechts. Die Plastiken stammen aus der Zeit des Wiederaufbaues der Kirche. Die 1680 errichtete Kartause wurde nämlich 1794 von den Mönchen aufgegeben und 1804 versteigert, aber nur teilweise abgebrochen. Das Gotteshaus stellte man 1885–87 in der früheren Gestalt wieder her. Von den Klostergebäuden blieben südliche Trakte erhalten. Ein Teil des Kreuzgangs (seine Arkaden jetzt vermauert) verbindet

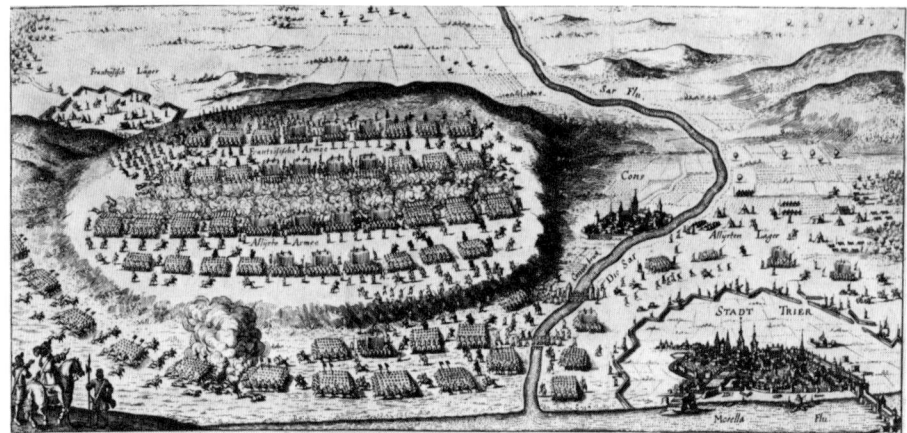

Konz, Schlacht an der Konzer Brücke, um 1675. Radierung

sie mit der Kirche, und ein Risalitbau greift zur Straße hin aus. Er bildete zusammen mit den inzwischen abgerissenen Bauten an der Nordseite einen zur Mosel hin geöffneten Ehrenhof.

In **Konz** vereinigt sich die Saar mit der Mosel. Der Saarübergang, kurz vor der Mündung, gab dem Ort seine historische Bedeutung. Funde bezeugen eine Besiedlung zur Bronzezeit. Die Römer schlugen für ihre Straße Trier – Metz eine sechsbogige Brücke mit zwei Türmen auf Steinpfeilern über den Fluß. Im Mittelalter ersetzte sie ein Neubau, und dieser wiederum wich einem modernen Straßenübergang. Über die Brücke zogen Handelsleute und Soldaten, weltliche und geistliche Fürsten nach Trier. Oft war sie umkämpft. Zum Beispiel besiegte hier 1675 de Grana, der General Kaiser Leopolds I., die Truppen Ludwigs XIV. und entschied damit den sog. ›holländischen Krieg‹. 1944 wurde die Brücke von Bomben zerstört. Am Ende lag auch die Stadt in Trümmern. – Im 4. Jahrhundert freilich war Konz die Sommerresidenz des Kaisers Valentinian (364–75). Seine prunkvolle *Villa* beherrschte eine

Konz, Rekonstruktion der Villa des Kaiser Valentinian

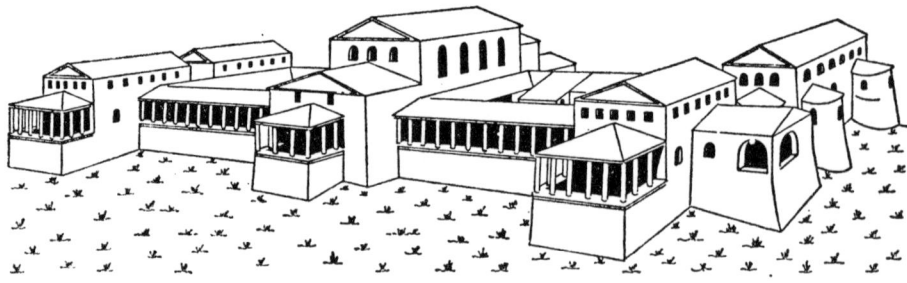

Anhöhe mit Blick über den Saar-Mosel-Zusammenfluß. Sie maß über 80 Meter in der Breite und 38 Meter in der Tiefe und verfügte über einen Thronsaal, an den sich Gänge in die Privatgemächer und zu Galerien und Bädern anschlossen. Der Kaiser unterzeichnete 371 in diesem Contionacum vier Gesetze. Im Mittelalter entstand in dem Ruinenkomplex eine Pfarrkirche. Nachdem das fünfte Gotteshaus an dieser Stelle von 1873 wegen der Kriegsbeschädigungen abgerissen werden mußte, erbaute man dort *St. Nikolaus* im Stil unserer Zeit (am Hang hinter dem Bahnhof). Die Arbeiten ermöglichten neue Ausgrabungen. In der Krypta sind Teile der Heizung des großen Saales erhalten (dort auch eine Beschreibung und ein Grundriß der Villa). Auf der Terrasse vor der Kirche befinden sich Mauern des nördlichen Portikus und auf dem angrenzenden Friedhof, inmitten der Gräber, Reste von Apsiden eines Bades. Das Fragment eines kostbaren Diatretglases im Rheinischen Landesmuseum in Trier stammt ebenfalls von hier.

Ein anderes, bedeutenderes römisches Monument ist die *Säule* von **Igel,** ein wenig oberhalb der Saarmündung jenseits der Mosel (Abb. 91). Goethe, der 1792 seinen Herzog im Feldzug gegen die französischen Revolutionstruppen begleitete, sah sie zweimal und beschrieb sie in bewundernden Worten in seinem Tagebuch ›Campagne in Frankreich‹. Den 23 Meter hohen Obelisk ließen die Gebrüder Lucius Secundinius Aventinus und Lucius Secundinius Securus im 1. Drittel des 3. Jahrhunderts als Denkmal für sich und die verstorbenen Angehörigen ihrer Familie aufstellen. Tote wurden im oder um das Monument nicht bestattet. Die Brüder waren ihrer Herkunft nach keltische Treverer. Sie besaßen Land, das Pächter bewirtschafteten. Sie übernahmen von Bauern hergestellte Tuche als Pachtzins, unterhielten selbst eine Manufaktur, transportierten die Waren auf eigenen Gefährten zu wichtigen Handelsplätzen und verkauften sie dort gewinnbringend. Ihr Haus war wohlhabend und angesehen. Schließlich waren sie nach dem Bürgerrechtsdekret des Kaisers Caracalla staatsrechtlich auch Römer, obwohl sie sich gewiß privat wie Treverer kleideten und auch den Dialekt der Treverer sprachen. Ihre Villa und die eigentlichen Gräber lagen vermutlich auf der Anhöhe, wo jetzt die Dorfkirche steht. Die Säule sollte ihre Verdienste und die Bedeutung ihrer ›Firma‹ beweisen. Die Reliefs berichten von ihrem Leben. Die Vorderseite zeigt am Sockel einen Tuchladen. Männer zählen an einem Tisch Geld und prüfen an einem anderen Stoff. Das Feld darüber bildet die Sencundier-Familie ab. Im Fries darüber ist ein Mahl samt Küche und Keller dargestellt. Weiter oben wird wieder Tuch geprüft, während das Dreieck unter der Bekrönung einen Jüngling mit Quellnymphen zeigt. An der rechten Seite sind eine Küche und ein Geschäftskontor, an der linken Seite ein bespannter Lastwagen und ein Reisewagen am deutlichsten erkennbar. Am besten erhalten ist die dem Hang zugekehrte Seite. Sie stellt von unten nach oben kämpfende Seewesen, ein auf der Mosel getreideltes Schiff, Delphine und Eroten, die Verschnürung eines Tuchballens, die Himmelfahrt des Herkules, einen Transport über ein Gebirge und Eros und zwei Greifen dar. Bekrönt wird der Bau abschließend von einem Schuppendach, auf dessen Spitze der Adler des Jupiter Ganymed, den Geliebten des Zeus und Mundschenk der Götter, in den Olymp entführt. Die Bilder des Monuments schildern zum einen Szenen des Alltags, zum anderen symbolisieren sie gemäß der antiken Mythologie das Eingehen der Sterblichen in ein

Igel, Monument der
Secundinier, 1835.
Lithographie von
N. Ponsard

besseres Leben und endlich die verdiente Aufnahme ihrer Seelen in den Himmel. Der Gedenkstein wirkt durch seine Größe. Aber um seine ganze Pracht ermessen zu können, muß man sich trotz der Verwitterung vorstellen, daß er mit leuchtenden Farben bemalt war. Einen solchen Aufwand konnten sich wahrhaftig nur reiche Herren leisten. Trotzdem hätte das Bauwerk aber die Jahrhunderte nicht überstanden, wenn im Mittelalter das Familienbild auf der Vorderfront nicht als die Vermählung der Kaiserin Helena, die Mutter Konstantins des Großen (der das Christentum zur Staatsreligion bestimmte), mit Constantius Chlorus gedeutet worden wäre. Helena galt als Heilige, und deshalb wurde die Säule als christlich interpretiert. Erst im 16. Jahrhundert erkannte man ihren wahren Sinn. Beschreibungen in Reise- und wissenschaftlichen Werken bewirkten schließlich ihre Erhaltung.

Zwischen *Oberbillig* und Wasserbillig beginnt die Mosel die Bundesrepublik und das Großherzogtum Luxemburg voneinander zu trennen. Etwa 40 Kilometer lang verläuft jetzt die Grenze in der Flußmitte und bildet die Achse eines uralten Siedlungsgebietes. Funde an mehreren Plätzen wiesen Bewohner aus der Stein- und Bronzezeit nach. Ortsnamen hüben wie drüben deuten auf keltische, römische und fränkische Gründungen hin. Von Anbeginn erlebte und erlitt der Landstrich – oft beeinflußt von der Metropole Trier – eine gemeinsame, wechselvolle Geschichte; wenn man will, bis auf den heutigen Tag, an dem im Zeichen Europas die Grenzen durchlässig sind.

Befährt man die deutsche B 419, folgt nach *Oberbillig* das Dorf **Temmels.** Diese Bezeichnung ist dem keltischen Wort für Hügel entlehnt. Am Ortseingang rechts verfällt das durch Beschuß 1945 stark beschädigte *Schloß Gebertshof,* Landsitz der Trierer Deutschordenskommende von 1785/86. In Temmels und in fast allen anderen Gemeinden nutzen die Einwohner den Boden vorwiegend zum Weinbau, in Wellen dagegen baut eine Firma Muschelkalk über Tage und in Stollen ab und verarbeitet ihn zu Zement.

Das Zentrum des Weinbaues für die Umgebung ist **Nittel**, am Hang unter senkrechten Dolomitfelsen und über einem Moselbogen gelegen. In seiner Gemarkung wachsen zwei Millionen Weinstöcke. (Zwischen der Saarmündung und dem Dreiländereck bei Perl wächst auf etwa 1000 Hektar meist die Elbling-Rebe. Sie liefert keinen großen, jedoch einen frischen, etwas herben Wein. Wenn ihn die Einheimischen nicht selbst trinken, wird er zur Herstellung von deutschem Sekt verwendet.) Auch hier fand man römische und fränkische Gräberfelder. Erwähnt ist ›Nitele‹ zum ersten Mal um 1000 in einer Urkunde des Trierer Klosters St. Marien. Sein Abt war der Grundherr, Vogt der Herr von Warsberg von der Burg im benachbarten Wincheringen. Aber der Ort gehörte zu einem lothringischen Amt. Das Herzogtum Lothringen ging 1766 in Frankreich auf, und dessen König übertrug 1769 seine Hoheitsrechte in Nittel dem Herzog von Luxemburg. Die Pfarrkirche *St. Martin*, die erste von 1030, wurde 1761 (romanischer Turm im Baugefüge) von einem lothringischen Architekten und 1933/34 von einem luxemburgischen Bauingenieur erweitert. Spiegelt das nicht

*Igel, Monument der Secundinier, Familienbild
und Tuchladen an der Südseite*

wieder einmal, wie vielfach miteinander verflochten die Geschicke der Lande an der Mosel immer gewesen sind? – Oberhalb des Ortes besetzt inmitten der Weinberge die *St. Rochus-Kapelle* eine Anhöhe. Der Bau ist eine kleine zweischiffige Halle mit spätgotischem Chor, Langhaus von 1701 und Erweiterung von 1933. Er war eine alte und wohl auch bedeutende Wallfahrtsstätte, denn Päpste erließen zu seinen Gunsten mehrmals Ablaßbullen, zuerst 1432 und zuletzt 1781. Den Aufstieg oder die Auffahrt belohnt eine großartiger Ausblick über das Tal mit dem Flußbogen, auf die Dolomitfelsen, auf Nittel und das luxemburgische Machtum.

Um nach **Wincheringen** (die Endung -ingen zeigt fränkischen Ursprung an) zu gelangen, kann man von hier aus den Höhenweg benutzen. Von der *Burg Warsberg* stehen noch der Wehrturm (15. Jh.) und ein verbautes Herrenhaus, dessen verwittertes Renaissance-Portal am Treppenturm den früheren Zustand erahnen läßt. Vom Wehrturm läutet die Kirchenglocke. Das Gotteshaus selbst, erst gotisch und dann barock, wurde von den französischen Revolutionstruppen geplündert und angezündet. Den widerspenstigen Pfarrer verbannten sie auf die Sträflingsinsel Cayenne vor der brasilianischen Küste. Der heutige Kirchenbau stammt von 1883. Zu seiner Ausstattung zählen noch Plastiken aus dem 18. Jahrhundert.

Von hier aus führt eine steile Serpentinenstraße ins Tal. Der nächste Ort am Ufer heißt **Palzem** (= von Palatiolum, kleiner Palast), was sich auf ein römisches Landgut bezieht. Bis 1956 wurden 80 Prozent der Flur als Äcker genutzt. Erst nach der Flurbereinigung weitete sich der Weinbau aus, so daß er jetzt die Haupteinnahmequelle der Einwohner ist. Der aufmerksame Besucher bemerkt in Palzem besonders gut den Wechsel der Hausformen in den Gemeinden an diesem Teil des Mosellaufs. Statt des Fachwerkhauses herrscht das vielfach modifizierte, verputzte lothringische Querhaus vor.

Nach Palzem kommt alsbald auf einem Felssporn neben der Straße die *Burg Thorn* in Sicht. Von der Anlage aus dem Mittelalter besteht noch der Torturm. Ein Gebäude mit Pilasterportal stammt aus dem 16. Jahrhundert, und der große Trakt unmittelbar vor dem Felsabbruch wurde mit der Parkterrasse 1800 errichtet. Im 14. Jahrhundert besaßen die Herren von Rollingen, luxemburgische Erbmarschälle, die Befestigung. Ihnen folgten die Herren von Bübingen und vom 16. bis 19. Jahrhundert die Herren von Musiel. Diese sammelten Funde aus der Frankenzeit von den umliegenden Feldern. Ihre Kollektion war berühmt. Jetzt bewahrt sie das Landesmuseum in Trier. Heute ist das Schloß wieder Eigentum einer luxemburgischen Familie. – Die Familie von Bübingen bewohnte auch das gleichnamige *Schloß* ein wenig weiter südlich an der Kreuzung der B 419/E 42. Ein Adliger aus Remich erbaute das Schloß im 14. Jahrhundert. Später übernahm es der Trierer Erzbischof und Kurfürst Balduin von Luxemburg. 1668 zerstörten es französische Truppen. Den im 18. Jahrhundert erneuerten Bau verwandelte die Artillerie 1945 in eine nun von Bäumen verdeckte Ruine.

Weithin sichtbar ist nach der Straßenkreuzung dagegen das 1944/45 ebenfalls beschädigte, aber inzwischen restaurierte *Schloß Berg* mit Ober- und Niederburg. Im 12. Jahrhundert nennt eine Trierer Urkunde zwei Ritter als Besitzer. Ihnen folgten der Herzog von Lothringen und die Familie von Sierck; die Herren von Bübingen besaßen Anteile, bis schließlich die von Musiel im 16. Jahrhundert das Schloß erwarben, während über die Unterburg eine andere Familie gebot. Die Musiels gestalteten die ältere Oberburg zu einem stattlichen Renaissanceschloß um (staatliches Schullandheim). Die Unterburg, nach dem Kriege nur notdürftig ausgebessert, wird von anderen Eigentümern für private Zwecke genutzt. Bereits im 6. Jahrhundert siedelten Franken in dem Gelände zwischen ihr und der Straße. Aus dem Gräberfeld barg man wichtige Funde.

Die großartigste Entdeckung aus noch früherer Zeit machte jedoch 1852 der Bauer Reuter in **Nennig**. Er hob eine Rübengrube aus und stieß dabei auf farbige Steine. Sie ließen ein Bild erkennen. Darauf verständigte der Mann Herrn von Musiel auf Thorn, und dieser veranlaßte beim Trierer Domkapitular von Wilmowsky systematische Ausgrabungen. Sie förderten ein

Nennig, Rekonstruktion der römischen Villa

10,30 Meter mal 15,65 Meter messendes Mosaik zutage. Es erwies sich als Boden der Empfangs- und Festhalle eines *römischen Palastes*, größer als der Sommersitz des Kaisers in Konz. Es ist eines der wenigen am ursprünglichen Platz verbliebenen römischen Mosaiken nördlich der Alpen und gilt als eines der vorzüglichsten Beispiele dieser Kunst jenseits des Mittelmeerraumes. Von einem Überbau geschützt, kann man den erstaunlichen, 1960 umfassend restaurierten Steinteppich bewundern. Reicher ornamentaler Schmuck faßt ein Marmorbecken und sieben Bildfelder ein, das achte ging verloren und sein Platz wurde mit einer Inschrift versehen. Die Motive dafür lieferten die Kämpfe der Gladiatoren im Amphitheater. Im mittleren Quadrat versucht ein mit Dreizack und Dolch bewaffneter Mann seinen, von einem Schild geschützten Gegner zu besiegen, und ein Schiedsrichter wacht über die Regeln. Im Achteck darüber hat ein Bär einen Fechter niedergeworfen, und zwei Helfer verjagen das Tier mit Peitschenhieben. Rechts vom Quadrat traktieren sich zwei Streiter mit Peitschen und Stöcken, links davon verwundet ein Speerwerfer einen Panther. In den Feldern neben dem Brunnen schlägt ein Tier einen Wildesel und ein Tierwärter drängt einen Löwen vom getöteten Esel weg (Abb. 94). Im unteren Teil der Schmalseite aber spielt ein Organist auf einer Wasserorgel und ein Hornist bläst die Tuba. Damals wurden die grausamen Spiele musikalisch umrahmt. Sie waren gesellschaftliche Ereignisse, und die Besitzer des Palastes fuhren zu solchem Spektakulum wahrscheinlich nach Trier. Ihre Namen sind nicht bekannt. Sicherlich waren es Großgrundbesitzer aus dem trierischen Adel, die Ackerbau und Viehzucht betrieben.

Im 19. Jahrhundert hieß es einmal, Kaiser Trajan hätte die Prachtvilla den Stiftern der Igeler Säule geschenkt. Aber schon seinerzeit erwies sich diese Behauptung als falsch. Ziemlich gewiß ist, daß der Palast um 200 entstand. Spätere Ausgrabungen dokumentierten, daß das Hauptgebäude mit dem Mosaiksaal im Mittelpunkt eine von Säulenreihen im Unter- und Obergeschoß geöffnete Fassade hatte und 140 Meter lang war. An den Ecken setzten massiv gemauerte, dreigeschossige und nur wenig vorspringende Risalite an. Daneben verband auf beiden Seiten ein Umgang noch einmal zwei weiter vorgezogene säulengeschmückte Nebenbauten mit dem Hauptgebäude, und von ihnen aus führten zwei jeweils 250 Meter lange und acht Meter breite Wandelgänge in die Landschaft. Am Ende des südwestlichen Ganges befand sich ein komfortables Badehaus mit einem 65 Quadratmeter großen Schwimmbecken, drei Bassins und Umkleide-, Ruhe- und Heizräumen. Die Gesamtanlage hatte also eine Länge von 650 Meter. Rund um das Schutzhaus des Mosaiks sind noch Grundmauern des Hauptbaus und Basen seines Säulenhofes zu sehen. Die anderen Reste verschwanden unter der heutigen Bebauung des Ortes. Auch die Kirche *St. Martin* mit romanischem Turm steht über den Resten des Palast-Nordflügels. – In einem ›*Mahlkopf*‹ genannten Hügel, einige hundert Meter zur Straße in Richtung Besch gelegen, vermuten die Archäologen die Grabstätte der römischen Familie. Die Erdkruste umhüllt einen Zylinder von 42 Meter Durchmesser. 1817 wurde der Tumulus geöffnet. Er enthielt eine gläserne Urne und ein Schwert, Grabbeigaben, die auf die keltische Herkunft der Toten schließen lassen.

Wie könnte es anders sein, Römisches fand man auch in **Besch** nahe der Mosel. Heute ist nur noch ein Pestkreuz mit Brunnen von 1616 inmitten des Dorfes sehenswert. – Im letzten Ort vor der deutsch-französischen Grenze, in **Perl**, beherrschte ein römischer Gutshof die Höhe. Ein Brandgräberfeld und Einzelfunde der Eisenzeit belegen allerdings eine Besiedlung schon 500 v. Chr. Ein Hof ›Perle‹ leistete im 12. Jahrhundert Abgaben an das Trierer Domkapitel. Das *Palais von Nell*, schräg gegenüber der Kirche, war das ehemalige Hofhaus des Kapitels. Zu ihm gehörte ein Brunnen. Neben ihm steht seit 1700 eine dem heiligen Quirinus geweihte *Kapelle* (auf dem Altar eine gute Figur des Heiligen und andere aus dem 18. Jh.). Zu ihr pilgerten früher Gläubige. – Das umorientierte Gotteshaus *St. Gervasius und Protasius* von 1753 besteht aus romanischem Turm, gotischem Chor, einem Saal von 1716 und einer Erweiterung durch einen neuen Altarraum von 1928. Er ist mit vorzüglichen Barockfiguren ausgestattet (besonders beachtenswert die bekrönte Muttergottes mit Kind auf dem Marienaltar links und der heilige Sebastian auf dem gleichnamigen Altar rechts).

Obwohl hier nur die deutsche Moselstrecke beschrieben wird, sollte der Reisende nicht nur diese Route befahren, sondern über die eine oder andere Brücke zwischen der Bundesrepublik und Luxemburg hin und her wechseln. Er sollte, nein, er muß wegen des Vergnügens auch die luxemburgische ›route du vin‹ oder die ›Waistrooß‹, wie sie auf letzeburgisch heißt, benutzen. Die Straße ist mit beiden Bezeichnungen ausgeschildert, und das verrät sogleich etwas von den Eigentümlichkeiten des Landstrichs am linken Ufer des Flusses. Trotz gemeinsamer Geschichte, Namensverwandtschaften der Bevölkerung und der historischen Ausstrahlung der Moselmetropole Trier taucht der Besucher in eine andere Lebensatmosphäre ein, als sie in den Gebieten am rechten Ufer zu finden ist. So spiegeln zum Beispiel Politik, Kultur und Presse eine französisch-deutsche Zweisprachigkeit. In Verwaltung,

Justiz (und im Parlament zu Luxemburg) und teilweise im Schulwesen genießt aber das Französische gewissen Vorrang. Seit 1983 ist jedoch das Letzeburgische die Nationalsprache. Es gehört zu den westfränkischen Idiomen, hat eine eigene Grammatik und eine eigene Literatur, und da es das originäre sprachliche Ausdrucksmittel der Menschen ist, hat es zur Entwicklung einer luxemburgischen Identität und des Nationalgefühls wesentlich beigetragen. Es wird nun zunehmend auch im Schriftverkehr benutzt.

Solche Verhältnisse bewirken, daß eben auch die Straßen der Städtchen französische und letzeburgische Namen tragen. Die Einheimischen reden französisch, deutsch und letzeburgisch durcheinander und benutzen selbst in einem Satz manchmal Worte so, so oder so. Auch Hausbau, Wohnungseinrichtungen, Kleidung und dazugehörige Accessoires, Schaufensterdekorationen, Werbung und selbstverständlich Küche und Keller, vor allem die der Restaurants, sind stark französisch beeinflußt. Der Weinbau unterscheidet sich ebenfalls von dem auf der deutschen Seite (s. Kapitel ›Von Winzern und Wein‹). Bevorzugt wird der Rivaner, ein milder, trockner Riesling-Sylvaner, nicht der Elbling. Neben diesen beiden gibt es noch fünf andere Sorten (von denen dem rassigen Riesling die Krone gebührt) und außerdem einen trockenen, eleganten Schaumwein. Ein staatliches Weinbauinstitut in Remich zeichnet auserlesene Weine (Cru classé = Qualitätswachstum, Premier Cru = erstes Wachstum, Gran Cru = großes Wachstum) mit einer Marke, einer Schleife am Flaschenhals aus, die den Druck einer stilisierten Traube mit Landschaft trägt.

Die luxemburgische Weinstraße entlang der Mosel beginnt in **Wasserbillig,** und der für Wanderer gelb ausgeschilderte Moselhöhenweg ebenfalls (bis Schengen 54 km). Das Städtchen an der Mündung der Sauer war als römischer Hafen- und Umschlagplatz Biliacum schon im 1. Jahrhundert bekannt. In der Sauer entdeckte man vor ungefähr zwanzig Jahren die Fundamente einer Brücke aus dieser Zeit, und ungefähr vier Kilometer nordwestlich, bei Lellig, findet man die Grundmauern einer Säule, die der von Igel geglichen haben muß. Heute ist das 2300 Einwohner zählende Wasserbillig ein wichtiger Straßen- und Eisenbahnknotenpunkt mit Grenzübergang nach Trier. Eine Fähre setzt nach Oberbillig über. Der barocke Hochaltar der Pfarrkirche stammt übrigens aus Bernkastel. – Neben ihr beginnt die Straße durch das idyllische Sauertal nach dem 21 Kilometer nördlich liegenden **Echternach.** Seine Pfarrkirche St. Peter, über den Fundamenten eines römischen Kastells errichtet, mit merowingischer Krypta, die vielfach und intensiv in den Moselraum wirkende Benediktiner-Abtei mit der romanischen Basilika und dem Tombeau des heiligen Willibrord (gest. 739), das alte Stadthaus, die Ruine eines wiederum römischen Palastes, die Springprozession an jedem Pfingstdienstag machen einen Abstecher dorthin empfehlenswert.

Weiter moselaufwärts entstand bei **Mertert** im Zuge der Flußregulierung von 1963–66 ein Hafen mit einem 800 Meter langen, 80 Meter breiten und fünf Meter tiefen Becken, mit 72 000 Quadratmeter Lagerfläche und acht Kilometer Eisenbahngleisen. Die Anlage öffnet der luxemburgischen Industrie den Zugang zu den großen internationalen Schiffahrtswegen. – Hauptort eines Kantons ist mit 3000 Bürgern das Weinbauzentrum **Grevenmacher.** Hier wurde 1921 die älteste Genossenschaftskellerei Luxemburgs gegründet, und die Firma Bernard Massard unterhält hier ebenfalls seit 1921 ihre weithin bekannte Sektkellerei (bei beiden Besichtigungen möglich). Zudem findet jeden Donnerstag nach Ostern ein Weinmarkt und am zweiten Wochenende im September ein Traubenfest mit folkloristischem Umzug statt. – Luxemburger Grafen ließen den Ort wegen Grenzstreitigkeiten mit Trier im 12. Jahrhundert befestigen. Truppen Ludwigs des XIV. schleiften die Bastionen, aber Reste von ihnen überdauerten dennoch die Zeiten. So umfaßt die klassizistische *Kirche* am Markt einen klobigen Wachtturm. Innen bricht die Orgelempore seine Mauern auf. Trotz mancherlei Kriegsnöte sind an den Häusern in den schmalen Gassen (Abb. 96) noch Renaissance-Dekor oder unter den Überbauten des 19. Jahrhunderts auch die Architekturformen dieser Zeit zu erkennen. Kriegerische Ereignisse führten auch den österreichischen Kaiser Joseph II., Napoleon und Goethe sogar zweimal nach Grevenmacher. Das jetzt rekonstruierte römische Grabdenkmal am *Grevenmacherberg* (3 km westlich an der Straße nach der Hauptstadt Luxemburg bei Potaschberg) hat der Dichter allerdings noch nicht wie die Igeler Säule bewundern können.

Über die berühmteste und umfassendste Lage von 360 Hektar an der ›route du vin‹ verfügt der nächste größere Ort in Richtung Süden: **Wormeldange** mit seinem ›Köpfchen‹. Hier wächst, auf Muschelkalkboden und vom Sonneneinfallswinkel begünstigt, ein vorzüglicher Riesling. – Den Weinbau regelrecht studieren kann der Tourist jedoch in **Ehnen.** In einem stattlichen, der Mosel zugekehrtem Winzerhaus befindet sich ein *Museum* (Gerätschaften zu Weinbauarbeiten und Weinherstellung, ein Eichamt, eine Küferei und eine Schmiede). Winzer aus Ehnen und der Umgebung statteten es aus. Ein Musterweinberg führt alle üblichen Rebsorten vor Augen, und um auch der Zunge Genüge zu tun, kredenzt der Wächter, im Eintrittspreis einbegriffen, ein Glas des guten Tropfens. Ehnen ist ein malerisches Dorf mit engen Gassen. Es war im 13. Jahrhundert Eigentum des Domkapitels in Trier. Eine frühgotische *Kirche* wurde 1826 in einen imposanten Kuppelbau umgewandelt. Der romanische Turm blieb erhalten. Er und das ›Casino‹, ein turmartiges Renaissance-Haus, und eine Fußgängerbrücke über einen der Mosel zufließenden Bach gelten als die ältesten Bauten.

In **Stadtbredimus** überquerte um 50 v. Chr. eine Brücke der Kelten die Mosel. Die Römer legten, früher als die noch bestehende in Trier, eine zweite als Verbindung zur Hauptstraße Trier – Metz an. Das stark veränderte Schloß ist heute Sitz der Vereinigten Winzergenossenschaften ›Vinsmoselle‹.

Hauptort des zweiten Kantons an der Mosel ist **Remich** (2300 Einwohner), das römische Remacum. In einer Schlacht im hier weiten Tal zerstörten die Normannen 882 den Ort, nachdem sie Trier eroberten und niedergebrannt hatten. Bei diesen Kämpfen fiel Bischof Wala von Metz. Gegen Metz wiederum schlossen Erzbischof Balduin (1324) von Trier und König Johann von Böhmen, beide Luxemburger, in Remich ein Bündnis. Aber auch später ließen in kriegerischen Verwicklungen fremde Truppen – Franzosen, Spanier, Niederländer, zuletzt Deutsche – den Ort nicht ungeschoren. Eine Burg wurde 1687 geschleift. Von einem 1619 erbauten Schloß kennt man noch die Lage. Im Mittelalter war Remich der Mittelpunkt einer Vogtei, und von den Mauern aus dieser Zeit bestehen noch das *Nikolas-Portal* am Ufer unterhalb der neuen Brücke (Abb. 95) und einige Türme. Ein romanischer

Wachtturm ist auf römischen Fundamenten in die Dekanatskirche von 1817 einbezogen (römisches Mauerwerk am Turm gut auszumachen).

Das Remich unserer Tage ist ein Touristenplatz par excellence. Wenn es auch die Lastzüge von Saarbrücken nach Luxemburg ziemlich lärmend durchfahren, läßt sich hier jedoch gut spazierengehen. Seine Straßen laufen parallel zur Mosel. Am Hang aufsteigende Gassen oder schmale Treppen zwischen den mit Gemüse, Beerensträuchern und Obstbäumen bepflanzten Hausterrassen verbinden sie. Wappen und Steinkreuze schmücken Fassaden. Die *Esplanade*, ein kilometerlanger Park entlang der Mosel, lädt zum Flanieren ein. Das Ufer verlockt auch zum Angeln. Jeder darf ohne besondere Erlaubnis seine Köder auswerfen. (Daß es viele tun, beweisen einige auf Angelbedarf spezialisierte Geschäfte.) Die Restaurants bieten u. a. einen Fisch-Leckerbissen an – friture de moselle, kleine in Öl gebratene Rotaugen und Blinker. Selbstverständlich steht die Hotellerie der Gastronomie nicht nach.

Zuletzt sei auch noch auf die Umgebung Remichs hingewiesen. Eine Rundfahrt etwa Bous – Dalheim – Waldbredimus – Trintange – Canach – Steg – Lenningen – Greiveldange auf kleinen Straßen und danach auf der N 10 zurück nach Remich lohnt sich. In *Dalheim*, zehn Kilometer westlich von Remich, fanden Ausgräber 1850–53 in einem antiken Ruinenfeld wertvolle Götterstatuen. Damals kannte man aber noch nicht die ursprüngliche Funktion dieser Stätte. Heute kennt man sie. Sie war die auf mittelalterlichen Kopien einer römischen Straßenkarte verzeichnete Station Ricciacus an den Fernwegen Trier – Metz und Lyon – Aachen. Seit 1977 untersuchen die Archäologen das 25 Hektar große Areal systematisch. Bisher konnten sie erstaunliche Funde bergen: Pferdegeschirr, Töpferöfen, Münzen und vieles andere mehr. Weitere Entdeckungen sind zu erwarten.

In *Waldbredimus* steht eine Kirche von 1460 mit einem gotischen Retabel und in *Lennig* ein 967 zuerst erwähntes Gotteshaus. Diese Sehenswürdigkeiten sollten jedoch nicht allein diesen Abstecher veranlassen, sondern vielmehr die ausnehmend schöne, gewellte Landschaft des Gutland genannten Gebietes mit Waldstücken, Bachauen und stillen Dörfern in Obstgärten. Außerdem – von Remich sind es nur 22 Kilometer bis zur Hauptstadt Luxemburg! Sie ist eine der interessantesten, lebendigsten Metropolen Europas und der Sitz wichtiger Institutionen der Europäischen Gemeinschaft.

Zur mittelalterlichen Vogtei, dem sogenannten *Hof Remich*, gehörten auch die nun südlich folgenden Nachbarorte. **Bech-Kleinmacher** erreicht man über eine Moselpromenade. Die *route du vin* berührt dagegen den Fuß der Berge. Die Sehenswürdigkeit dieses Dorfes ist das private *Folklore- und Weinmuseum A. Possen* in einem 350 Jahre alten, baulich kaum veränderten Winzerhaus. Seine Zimmer – Rauchküche, Stube, Schlafzimmer, Milchkammer – sind mit Möbeln ausgestattet, die das frühere Wohnmilieu veranschaulichen. Eine Spielzeugsammlung und eine Kollektion von Weingläsern und Weinverarbeitungsgeräten ergänzen die erwähnten Exponate. – Der Name **Schwebsange** taucht in den Papieren der Trierer Abtei St. Maximin schon 893 als Winzerort auf. Einige, mehrere hundert Jahre alte Keller bezeugen die Tradition, und beim traditionellen Weinfest am ersten Sonntag im September fließt aus dem Brunnen vor der Kirche statt Wasser kostenloser Wein. – In einem Geländeeinschnitt liegt **Wintrange**. Hier erbaute ein de Musset um 1600 ein beachtliches

Renaissance-Schloß. – Zwischen Wintrange und Remerschen, dem nächsten Ort, entstand durch Kiesbaggerei eine urtümliche Teichlandschaft. Die Weiher ziehen zahlreiche Wasservogelarten an, und zwischen den Wasserflächen wachsen seltene Pflanzen. Die Aue wurde zum Naturschutzgebiet erklärt. In **Remerschen** dürfte Wein schon zur Römerzeit angebaut worden sein. Darauf deutet ein mit Trauben verzierter Grabstein hin. Die Kirche ließ das Trierer Stift St. Irmin 1766 erbauen. 1783 versah der seinerzeit angesehene Maler Ignatius Millin ihr Inneres mit Fresken. Vom Friedhof aus legte der Pfarrer im 19. Jahrhundert einen Kreuzweg in die Weinberge an. – In **Schengen** schließlich endet die Waistrooß. Es ist der letzte luxemburgische Ort am Dreiländereck. Am *Stromberg* am südlichen Rand verläuft die französische Grenze, und eine Brücke überspannt die Mosel zum deutschen Perl. Im 14. Jahrhundert sicherte eine Wasserburg in Schengen das Tal. Von ihr ist ein massiver Turm von neun Metern Durchmesser erhalten. Zwei andere Türme fielen 1812 dem Umbau zum Schloß zum Opfer. 1871 weilte hier der berühmte französische Schriftsteller Victor Hugo zu Gast. Er zeichnete jenen Turm und widmete das Blatt der damaligen Schloßherrin Madame Collart.

In Lothringen – von Sierck-les-Bains nach Metz

Der Autoreisende passiert die Grenze zu Frankreich in Perl-Apach sozusagen am Ufer der Mosel. Die deutsche Bundesstraße 419 begleitete den Fluß und die französische Route Nationale 153, ihre Fortsetzung, folgt ihm ebenfalls, wenn sie auch nicht alle Windungen seines Laufes nachvollzieht, sondern die Strecke geradewegs verkürzt. Die Bogen fangen bei **Sierck-les-Bains,** dem ersten größeren lothringischen Ort, an. Hier durchbricht die Mosel eine fast 400 Meter hohe Sandsteinbarriere. Auf ihrem westlichen Berg gedeihen Wein und Obst, der östliche war einst befestigt. Zuerst unterhielten die Römer hier ihr Circum Castellum. Von diesem erhielt Sierck seinen Namen. Dann erbaute im 12. Jahrhundert der erste lothringische Herzog Gérard d'Alsace eine Burg; während der Kämpfe des Dreißigjährigen Krieges zerstörte diese der französische Feldherr Condé. 1661 kam der Ort an Frankreich. Vauban errichtete die *Zitadelle* in vergrößerter Form neu. Dann 1673 wieder Verwüstungen, 1705 noch einmal Ausbau, 1714 wiederum demoliert, 1733 wieder aufgebaut und 1866 endlich aufgegeben. Dieses ständige Auf und Ab deutet an, daß an dieser strategisch wichtigen Stelle vielfältige politische Interessen aufeinandertrafen: die des Herzogtums Lothringen und die des Kurfürstentums Trier, die der Bischöfe von Trier und Metz, die von Frankreich und Deutschland. So gehörte die Burg einmal den lothringischen Herzögen, der Ort zu ihren Füßen jedoch den Kurfürsten von Trier. Ein Reichsgrafengeschlecht nannte sich ›von Sierck‹, obwohl es nur Besitzungen in der Umgebung, aber nicht im Ort selbst hatte. Der in der Trierer Liebfrauenkirche bestattete Erzbischof Jakob von Sierck war ein Mitglied dieser Familie. Auch im letzten Krieg erlitt Sierck beträchtliche Schäden. Von der ehemaligen Festung stehen noch Reste von Verteidigungsmauern, Bastionen und einer Kaserne des 18. Jahrhunderts, vor allem aber drei Stockwerke des Batterieturms von Vauban. Das sich vom Ufer den Hang des Burgberges hinaufziehende Städtchen zählt 1600 Einwohner und ist als Sommerfrische beliebt. Seine Gäste schätzen Lage und anheimelnde Atmosphäre, die Häuser der Renaissance und des Barock, Torturm und Hexenturm der früheren Ummauerung, ein ehemaliges Franziskanerkloster und die spätgotische Kirche schaffen.

Nach dem Felsriegel wird das Tal der Mosel weit. Auffällig viele über hundert Jahre alte Bildstöcke säumen die Wege. Aber auch die modernste Technik setzt Zeichen. Das *Kernkraftwerk Cattenom* türmt sich am Rand der Auenlandschaften auf.

Die moderne Zeit prägte auch **Thionville**. Neben Arbeitersiedlungen, Hochhäusern und Verwaltungsbauten können sich die Zeugen der Vergangenheit nur mühsam behaupten. Thionville mit seinen 44000 Einwohnern ist ein Zentrum des lothringischen Eisen- und Stahlreviers (ein anderes liegt bei Nancy). Lagerstätten im Becken zwischen Longwy und Briey westlich der Stadt liefern seit dem letzten Drittel des 19. Jahrhunderts sogenannte Minette (= kleines Erz) mit einem Eisengehalt von nur 30–40 Prozent und hohem Phosphorgehalt. Nach der Erfindung des Thomasverfahrens, das dem Rohstoff den Phosphor und andere Fremdstoffe entzieht, lohnte sich die Verhüttung. Heute verarbeiten automatisierte Stahlwerke mit Warm- und Kaltwalzstraßen das Erz zu Blech, Draht, Rohren und Baustählen. Die Mineralreserven betragen rund 10 Millionen Tonnen. Doch die Region hat Probleme. Die sich verbessernden Transportmöglichkeiten erlaubten Importe von qualitätvolleren und aufgrund leichterer Förderungsbedingungen auch billigeren Erzen mit 60 Prozent Gehalt, so daß sich die Produktion allmählich an die Nordseeküste verlagerte. Die weltweite Stahlkrise verschärft die Probleme zusätzlich. Man versucht sie durch Ansiedlung und Förderung anderer Wirtschaftszweige wie Maschinenbau, Chemie, Feinmechanik und Elektroindustrie zu mildern und alsbald endgültig zu lösen.

Wenn der Reisende auf der N 153 in Thionville einfährt, kommt er auf die Brücke über die Mosel und danach direkt ins alte Zentrum der Stadt mit den wichtigsten Sehenswürdigkeiten. An der Uferstraße kann er den *Tour aux Puces,* den Flohturm, nicht übersehen, einen Quaderbau auf vierzehneckigem Grundriß mit römischem und romanischem Mauerwerk und Fensteröffnungen aus dieser Zeit, der Gotik und Renaissance. Sein Ursprung ist ungewiß. Manche sehen in ihm die vielfach veränderte Kapelle der Pfalz des Kaisers Ludwig des Frommen (778–840), obwohl das unwahrscheinlich ist. Immerhin, Thionville erstand aus Ruinen des im 9. Jahrhundert zerstörten fränkischen Hofguts von 751 und der ehemaligen Pfalz Theodonis villa. Karl der Große hielt sich oft hier auf. Seine zweite Frau starb hier, und hier verkündete er auch auf einer Reichsversammlung 806 die Teilung des Reiches unter seine Söhne. Sie kam freilich erst später zustande, weil bei seinem Tode 816 nur noch ein erbberechtigter Sohn lebte. Seine Nachfolger fühlten sich in dieser Residenz ebenfalls wohl. So heiratete Lothar, der Sohn Ludwigs des Frommen, in ihr eine Tochter des Grafen von Elsaß. Außerdem veranstaltete er hier auch 841 und 848 Reichsversammlungen. Seit dem 14. Jahrhundert gehörte die Stadt nacheinander den Herrscherhäusern von Lothringen, Burgund, Luxemburg, den Habsburgern und schließlich Frankreich, und der Flohturm ist wahrscheinlich eher ein Teil des Schlosses des luxemburgischen Ve. waltungsbeamten aus dem 13. Jahrhundert als der einer Pfalz aus dem 9. Jahrhundert. Reste dieses *Schlosses* (jetzt Städtisches Museum, geöffnet Juli und August), erkennbar an gotischen Bauteilen (Tor mit Wappen, Portale, Dreipaßdekorationen an den Wänden, Treppenturm), um einen Hof schließen an den Flohturm an. Durch das Wappentor geht man zum *Markt.* An einer Seite begrenzen ihn Häuser des 16. und 17. Jahrhunderts mit Lauben, in denen ansehnliche Geschäfte ihre Waren, zum Beispiel Pralinen und Feingebäck, Schmuck, Haushaltsartikel und modische Kleidung anbieten. Durch die Rue du Pont und die Rue de la Tour erreicht man die Kirche *St. Maximin* von 1755–60 mit klassizistischer Zweiturmfassade, vierjochigem Innenraum und eindrucksvollen ionischen Säulen. Über dem Altartisch ein eleganter, goldverbrämter und von Engeln besetzter Baldachin. – Wendet man sich nun wieder dem Fluß zu, so fällt wiederum ein Gebäude mit Arkaden und Zwerchhäusern auf dem Dach ins Auge. Es ist das *Hôtel de Ville*, ehemals Klarissinnenkloster von 1695. Am Ufer selbst wurden Befestigungen Vaubans zur Promenade umgewandelt. 400 Jahre lang war Thionville nämlich luxemburgische und dann französische Festung und nach dem Ersten Weltkrieg Stützpunkt der Maginotlinie. *Fort Guentrange*, einen Kilometer westlich, von den Deutschen Ende des 19. Jahrhunderts erbaut, und vor allem *Fort Hackenberg*, 20 Kilometer östlich auf einer Anhöhe im Wald von Veckring gelegen, sind noch zu besichtigen. Hackenberg, zur Beherrschung der Moselniederung zu Anfang der dreißiger Jahre installiert, kostete 300 Millionen Franc. Zehn Kilometer lange Gänge verbinden 19 Anlagen auf einer 160 Hektar großen Fläche. In den Kasematten lebten 1200 Soldaten. In den Bunkern lagerten 500000 Granaten, vier Dieselaggregate lieferten Strom, der einen 10000 Einwohner zählenden Ort hätte versorgen können. Im unterirdischen Labyrinth verkehrte eine Elektrobahn, die heute noch die Besucher zur Besichtigung befördert (deutschsprachige Führung zwischen April und Oktober Sa und So 14 Uhr, Dauer drei Stunden). Alle Anlagen sind intakt, sie werden von der Vereinigung ›Amifort‹ unterhalten.

Von Thionville aus führt die in der Stadt Luxemburg beginnende Autobahn A 31 im Moseltal weiter nach Süden. Nach etwa 15 Kilometern schließen die A 4 nach Reims, Paris und die A 32 nach Saarbrücken und weiter nach Ludwigshafen/Mannheim an, und bei St. Avold zweigt von der A 32 die A 34 nach Straßburg ab. Die Autobahn an der Mosel begleiten rechts und links zwei Nationalstraßen. Von der einen und den anderen aus gewinnt man einen unmittelbaren Eindruck von der alten und neuen Industrialisierung des Gebietes. Schließlich erreicht man alsbald **Metz**. Es ist die Hauptstadt des Département Moselle und mit 118000 Einwohnern die größte Kommune Lothringens. Es beherbergt zahlreiche Landesbehörden, eine Universität, mehrere Fachschulen, das Europäische Institut für Ökologie, das Lothringische Landestheater. Es ist Sitz der 6. Militärregion und einer großen Garnison und besitzt am kanalisierten Fluß einen wichtigen Getreide-Binnenhafen. Seit alters verkehrsgünstig gelegen und als größter heutiger Straßen- und Eisenbahnknotenpunkt Ostfrankreichs war und ist es mit einer internationalen Messe ein bedeutender Handelsplatz für die Industrieprodukte aus der Ballungszone der Umgebung und für landwirtschaftliche Erzeugnisse wie Getreide, Wein, Obst und Fleisch. Außerdem ist es das größte Einkaufszentrum Lothringens.

Metz gilt fälschlicherweise als düsterer, die Fremden abweisender Ort. Wie kamen solche Vorurteile zustande? Jeder unvoreingenommene Besucher erkennt schon bald, daß dem nicht so ist. Im Gegenteil: Straßen, Gassen, Plätze und an ihnen unzählige historische Bauten schaffen, nicht nur als Kunstdenkmäler, sondern auch als Kulisse gegenwärtigen Lebens, eindrucksvoll eine eigenartige Atmosphäre. Sie entbehrt sogar manchmal der Romantik nicht, dann nämlich, wenn in der Dämmerung ein rosa-violetter Schein wie indirektes Licht zwischen die Häuserfluchten fällt. Zu diesem Fluidum trägt wesentlich auch die Lage der Stadt bei. Sie breitet sich auf einer Höhe am rechten Moselufer, auf deren Hang und in der Niederung aus. Durch sie windet sich der Fluß, verzweigt sich in Seitenarme, Altwässer und Kanäle, und hier mündet in ihn die Seille.

Auf dem Bergrücken lag der Hauptort des keltischen Stammes der Mediomatriker mit einer Burg. 52 v. Chr. eroberten ihn die Römer. Sie entwickelten ihn im Schutz der Sümpfe zur regelrechten, mit Mauern umfriedeten Stadt und nannten diese Mettes. Aus dieser Zeit ist ein erster Bischof mit Namen Clemens bezeugt. Der Legende nach fing er mit seiner Stola einen im Amphitheater hausenden Drachen und ertränkte ihn in der Mosel. Daraufhin ließen sich viele Heiden zum christlichen Glauben bekehren. 451 zerstörten die Hunnen das blühende Gemeinwesen. Seine Ruinen besetzten die Franken. Könige ihres Geschlechts der Merowinger erkoren Metz im 6. Jahrhundert zur Residenz ihres Teilreiches Austrasien. Während ihrer von Machtkämpfen und Bruderkriegen gekennzeichneten Herrschaft erlebte die Stadt oft Glanz und Elend. So entfaltete zum Beispiel Brunhilde (550–613) nach der Ermordung ihres Gatten Sigibert I. (575) und dem Tod ihres Sohnes Childibert II. in ihrer Regierungszeit ein prachtvolles Hofleben, bis Clothar II. (König des anderen merowingischen Teilreiches Neustrien) sie mit Hilfe des Adels besiegte und zu Tode schleifen ließ. An diesen Intrigen war auch der Hausmeier Arnulf beteiligt. Er wurde 614 Bischof von Metz. Da sein Sohn eine Tochter des mächtigen Pippin heiratete, wurde er auch Stammvater der Pippiniden und letztlich der Karolinger (Pippin III. war der Vater Karls des Großen). Sein Nachfolger Chrodegang (742–766) war auch der zweite Erzbischof des karolingischen Reiches nach Bonifatius in Mainz. Schließlich wurde auch noch der jüngste illegitime Sohn Karls des Großen, Drogo, durch Ludwig dem Frommen von 823–855 Metzer Erzbischof. Die Ernennung solcher Persönlichkeiten von Rang zeigt an, welche Bedeutung die Karolinger der Stadt Metz beimaßen. Die Verbundenheit mit ihr dokumentierten die Karolinger noch einmal durch die Wahl von St. Arnulf zu ihrer Grabeskirche. In der Kirche des von Arnulf erneuerten und 1552 völlig zerstörten und seitdem verschwundenen Klosters ruhten seine Gebeine, die zweier Schwestern und zweier Töchter Karls des Großen, die seiner in Thionville verstorbenen Gattin Hildegardis und die seiner Söhne Ludwig der Fromme und Drogo. Auch unter den Ottonen (10.–11. Jh.) saßen Verwandte des Kaiserhauses oder andere Mitglieder der Reichsaristokratie auf dem Bischofsstuhl von Metz. Ein Bischof war beispielsweise der Neffe Ottos I., ein anderer der Schwager Heinrichs II.

Kirchenfürsten übten damals auch die weltliche Gewalt aus. Durch die Ausbildung neuer Wirtschaftsformen in Handel und Gewerbe gewann aber auch die Stadt einen gewissen Wohlstand. Er und die Vermehrung der Bevölkerung verlangten nach Selbstverwaltung. Patrizierfamilien schufen eine neue Regierungsstruktur. Sie drängten die Macht der Kirchenfürsten zurück, so daß sich diese nach dem 15 Kilometer entfernten Vic-sur-Seille zurückzogen. Die sogenannten Paraigen regierten von 1234–1542 sogar über einen Landstrich, die ›Pays Messin‹ rings um die Stadt. Metz wurde freie Reichsstadt. Auf Reichstagen in Metz und Nürnberg verkündete Karl IV. 1356 die ›Goldene Bulle‹, ein Gesetz, das die Wahl der Kaiser durch Kurfürsten regelte. Während der Reformation bekannten sich viele Paraigen zum evangelischen Glauben. Da sie Angriffe auf ihre Unabhängigkeit fürchteten, riefen sie den König von Frankreich zu Hilfe. Seine Truppen besetzten 1552 jedoch ohne Umschweife die Stadt. Ihr Kommandant, der Herzog von Guise, ließ sogleich die Viertel vor den Mauern abreißen, um bessere Verteidigungsmöglichkeiten zu schaffen. Karl V., der Metz zurückerobern wollte, belagerte es, mußte aber unverrichteter Dinge wieder abziehen. Mit der Zugehörigkeit zum Reich war es vorbei. Die Paraigen verloren alle Macht. Der König setzte einen Gouverneur ein. 1556–62, 1670 und 1728 wurden Befestigungen gebaut, die Stadt im Laufe des 18. Jahrhunderts umgestaltet.

Die Revolution veränderte wie überall die Verhältnisse. Napoleon kam und ließ eine Zitadelle schleifen. Aber 1830 wurden ihre Bastionen erneuert. Alsdann verstärkten 1867 erst französische Forts die Festung Metz noch einmal, nach ihrem Fall im Deutsch-Französischen Krieg 1870/71 ergänzten sie deutsche Fortifikationen ein anderes Mal. Metz kam an Deutschland und wurde Hauptstadt des besetzten Teiles von Lothringen, nahm teil am wirtschaftlichen Aufschwung um die Jahrhundertwende und dehnte sich aus. Doch nach dem Ersten Weltkrieg übernahm wieder Frankreich die Stadt. 1940 eroberten sie die Deutschen abermals, und 1944 befreiten sie schließlich die Amerikaner. Auf ehemaligem Festungsgelände entstanden Wohnviertel. Heute deutet ein Gürtel von Hochhäusern und Gewerbegebieten um das alte Zentrum die gegenwärtige Bedeutung der lothringischen Kapitale an.

Einen einigermaßen gültigen Eindruck von einer Stadt mit solch bewegter Vergangenheit erwirbt der Besucher selbstverständlich nicht in wenigen Stunden. Die Stadtviertel sind nicht nach ihrem Alter sorgsam voneinander getrennt. Sie sind übereinander und ineinander verwachsen. Ein oder zwei, vielleicht drei Übernachtungen sind vonnöten. Da die meisten Hotels in der Nähe des Hauptbahnhofs am südlichen Rand der Altstadt liegen, beginnt man seine Rundgänge meist vor der Tür seiner Unterkunft mit der Betrachtung der Zeugnisse einer jüngeren historischen Epoche. In der Gegend hinterließ die wilhelminische Ära einige beachtliche Beispiele ihres inzwischen angesehenen historisierenden Stils. Sicherlich in allerhöchstem Auftrag auf Repräsentation bedacht, erbaute J. Kröger 1905–08 den *Bahnhof* in rotem Vogesensandstein und 1911 die *Hauptpost* dem Bahnhof gegenüber in neoromanischem Stil mit Anklängen an mittelalterliche Burgen. Am Place Raimond Mondon schuf Oberthür 1906 die der Renaissance nachempfunde *Chambre de Commerce*. Diesen Platz berührt die Avenue Foch. Nachdem Wilhelm II. die Wälle einebnen ließ, und ein Baurat Wahn den Plan einer Stadterweiterung entwarf, entstanden hier am Ende des letzten und Anfang dieses Jahrhunderts nach Berliner Vorbild in der Art der Zeit reich dekorierte, jetzt denkmalswürdige Wohnhäuser für Großbürger. Außerdem ist an der Straße auch noch ein von wildem Wein überwucherter Turm der mittelalterlichen Befestigung von 1437, nach einem Geschützgießer *Tour Camoufle* genannt, erhalten. – Wendet man sich dann von dort nach Nordwesten, dem Bezirk der ehemaligen Zitadelle zu, kommt man an der *Porte Serpenois* von 1851 vorbei. Sie steht an der Stelle eines römischen Stadttores und kündigt so an, daß der Reisende nun in mehrfacher Hinsicht geschichtsträchtigen Boden betritt. Zunächst stößt er wieder auf Jüngeres, auf das *Palais du Gouverneur Militaire*, des General-

MOSELLA   FLU

METZ.

MOSELLA

Port denfar

Bast. S. Pierre

Bast. Lufer

La Citadelle

Bast. Real

Bast. Champ.

Le Suliser

Mar aux Oheaus

Palais

Place de change

Le Champ a Seille

Seille Fl.

Port a Masselle

FLVVLVS

Comet: de Iuff

Cemetier de la Religõ

Port S. Barbe

1. S. Eftienne.Cath.
2. S. Pierre
3. S. Pierre le Vieil.
4. Chap de Lorrain.
5. N.D. la Ronde.
6. S. Sauueur.
7. S. Thiebaulte.
8. S. Arnold.
9. S. Vincent.
10. S. Clements.
11. S. Symphorien.
12. S. Gloßinde.
13. S. Pierre.
14. S. Marie.
15. les Celeftins.
16. les Capucins.

17. les Minimes.
18. les Augustins.
19. les Carmes.
20. les Recollects.
21. les f.d. Clericux.
22. les Precherefis.
23. les Recollectes.
24. La Maddaleine.
25. S. Claire.
26. L.hofp. S. Nicol.
27. L.hofp. S. Iaque.
28. la Trinite.
29. S. Eloy.
30. S. Reinette.
31. S. Michiel.
32. S. Genoy.

33. S. Croix.
34. S. Victoire.
35. S. Leuier.
36. S. George.
37. S. Marcelle.
38. S. Martin.
39. S. Eftiene.
40. S. Mammin.
41. S. Simplice.
42. S. Euturie.
43. S. Gegould.
44. S. Segolene.
45. S. Gergone.
46. S. Ian et Vic.
47. Temple.
48. L.Euefche.

Metz, 1645. Kupferstich von Matthäus Merian

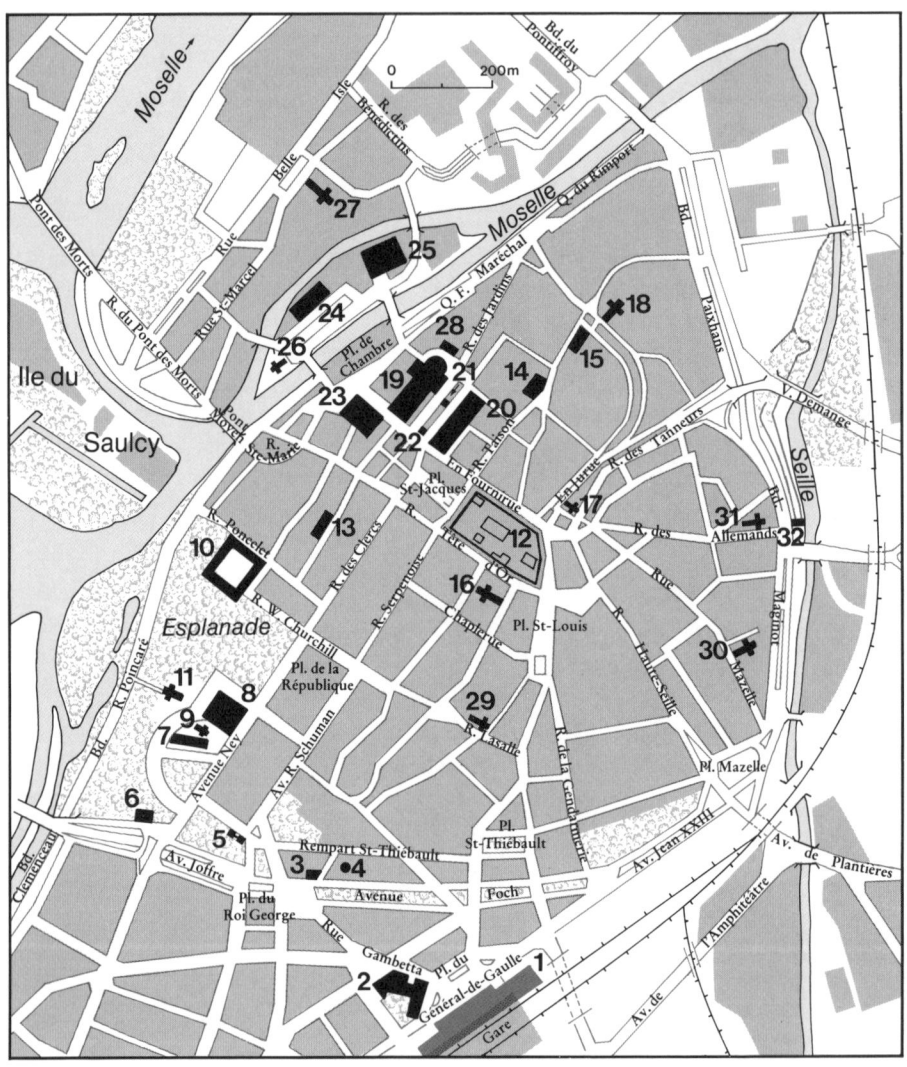

Metz   1 Bahnhof   2 Post   3 Chambre de Commerce   4 Tour Camoufle   5 Porte Serpenois   6 Palais du Gouverneur Militaire   7 Magazin   8 Arsenal   9 Templerkapelle   10 Palais de Justice   11 Saint-Pierre-aux-Nonnains   12 Centre Saint-Jacques   13 Hôtel de Gargan   14 Hôtel de la Bulette   15 Hôtel Saint-Livier   16 Notre-Dame   17 Saint-Genasius   18 Saintere-Ségolène   19 Saint-Étienne   20 Hôtel de Ville   21 Corps du Garde   22 Parlament   23 Markthalle (ehem. Bischofsresidenz)   24 Theater   25 Präfektur   26 Evang. Kirche   27 Saint-Vincent   28 Städtisches Museum   29 Saint-Martin   30 Saint-Maximin   31 Saint-Eucaire   32 Porte des Allemands

kommandos von 1902–04 (Neorenaissance deutscher Prägung), doch in seinem Garten sind römische und mittelalterliche Mauern der Stadtumwehrung zu sehen. – Versteckt zwischen einem *Magazin* des 16. Jahrhunderts und fast erdrückt vom *Arsenal* (1864) und einer Pionierkaserne von 1854 (am Eingang Place de la Republique Trophäenreliefs) findet man dann die *Templerkapelle*, einziger Rest einer Niederlassung des Ordens. Das kleine Oktogon mit angesetztem Chorquadrat, um 1180 erbaut, ist rein romanisch und von seltener Originalität. – Nach ein paar hundert Schritten erreicht der Besucher die *Esplanade*. Dieser weiträumige Promenadenplatz wurde im 18. Jahrhundert im Zuge der Neugestaltung der Stadt angelegt. Er endet an einer Balustrade über der Mosel und bietet von dort aus ein großartiges Panorama der von Wiesen, Büschen, Bäumen und anderen Anpflanzungen grünen Niederung bis zum Mont Saint-Quentin am Horizont. Den Park bevölkern die Metzer Bürger besonders gern an Sommerabenden, wenn mittwochs, samstags und sonntags zwischen 21 und 22 Uhr phantasievoll beleuchtete Wasserspiele auf der Halbinsel unterhalb der Böschung stattfinden (vom 1.7.–15.9.). Die Esplanade kann als Garten-Parterre des *Palais de Justice* gelten (Farbt. 30). Die honiggelb leuchtenden, imposanten und klar gegliederten drei Trakte um einen Ehrenhof wurden im letzten Viertel des 18. Jahrhunderts nach Plänen von Clairisseaux als Gouverneurspalast errichtet. In der Revolution war er Volkseigentum und Verwaltungssitz des Moseldepartements. Reliefs in den Giebelfeldern der Risalite, Mars und Minerva darstellend, und die Allegorien über dem mit steinernen Rüstungen und Trophäen geschmückten Tor schuf Le Masson. Die ausgewogenen Maße des Bauwerks beeindrucken besonders im Innenhof. An der Moselseite des Palais schließt der *Jardin Bouffleres* an die Esplanade an. Dieser Garten mit seinen spätbarocken Vasen bestand allerdings schon vor der Anlage des 18. Jahrhunderts, nämlich seit 1668. – Während der Justizpalast klassizistischen Stil dokumentiert, exemplifiziert ein Bau – zumindest in ursprünglichem Zustand – ein wenig abseits am anderen Rand der Esplanade die wahre Antike. Es ist *Saint-Pierre-aux-Nonnains* oder *St. Peter auf der Zitadelle*. Das Gotteshaus war zuerst eine spätrömische, an die Basilika in Trier erinnernde Aula mit Apsis. Ein fränkischer Herzog stiftete am Anfang des 7. Jahrhunderts dort ein Nonnenkloster, und der Raum wurde in dessen Kirche umgewandelt. Statt der Apsis schloß nun eine Wand den Kubus ab, und kalksteinerne Ornamentschranken (einmalige Beispiele merowingischer Kunst, jetzt im Stadtmuseum) teilten einen Chor ab. Etwa 370 Jahre später riß man die oberen Lagen des römischen Mauerwerks ab und veränderte den Saal durch das Einfügen von Pfeilerarkaden, Hochwänden und Obergaden in eine dreischiffige ottonische Basilika. Zudem versah man diese mit einem Narthex einschließlich Empore. Um 1200 fiel dieser Vorbau. Die Fensteröffnungen in der heutigen Außenfassade sind die von der Galerie zum Mittelschiff (Abb. 101). Ein Ende des 15. Jahrhunderts eingezogenes Gewölbe, im südlichen Seitenschiff noch erhalten, gestaltete die romanische Kirche zur spätgotischen Halle um. 1561 fiel das Kloster dem Bau der Zitadelle zum Opfer. Das Militär nutzte die profanierte Kirche für allerlei Zwecke bis zum Ende des 19. Jahrhunderts. 1942 rettete sie die deutsche Denkmalpflege vor dem gänzlichen Zerfall. Gegenwärtig und wohl noch mehrere Jahre lang wird das zu den ältesten diesseits der Alpen zählende Gotteshaus restauriert.

In den an die Esplanade und an die Place de la Republique (großer Parkplatz) angrenzenden Straßen, einige davon Fußgängerzonen, beginnt das Geschäftszentrum der Stadt. Inmitten des Gassengewirrs nimmt das *Centre Saint-Jacques* eine große Fläche ein. Es ist ein moderner Basar in mehreren Etagen mit Arkadenhöfen und breiten Passagen mit Läden und Verkaufsständen aller Branchen, mit Hotels, Restaurants und Cafés. Das lebendige Viertel birgt aber auch viele Sehenswürdigkeiten aus manchem Zeitalter der Stadtgeschichte. Beim Schlendern entdeckt man eine Reihe bemerkenswerter Häuser, zum Beispiel in der En Nexirue das *Hôtel de Gargan* aus dem 16. Jahrhundert (Nr. 9) und ein Jugendstilhaus (Nr. 5), in der Fournirue ein Haus mit Treppenturm und Fassadenschmuck von 1529 (Nr. 51) am Place Sainte-Croix das *Hôtel de la Bulette* vom Ende des 14. Jahrhunderts (Nr. 1), vor allem aber das *Hôtel Saint-Livier* in der Rue des Trinitaires, eine Paraigen-Stadtburg vom Ende des 12. Jahrhunderts mit Anbauten aus dem 13., 16. und 17. Jahrhundert.

Aber auch einige Kirchen verdienen Aufmerksamkeit, so *Notre-Dame* in der Rue de la Chèvre, eine 1739 vollendete Jesuitenkirche mit einer von Pilastern gegliederten dreitürigen Barockfassade. In der Revolution versammelte sich in ihr der Klub der Jakobiner. Gegenüber wurde vor ein paar Jahren die Kapelle eines Patrizierhauses aus dem 13. Jahrhundert freigelegt. – In der En Jurue ist die profanierte Kapelle *St. Genasius*, ursprünglich 12. Jahrhundert, spätgotisch verändert, mit einem spätromanischen Geschlechterturm verbunden. Unweit des Hôtels Saint-Livier kaschiert die neogotische Doppelturmfassade des Stadtbaumeisters M. Wahn (1896–98) den Kern von *Sainte-Ségolène* aus dem 13. Jahrhundert. Chor, Nebenchöre und drei Joche stammen aus dieser, Querhaus und zwei Joche aus wilhelminischer Zeit. Alt sind auch die Fenster in der nördlichen Apsis (13.–15. Jh.), die Fresken im nördlichen Seitenschiff (14.–15. Jh.) und die Reliefs der Bischöfe Remigius und Léger sowie zweier Märtyrerheiliger (15. Jh.).

Bedeutendstes Baudenkmal der Stadt ist die Kathedrale *Saint-Étienne*. Sie überragt alle Dächer und beherrscht das Stadtbild. Oft taucht bei den Spaziergängen ein Teil von ihr am

Metz, L'Hotel Saint-Livier, 1575. Detail eines Holzschnittes von de Belleforest

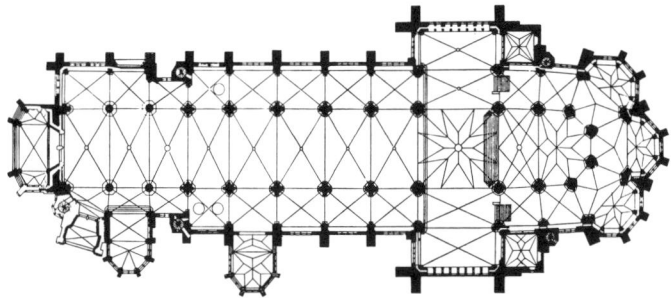

Metz, Kathedrale,
Grundriß

Ende einer Straße, die Häuserflucht abschließend, auf (Abb. 97, 100). Wenn man dann auf die Place d'Armes kommt, erblickt man die Südfront in ihrer ganzen Monumentalität: eine Masse gelben Steines aus den Brüchen von Jamont nordwestlich von Metz, aufgeschnitten von riesigen Fenstern, von Strebepfeilern modelliert, von Fialen und Wimpergen verfeinert und mit Flächen grünpatinierter Kupferdächer ergänzt (Farbt. 28). Das Gotteshaus hat eine lange, sonderbare Geschichte. Im 5. Jahrhundert bestand an gleicher Stelle eine St. Stephan geweihte Gebetsstätte. Im 6. Jahrhundert erneuert, ließ Bischof Chrodegang die Kapelle im 8. Jahrhundert völlig umgestalten. In ihr wurde Ludwig der Fromme zum Kaiser ernannt und der Enkel Karls des Großen, Karl II. der Kahle, zum König von Lotharingien gekrönt. Mehr weiß man von diesem Gotteshaus nicht, außer daß neben ihm auch eine Marienkirche lag. Erst die Grundmauern eines vom Neffen Ottos des Großen, Bischof Theoderich I., neu begonnenen und von seinem Nachfolger 1039 geweihten Doms konnte in der jetzigen Kathedrale nachgewiesen werden. Seine Krypta besteht unter dem heutigen Chor fort. Wegen der schwierigen Geländeverhältnisse war der ottonische Dom nicht genau nach Osten orientiert. Diese Abweichung beeinflußte auch die Nachfolgebauten, denn spätere Bischöfe und Domkapitel beabsichtigen mit ihnen nur Vergrößerungen dieser Kirche. So blieben von ihr Wände des Querhauses bis in die 2. Hälfte des 15. Jahrhunderts und ihr Chor bis 1503 erhalten. Bis in diese Zeit zelebrierten die Priester in ihnen die Messe. Indessen legte Bischof von Scharfenberg, Kanzler des Stauferkaisers Friedrich II., 1220 den Grundstein zur gotischen Kathedrale. Von da an bis 1522 wurde an ihr mit Unterbrechungen gearbeitet (die Veränderungen im 19. Jh. nicht berücksichtigt). Trotz dieser langen Bauzeit wurde erstaunlicherweise im ganzen ein einheitlich wirkender Stil erreicht. – Aber noch eine andere merkwürdige Eigenart ist an der Metzer Kathedrale zu beobachten. Als man begann, die quer zu ihrer Westfront gelegene Marienkirche, inzwischen einem Kollegiatstift gehörend, 1250 durch einen neuen Zentralbau zu ersetzen, einigten sich die Bauherren, die Proportionen und Formensprache der entstehenden Kathedrale auch für die neue *Notre-Dame-la-Ronde* zu übernehmen und beide Räume mit einem gemeinsamen Dach zu versehen. Eine Wand sollte jedoch beide Kirchen voneinander abteilen, und auch die Handwerker sollten unabhängig voneinander arbeiten. Die beiden Türme bezeichnen außen die Stellen, an denen sich die zwei selbständigen Gotteshäuser schließlich 1380 verbanden. Im 88,2 Meter hohen

Südturm hängt übrigens die 1605 gegossene und 10 943 Kilogramm schwere berühmte ›La Mutte‹. Die Glocke rief die Bürger zusammen, wenn Gefahr im Verzuge war. Vom nur 60 Meter hohen Kapitelturm an der Nordseite läuten außerdem fünf weitere Glocken. Innen ist der Übergang der beiden Kirchen an den Säulen erkennbar. Die vier der ersten drei Joche sind mit einem Durchmesser von 1,64 Meter schlank und gehören zu Notre-Dame-de-la-Ronde, die anderen vierzehn Rundpfeiler der restlichen fünf Joche mit aufgesetzten Diensten und Kapitellen sind drei Meter dick und rechnen zu dem Teil von Saint-Étienne, dessen Bau Pierre Perrat ungefähr 1380 vollendete. Er gilt als der Dombaumeister, obwohl er nur das Langhaus schuf. Kapellen, Querhaus und Chor folgten erst im 15. und Anfang des 16. Jahrhunderts.

Der Raumeindruck überwältigt. Unwillkürlich verliert sich der Blick, gezogen vom Rhythmus der Arkaden, in die Tiefe (123 m). Dann reißt ihn das schmale Mittelschiff (13,3 × 42 m) hoch ins lichte Gewölbe. Über die Spitzen der Bogengänge gleitet er zum Triforium, und schließlich fesseln ihn hoch oben die die Wände auflösenden Fenster. Sie füllen die Kathedrale mit glühenden Farben und bedecken eine Fläche von insgesamt 6 500 Quadratmetern. Besonders bewunderungswürdig sind das Rosenfenster der Westwand (mit Patriarchen und Propheten, Aposteln und Kreuzigung; Farbt. 29) von Meister Hermann von Münster von 1384–92, das Glasgemälde an der Stirnseite des nördlichen Querarms von Theobald von Lixheim (acht Apostel, acht Heilige, Jungfrau und Engel) von 1504 und die Fenster im südlichen Querarm und im Chor von Valentin Busch (heilige Männer und Frauen, Martyrium des Heiligen Stephan) von 1520–39. Von völlig anderer Art, nämlich modern, aber ebenfalls Kunstwerke höchsten Ranges und harmonisch eingepaßt sind die Scheiben von P. Gaudin im Obergaden des Hochschiffes (Heilige von Metz) von 1954–59, die von J. Villon (Eucharistie und Kreuzigung) in der Herz-Jesu-Kapelle von 1957, die von R. Bissiér an den Turmportalen von 1960 und die von Marc Chagall (alttestamentarische Szenen) im nördlichen Querschiff und am Anfang des nördlichen Chorumganges von 1960. – Infolge der Revolution gingen die meisten Ausstattungsstücke verloren. Eine Porphyrwanne stammt aus den römischen Thermen und diente als Taufbecken. Die von der Bevölkerung verehrte Madonna daneben ist eine Arbeit des 16. Jahrhunderts. Auch im rechten Seitenschiff ist eine gute Muttergottes von 1680 aus einer elsässischen Werkstatt zu sehen. (An den Pfeilern kaum noch lesbare Fresken des 14. und 15. Jahrhunderts.) Am Hochchor ist vor allem aber der Bischofsstuhl des hl. Clemens, der aus einer Marmorsäule der Merowingerzeit gemeißelte Thron der Metzer Bischöfe seit dem 9. Jahrhundert bis heute, ein besonderes Meisterwerk. – Einiges vom kostbaren Besitz der Kathedrale bergen das *Diözesanmuseum* in der Krypta und die *Schatzkammer* in der kleinen und großen Sakristei. Im Diözesanmuseum hängt das von den Metzern ›Graoully‹ genante Abbild des sagenhaften, von Bischof Clemens erwürgten Drachen aus Leder und Holz (es wurde früher bei Prozessionen mitgeführt). Unter anderen Exponaten sind von besonderem Interesse eine merowingische Chorschrankenplatte, vorzügliche Madonnen- und andere Figurengruppen des Mittelalters, ein Taufstein des 11. Jahrhunderts, ein karolingischer Tischaltar des 9. Jahrhunderts und ein beschädigter Apostelzug vom Liebfrauenportal. Von den Exponaten der

Schatzkammer sind hervorzuheben der Ring des Bischofs Arnulf aus dem 4. Jahrhundert, die als ›Mantel Karls des Großen‹ bezeichnete, wahrscheinlich staufische oder byzantinische bestickte Purpurseide aus dem 13. Jahrhundert, Bischofsstäbe aus dem 10. und 13. Jahrhundert und eine Nachbildung der Reiterstatuette Karls des Großen (Original im Louvre in Paris), die Karl der Kahle zum Gedenken an seinen Vorfahren in Metz gießen ließ.

Bevor sich der Besucher der Umgebung des Doms zuwendet, sollte er noch die vier Portale der Kirche näher betrachten. In der Vorhalle des Liebfrauenportals (1240–50; Abb. 98) an der Südfront sind aus der Bauzeit im Tympanon der in drei Zonen dargestellte Tod und die Krönung der Maria, an einer Seite Geißelung, Kreuztragung und Kreuzigung und am Schwibbogen die Skulpturen des Kain, Abel und zweier Jungfrauen erhalten. Alle anderen Plastiken wurden während der übrigens gelungenen Restaurierungsarbeiten am Ende des letzten Jahrhunderts ergänzt. Zu diesen Erneuerungen zählt auch das Portal an der Westfront. Es kopiert burgundischen Stil, doch scheute sich der Bildhauer Dujardin nicht, der Figur des Daniel die Züge Wilhelms II. zu verleihen. Dujardin arbeitete auch am Stephansportal des Kapitelturmes an der Nordseite. Einige Szenen des Stephansreliefs (Predigt, Krankenheilung, Grablegung) schuf aber ein unbekannter Künstler im 14. Jahrhundert. Das bedeutendste Tor ist jedoch das ehemals in Notre-Dame-de-la-Ronde führende Portal an derselben Seite. In seiner Sockelzone zeigen die Relieffelder über denen steinerner Draperien zum einen Kompositionen aus Rautenornamenten und Tiergestalten, Fabelwesen, Engel, Kampf-und Jagdszenen (Abb. 99) und zum anderen Begebenheiten aus dem Leben Davids, des hl. Stephan und der hl. Margarete.

Metz, Hôtel de Ville, 14. Jh. Stich von Claude Chastillon

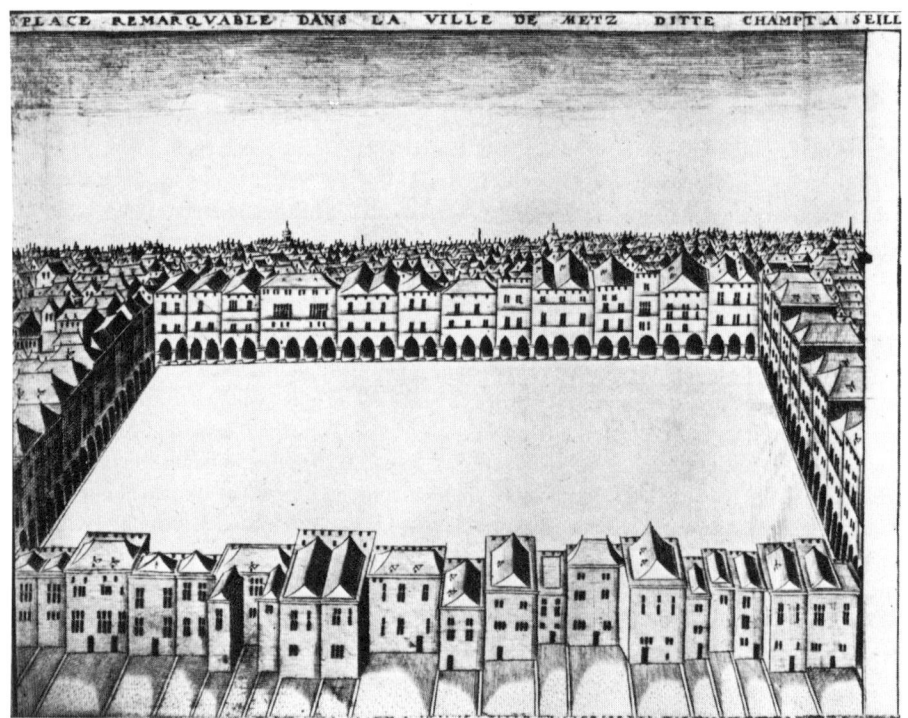

Metz, Le Champ à Seille. Stich von Claude Chastillon

St. Étienne war bis zum 18. Jahrhundert eng umbaut. Im Zuge der neuen Stadtgestaltung unter den Gouverneuren des französischen Königs durch Jacques François Blondel wurden anlehnende Kapellen, Palais und ein Kreuzgang abgerissen, und der heutige *Place d'Armes* entstand in den Maßen 125 × 50 Meter mit dem 100 Meter breiten, zweieinhalbgeschossigen *Hôtel de Ville* (innen Treppe mit Allegorien der Justitia und Veritas), dem 30 Meter breiten *Corps du Garde* und dem *Parlament*. Ein Denkmal des Marschalls Fabert (1841) und zwei Trophäenpfeiler, Reste einer Balustrade, geben dem Platz Akzente. – Südwestlich des neogotischen Domportals begann Blondel 1782 die Bischofsresidenz zu errichten. Aber gerade als das Untergeschoß fertiggestellt war, brach die Revolution aus, und die Arbeiten wurden eingestellt. Heute dient die Dreiflügelanlage als *Markthalle*. Allerdings konnte noch die von einer Balustrade gesäumte Plattform vollendet werden, die Bischofssitz und Kathedrale verbinden sollte. – Blondel wollte auch die Häuser am heutigen *Place de Chambre* unterhalb dieser Platte abreißen (Bürgerwohnungen des 17. und 18. Jh. mit schönen Fassaden). Sie störten die Verbindung zur *Place de la Comédie* und zur *Place de la Préfecture* auf der Moselinsel *Saulcy*. Das *Theater* hatte J. Oger 1738–49 und die *Präfektur* 1738–44 aufgeführt.

Zusammen mit anderen Gebäuden bilden sie ein geschlossenes klassisches Bauensemble in dieser zu Spaziergängen einladenden Gegend zwischen den Flußarmen. Ganz in der Nähe, an der Südwestspitze dieser von alten Bäumen bestandenen Insel, erbaute Wahn 1901–04 auch die rheinisch-neoromanische protestantische *Kirche*. Sie paßt freilich wenig zu Blondels stadtplanerischen Ideen. Die Benediktinerklosterkirche *Saint-Vincent* auf der weiter zum Hauptarm des Flusses hin liegenden größeren Insel *Chambière* paßt ebensowenig dazu. Sie erhielt zwar ungefähr zur gleichen Zeit, von 1768–86, eine imposante, renaissanceartige Westfassade, ist aber gotisch im reinsten Stil (was man an der Chorpartie mit zwei Flankentürmen sieht) und geht im Grundriß auf eine ottonische Basilika zurück, die Bischof Theoderich im 10. Jahrhundert über seiner Grablege erbauen ließ.

Am Rand dieses Viertels gerät man übrigens in eine unverdorbene Auenlandschaft, begehbar auf Fußpfaden, und es ist schon erstaunlich, daß man inmitten der Großstadt auf ein solches Stück Natur stößt. Hier überquert die schwere alte *Totenbrücke (Pont des Morts)* den Fluß. Auf dem Rückweg zum Stadtzentrum bietet dann Metz wohl seine großartigste Ansicht dar: Vom Wasser aus staffeln sich über- und hintereinander Häuser auf, und über ihnen ragt honigfarben die mächtige Kathedrale in ihrer ganzen Größe in den Himmel. Ein einziger Blick umfaßt so gleichsam Geschichte und Gegenwart.

Geschichte in mannigfacher Art spiegelt das *Städtische Museum* in der Nähe des Domes (Rue du Haut-Poirier). Unter ihm lagen der römische Statthalterpalast und die Thermen. Es fügt die Ausgrabungen, zwei ehemalige Klöster und einen mittelalterlichen Kornspeicher zu einem Komplex zusammen. Korridore und Treppen verbinden über 70 Räume, und in jedem von ihnen ist die Ausstellung der Sammlungsstücke, faszinierend inszeniert. Die Kollektion vereinigt eine Fülle von Werken aller Epochen, angefangen von solchen des Altertums bis zu Gemälden von Maquet, Manessier, Braque und Picasso. Hervorgehoben seien die römische Bäderanlage, wunderbare antike Gläser, eine seltene Onyxvase, ein Mithrasheiligtum, die merowingischen Chorschrankenreliefs (Abb. 102) aus der Kirche St. Peter auf der Zitadelle, eine Elfenbeintafel von einem bischöflichen Evangeliar aus dem 10. Jahrhundert, die Sakralplastiken des 14. bis 16. Jahrhunderts unter den Arkaden des Kornspeichers und die Rekonstruktion von Fassaden mittelalterlicher Metzer Häuser im Hof.

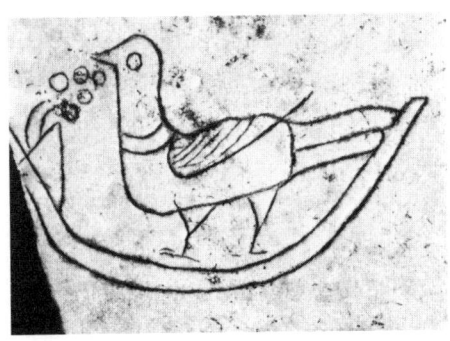

Metz, Detail von einem frühchristlichen Grab
(4. Jh.) im Stadtmuseum

Nach den Rundgängen durch die der Mosel zugewandten Stadtviertel durchstreifen wir nun kreuz und quer die Quartiere nahe der Seille. Wieder vom Hauptbahnhof aus überquert man in nördlicher Richtung die Avenue Foch und gelangt in die Gassen. Sie strahlen mit ihren Läden, Werkstätten, kleinen Handwerksbetrieben, Bistros, den ein wenig verwohnten Häusern von Kleinbürgern eine nostalgische Atmosphäre aus. Aber es gibt in ihnen auch manch beachtliches Bauwerk zu entdecken. Da ist zuerst die *Place Saint-Louis* (Abb. 103); eine gleichmäßige Front von Häusern aus dem 14. bis 18. Jahrhundertt (manchmal mit waagerechtem Fassadenabschluß und Zinnen, manchmal mit Treppengiebeln und Mansarddächern) wird von einem Laubengang im Erdgeschoß geöffnet. Die Sämereien- und Blumen-, Lebensmittel-, Textil- und Lederwarengeschäfte sind zwar nicht so elegant wie die in der Fußgängerzone der Rue Serpenoise, doch besonders nachmittags muten das Leben und Treiben ungewohnt südländisch an. Das mittelalterliche Metz sah im allgemeinen so wie dieser Platz aus.

Ein anderes beachtliches Architekturdenkmal ist *Saint-Martin* in der Rue Lassalle. Chor und Südwand ruhen auf römischem Mauerwerk. Es ist neben dem Portal (oben St. Martin-Gruppe, 15. Jh.) sichtbar. Der Bau entstand zu Anfang des 13. Jahrhunderts mit einer zweijochigen Vorhalle, deren Bündelpfeiler eine Empore tragen. Darauf folgte das basilikale Langhaus. Auf Säulen mit Knospenkapitellen setzen Spitzbögen an. Darüber scheint ein Blend-Triforium aus Bogenarkaden auf Säulen mit Laubkapitellen die Wand aufzulösen, bis wiederum darüberliegende Fenstergruppen die Wand tatsächlich durchbrechen. Der Chor ist auf 1506 datiert. Im Südarm des Querhauses befinden sich Glasgemälde von Heiligen des 16. und im Nordarm solche des 15. Jahrhunderts mit Szenen aus dem Leben Mariens; dort auch der Epitaph einer Patrizierfamilie mit zwei Reliefs. Das eine zeigt eine seltene Darstellung der Gottesmutter im Wochenbett, das andere einen mit Vorhängen geschlossenen Raum, womit die nicht abbildbare Menschwerdung Christi symbolisiert werden soll.

Auch in der Rue Mazelle umschließen Häuser ein Gotteshaus: Das mit einem Barockportal in der Mitte und zwei Seitenportalen (1872) versehene *Saint Maximin* wurde schon 944 in einer Urkunde genannt. Die gegenwärtige Kirche ist aber erst um 1200 erbaut und im 15. Jahrhundert verändert worden. Trotz gotischem Gewölbe und ebensolchen Fenstern im Obergaden vermitteln Langhaus, Vierung und Chor noch den Eindruck des romanischen Raums. Auf eigenartige Weise trennen von einer Mittelsäule gehaltene Schwibbögen die Kapelle der Familie Gournay im südlichen Querhaus vom übrigen Kirchenschiff ab. Ihr schönes Sterngewölbe stammt ebenfalls aus dem 15. Jahrhundert. Ein interessantes Schriftepitaph ist jedoch mit 1365 bezeichnet. Die Kapelle Saint-Sacrament im südlichen Seitenschiff schmückt eine polychrome Madonna des 16. Jahrhunderts. Doch erst die Fenster in Chor und Querhauskapelle von Jean Cocteau (1962–75) verleihen mit ihrem dominierenden Blau dem Ganzen einen belebenden Hauch von Farbigkeit. – Ebenso alt ist auch *Saint Eucaire* in der Rue des Allemands. Der hl. Eucharius, erster Bischof von Trier, gab der Kirche ihren Namen. Turm, Krypta und Portalschmuck der Westfassade verblieben vom romanischen Bau des 12. Jahrhunderts, Lang-, Querhaus und Chor entstammen dem 14. und die Kapellenanbauten, die Orgelempore und das spätgotische rechte Portal dem

16. Jahrhundert. Am linken Pfeiler des Vorchores bildet ein Fresko den ersten Metzer Bischof, Clemens, ab (1523). In der St. Blasius-Kapelle im nördlichen Seitenschiff gedenkt ein Epitaph mit der Figur der hl. Veronica der Patrizierfamilie Daix. Diese Plastik und die Pietà, ebenfalls dort, schuf ein Meister um 1440.

Am Ostende der Straße, jenseits des Boulevard Maginot, überspannt die *Porte des Allemands* die Seille (Farbt. 31). Das düster-drohende Bollwerk wurde nach einer 1552 abgerissenen Deutschordenskomturei benannt. Seine beiden stadtwärts gelegenen Türme entstanden schon 1230. Stadtbaumeister de Rancoval gliederte ihnen 1445 die leicht ausgeschwungene Brücke an und versah sie an der einen Seite mit Auslugen und auf der anderen Seite mit einem Laubengang. In dessen Räumen war die Besatzung einquartiert. Stadtbaumeister Daix vollendete dann die Befestigung 1526–29 mit einer von zwei zinnengekrönten Geschütztürmen flankierten Bastion. Kein anderes Monument zwischen Mosel und Seille dokumentiert heute noch so eindrucksvoll die Macht und den Freiheitswillen des mittelalterlichen Metz.

Wege nach Toul

Die Römer versorgten im 1. Jahrhundert ihr Mettis mit Wasser aus der Gegend von Gorze. Etwa zehn Kilometer südwestlich von Metz überquerte ein über einen Kilometer langer Aquädukt die Mosel. Der Reisende, der dem Fluß weiter bergwärts folgt, stößt auf dessen Ruinen entweder in **Jouy-aux-Arches** an der N 57 oder in **Ars-sur-Moselle** an der D 6, vorausgesetzt, daß er nicht auf der A 31 von Stadt zu Stadt eilt. In Jouy kann er die Leistung der römischen Ingenieure an 18 Pfeilern mit fast 20 Meter hohen Bögen bestaunen, und in Ars am anderen Ufer reichen elf Pfeiler mit sieben Bögen bis an die Straße (Farbt. 39). Sie führten das lebensnotwendige Naß in zwei Leitungen in Verteilerbecken. An den Hängen auf beiden Seiten wurden sie freigelegt.

Nach **Gorze** fährt man von Ancy-sur-Moselle südlich von Ars auf einer Straße durch eine anmutige Wiesen- und Waldlandschaft. In dem von Wäldern umgebenen stillen Städtchen kann man sich dessen mehrere hundert Jahre andauernde große Zeit nicht mehr vorstellen. Der Metzer Bischof Chrodegang gründete hier um 750 eine *Benediktinerabtei.* Schon damals besiedelte sie andere Klöster am Oberrhein. Viele Stiftungen und die Zuneigung der Karolinger verschafften ihr Reichtum, doch mit dem Wohlstand lockerten sich die Klostersitten. 939 kam es zur Neugründung und zu neuer Blüte. Eine rege Bautätigkeit begann. Mauern sicherten die Gebäude. Fischteiche, Volieren zur Vogelzucht, Mühlen, eine Saline und Werkstätten wurden eingerichtet. Ein solcher Musterbetrieb förderte Landwirtschaft und Handwerk in weitem Umkreis. Otto der Große entsandte 953 den Mönch Johannes in hochpolitischer Mission zum Kalifen von Córdoba. Zum ersten Mal nach Karl dem Großen begegneten sich Christentum und Islam wieder friedlich. Die Unkosten des Botschafters trug die Abtei. Von ihr ging auch eine Reformbewegung aus. Sie verbreitete die althergebrachten strengen Regeln des Mönchslebens abermals und wirkte bis Trier, Regensburg, Bamberg und Fulda. 170 Konvente schlossen sich ihr an. Im 11. Jahrhundert war das reichsunmittelbare Gorze ein Kulturfaktor ersten Ranges und im 12. und 13. Jahrhundert sogar der Hauptort eines selbständigen Territoriums. In den Händeln zwischen französischem König und Metz, den lothringischen Herzögen und den französischen Herrschern oder in der Reformation konnte jedoch die Abtei ihre Bedeutung nicht mehr behaupten. Sie brannte überdies aus. Nach Umwandlung in ein Kanonikerstift 1580 riß man 1609 die Reste ab und verschleuderte ihre Besitztümer. Nur die Laienkirche blieb erhalten. 1661 übernahm Frankreich die ›Terre de Gorze‹ endgültig. Der Abt blieb allerdings bis zur Revolution sein eigener Herr mit eingeschränkter Souveränität. Sie repräsentiert heute noch ein 1696 errichtetes Dreiflügelpalais. Eine Durchfahrt öffnet die Breitfront zu einem ebenmäßigen Ehrenhof. Die Seitentrakte stoßen an eine Treppenanlage zum Park. Mythologische Reliefs, Figuren in Nischen und Sphinxe dekorieren sie reizvoll. Jene Laienkirche dient heute als Pfarrkirche *Saint-Pierre-et-Saint-Paul.* Von außen sieht die kreuzförmige Basilika aus, als hätte der Baumeister um 1170 die Kuben des Hauptschiffes, der Nebenschiffe, das Querhaus und die Polygone von drei Apsiden dem beherrschenden Vierungsturm angesetzt und untergeordnet. Strebepfeiler, Rundbogen und Lanzettfenster, Rosen im Lang- und Querhaus, Zwillingsfenster unter der späteren Schweifhaube des Turmes akzentuieren sparsam die Blockformen der Architekturglieder in romanischer Manier. Plastiken zieren nur die beiden kleinen Portale zum nördlichen Seitenschiff (Westportal 1910). Im Tympanon des einen Portals thront die von Engeln und einem Stifterpaar begleitete Gottesmutter. Das andere ist eine ikonographische Seltenheit. Christus, ein Seliger, ein Verdammter, zwei Teufel und zwei posauneblasende Engel, mehr nicht, stellen das Jüngste Gericht ungewöhnlich kurz und bündig dar (Abb. 107).

Im Innern des Gotteshauses wird deutlich, wie gotische Stilelemente anfangen, die romanischen abzulösen. St. Peter und Paul gilt als die früheste gotische Kirche der Region Metz. Im noch romanisch empfundenen Raum zeichnet sich die Gotik schon mit den Spitzbögen

Pont-à-Mousson, 16. Jh. Kupferstich von Adam Perelle

auf Säulen mit Blatt- und Knospenkapitellen (Abb. 105), mit den kreuzförmigen Vierungs-pfeilern und im Chor mit 7/12-Schluß und Figurenkonsolen ab. Unter den unbedeutenden Ausstattungsstücken aus dem 19. Jahrhundert fallen eine mit Szenen aus Heiligenleben hervorragend bemalte Täfelung (1747) und eine Kreuzigung mit einem realistisch ausgebil-deten Corpus auf (1764). Ein ebenso qualitätvolles Doppelkreuz (17. Jh.) steht auf dem Kirchplatz.

Ebenfalls ein wenig abseits von der Mosel, südwestlich von Pagny-sur-Moselle, aber mit einem weiten Ausblick auf das Flußtal, liegen auf einer steilen Höhe die Ruine und das Dorf **Preny**. Bevor die lothringischen Herzöge Nancy als Residenz wählten, saßen sie auf der *Burg Preny*. Mit dem Kampfruf ›Preny‹ zogen ihre Söldner ins Gefecht. Im 11. Jahrhundert erbaut, oft berannt, aber bis ins 16. Jahrhundert hinein immer wieder und schließlich zur größten Veste der Lothringer verstärkt, war sie anfangs ein Bollwerk des Herzoghauses gegen die konkurrierenden Grafen von Bar und gegen die Bischöfe von Metz. Französische Truppen zerstörten die Burg erst 1636 auf Befehl Richelieus. Ein riesiger, fünfeckiger Don-jon mit Sälen im Erd- und im ersten Obergeschoß, Rundtürme, ein Tor und andere Reste, starke Mauern bis hinunter in die Obstgärten des Dorfes vermitteln selbst in ihrem jetzigen Zustand den Eindruck von gewaltiger Stärke.

Die Grafen von Bar und zugleich von Mousson besaßen auf einem anderen Berg am gegenüberliegenden Ufer weiter südlich eine Burg. Vor ihnen hatten die Römer und die Merowinger diesen strategisch wichtigen Punkt genutzt. Im Schutze ihrer Fortifikation und an einer seit dem 11. Jahrhundert bestehenden Moselbrücke legten die Grafen im 13. Jahr-hundert die Ansiedlung **Pont-à-Mousson** an. Nach der Vereinigung der Grafschft Bar-le-Duc mit dem Herzogtum Lothringen vergrößerten dessen Fürsten den Ort auf der linken Flußseite. Eisen- und Stahlwerke an der Peripherie ermuntern den Touristen zunächst nicht zu einem Besuch. Überwindet er jedoch seine Abneigung vor der Industrie, erwartet ihn eine angenehm geschäftige Stadt. Sie trägt durchaus noch Züge ihrer Vergangenheit. Den Kern bildet die große dreieckige *Place Duroc*. Den Platz umsäumen Häuser mit Laubengän-gen aus dem 16. bis 18. Jahrhundert. Balkons, Rocailleornamente, Medaillons schmücken sie. Laster symbolisierende Karyatiden gaben einem den Namen ›*Haus der Sieben Todsün-den*‹ (Ende 16. Jh.). Im ›*Chateau d'amour*‹ quartierte sich der herzogliche Hof bei Besuchen ein. Den Platz beherrscht jedoch das klassizistische *Rathaus* des Architekten Mique (1788–91) aus Nancy. Zwei Adler halten eine Uhr. Auf den Schenkeln des Giebels sitzen Allegorien des Handels und Verkehrs, und im Giebelfeld versinnbildlicht eine stattliche, von den Figuren ›Krieg‹ und ›Frieden‹ flankierte weibliche Gestalt die Stadt. Kriege haben Pont-à-Mousson mehrfach heimgesucht. So lag es 1870/71, 1914–18 und 1944 in der Front-linie. – Hinter dem Rathaus überragt der im ›Barockstil‹ des 19. Jahrhunderts aufgestockte Turm von *Saint-Laurent* die Dächer. Chor und Querhaus der Kirche wurden in der 1. Hälfte des 16. Jahrhunderts erbaut, der Westteil folgte um die Wende zum 17. Jahrhun-dert, wurde jedoch von 1892–95 im ursprünglichen Stil erneuert und verlängert. Der spätgo-tische Raum bewahrt zwei bedeutende Kunstwerke aus der Kapelle des inzwischen ver-schwundenen Klarissinnenklosters. Philippine von Geldern, Witwe des Herzogs René II.,

94 NENNIG Fußbodenmosaik einer römischen Villa, 2. Jh.

◁ 93 Die Mosel bei Wincheringen

95 REMICH Porte St-Nicolas   96 GREVENMACHER Gasse in der Altstadt

97 METZ Kathedrale St-Étienne

98 METZ Kathedrale St-Étienne, Liebfrauenportal

99 METZ Kathedrale St-Étienne, Westportal, Sockelrelief, 13. Jh.

100 METZ Kathedrale St-Étienne

101 METZ St-Pierre-aux-Nonnais, 10. Jh.

102 METZ Städtisches Museum, merowingisches Chorschrankenrelief

103 METZ Place St-Louis

104 METZ Antoniter-Speicher, 15. Jh.

105 GORZE Abteikirche, Pfeiler, 12. Jh.

106 PONT-À-MOUSSON St-Martin, Portal-
gewände, 15. Jh.

107 GORZE Abteikirche, ›Jüngstes Gericht‹ am Tympanon eines Portals, 12. Jh.

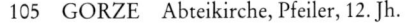

109, 110 LIVERDUN Doppelkreuz und Tor zum Pfarrhaus
108 PONT-À-MOUSSON St-Martin, 14. und 15. Jh.
111, 112 LIVERDUN Ornament am Pfarrhaustor und Obertor

113   TOUL   Kathedrale St-Étienne, Fassade, 15. Jh.

114, 115   TOUL   Kathedrale St-Étienne, Bischofsthron (13. Jh.) und Renaissancekapelle, 1532

116, 117   TOUL   St-Gengoult, Portal (14. Jh.) und Muttergottes, 14. Jh.

118   TOUL   St-Gengoult, Kreuzgang, 16. Jh.

119 NANCY Triumphbogen, 18. Jh.

120 NANCY Standbild des Herzogs Stanislas
Leszcynski, 1831

121 NANCY Rathaus-Giebel, 18. Jh.

122, 123   NANCY   Palais du Gouvernement, 18. Jh.

124   NANCY   Porte de la Craffe, 14. Jh.

125   NANCY   Kathedrale, Fassade, 18. Jh.

126 NANCY Herzogliches Schloß, Portal La Porterie, 16. Jh.

127 LUNÉVILLE   Schloß, 18. Jh.

128 ÉPINAL   St-Maurice, Turm, 11. Jh.

129 Schloß HAROUÉ, 18. Jh.

130, 131 REMIREMONT Notre-Dame, Madonna (15. Jh.) und Madonna, 11. Jh.

132 REMIREMONT Rue Charles-de-Gaulle

die sich nach dem Tod ihres Gatten in die Nonnengemeinschaft zurückzog, stiftete sie. 1530 entstand in der Werkstatt des damals im Lande angesehenen Bildhauers Ligier Richier aus St. Mihiel der lebensgroße kreuztragende Christus. Auf 1543 wird das flämische Retabel aus Antwerpen datiert. Der Schrein stellt plastische, die Flügel gemalte Szenen aus dem Marienleben und der Passion Christi dar. Bemerkenswert ist auch ein Vesperbild von 1402 in einer Nische des 18. Jahrhunderts.

Die Place Duroc verengt sich an der Ostseite und eine kurze Straße führt zur Brücke. Jenseits spiegelt sich *Saint-Martin*, die 1335 geweihte und 1474 fertiggestellte Kirche einer Antoniterabtei, im Wasser (Abb. 108). Mit der Umwandlung des Klosters in eine Jesuitenuniversität 1572 übernahm dieser Orden das Gotteshaus. Türme auf quadratischem Grundriß, bekrönt von achteckigen Maßwerkkränzen, rahmen eine zurückspringende Fassade mit prächtigem Portal (Figuren 1860 erneuert), Fenstern und Fensterrose ein. Das vierjochige Langhaus, das schmale Querschiff und der dreijochige Chor mit zwei Nebenchören bilden einen wohlproportionierten Innenraum. Triforium, Obergaden und Chorfenster nehmen die Lanzettformen der Scheidbögen zwischen den Pfeilern auf und sublimieren die Harmonie. Aus den Pfeilern streben grazile Dienste auf und schwingen in den Rippen des Gewölbes zusammen. Die Jesuiten modifizierten die Chöre (um den Hochaltar Gemälde von J. Durand und Heilige des Ordens über ihnen) und funktionierten den gotischen Lettner, in seiner Feinheit eine bewundernswerte Arbeit, zur Orgelempore um. Aus ihrer Zeit stammen auch die reich ausgestatteten Kapellen (in einer Kapelle die ein wenig bäuerliche, sogenante ›Jungfrau der Studenten‹) und die Kanzel. Aber damit beeinflußten sie die Raumwirkung kaum. Von der früheren Ausstattung findet man noch zwei Liegefiguren, die eines betenden Ritters im Kettenhemd und die der Prinzessin Bonne de Bar. Beide sind in einer Nische im linken Seitenschiff vereinigt, gehören aber weder in den Größenverhältnissen noch zeitlich zusammen. Der Ritter ist eine Arbeit des 14. Jahrhunderts und die Figur der Prinzessin eine des 15. Jahrhunderts. Aus dem 15. Jahrhundert stammt auch der kostbarste Kunstschatz der Kirche, die Grablegung Christi im rechten Seitenschiff: Josef von Arimathäa und Nikodemus hüllen den Körper ins Leichentuch; Maria, gehalten von Johannes, will mit schmerzlicher Gebärde den Toten fassen; mit ihr trauern Magdalena und Maria Salome und Maria Jakobäa. Drei Soldaten schlafen neben dem Sarkophag, während im Gewölbe acht Engel über dem Geschehen wachen. Wahrscheinlich hatte der Künstler das Grab Claus Sluters in Dijon als Vorbild vor Augen. Nachgeahmt hat er es nicht, vielmehr gingen deutlichere Impulse von seinem Werk aus. Es regte bis an den Rhein ähnliche, wenn auch in der Bewegung der Plastiken niemals wieder erreichte Darstellungen an.

Gegenüber von Saint-Martin lag die *Universität*. An ihr lehrten berühmte Männer, und etwa 2000 Studenten aus Frankreich, Deutschland, Schottland und Irland hörten an ihr Theologie, Literatur, Jura und Medizin. 1782 verlegte man sie nach Nancy. Jetzt ist in ihren Gebäuden ein Gymnasium untergebracht. Bombardements im Jahr 1944 machten allerdings eine umfassende Restaurierung nötig.

Vom Krieg gleichfalls arg beschädigt wurde die *ehemalige Prämonstratenserabtei* von 1609 am gleichen Ufer der Mosel. Der Konventbau, mit der Kirche von 1705–16 neu

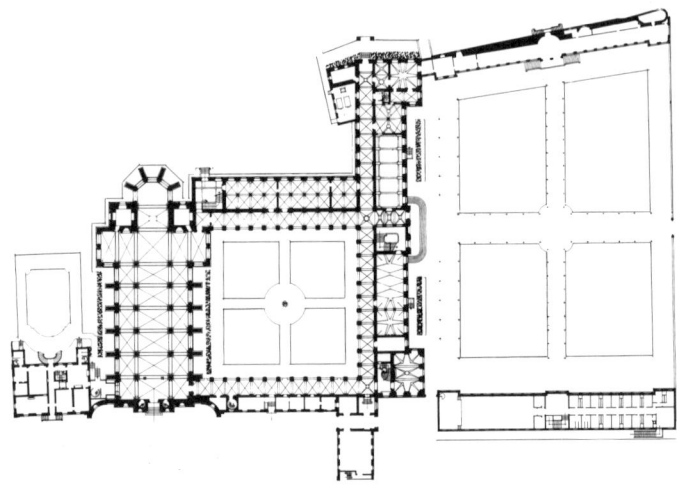

Pont-à-Mousson, Prä-
monstratenserabtei,
Anfang 18. Jh.,
Grundriß

errichtet, umstellt einen Kreuzgang und wendet sich mit zwei Trakten und dem Chor der
Kirche dem Fluß zu. Im Panorama bilden die Flankentürme ein barockes Pendant zu den
gotischen der Fassade von Saint-Martin. So wie dessen Fassade imponiert, so imponiert auf
andere Weise vom Wasser abgewandt die Abteikirche *Sainte-Marie-Majeure*. Ihr Architekt,
der Mönch Pierson, baute sie – nach oben verjüngend – in drei Geschossen auf und betonte
zunächst diese vertikale Tendenz durch Pilasterpaare, Vasen und Obeliskaufsätze. Ausge-
prägte, von Dreieck- und Segmentgiebeln beschwerte Gesimse mindern diese Betonung aber
durch ihre Horizontalen, so daß eine ausgewogene axiale Ordnung der Glieder entsteht. Das
Untergeschoß endet dagegen an beiden Seiten konkav, und diese Rundungen beleben die
geometrische Strenge durch anmutige Eleganz. Der gesamte Komplex fungiert inzwischen
als Kulturzentrum und Begegnungsstätte. Findet keine Tagung statt, ist eine Besichtigung
seiner Treppenhäuser und der als Veranstaltungssaal benutzten Kirche (schöne korinthische
Säulen) möglich.

Für die Weiterfahrt wird nicht die bis nach Richarménil führende Autobahn empfohlen,
sondern die jetzt auf das linke Moselufer wechselnde N 57. Mit **Dieulouard** berührt sie
wieder ein unansehnliches Städtchen voll historischer Bedeutung. Ursprung war ein gallo-
römisches Kastell. Aus seinen Trümmern erbaute ein Adliger im 10. Jahrhundert eine *Burg*.
Die Bischöfe von Verdun erwarben und erweiterten sie zur Sicherung ihrer Besitzungen, da
ihre Interessen in diesem Gebiet mit denen der lothringischen Herzöge, der Grafen von Bar
und der Kirchenfürsten von Metz und Toul kollidierten. 100 Meter lange und 20 Meter hohe
Mauern blieben übrig. An sie lehnten Einwohner des Ortes ihre Häuser und legten im
Ruinenkomplex Obst- und Gemüsegärten an. In einer Hütte im idyllischen Bezirk sind
gallorömische Funde gesammelt. Eine Schloßkapelle geht auf das Monasterium einer 1020
gegründete Benediktinerabtei zurück. Über der ottonischen Krypta wurde im letzten Vier-

tel des 15. Jahrhunderts eine später barockisierte *Kirche* errichtet. Jener Prämonstratenser Pierson aus Pont-à-Mousson blendete ihr 1739 ein mit einem spätgotischen Sebastiansrelief geschmücktes Portal vor. Eine bekrönte Madonna des weichen Stils (um 1430) steht auf dem neugotischen Altar des südlichen Seitenschiffs. Die Statue offenbart die Liebe zwischen Mutter und Kind besonders innig.

Von Dieulouard kann man Toul auf der N 411 direkt erreichen. Doch empfohlen sei der Umweg entlang der Mosel. Dabei kommen wir bei Pompey, wo die Meurthe mündet, noch einmal in ein Gebiet der Schwerindustrie. Ein paar Kilometer meurtheaufwärts, schon im Weichbild von Nancy, liegt am Hang des ›Grand-Couronné‹ genannten Höhenrückens **Bouxières-aux-Dames.** Der Name bezieht sich auf ein vom Adel der nahen Herzogsresidenz gefördertes Nonnenstift. Aus seinem Besitz stammt die hervorragende große Steinmadonna in der sonst belanglosen *Dorfkirche* aus dem 14. Jahrhundert. Sie variiert den Typus einmalig. Der Jesusknabe lüftet listig Marias Gürtel und betrachtet dieses Reinheitssymbol genau. Die Mutter läßt es ernsthaften Gesichts geschehen. – Zur großartigen lothringischen Plastik des Mittelalters müssen auch die Statue eines überlebensgroßen Christophorus aus dem 14. Jahrhundert, die Figur einer Sitzmadonna aus der selben Zeit und die Plastik eines St. Nikolaus aus dem 15. Jahrhundert in der Dorfkirche von **Lay-Saint-Christoph,** einem Nachbarort, gerechnet werden. Auf dem Grand-Couronné verteidigten übrigens die Franzosen 1914 die Metropole Nancy, und die Deutschen versuchten dort 1944, den Amerikanern zu widerstehen.

Doch zurück nach Pompey. Der Mosellauf knickt hier fast im rechten Winkel um und schneidet ein enges Tal ins Gelände ein. Den Platz teilen sich Fluß und Marne-Rhein-Kanal, Eisenbahn und schmale Straße. Bei **Liverdun** schnüren Felsen das Tal so ein, daß für den Kanal von 1838–42 sogar ein 500 Meter langer Tunnel in den Berg gesprengt werden mußte. Der Ort entwickelte sich von einem Kegel aus zur Flußaue hinab und war bei Gefahren ein Vorposten und vom 12. bis zum 15. Jahrhundert feste Residenz Touler Bischöfe. 1467 nahmen die Lothringer den Platz ein und brandschatzten Burg und Stadt. Heute ist sie bei der Bevölkerung der umliegenden Industriesiedlungen als Ziel von Sonntagsausflügen geschätzt. Ländliche Atmosphäre, verwinkelte, von alten mit Türen und Fensterdekorationen der Gotik und der Renaissance gezierten Häusern gesäumte Gassen und Plätze schaffen eine heutzutage beliebte Romantik. Zudem ist das einzige nennenswerte Restaurant wegen seiner vorzüglichen Gerichte bekannt. Man fährt auf steilen Serpentinen durch die *Porte-Haute* ein (Abb. 112). Das Tor gehört zum halb zerstörten Mauerring (hier Blick auf eine Moselschleife). Gleich hinter ihm befindet sich rechts an der immer noch ansteigenden Straße das sogenannte ›*Haus des Gouverneurs*‹ aus dem 16. Jahrhundert. Schließlich gelangt man zur *Place d'Armes.* Neben einem Kruzifix mit den Marterwerkzeugen am Sockel führt hier eine Fußgängerpforte, ein mit eigentümlicher Ornamentik versehenes *Tor*, in den Hof des Pfarrhauses, und dort steht in Blumenrabatten ein *Doppelkreuz* (Abb. 109–111). Gegenüber beschatten die weitausladenden Äste einer Linde die Fassade von *Saint-Euchaire.* Langhaus, Querhaus und Chor der frühgotischen Zisterzienserarchitektur sind fast gleichgroß. Die Säulen mit ihren Knospenkapitellen sind noch Reminiszenzen an die Romanik. Seit dem

13. Jahrhundert ruht der Leichnam des Eucharius in der Kirche. Er wirkte als Missionar in den Vogesen und wurde 362 von den Legionären des Julian Apostata in Pompey geköpft. Das gotisch beschriftete und in der Renaissance umrahmte Tombeau zeigt deshalb eine Liegefigur des Heiligen im Bischofsornat mit seinem Haupt in den Händen. – Hinter Saint-Euchaire verweist die *Place-de-la-Fontaine* mit Lauben an einer Seite und einem als Viehtränke gedachten Brunnen auf das ehemalige Stadtzentrum, in dem früher sicherlich weitaus mehr Leben herrschte.

Toul ist jetzt ganz nahe. Man kann zwei Wege wählen. Der eine führt am oberen Rand des Steilhanges am linken Ufer über *Villey-Saint-Etienne*, dem früheren Sommeraufenthalt der Bischöfe, zur Stadt, der andere schneidet einen Moselbogen ab und trifft etwa nach sechs Kilometern wieder auf das Ufer. Doch gleich welche Straße benutzt wird, immer ergeben sich wechselnde, malerische Ausblicke auf Wiesen, Gehölze, Pappel- und Weidengebüsch, auf Inseln im Fluß und auf den ihn begleitenden geradlinigen Kanal. In Bäumen horsten Seidenreiher, die man bei der Futtersuche oft beobachten kann. Besonders bei **Gondreville**, am rechten Uferhang, breitet sich jetzt wieder in einer weiteren Niederung eine charakteristische Auenlandschaft aus (Farbt. 37). Auch dieses Dorf erfreute sich wohl einst, dem Figurenschmuck und den Ornamenten an den Häusern nach zu urteilen, eines reicheren Lebens als heute. Darauf deuten auch die wieder lothringische Plastik gut vertretende thronende Muttergottes auf dem rechten Seitenaltar und eine Madonna mit trinkendem Kind (beide 14. Jh.) in der Taufkapelle der Kirche hin.

Ob man nun auf der einen oder anderen Straße nach **Toul** fährt, die Kathedrale fesselt den Blick. Als gewaltiges Zeichen verkündete sie die Herrschaft des Geistes und Glaubens über Stadt und Land. Heute erinnert sie unübersehbar nur noch daran. Topographie und Historie bestimmten die Position von Toul. Hier drängt die Mosel, aus Südosten kommend, am weitesten nach Westen und biegt nach Nordosten ab. Bevor sie nach Verwerfung der Erdoberfläche in der Eiszeit ihre Richtung änderte, mündete sie in die ca. 20 Kilometer entfernte Maas. An einer Senke, die jetzt der Marne-Rhein-Kanal ausnutzt, und an den dort aufgeschwemmten Ablagerungen aus den Vogesen erkennt man das uralte Bett.

Im Flußwinkel legte vor unserer Zeitrechnung der keltische Stamm der Leuker seine Hauptsiedlung an. Hier gründeten die Römer (an der Verbindung zwischen ihren Metropolen Lyon und Trier) die Kolonie Tullum (= Toul) Leucorum. Kaiser Konstantin der Große bestätigte in ihr 313 eine Christengemeinde. Als erster Bischof wurde 365 der heilige Mansuy genannt. Andere außerordentliche Persönlichkeiten folgten nach; heiliggesprochen wurden z. B. auch St. Epvre um 500, Bischof Gérard († 994) oder Bruno von Egisheim und Dagsburg (1002–54), ein Verwandter Kaiser Heinrichs III. und als Reformpapst Leo IX. in die Geschichte eingegangen. Schon auf den Stuhl Petri gewählt, regierte er noch drei Jahre lang die Touler Diözese. Die Kirchenfürsten waren seit dem 10. Jahrhundert auch die weltlichen Herren des Gebietes. Doch 1250 widersetzten sich durch Weinhandel wohlhabend gewordene Bürger ihrer Macht, übernahmen das Regiment in der Stadt und vertrieben die Bischöfe nach Liverdun. Die Goldene Bulle Kaiser Karls IV. erklärte 1336 Toul zur Reichsstadt. Allmählich drang jedoch französischer Einfluß ein, zumal die Stadt, von den Kaisern vernachlässigt, in mancherlei Händeln des Schutzes der französischen Könige bedurfte. In den politischen Umwälzungen der Reformationszeit sprachen drei einflußreiche protestantische Reichsfürsten, an ihrer Spitze Moritz von Sachsen, Henri II. das Reichsvikariat über die Bistümer Metz, Verdun und Toul zu. Der König besetzte sogleich die Städte und vereinigte Toul mit dem anderen inmitten von Lothringen zu einer territorialen Einheit, ›Trois Evêchés‹ betitelt. Von den drei Bistümern heißt Toul das frömmste, Verdun das edelste und Metz das reichste. Toul begann, sich wie Metz alsbald in eine Festungs- und Garnisonsstadt zu verwandeln. Ludwig XIV. ließ sie durch Vauban mit starken Fortifikationen umgürten. Obwohl die Stadt 1870, 1940 und 1944 hart umkämpft war, schnüren die Befestigungsanlagen sie immer noch ein. Auch Truppenverbände beherbergt sie noch, obwohl sie ihre strategische Bedeutung verloren hat.

Die Kathedrale *Saint-Étienne* liegt außerhalb der Kasematten. Sie soll die neunte Kirche an dieser Stelle sein. Hölzerne Kultstätten fielen feindlichen Überfällen und häufigen Bränden zum Opfer. Im 10. Jahrhundert erbaute Bischof Gerhard ein Gotteshaus aus Stein. Auf ihm fußt der heutige Bau, mit dessen Errichtung 1221 begonnen wurde, und zwar mit Chor, Querhaus und einem Teil des Kreuzganges. Im 14. Jahrhundert folgten vier Joche des Hauptschiffes und im 15. Jahrhundert die restlichen vier Joche und die von Tristan de Hattonchatel entworfenen und von Jacquemin de Leoncourt geschaffenen Portale. 1496 war die Architektur mit der Fassadengestaltung vollendet. Noch einmal, wie schon in Metz, ist die konsequente Ausführung durch alle Bauphasen bis zur Übereinstimmung aller Glieder erstaunenswert.

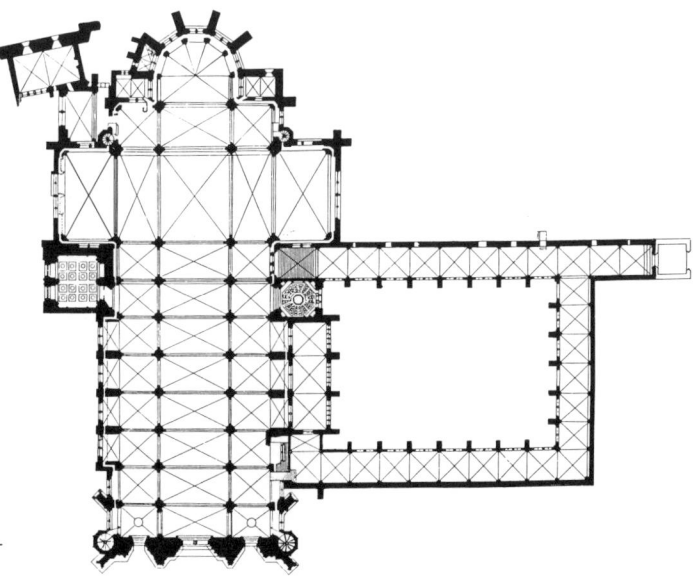

Toul, Kathedrale Saint-Étienne, Grundriß

Die wuchtige Fassade fasziniert. Gewaltig erscheint zunächst ihre Baumasse. Ihre Front mißt 37 Meter in der Breite, die Türme sind 70 Meter hoch (Farbt. 33, Abb. 113). Aber Portale und Maßwerkfenster brechen den Block auf und verstärken die schon von den Türmen vorgegebene vertikale Tendenz. Pfeiler, Fialen und Wimperge betonen sie und binden zugleich in die Fassade die anfangs viereckigen, dann oktogonen Türme ein. Maßwerkbalustraden bekrönen sie im wahrsten Sinne des Wortes. Die dort oben fehlenden Spitzen und quer verlaufenden Gesimse und Galerien in den unteren Zonen hemmen jedoch den Eindruck des Emporstrebens wieder. Auf diesem Ausgleich der Gegensätze vertikal – horizontal beruht die Empfindung von der Kraft der Architektur. – Beim Betrachten der Details ist ein Fernglas hilfreich, da sonst die Feinheiten, etwa der Krabben an Fialen und Wimpergen oder die des Maßwerks der Fenster, vor allem das der Rose, nicht zu erkennen sind. Und man kann nur unzureichend etwa den mächtigen Christus mit Maria Magdalena zu seinen Füßen, die Reste von Pferd Herzog Renés II. unter der ersten Galerie rechts und erst recht nicht die Wasserspeier der Türme oder den Pelikan und den Affen an der Spitze eines Strebepfeilers am linken Turm sehen. Das Türmchen über dem Kruzifix stammt übrigens aus der Renaissance. Dort hängt, für den Betrachter sichtbar, eine Glocke aus dem 17. Jahrhundert. Leider schlugen die Revolutionäre die Skulpturen der Portale ab. 1794 wurde die Kathedrale zum ›Tempel der Vernunft‹ erklärt. Obwohl die Fassade den Bau eindeutig beherrscht, entsprechen Schiff, das mit 50 Metern ungewöhnlich lange Querhaus, Flankentürme und der Chor ihrer Monumentalität. Strebepfeiler und Doppelstrebebögen stützen die Wände. Wieder schöne Maßwerkfenster lockern sie auf. Den Chor schmücken wiederum Fialen, Balustraden und Wasserspeier.

Das Innere der Kirche, 98 Meter lang und 32 Meter hoch, wird gegenwärtig restauriert, und es ist nicht abzusehen, wann die Arbeiten beendet sein werden. Dennoch gewahrt man die edle Klarheit des gesamten Raumes. Die unterschiedliche Gestaltung der Säulen kennzeichnet die Bauabschnitte. Die Säulen aus dem 14. Jahrhundert tragen Blumenkapitelle, die aus dem 15. Jahrhundert sind ohne Kapitelle. Die Fenster im Mittelschiff setzen unmittelbar über den steilen Arkaden an. Vor ihnen befindet sich anstelle eines Triforiums ein Gang. In die Seitenschiffe fügen sich Kapellen des 14. bis 17. Jahrhunderts ein. Die Kapelle vor dem Querschiff rechts, ausgestattet mit Marmor und Stuckdekor und Kassettenkuppel aus der Renaissance (Abb. 115), ist Jeanne d'Arc gewidmet. Die gegenüberliegende Kapelle im nördlichen Seitenschiff aus derselben Zeit, mit korinthischen Marmorsäulen geschmückt, war die Grablege der Bischöfe. Im nördlichen Querarm stellt ein Glasgemälde (14. Jh.) Heilige, die Madonna und die Marienkrönung dar, während das Glasgemälde (von 1863) im südlichen Querarm den auf einem Prunkbett liegenden Patron der Kirche St. Stephan und die vier heiligen Bischöfen Touls zeigt. In der Turmhalle mit Fenster aus dem 13. Jahrhundert steht ein Altar (15. Jh.) mit einem Reliquienkästchen (19. Jh.), das die Schädel von Mansuy und Gérard birgt. Am linken Chorpfeiler (Weinrebenkapitell) befindet sich der sogenannte ›Sitz des St. Gérard‹, ein Bischofsthron aus dem 13. Jahrhundert (Abb. 114); vor ihm bezeichnet eine Platte das Grab des großen Kirchenfürsten. Den Chor kleidet eine Bildfolge Touler Bischöfe aus (1625 und 1725) und verdeckt eine gotische Blendarkadur sowie die unteren Teile der Fenster (von 1874–76; Szenen des Alten und Neuen Testamentes). Eine Öffnung erlaubt den Blick auf die Grabtumba des Bischofs de Ville, der zur Zeit der Jeanne d'Arc der Diözese vorstand. Schöne Gittertüren schließen den Chor rechts und links ab. – Der Kreuzgang ist einer der größten Frankreichs. Im 13. Jahrhundert begonnen und im 15. Jh. vollendet, bestechen seine Gewölbe auf Diensten mit Knospen und Laubkapitellen und seine Arkaden durch ihr edles Maßwerk. Eine Pforte führt auf die Straße.

Der Kirche benachbart, wurde von 1736–43 der schloßartige *Bischofspalast* errichtet. Seit 1789 dient er als Rathaus. Dem Hauptbau mit Freitreppe, Risaliten und Pilastern wurden zehn Jahre später zwei niedrigere Flügl beigegeben. Sie bilden zusammen mit einer Balustradenmauer einen Hof, in den zwei Tore führen.

Ein Besucher sollte in Toul jedoch nicht nur Besichtigungen absolvieren, sondern auch durch die Gassen schlendern und am Leben der 1700 Einwohner zählenden Landstadt teilnehmen. Besonders an Markttagen hat das seinen eigenen Reiz. Dann kommen nicht nur die Bauern und Händler der Umgebung in den Ort, um ihre Waren zu verkaufen, sondern auch die Landbevölkerung, um einzukaufen. Das Angebot reicht von landwirtschaftlichen Erzeugnissen über Haushaltwaren, Bekleidung bis zu Antiquitäten zu erschwinglichen Preisen. Empfehlenswert ist es auch, in einem der Bistros den Wein der Region, den bernsteinfarbenen, frischen Vin gris, zu probieren. Nur er gedeiht hauptsächlich noch an der lothringischen Mosel. Die Winzer der Côte Toul vergrößerten in den letzten Jahrzehnten sogar ihre Anbauflächen. – Bei den Spaziergängen entdeckt man außerdem noch zahlreiche Zeugnisse aus Touls großer Zeit. Etwa Häuser der Gotik, der Renaissance, des Barock und des Jugendstils und am Rand des Zentrums noch Wallgräben, Bastionen und einige Tore der Befestigung Vaubans aus dem 17. Jahrhundert. – Vor allem wird der Reisende aber auf *Saint-Gengoult* stoßen. Häuser zwängen die Kirche ein. Eine kurze, enge Gasse führt auf ihre mit nur einem unvollendeten Turm nicht gänzlich ausgeführte Fassade zu. Am Portal (mit Gnadenstuhl, Anfang des 14. Jh.; Abb. 116), Wimpergen, Fialen und Fenstern und im Innenraum wird sichtbar, daß diese Kirche eines ehemaligen Kanonikerstiftes von der Kathedrale inspiriert wurde. Tatsächlich entstand Saint-Gengoult als drittes Gotteshaus an dieser Stelle ungefähr in derselben Zeit, aber in kleinerem Format als Saint-Étienne. Hauptschiff und Querhaus sind etwa gleich lang, die Hochwände zweigeteilt. Nebenchöre begleiten den Hauptchor. Ihre Fenster aus der zweiten Hälfte des 13. Jahrhunderts zeigen Szenen aus dem Leben Jesu, die heiligen Gangolf, Nikolaus, Agathe, Katharina und Märtyrer. Den Hauptchor kleidet eine Wand des 18. Jahrhunderts aus. Am rechten Vierungspfeiler befindet sich eine sitzende Muttergottes aus dem 14. Jahrhundert (Abb. 117). Von unnachahmlicher Eleganz ist der Kreuzgang (Pforte im linken Seitenschiff). Das Maßwerk zwischen seinen Bögen biegt sich in den Scheiteln zu wunderbaren Herzformen, so, wie Winzer ihre verschnittenen Weinreben binden (Farbt. 32, Abb. 118). An den Wimpergen der Außenseiten deuten antik nachempfundene Medaillons die Bauepoche am Übergang von der Hochgotik zur Renaissance an, und an den Kapitellen haben der oder die Skulpteure ihre blühende bildnerische Phantasie mit einer Fülle von Ranken, Weinblättern, Schnecken, Tierköpfen, Menschengesichtern und Engeln belegt.

Seinen Aufenthalt in Toul kann der Besucher zugleich für Ausflüge nutzen, um einerseits die reizvolle Landschaft jenseits des Moseltals zu erkunden und um andererseits einige lohnende Sehenswürdigkeiten zu besichtigen. Fünf Kilometer westlich (N 4, Richtung Paris) liegt am Nordhang jener Mulde des eiszeitlichen Flußlaufs das Dörfchen **Ecrouves**, überhöht von der für die Kunstgeschichte Lothringens wichtigen Kirche *Notre-Dame* aus dem 12. bis 14. Jahrhundert. Sie bezeugt den Übergang von der Romanik zur Gotik und das allmähliche Vordringen des gotischen Stils von der Champagne weiter nach Ostfrankreich. Starke Strebepfeiler halten die Wände, und unter dem schwer lastenden romanischen Turm setzt ein frühgotischer Chor, niedriger als das Hauptschiff, an. Im Tympanon des inneren Portals der Vorhalle beschädigten die Revolutionäre eine Madonna, in den Archivolten zudem die Figuren der klugen und törichten Jungfrauen. Das Innere wirkt nicht zuletzt wegen der mächtigen Bündelpfeiler mit Blattkapitellen gedrungen, noch romanisches Raumempfinden spiegelnd. Am Ende des rechten Seitenschiffs wurden 1964 schöne Fresken aus dem 14. Jh. (Mariä Verkündigung, St. Nikolaus mit Schiffern und Bischofsweihe) aufgedeckt und restauriert, und die Statue des St. Johann Baptist im linken Seitenschiff, ebenfalls aus dem 14. Jh., nennen die Kunstwissenschaftler ein Meisterwerk mittelalterlicher Plastik. Die Muttergottes im Chorabschluß (um 1520) steht ihr in künstlerischer Qualität nicht nach.

Auf der D 960 erreicht man von der Stadt aus nach zehn Kilometern in südlicher Richtung das kleine **Blénod-lès-Toul**. In der Ferne westlich der Straße sieht der Ausflügler am Hang die Lagen des beliebten Vin gris. Ansonsten fährt er an Mirabellen- und Apfelgärten vorbei, die die Bauern ehemals anlegten, nachdem Reblause ihre Weinstöcke zerstört hatten. Heute fast vergessen, verdankt der Ort einem *Schloß* der Touler Bischöfe eine nicht unbedeutende Vergangenheit. Mehrfach um- und verbaut und letzten Endes verstümmelt, scheint sie –zunächst an den Resten mit Torbögen, einem Stück Wehrgang, Turmstümpfen und kannelierten Tür- und Fensterrahmungen in Bruchstein-Hauswänden – noch kümmerlich auf. Doch dann bestätigt die Kirche *Saint-Médard* glanzvoll die Geschichte. Das Gotteshaus ließ der 1454 in Blénod geborene 74. Bischof von Toul und Kanzler Herzog Renés II., Hugues des Hazards, von 1506–12 errichten. Sein Grabmal in der Nordwand ihres Chores ist ein für Frankreich außergewöhnliches historisches Monument. In ihm, entworfen vom Touler Kanoniker Jean Pelerin, mischen sich gotische Stilelemente mit denen der Renaissance. Das Mittelrelief gibt den majestätischen Kirchenfürsten im Ornat mit Mitra und Stab ausgestreckt ruhend wieder. Unter ihm halten Klagefiguren ein lateinisches Schriftband, das sein lakonisches Lebensmotto vermeldet: »Geboren werden, arbeiten, sterben.« Über den Liegenden verraten die mit ihren Attributen gekennzeichneten Allegorien der Grammatik, Dialektik, Rhetorik, Arithmetik, Musik, Geometrie und Astronomie die humanistische Gelehrsamkeit des Mannes. Chorfenster und Fenster im nördlichen Querarm (1525–30, Heilige mit den Stiftern Herzog Antoine und Mitgliedern der Familie Hugues) werfen einen farbigen Schimmer in die helle Halle (ihre Gewölbe tragen seltsame, wie in Hülsen steckende Säulen). Zur schönen, meist barocken Ausstattung gehören auch Statuen der Mutter mit Kind und des St. Medardus (13. Jh.), die Figuren von St. Clemens und St. Nikolaus (18. Jh.) und eine ausdrucksvolle Pietà (15. Jh.).

Eine Gedenkstätte ganz anderer Art, den Soldatenfriedhof **Andilly**, findet der Reisende dann ca. 10 Kilometer nördlich von Toul (D 904 nach Verdun, Abzweigung nach rechts in Ménil-la-Tour). Hier ruhen auf einer gewellten Hochfläche zwischen Wiesen, Feldern, Buschwerk und Baumgruppen 33 000 deutsche Gefallene des Zweiten Weltkrieges. Ihre Gebeine wurden in Einzelgräbern gefunden, aber 1957–61 von anderen Totenäckern hierher umgebettet. Mit mehreren internationalen Lagern halfen Jugendliche verschiedener Nationalität, dieses größte deutsche Totenfeld in Frankreich würdig zu gestalten. Neben einer Ehrenhalle – an einer Wand das Mosaik trauernder Soldaten und in einer Nische ein von Kriegsgefangenen für ihre toten Kameraden geschnitztes Kreuz – beginnen die unübersehbaren Reihen schlichter Steinkreuze und erinnern nun in ihrer Einsamkeit an die fürchterlichsten Geschehnisse der jüngsten europäischen Geschichte.

Wer trotz dieser den Frieden beschwörenden Gedenkstätte noch an Kriegerischem interessiert ist, mag von Toul aus einen Ausflug in östlicher Richtung nach Villey-le-Sec unternehmen. Aber das Dorf liegt schon an der Route die Mosel entlang in die Vogesen, und diese beschreibt das letzte Kapitel des Buches.

Abstecher nach Nancy

Das 111500 Einwohner zählende **Nancy** ist wegen seiner Vergangenheit und Gegenwart eine der bedeutungsvollsten Städte in Nordostfrankreich. Als ehemalige Residenz der Herzöge von Lothringen war es einst die politische Metropole des Landes. Seine historischen Architekturdenkmale bezeugen es. Heute ist es ein wirtschaftliches Zentrum mit Hütten- und Stahlwerken, Salzbergwerken und Sodafabriken, Maschinen- und Elektrofirmen, Nahrungs- und Genußmittelindustrie, Möbelbetrieben, Konfektionsunternehmen, Druckereien, Großhandelsfirmen und nicht zu vergessen mit einer internationalen Messe – was man alles zusammen wiederum an den Bauten im Weichbild und am Rande der Stadt ablesen

Nancy, 16. Jh. Kupferstich von Adam Perelle

Nancy, Burgunderschlacht 1477.
Holzschnitt von Hans Erhart
Tusch

kann. Es ist aber auch eine Kulturstadt. In einer 1854 gegründeten Universität hören 22 000 Studenten und an den Fachhochschulen für Land- und Forstwirtschaft, Chemie, Maschinenbau, Brauwesen und Kunst, Architektur und Musik wahrscheinlich noch einmal so viele. Aber auch seine acht Museen, sein Theater und sein Konzertsaal sind neben einem ›Weltfestival des jungen Theaters‹ im Frühjahr und einem Jazzfestival im Herbst eines jeden Jahres ebenso gewichtige Institutionen im Leben der Stadt wie es die Lehranstalten sind.

Nancy liegt freilich nicht an der Mosel, sondern an Meurthe und Marne-Rhein-Kanal. Von Toul aus ist es jedoch mit dem Auto auf der A 33 in kaum einer halben Stunde zu erreichen. Zwischen Nancy und Toul bestanden seit jeher Wechselbeziehungen. Laut einer Urkunde Ottos des Großen besaß eine Abtei Saint-Epvre in Toul vor 947 einen Freihof in Nancy. Nach dem Aussterben einer frühen Herzogsfamilie von Lothringen eignete sich Graf Gérard von Elsaß (1048–70) den Titel an und erbaute in der Gegend ein Jagdschloß. 1073 hießt es ›Castrum Nanceium‹. Von ihm stammt der Name Nancy. Ein Dorf entstand mit. Hundert Jahre später avancierte der Flecken zum ständigen Wohnsitz der Herzöge. Sie entwickelten ihn als Gegengewicht zu den älteren Bischofsorten Toul, Metz und Verdun, die eigene Hoheitsrechte besaßen, zur Stadt. Um sie und ein neues Schloß zogen sie im 14. Jahrhundert eine Mauer mit Toren. Ein Herzog gründete ein Domkapitel. Das Gemeinwesen gedieh, litt aber auch unter Kämpfen zwischen Herzögen und Grafen. Karl der Kühne

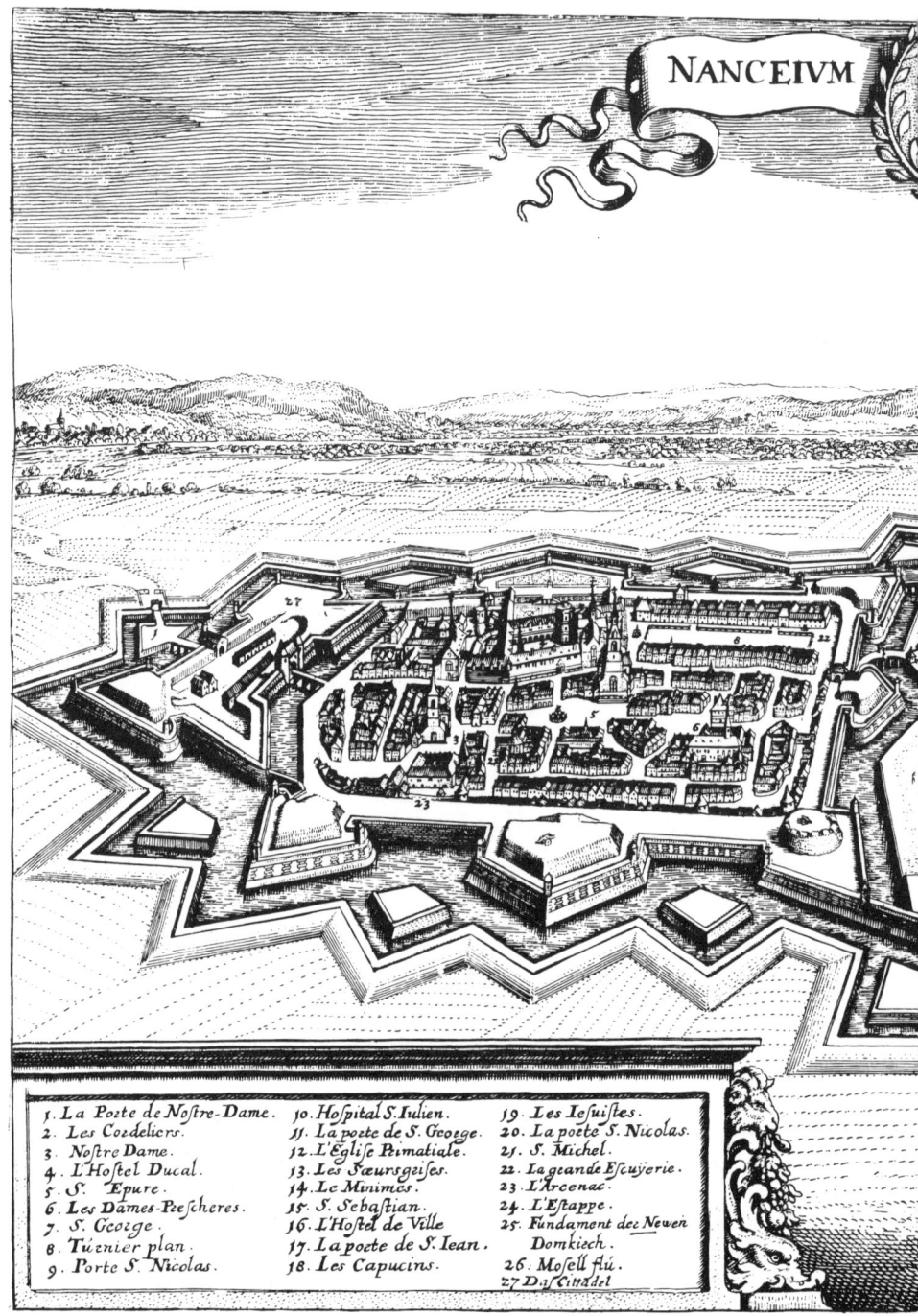

NANCEIVM

1. La Porte de Nostre-Dame.	10. Hospital S. Iulien.	19. Les Iesuistes.
2. Les Cordeliers.	11. La porte de S. George.	20. La porte S. Nicolas.
3. Nostre Dame.	12. L'Eglise Primatiale.	21. S. Michel.
4. L'Hostel Ducal.	13. Les Sœursgeises.	22. La grande Escuyerie.
5. S. Epure.	14. Le Minimes.	23. L'Arcenac.
6. Les Dames-Peescheres.	15. S. Sebastian.	24. L'Estappe.
7. S. George.	16. L'Hostel de Ville.	25. Fundament der Newen
8. Turnier plan.	17. La porte de S. Iean.	Domkirch.
9. Porte S. Nicolas.	18. Les Capucins.	26. Mosell flu.
		27 D.3 Cittadel

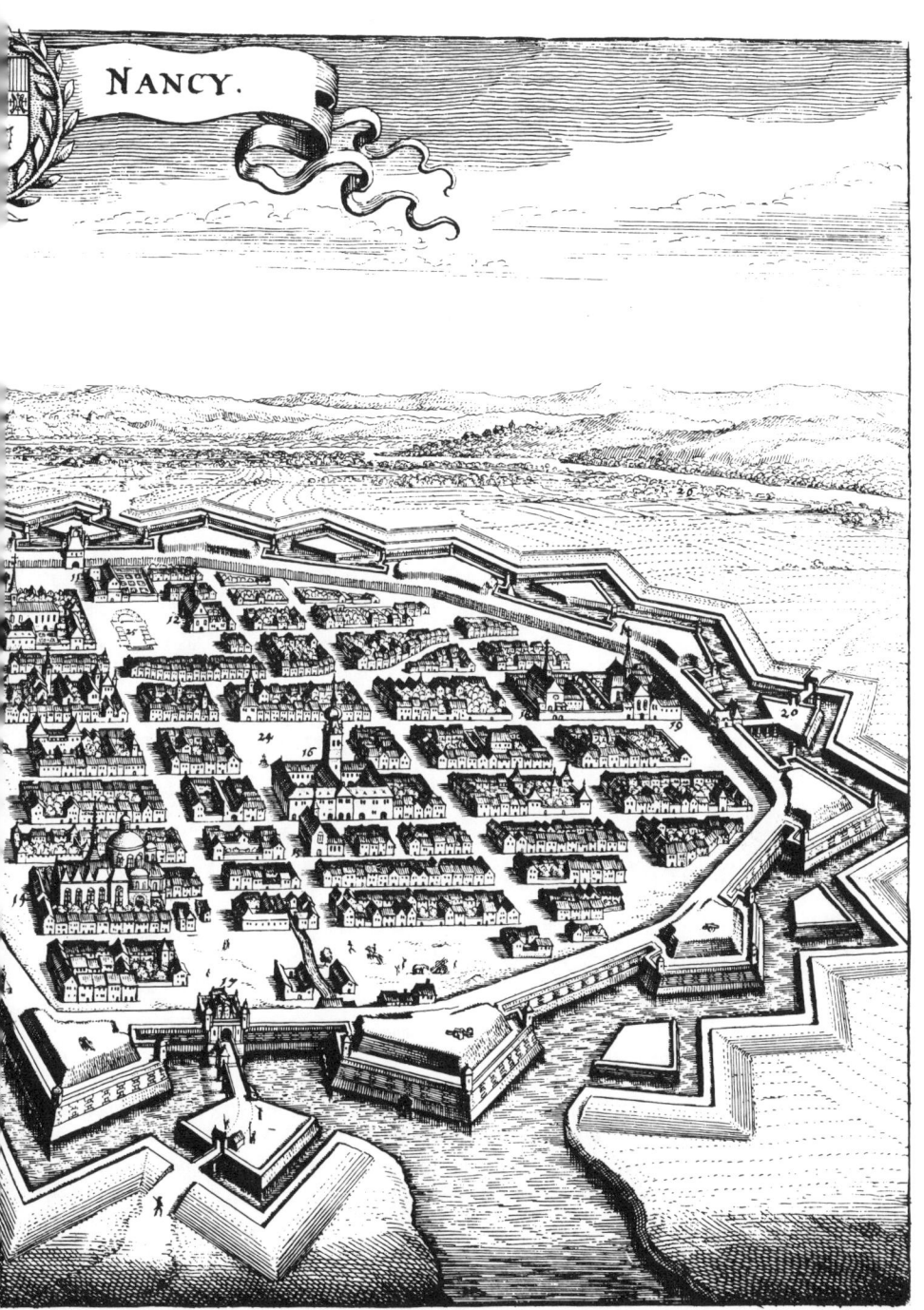

NANCY.

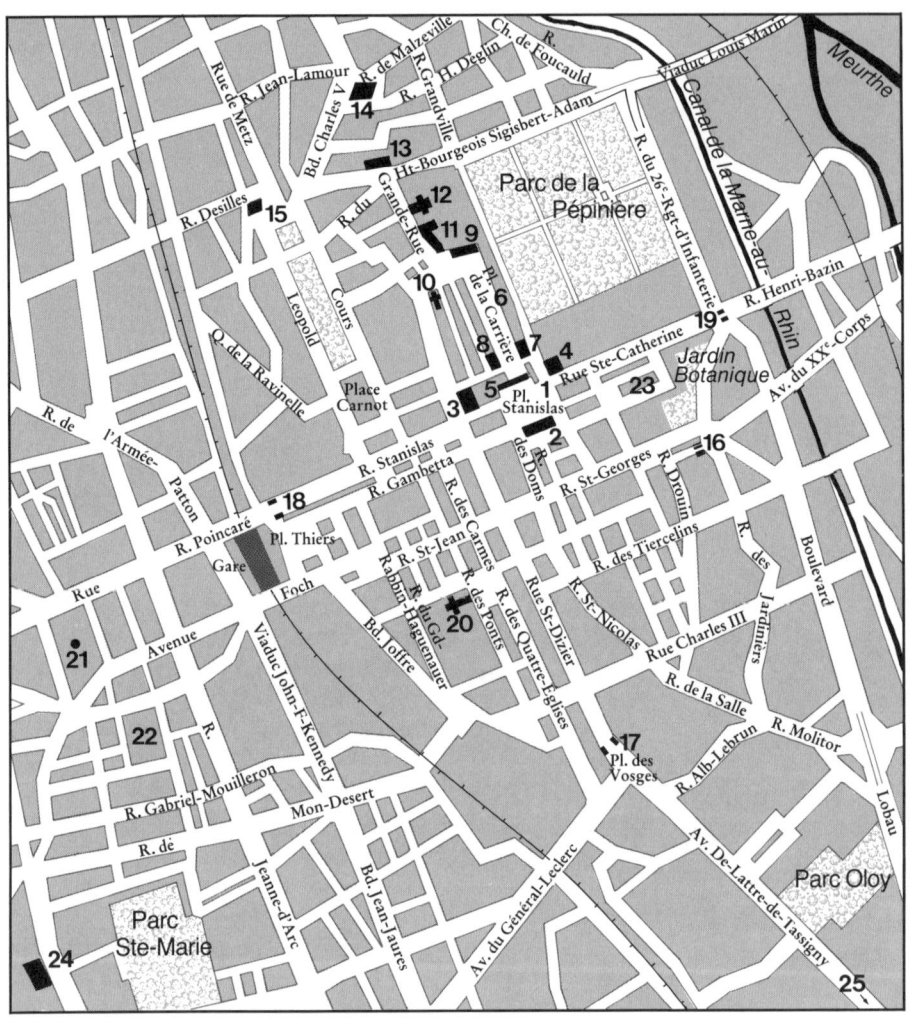

Nancy   1 Place Stanislas   2 Hôtel de Ville   3 Musée des-Beaux-Arts   4 Grand Théâtre   5 Triumphbogen   6 Place de la Carrière   7 Justizpalast   8 Börse   9 Palais du Gouvernement   10 Saint-
Epvre   11 Herzogspalast (Musée historique lorrain)   12 Église des Cordeliers   13 Porte de la
Craffe   14 Porte de la Citadelle   15 Porte Désilles   16 Porte Saint-George   17 Porte Saint-Nicolas   18 Porte Stanislas   19 Porte Sainte-Catherine   20 Saint-Sébastien   21 Turm der Johanniterkomturei   22 Place de la Croix de Bourg   23 Place d'Alliance   24 Musée de l'Ecole de Nancy   25 Notre-
Dame-de-Bon-Secours

◁ Nancy, 1645. Kupferstich von Matthäus Merian

von Burgund, bestrebt, sein Stammland mit seinen Besitzungen in Luxemburg und Flandern zu verbinden, besetzte 1475 Lothringen und damit Nancy. Aber zwei Jahre danach eroberte René II. mit Hilfe einheimischer Adliger und Schweizer Söldnertruppen unter einem Doppelkreuz als Emblem Nancy wieder. Er führte das Zeichen mit zwei Querbalken, gebildet nach einer Kreuzreliquie im herzoglichen Schatz, in seinem Wappen. Seitdem gilt es als Symbol Lothringens und seit 1940 auch in ganz Frankreich als Zeichen jeglichen Widerstands gegen Fremdherrschaft. Karl der Kühne fiel am 5. 1. 1477 in der Schlacht von Nancy. Man fand seinen Leichnam vor den Wällen festgefroren im Eis eines Teiches und von Wölfen angefressen. Der Sieg Renés erregte in ganz Europa Aufsehen, und das lothringische Herzogshaus erwarb Ansehen. Die Folge davon: Nancy blühte. Nachfolgende Landesherren vergrößerten und schmückten die Residenz im 16. Jahrhundert sogar durch eine regelrecht geplante, sogenannte ›Neue Stadt‹. Eine umfangreichere Befestigungsanlage schützte fortan Alt- und Neustadt gemeinsam. Die Bastionen hinderten die französischen Könige nicht, sich Nancys von 1633–1733 viermal zu bemächtigen. In den ruhigeren Zwischenzeiten eiferten Adel und Bürgertum dem Herzogshaus ihrerseits mit Verschönerungen nach. Das großartigste Zierstück aber schuf Stanislas Leszczynski, Exkönig von Polen, Schwiegervater des Königs von Frankreich, Ludwig XV., und Herzog von dessen Gnaden (1736–56). Er verlor seinen Thron im polnischen Erbfolgekrieg (nach dem Tode Augusts des Starken von Sachsen-Polen) und konnte auf Betreiben der Franzosen mit Lothringen entschädigt werden, weil der letzte Herzog Franz III. Stephan, am Wiener Hof erzogen, Maria Theresia heiratete (und so Stammvater der Dynastie Habsburg-Lothringen wurde). In Erwartung des Titels ›Deutscher Kaiser‹ tauschte er sein Land gegen das Großherzogtum Toscana. Nach dem Ableben Stanislas' verlor Lothringen seine letzte, wenn auch nur nominelle Selbständigkeit und fiel endgültig an Frankreich. Bis zur Revolution herrschte in Nancy ein königlicher Statthalter. 1777 wurde der Bischofssitz von Toul nach Nancy verlegt. Im 19. Jahrhundert begann dann die Umwandlung von der Fürsten- zur Industrie- und Handelsstadt. 1870–73, 1914 und 1940–44 lagen deutsche Truppen in der Stadt, aber Zerstörungen blieben ihr glücklicherweise erspart.

Der Besucher gerät, gleich, aus welcher Richtung er kommt, unweigerlich auf die *Place Stanislas*. Sie ist das Zentrum der Stadt. Zugleich gehört sie zu einem der schönsten städtebaulichen Ensembles Europas. Sie ist Teil einer von Stanislas Leszczynski geschaffenen architektonischen Kostbarkeit, die ihresgleichen sucht. Der Platz ist 124 × 106 Meter groß, und die ihn umgebenden Gebäude schaffen durch ihre aufeinander zugeordneten proportionalen Harmonien und ihre Details einen festlichen Raum. Die südliche Wand bildet das *Hôtel de Ville*. Über einer von Fenstertüren durchbrochenen Sockelzone reihen sich noch einmal in anderthalb Geschossen Fenster an Fenster. Sie verleihen der Front eine eigenartige Transparenz, und von Gold flimmernde Gitter erhöhen diesen Eindruck noch. Pilaster mit korinthischen Kapitellen scheinen die Fassade zu stützen und eine nach oben abschließende, von Figurengruppen und Vasen besetzte Balustrade zu tragen. An Eckrisaliten verdoppeln sich die Pilaster. Damit verstärken sie den Eindruck des Betrachters von ihrer tragenden Kraft. Noch deutlicher wirkt diese Paarung so am breiteren Mittelrisalit. Hier lastet auf

Nancy, Place Stanislas, um 1860. Lithographie

ihnen ein über die Balustrade hinausragender Giebel mit einem prächtigen Relief (Abb. 121). Polnische Adler halten das Wappen des Stanislas. Fahnen, Waffen und Helme umgeben, Allegorien der Klugheit und der Gerechtigkeit begleiten es, und eine Uhr in steinernem Gehäuse, von den französischen Nationalfarben überweht, krönt das Ganze.

Die beiden Schmalseiten des Platzes nehmen je zwei Palais von gleicher Art und Höhe wie das Rathaus, nur ohne Risalite, ein, während ihn an der übrigen Seite zwei nur einstöckige, aber den anderen ähnliche Pavillons begrenzen. Damit nicht genug; golden ornamentierte Gittertore und Laternen schmücken die Einfahrten der aus Süden, Westen und Osten auf den Platz mündenden Straßen und in den nordöstlichen und nordwestlichen Winkeln flankieren Gitterbögen prachtvolle Brunnen (Farbt. 35). So verbindet das Filigran, entsprechend jener Transparenz der Häuserfronten und diese noch steigernd, die Bauten miteinander. Das Gerank aus Blumen und Pflanzen, Initialen des Herzogs und des Königs und anderen wuchernden Arabesken setzt hier das Muster der Fenstergitter fort, und auf der Fläche des Platzes antworten ihm wiederum Lampen, auf von goldenen Girlanden umwundenen Pfeilern. Wahre Wunder der Schmiedeeisenkunst sind vor allem die beiden Fontänen. An der einen thront die Meeresgöttin Amphitrite über Seepferden, Nymphen und Tritonen in einer Muschelschale, in der anderen gebietet Neptun mit seinem Dreizack über ein Gewimmel sagenhaften Seegetiers. – Von der Mitte des Platzes aus aber blickt der bronzene

Stanislas von einem Sockel wohlgefällig rundum (Abb. 120). Sein Hofarchitekt Emmanuel Héré schuf nämlich die Anlage, zusammen mit den für alle Gitter verantwortlichen Jean Lamour (Brunnenfiguren aus Bleiguß von B. Guibal und P.-L. Cefflé) von 1752–55 nach dem Willen des Herzogs als Huldigung für dessen Gönner Louis XV. Das *Denkmal* des Stanislas befindet sich deshalb erst seit 1831 hier. Vorher stand, bis Revolutionäre sie umstürzten, eine Statue des Königs auf dem Sockel und der Platz hieß ›Place Royal‹. – Das jetzige *Rathaus* dachte sich Stanislas als seine Stadtresidenz. Er bewohnte sie niemals. Vielleicht gestattete er seinen Künstlern aus diesem Grund, im Innern des Hauses seine Taten in Bildern zu preisen. Durch eine Säulenreihe im Parterre mit raffinierter perspektivischer Wirkung gelangt man an eine Treppe, deren zwei elegante Geländer, ebenfalls von Lamour geschmiedet, unnachahmlich grazil aufwärts schwingen. Am Absatz nimmt eine an die Wand gemalte Scheinarchitektur das Säulenmotiv auf und führt das Auge illusionistisch weiter in die Tiefe. Die Stufen enden vor dem Salon Carré in der ersten Etage. Hier lobt Jean Girardet die guten Taten des Fürsten in Allegorien. Im Plafond feiert die Göttin des Ruhmes Stanislas als Wohltäter allgemein, und an den Wänden weisen Jupiter, Apollo, Merkur und Äskulap auf seine Werke, den Justizpalast, die Akademie, die Börse und auf das Kolleg der Medizin hin. Einfahrt, Treppe und Salon Carré blieben unverändert erhalten. Der anschließende große Saal stammt dagegen von 1866 und wurde von Aimé Morot (Deckengemälde ›Der Tag‹) und Victor Prouvé (Darstellungen der zwölf Monate) dekoriert.

Das Medizinkollegium domizilierte im nordwestlichen Pavillon des Platzes, der heute das *Musée des-Beaux-Arts* beherbergt. Es zeigt hervorragende Beispiele der europäischen Kunst vom 14. bis zum 20. Jahrhundert. Das Palais nebenan war und ist in privatem Besitz, das Palais gegenüber bewohnte ein hoher adliger Beamter der Herzogtums. Es ist seit 1919 das vornehmste Hotel der Stadt. Der andere Pavillon schließlich war von 1805–1905 Bischofssitz und wurde durch Um- und Anbauten zum *Grand Théâtre* (seit 1919). Im Privatpalais und in den Erdgeschoßpavillons an der Nordseite werden inzwischen in Cafés und Restaurants Gäste und Einheimische bewirtet. Im Sommer genießen sie dort an Tischen im Freien bis in die Nacht hinein die Atmosphäre der Stanislas'schen Schöpfung. Die ist freilich mit der Place noch nicht völlig verwirklicht. Der Besucher erkennt, warum die Pavillons an der Nordseite niedrig gehalten wurden. Zwischen ihnen überragt sie ein *Triumphtor* (Abb. 119). Es leitet zu einem weiteren andersartigen Platz über und dieser führt zum Schluß wieder auf einen monumentalen Bau. Den Arc de Triomphe schmücken an der Attika eine weibliche Figur, Lothringen darstellend (mit dem Bildnis Louis' XV. in den Händen) und Skulpturen des Pax, der Minerva, des Herkules und des Mars sowie Reliefs des mit dem Drachen kämpfenden Apoll und der Musen. Ehe Stanislas sein Ensemble teils in die alte, teils in die neue Stadt hineinbaute, durchbrach hier ein Tor die Befestigung der alten. Wälle neben dem Triumphbogen trug man erst 1847 ab. Das dahinterliegende 293 Meter lange und 53 Meter breite Rechteck diente 200 Jahre lang als Turnierfeld des lothringischen Hofes. Stanislas ließ es zur heutigen *Place de la Carrière* umgestalten. Der Platz beginnt rechts mit dem *Justizpalast,* entstanden 1751 aus einem 1715 von Herzog Léopold für den Gatten seiner Geliebten Madame de Craon erbauten Palais, und links mit der *Börse* (1752–53) von Héré. Héré setzte

Leopold I., Herzog von Lothringen, 1703. Gemälde von Nicolas Dupuy

beiderseits einer Lindenpromenade mit einfacheren Bürgerhäusern in regelmäßigen Formen die Architektur fort und fing ihren Verlauf am anderen Ende wieder mit zwei Pavillons auf. Von ihnen greifen zwei Kolonnadenrundungen, der ›Hemicycle Général de Gaulle‹, zum mächtigen, von Héré zwar geplanten, aber von R. Mique 1753–57 errichteten *Palais du Gouvernement* aus (Abb. 122, 123). Hier vollendet sich die am Herzogsdenkmal begonnene Platzfolge. Der Besucher muß das Raffinement des ganzen von Stanislas geschaffene ›Stadtteils‹ bewundern. Wie fein fügen sich alle von der Symmetrie als Ordnungsidee bestimmten Einzelheiten zusammen. So binden Pilaster, Säulen, Fenster-, Balkon- und Treppengitter, die Tore zur Allee und die zur Place Stanislas mit ihrem Gold über den Arc de Triomphe bis hinein in die Räume des Rathauses alle architektonischen Segmente aneinander. Vier Brunnen an den Ecken der Promenade entsprechen denen des Neptun und der Amphitrite, und ihre Figurengruppen. Die Skulpturen auf den Mauern der Esplanade und auf den Balustraden sowie die Reliefs an den Gebäuden beziehen sie, den Triumphbogen, die Pavillons und das Rathaus noch einmal aufeinander. Und wie superb demonstrieren die sich gegenseitig tangierenden Bauten, die ehemalige Stadtresidenz des letzten Herzogs auf der Place Stanislas und der Gouvernementspalast als Sitz des königlichen Statthalters auf der Place de la Carrière, die Machtverhältnisse! – Dem Besucher erscheint der gesamte Komplex sicherlich wie eine einzige große Schloßanlage. Folgt er schließlich, gleich aus welcher Richtung, nach Einbruch der Dunkelheit mit seinen Blicken den Fluchtlinien der so vereinigten Bauteile, ebnet die Beleuchtung deren Körperhaftigkeit zu Flächen ein. Das Licht löscht die Details aus, und die Phantasie sieht einen tiefen Bühnenprospekt, vor dem sie sich das Theater des Lebens im Spätbarock vorstellen kann.

Das vom genialen Héré geschaffene Ambiente öffnen am hufeisenförmigen Hemicycle (Büsten antiker Götter in den Blendarkaden) erneut zwei Tore. Durch das eine Tor betritt man den 23 Hektar großen Park ›Pépinière‹. Stanislas ließ auch ihn (1765) anlegen. Er sollte hauptsächlich die Straßen mit Bäumen versorgen, doch er wurde erst nach seinem Tod 1772 fertiggestellt, aber im 19. Jahrhundert auch verändert. Heute erfreuen sich die Bürger der Stadt an seinen Brunnen, Sträuchern und Blumenbeeten, an den vielen Denkmälern berühmter Männer (darunter das Standbild für den Maler Claude Lorrain von A. Rodin 1882) und am Zoologischen Garten. – Durch das andere Tor gelangt man in Nancys Altstadt. Zuerst kommt man auf die Place J. Malval. Den Platz beherrscht *Saint-Epvre*, ein neogotischer Bau, zwischen 1864–75 errichtet. Der damalige Pfarrer ging Arm und Reich, bis zum französischen König Napoleon III. und Kaiser Franz Joseph von Österreich, um Spenden an. Die Mittel, die Franz Joseph zur Verfügung stellte, wurden von dem unermüdlichen Priester für die große Freitreppe und den größten Teil der Innenausstattung verwandt. Kaiserin Elisabeth, als Sissy bekannt, stickte ihm sogar eigens ein Meßgewand.

Das Gotteshaus ersetzte die Hofkirche der Herzöge aus dem 15. Jahrhundert. Ihre Wohnung, das Schloß, lag gegenüber. Der jetzige *Herzogspalast* an der Ecke Place Malval/Grande

Nancy, Triumphtor, 1858

Nancy, Herzog Stanislas ernennt Antoine-Martin Chaumont de la Galaizière zum Kanzler von Lothringen, 1737. Gemälde von Fr.-A. Vincent

Rue ist selbstverständlich nicht mit dem ursprünglichen Bau identisch. Anstelle der alten Burg, die im Kampf gegen Karl den Kühnen arg gelitten hatte, errichtete René II. einen Neubau und seine Nachfolger erweiterten ihn. Der spätere Herzog Léopold wünschte sogar eine neue Residenz. Deshalb riß sein Architekt Germaine Boffrand, er war der Lehrer Hérés, Teile des Gebäudes ab und begann 1715 den sogenannten ›Lothringischen Louvre‹. 1722 stockten die Arbeiten, die Mauern verfielen. 1745 ließ Stanislas sie und andere des verbliebenen Palais ducal niederreißen, so daß Héré den Platz in seine Planungen einbeziehen und für das jetzige *Palais du Gouvernement* vorsehen konnte.

Um die Mitte des vorigen Jahrhunderts wurden die Reste des Schlosses restauriert und der Nordflügel gänzlich erneuert. Glücklicherweise blieb das Portal (1512) zur Eingangshalle an der langen, ansonsten nur mit ein paar Maßwerkbalkons geschmückten Front entlang der Grand Rue im wesentlichen erhalten (Abb. 126). Original sind Streben, Fialen, Wimperge und Pilaster in Formen der Gotik und Renaissance. Nur das Reiterstandbild des Herzogs Antoine in der Nische meißelte Viard erst 1851. Revolutionäre hatten das ursprüngliche Denkmal zerstört. Im prächtigen Aufbau des Tores ist übrigens ein außergewöhnliches Detail zu erkennen: ein als Affe verkleideter Mönch. Der Künstler rächte sich angeblich mit dieser Karikatur an einem Franziskaner, der seine Arbeit verurteilte. – Die Räume des jetzigen Palais ducal beherbergen seit 1851 die Sammlungen des *Musée historique lorrain.* Wer sich einen eingehenden Begriff von Geschichte und Kunst des Landes machen und seine Kenntnisse von Reiseerlebnissen ergänzen und vertiefen möchte, darf sie nicht versäumen. Vorgeschichtliche und römerzeitliche Funde, mittelalterliche Skulpturen, Gobelins, Gemälde des berühmten George de la Tour, Blätter vom nicht weniger berühmten Claude Lorrain, das Gesamtwerk des großen Grafikers Jacques Callot, Möbel, Gebrauchskunst, Porträts historischer Persönlichkeiten, Darstellungen geschichtlicher Ereignisse und Doku-

Herzog Stanislas Leszczynski

mente zur Geschichte des Herzogshauses, volkskundliche Exponate und noch vieles mehr spiegeln den Charakter Lothringens in unzähligen Facetten. – Der Portier des Museums ermöglicht dem Besucher auch die Besichtigung der *Église des Cordeliers*. René II. stiftete aus Dankbarkeit für seinen Sieg über Karl den Kühnen den Barfüßern ein Kloster bei seiner Residenz und bestimmte dessen Kirche zur Grablege seiner Familie. Das 1482–87 aufgeführte einschiffige Gotteshaus mit Sterngewölbe und Fensterrose in der Westwand birgt hervorragende Tumben und andere Werke von ersten Künstlern der Zeit. Besonders zu nennen sind das sechs Meter hohe, beschädigte Wandgrab Renés II. (1509–11) von Gauvin, die Tumbafigur seiner Gemahlin Philippine von Geldern (1547) von Ligier Richier und das Monument des Ehepaars von Pauvau (1550), ebenfalls von Richier. Auch eine Pietà stammt aus seiner Werkstatt. Wichtigstes Kunstwerk der Église ist jedoch das Relief eines Pilgerpaares aus dem 12. Jahrhundert (das den Grafen Hugo von Vaudeomont und seine Frau aus einer Nebenlinie des Herzogshauses darstellen soll), weil es zu den schönsten Beispielen mittelalterlicher Plastik in Europa gehört. Die Gruppe ist in die Mauer des Durchgangs zur Kapelle Notre-Dame-de-Lorette eingelassen. In der Gruft dieses mit einer Kassettenkuppel überwölbten Zentralbaues ruhen die Gebeine von ungefähr 80 Mitgliedern des Hauses Lothringen. Die Mehrheit von ihnen wurden nach französischer Revolution und Säkularisierung hierher gebracht. Die Kapelle ist heute noch in Besitz der Habsburg-Lothringer. Einer der ihren, der in Bayern lebende Fürst Otto, heiratete in ihr – seinen Ahnen zu Ehren – 1951 die Prinzessin Regina von Sachsen-Meiningen.

Die *Grande-Rue* war die Hauptstraße der alten Herzogsstadt. Kein Wunder, daß sich in ihr und in den Nebengassen, in der Nähe des Hofes, zahlreiche Adlige und Beamte niederließen. Ihre Häuser aus dem 15. bis 18. Jahrhundert lassen den ehemaligen Glanz jedoch kaum noch ahnen. Das Viertel wird zwar saniert, aber ehe es vollständig restauriert ist, vergehen sicherlich noch Jahre. Immerhin wird der Tourist Sehenswertes entdecken wie zum Beispiel in der Rue du Haut-Bourgeois das *Hôtel de Vitrimont* (Nr. 6), das *Hôtel Ferraris* (Nr. 29, von Boffrand, im Hof Neptunbrunnen), in der Rue-des-Loupes das *Hôtel des Loupes* (Nr. 1, Wohnsitz des Oberjägermeisters von Lothringen, ebenfalls von Boffrand) oder das älteste Haus des Quartiers, das *Hôtel* des Feldmarschalls von Lothringen *de Haussonville* in der Rue Trouillet (Nr. 9, mit Treppenturm und Galerien im Hof). – In der Grande-Rue weist ein Bodenmosaik aus schwarzen und weißen Steinen mit Lothringerkreuz und Jahreszahl 1477 auf das *Haus Nr. 30* hin. In ihm wurde der auf dem Schlachtfeld gefundene Leichnam Karls des Kühnen zum ersten Mal ausgestellt. René richtete seinem Gegner eine prächtige Totenfeier aus und bestattete ihn in seiner 1717 abgebrochenen Schloßkapelle. Dort blieben die Überreste, bis sie der Urenkel des Gefallenen, Kaiser Karl V., 1553 nach Brügge in Flandern überführen ließ. – Im Norden endet die Grande-Rue an der *Porte de la Craffe* (Abb. 124). Sie besteht aus zwei Toren. Das zweitürmige innere Tor, von zwei barocken Häusern flankiert, datiert aus dem 15. Jahrhundert und ist das einzige, das aus dem Mittelalter erhalten ist. An ihm sind eine Madonnenstatue aus derselben Zeit und die Bildnisse zweier Herzöge des 14. Jahrhunderts angebracht. Das äußere Tor wurde 1615 erbaut. – Einige Schritte weiter trifft man auf die *Porte de la Citadelle* von 1598, ein Rest von der damals vergrößerten Stadtbefestigung. Zum Gelände der Befestigung gehörte ehemals auch der Cours Léopold. Seine *Porte Desilles* (1785) in der Art eines Triumphbogens feiert die Geburt des französischen Kronprinzen Ludwig XVII.

Wendet man sich von diesem Platz aus nach Süden, erkennt man an den gradlinig verlaufenden Straßen die von Karl III. im 16. Jahrhundert geschaffene ›Neue Stadt‹. Auch in ihr gibt es Tore; das nach *Saint-George* genannte von 1606–19, das von der Stadtmauer Karls III. einzig ursprünglich erhaltene, und das nach *Saint-Nicolas* genannte und 1761 veränderte im Süden der Rue Saint-Dizier von 1605–08. Als Pendant dazu erbaute Mique 1762–64 noch je eine *Triumphpforte* an der *Rue Stanislas* und an der *Rue Sainte-Catharine*. Beide, den Platz vor dem Rathaus schneidende Straßen bilden eine Querachse. – Die *Rue St. Dizier* ist die Hauptstraße der ›Neuen Stadt‹. Hier konzentrieren sich jetzt die modernen Geschäfte, und auf der nahen *Place Henri Mengin,* dem Markt mit Halle, Standreihen und Kaufhäusern, herrscht immer lebhaftes Treiben.

Hochhäuser sprengen das Gefüge des alten Viertels und bedrängen auch die Kirche *Saint-Sebastien.* Es gibt nichts Gegensätzlicheres als jene Blöcke und ihre Fassade. In einen eleganten Bogen gesetzte Säulen und Pilaster trennen feine Relieftafeln (der Heiland und die Jungfrau innen, Saint-Nicolas und Saint-Charles außen) voneinander und umrahmen den Eingang. Ein von einem Fenster durchbrochener Giebel reicht über den Dachfirst hinaus. Auf dem Gesims stehen zwischen Vasen auf Sockeln die Figuren des heiligen Sebastian und des Herzogs Léopold, der die Kirche von 1720–31 von Nancys Baumeister Jenesson errichten ließ. Die Reliefs schuf J. de Pierre. Im Innern tragen ionische Säulen die Gewölbe des

Nancy, Kathedrale Notre-Dame, um 1860. Lithographie ▷

Mittel- und der Seitenschiffe. Im linken Seitenschiff das Gemälde ›Martyrium des Saint Sebastien‹ von Leclerc (17. Jh.) und das sinnreiche Denkmal für den Hofmaler des Stanislas, Jean Giradet (1801) von Söntgen. An ihm hindert die Göttin des Ruhms den Gott der Zeit daran, das Haupt des Künstlers mit einem Schleier zu verhüllen.

Weiter stadtauswärts, in der Gegend hinter dem Bahnhof, begegnet der Tourist dann noch einmal Erinnerungsstätten an das mittelalterliche Nancy. In der Rue de la Commanderie steht der *Turm der Johanniterkomturei* von 1440, und der *Place de la Croix de Bourgogne* bezeichnet die Stelle, an der man den erschlagenen Karl den Kühnen fand. – In der umgekehrten Richtung vom Menginplatz aus liegt dagegen unweit des Rathauses das monumentalste Bauwerk der Ville neuf, die *Kathedrale Notre-Dame* (Abb. 125). Sie hat eine lange Baugeschichte. Nach einem Entwurf des Italieners D. G. Betto begonnen, wurde sie nach von J. Arduin-Mansard (Baudirektor des französischen Königs) abgeänderten Plänen 1706 weitergeführt. Von 1708–16 ruhten die Arbeiten. Boffrand nahm sie wieder auf, und 1742 waren sie endlich beendet. Die vielfältig von Nischen, Fenstern, Gesimsen und im Mittelteil von übereinander gestellten Säulengruppen gegliederte und von zwei 78 Meter hohen Türmen flankierte Fassade beherrscht ihre Umgebung. Im Innern präsentiert sich die Kirche als eine Basilika beeindruckenden Ausmaßes mit mächtiger Vierungskuppel. C. Jaquart malte das Fresko (zwei Heilige, Maria und die Dreifaltigkeit) 1723/24. In der Fülle der Ausstattungsstücke fallen auf die Gitter der Seitenkapellen von Fr. Jeanmaire (die beiden ersten rechts und links) und von J. Lamour (die folgenden), in der rechten ersten Kapelle eine stehende Madonna vom Anfang des 16. Jh. und im Querschiff ein Ligier Richier zugeschriebenes und etwas später datiertes Holzkruzifix. Bemerkenswert sind auch die Altargemälde und die große Orgel mit 3700 Pfeifen, 1757 eingebaut. Notre-Dame war die Kathedrale der Kirchenfürsten, nachdem die Diözese von Toul nach Nancy verlegt worden war.

Kehrt man von der Kathedrale zur Place Stanislas zurück, lohnt ein kleiner Umweg über die *Place d'Alliance.* Héré schuf mit ihr wieder einen einheitlichen Platz voller Atmosphäre. Die Häuser geben sich zwar nicht festlich wie die seiner anderen Anlagen. Aber die Dekorationen an Türen und Fenstern lockern die gleichmäßigen Fassaden mit ihrem Linienspiel auf. Sie bilden so eine adäquate Fassung für den *Brunnen* von P.-L. Cyffle. Flußgötter tragen eine Steinplatte. Ein Obelisk ragt auf. Auf seiner Spitze bläst ein Putto kräftig in eine Trompete, um einen Vertrag zwischen Ludwig XV. und Maria Theresia von 1756 zu glorifizieren. Er verbündete beide Monarchen im Siebenjährigen Krieg gegen Preußen.

Den Besucher Nancys fesseln zweifellos zuerst die Baudenkmale des 15. bis 18. Jahrhunderts. Aufmerksamen Beobachtern entgeht aber sicher nicht, daß an der Rue Dizier/Cours Léopold und den westlich anschließenden Straßen manchmal die Reihen der Bauten des 19. Jahrhunderts in Pseudostilen von Gebäuden eines Stils unterbrochen werden, der dem des Héré und Lamour an Originalität nicht nachsteht. Diese Zeugnisse der Art nouveau wurden von der sogenannten Ecole de Nancy angeregt. ›Schule von Nancy‹ nennt man seit 1901 eine Interessengemeinschaft von Künstlern, die den um die Jahrhundertwende grassierenden Historismus ad absurdum führen wollten. Ihre Ideen verlangten nach einem neuen, nicht mehr von Nachahmungen längst vergangener Stilrichtungen beeinflußten Leben. Sie mein-

ten, der Mensch solle sich nicht mit Falsifikaten, sondern mit originären, dem Lebensgefühl der Zeit entsprechenden materialgerechten Formen umgeben. Sie glaubten, wenn sie diese Formen aus der Natur gewönnen, sie vereinfachten und ihren Gestaltungen anpaßten, so verwirklichten sie ihre Gedanken. Damit beteiligten sie sich an ähnlichen Bestrebungen in Deutschland, Österreich und England. Nancy wurde so durch sie zu einem der Geburtsorte des internationalen Jugendstils und zu einem vorzüglichen Studienplatz für alle Freunde dieses zum ersten Mal nach dem Barock wieder kongruenten Stils. Der Interessierte kann wie kaum anderswo im *Musée de l'Ecole de Nancy* (Rue du Sergent-Blandan 36–38) die Ergebnisse eines solchen Kunstwillens an den Werken von Emile Gallé, Gebrüder Daum, Louis Majorelle, Eugène Vallin, Victor Prouvé und anderen betrachten und prüfen. Die Vielfalt der Begabungen wird sichtbar an Gläsern, Keramiken, Bronzen, Schmuck, Möbeln, Intarsien, Mosaiken, Glasmalereien, Teppichen, Skulpturen, Gemälden, Plakaten, ja in gänzlich durchgestalteten Zimmern. Die kompletten Einrichtungen zu zeigen war möglich, weil die Stadtverwaltung das Haus des Mäzens Corbin samt seiner Sammlung kaufte und 1963 als Museum eröffnete. Seitdem wird die Kollektion fortwährend ergänzt.

Dem Besucher von Nancy sei – zumal der Weg an zwei beachtlichen Sehenswürdigkeiten vorbeiführt – auch noch ein Ausflug nach dem ca. 40 Kilometer entfernten Lunéville empfohlen (s. S. 309ff.). Sein Schloß erbaute der mit seiner Wohnung in Nancy unzufriedene Herzog Léopold, und nach seinem Sohn Franz III. benutzte es auch Stanislas Leszczynski als Residenz. Er stürzte dort 59jährig am 5. 2. 1766 in einen Kamin und erlag den Verbrennungen 18 Tage später.

Man verläßt das Zentrum von Nancy über die St. Dizier, vorbei an der Porte Saint-Nicolas (Stanislas ließ sie anläßlich eines Besuches seiner Enkel, zweier Töchter Ludwigs XV., 1761 mit Bögen versehen und mit Vasen und Figurengruppen schmücken) und weiter über die Avenue de Lattre de Tassigny und die Avenue Strasbourg. Am Stadtrand trifft man dann noch einmal in der Kirche *Notre-Dame-de-Bon-Secours* auf ein bemerkenswertes

Bauwerk. René II. errichtete hier 1498 über den Gräbern der in der Schlacht von 1477 gefallenen Burgunder eine Kapelle und stiftete ihr 1505 eine Schutzmantelmadonna, ein Werk von Gauvin. Sie galt als wundertätig, so daß zum Gotteshaus bald zahlreiche Pilger wallfahrteten. Stanislas ließ die Kirche abbrechen und beauftragte Héré, an der gleichen Stelle, weitab von den Grabstätten des angestammten Herzogshauses, mit dem Bau eines Mausoleums für sich und seine Familie. Der Architekt schuf damit von 1738–41 auf ausdrücklichen Wunsch des Herzogs eine Art polnische Enklave im französischen Lothringen. Elegant verjüngt sich die schmale, von Säulen und Gesimsen bestimmte Fassade in einem Turmaufsatz. Ein Wappen des polnischen Königs und die Statuen der Schutzheiligen des Königspaares Saint-Stanislas und Saint-Katharina von Alexandrien deuten auf den besonderen Charakter der Kirche hin. Ihr Innenraum ist unüblich behandelt. Er gleicht eher dem Theatersaal eines Hofes mit Fürstenloge als einem Bethaus. Aus Stuckmarmor gefügte Rund- und Rechteckfelder kolorieren die Wände, ionische Pilaster gliedern und ein schwarzgoldener Fries und darüber eine Galerie beschließen sie. Ein Fresko der Verkündigung Mariä und deren Himmelfahrt an der Decke, jetzt einer Restaurierung dringend bedürftig, Marmormosaiken am Boden, farbig gefaßte Plastiken, Altäre mit Gemälden, Gitter, von den Türken erbeutete Fahnen – alle diese Einzelheiten füllen die Halle mit einem Farbschimmer und verleihen ihr einen festlichen Glanz. Eine Ausstattung mit solcher Wirkung war damals fremd. Festlich muten auch die im Chorraum wie auf einer Bühne angeordneten Grabmäler an. Auf dem Grabmal der Katharina Opalinska links betet die Gattin des Stanislas emphatisch zu einem Engel, der sie in den Himmel geleitet. Gegenüber ruht Stanislas auf seinem Sarkophag. Zu seinen Füßen huldigt ihm eine weibliche Figur, die Allegorie Lothringens, und neben der von einem Trauerflor umhüllten Erdkugel streckt sich Caritas ohnmächtig aus. Der Bildhauer der Ruhestätte für die Opalinska war N.-S. Adam (1749), das Monument für Stanislas Leszczynski schuf C. Vassé im Auftrag Ludwigs XV. Ebenso pathetisch schuf Vassé das Behältnis für das Herz der Marie Sophie (Tochter des polnischen Königspaares und Gemahlin des französischen Königs, 1774) daneben, und das Grab des Duc d'Ossolinski (Cousin und Haushofmeister des Stanislas) auf der linken Seite, ebenfalls von Adam, unterscheidet sich in seiner Art nicht von den anderen. Nur das wundertätige Bild der Maria im Chorscheitel ähnelt den geschönten Personendarstellungen nicht. Es verkörpert eine lothringische Frau, wie sie leibt und lebt. Mit mütterlicher Geste

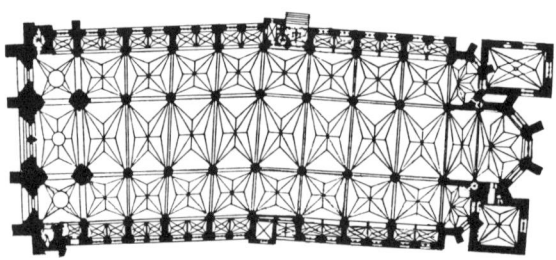

Saint-Nicolas-de-Port, Saint-Nicolas-Basilika, Grundriß

Saint-Nicolas-de-Port, 16. Jh. Kupferstich von Adam Perelle

breitet sie ihren Mantel über Bauern, Bürgern, Edelleuten, Kaiser und Papst gleichermaßen gütig aus.

Bedeutender als die Kirche am Rand von Nancy war und ist als Wallfahrerziel jedoch **Saint Nicolas-de-Port,** 12 Kilometer weiter südöstlich. Es war einmal sogar der beliebteste des ganzen Herzogtums, denn es bewahrte als Reliquie ein Fingerglied des Nikolaus von Bari, und der ist der Schutzpatron von Lothringen und Namensgeber der Kirche. Die Straße führt direkt auf die von 1481–1530 erbaute *Basilika* zu. Ihre Monumentalität – zwei 66 Meter hohe Türme, ein 32 Meter hohes Dach, die Länge von 100 Metern – läßt die Häuser ihrer Umgebung aus der Ferne verschwindend klein erscheinen. In der Nähe rücken sie eng an das Bauwerk heran, so daß man es nicht total mit einem Blick erfassen kann. Die wenigen Meter Raum vor der Westfassade zwingen deshalb das Auge in die Höhe. Die in Fialen endenden Strebepfeiler wirken perspektivisch und verstärken den schon von weitem gewonnenen Eindruck der architektonischen Größe. Leider wüteten die Revolutionäre auch hier. Sie konnten zwar der im Mittelfenster eingespannten Rose, dem wappenhaltenden Engel und der Figur des Christus Salvator unter der Balustrade nichts anhaben. Aber die Sockel unter Baldachinen an den Portalen sind ihrer Figuren beraubt. Nur eine Nikolausstatue blieb erhalten, weil sie Gläubige vergruben. Dem als Bischof dargestellten Heiligen ist eines seiner Attribute, die drei Knaben in einer Bütte, beigegeben.

Das innere der Basilika bestätigt noch einmal die außerordentliche Baugestaltung. Zehn Joche schaffen einen faszinierenden Tiefeneffekt. Der Chor mit seinen drei schmalen Fenstern hebt ihn nicht auf, sondern führt ihn ins scheinbar Unendliche fort. Dabei knickt die Achse der Flucht nach dem fünften Joch um sechs Grad ein, ohne daß diese vom Baugrund verursachte Verschiebung die Durchsicht beeinträchtigt. 25 Meter hohe Säulen (besonders beachtenswert zwei freistehende Säulen im Querschiff), die aus ihnen emporschwingenden Rippen des Sterngewölbes, das elegante Maßwerk der Fenster, das durch die das Mauerwerk

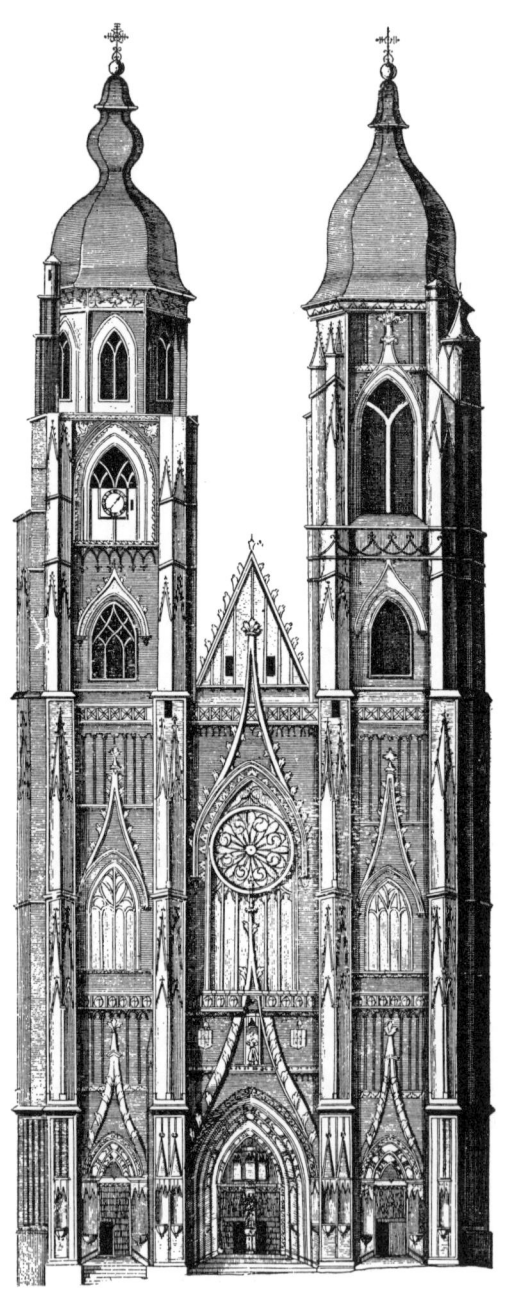

Saint-Nicolas-de-Port, Saint-Nicolas-
Basilika, 18. Jh. Stich von R. P. Benoît

auflösenden Scheiben eindringende Licht steigern diese Faszination. Solche Helligkeit war allerdings nicht von vornherein vorgesehen. Glasgemälde füllten alle Fenster aus. Die jetzigen Bilder sind nur Reste, allerdings wunderbare, der früheren Ausstattung. Ihre satten Farben vermitteln einen Eindruck der ursprünglichen, sicherlich geheimnisvollen Beleuchtung des Raumes. Die Chorfenster zeigen den hl. Nikolaus und Herzog René II. (links), eine Verkündigung, Heilige, Kirchenlehrer und Apostel, geschaffen von verschiedenen Künstlern des 16. Jahrhunderts. Im nördlichen Seitenschiff befindet sich neben Bildern aus derselben Zeit die Grisailledarstellung einer reichen Bürgerfamilie der Renaissance; in den Kapellen auch die Figuren einer Madonna mit Kind aus dem 14. Jahrhundert, einer Pietà aus dem 16. und einer Heiligen Familie aus dem 18. Jahrhundert. In der Taufkapelle außerdem ein schönes Becken und auf dem Altar ein Steinretabel mit den Aposteln und darüber, eingefügt in die Galerie, die Kreuzigung, alle ebenfalls aus dem 16. Jahrhundert. Schließlich verdienen die verbliebenen Fresken an den Säulen eine genaue Betrachtung (16. Jh.). In der Schatzkammer hat sich ein großes Wandgemälde erhalten. Hier werden zudem unter anderem das sog. ›Schiff des Kardinals von Lothringen‹ (16. Jh.), aus einer Muschel gefertigt, eine Nürnberger Arbeit, ein Kreuzreliquiar (15. Jh.), eine Reliquienbüste des St. Nikolaus (17. Jh.) und das Fingerglied des Heiligen in einem Behältnis des 19. Jahrhunderts verwahrt. Diese Reliquie raubte ein Ritter aus Varangéville am Grab des Heiligen in Bari im 11. Jahrhundert.

Varangéville liegt jenseits von Saint-Nicolas-de-Port am anderen Ufer der Meurthe, und in seiner Kirche wurde das Fingerglied während des Baues der Basilika in Port deponiert. Von diesem Gotteshaus bestehen kaum noch erkennbare Mauern in einem profanierten Gebäude. Die jetzige *Kirche* ist spätgotisch und entstand etwa in der gleichen Zeit wie die größere auf der anderen Seite des Flusses. Aber seine wohlproportionierte, allerdings niedrige Halle, mit auf Säulen und Wanddiensten ruhenden Sterngewölbe, besitzt durchaus Originalität. Eine Madonna im linken Seitenschiff ist älter als der Bau. Dagegen stammen eine bemalte Holzpietà und eine Grablegung aus dem 16. Jahrhundert. Die Außenansicht sieht wegen des flachen Daches übrigens wenig gotisch aus. Zudem verunstalten Pilaster und Simse des 18. Jahrhunderts die Westfassade mit ihrer Rosette.

Bevor der Reisende von Varangéville aus Lunéville erreicht, berührt er mit **Dombasle** noch eines der drei lothringischen Salzreviere. Die Adern liegen 50 bis 250 Meter tief und haben eine Mächtigkeit von 10 bis 20 Metern. Süßwasser spült das Steinsalz in Verdunstungsbecken, und der so gewonnene Rohstoff wird zu Soda und Chlor für die chemische Industrie verarbeitet. Die Salzlaugeseen sieht man von der Straße aus, und neben der Straße beladen Bagger fortwährend Kähne auf dem Marne-Rhein-Kanal.

Lunéville an der Mündung der Vezouze in die Meurthe zählt ungefähr 25 000 Einwohner. Offenbar leitet das Städtchen seinen Namen von einem in der Nähe gefundenen Heiligtum der römischen Mondgöttin her. Im 10. Jahrhundert war es der Hauptort einer Grafschaft, und es scheint auch danach nicht unbedeutend gewesen zu sein. Immerhin unterhielt Georges de la Tour (1593–1652) hier ein seinerzeit berühmtes Atelier. Um diese Zeit frönte Herzog Henri II. hier der Jagd. Er hatte für diesen Zweck von 1612–15 anstelle einer Burg

ein Schlößchen erbaut. Wirkliches Ansehen gewann Lunéville aber erst etwa hundert Jahre
später. Von 1703–23 ersetzte nämlich Herzog Léopold das baufällige Jagddomizil nach
Plänen von Boffrand durch ein regelrechtes Schloß. Voltaire nannte es ›lothringisches Versailles‹. Doch nicht nur der Bau, auch das Hofleben ahmte Versailles nach. Der Glanz
währte allerdings nicht lange. Der Sohn Léopolds, Franz III., nahm nach seinem Verzicht
auf Lothringen und der Vermählung mit Maria Theresia die Einrichtung mit nach Wien und
Florenz. Stanislas Leszczynski ließ das Schloß dann von Héré nach seinen Wünschen wieder
herrichten. Er füllte es erneut mit fürstlichem Gepränge. Es erlosch, als nach dem Tod des
polnischen Exkönigs das Herzogtum seine Selbständigkeit verlor. Die Stadt war noch einmal 1801 in aller Munde, als mit dem sogenannten Frieden von Lunéville die deutschen
linksrheinischen Gebiete an Frankreich gelangten. Das Schloß jedoch wurde Kavalleriekas-
serne. Heute befinden sich in seinen Räumen die Büros von Behörden und ein amüsantes
Museum mit Porträts von Mitgliedern des Herzogshauses, Wandteppichen, Fayencen einheimischer Produktion und anderen die Heimatgeschichte betreffenden Exponaten, die
militärischen eingeschlossen. An das Militär erinnert auch ein Denkmal des 1809 im Kampf
um den Donauübergang bei Wagram (Niederösterreich) gefallenen napoleonischen Husa-
rengenerals Lassalle von 1893 im Vorhof.

Das Schloß bietet eine prächtige Ansicht (Abb. 127). Seine Trakte, dem leicht ansteigenden Gelände angepaßt, bilden ein nach Westen offenes Rechteck. Rechts und links gehen die
für die Verwaltung bestimmten Flügel in höhere, als Wohnungen dienende über, und diese
wiederum verbindet ein repräsentativer, quergestellter Pavillon mit imposanter Schauseite.
Ihn durchbrechen drei bis zum ersten Stockwerk reichende Arkaden. Diese Mitte betonen
vier der Front vorgesetzte Säulen. Auf ihnen ruht ein klassizistisches Giebelfeld. Ein mit
einer Uhr und mit einer kleinen Aussichtsterrasse versehener Dachaufbau überhöht es.
Ausladende Treppenhäuser im Durchgang und an den Ecken der Seitenflügel führen in die
Gemächer. Die Gartenfassade, verbreitert durch die hier als Risalite endenden Flügel, zeigt
die gleichen Elemente. Nur an der Südseite schließt noch einmal ein großer Trakt an. Ein
Pendant gegenüber war geplant, kam aber wegen des schwierigen Baugrundes nicht zur
Ausführung, denn der Boden fällt nach dem Vezouze steil ab. Stanislas ließ am Hang ein
Parterre für automatische Figuren schaffen. Von ihnen ist nichts erhalten. Allegorische
Steinfiguren flankieren Treppen und Wege. Auch der obere Teil des Gartens ist nicht mehr
im ursprünglichen Zustand. Seine Plastiken wurden veräußert. Die Kavalleristen degradier-
ten ihn zum Exerzierplatz. Erst nach dem letzten Kriege wurde er, nach wiederholten
Zerstörungen, im Stil des 18. Jahrhunderts neu angelegt.

In den Straßen von Lunéville haben sich zahlreiche Häuser aus der Zeit des Schloßbaues
erhalten. Sie tragen dazu bei, daß sich der Ort einen Hauch vom Flair des damaligen
Residenzstädtchens bewahrt. Ganz herrschaftlich manifestiert sich dann wieder die Kirche
Saint-Jacques. Ihre Maße sprengen das Gefüge der umliegenden Gassen. Sie ersetzte eine
Klosterkirche aus dem 9. und eine Pfarrkirche aus dem 14. Jahrhundert. Franz III. begann
ihren Bau, Stanislas ließ ihn durch Héré vollenden, prunkvoll, wie es der Zeit entsprach.
Nicht bescheiden und innig betete man damals zu Gott, man feierte ihn mit Pracht, nicht

ohne dabei auch an die Verherrlichung des eigenen Fürstenhauses zu denken. So veränderte Héré die anfangs eher einfache Fassade zu einem Schaustück: zwei 50 Meter hohe, fast wie Gartenpavillons gestaltete Türme, mit einem Risalit dazwischen auf zwei Paaren ionischer Säulen, Portal und Rundfenster in Blendarkade und Giebelfeld, dem eine riesige Uhr wie eine Krone aufsitzt; Chronos, Putten, Amoretten, Kartuschen und Trophäen im Giebel, Flammenvasen und plastischer Schmuck des Portals verleihen dem Ganzen eine festliche Heiterkeit, und selbst die Statuen der Heiligen Michael und Johann Nepomuk (von B. Guibal) zählen als Turmspitzen zu dieser Dekoration. Das Innere – Vorhalle, vier kuppelförmig gewölbte Joche, Kleeblattkreuzarme und ein ebensolcher Chor mit Nebenchören – ist hell. Ionische Säulen, Pilaster und Stukkaturen nehmen die Motive der Fassade wieder auf. Doch ein Medaillon nennt auch Stanislas, und damit beginnen die Hinweise auf ihn, seine Familie und sein Heimatland in der reichen Ausstattung der Kirche. So stellen zum Beispiel Fresken den heiligen Bischof von Krakau, den Schutzpatron des Stanislas, und Katharina von Alexandrien, die Schutzpatronin der Königin, dar. Hinter der Kanzel bildet ein Gemälde den hl. Hyazinth und den Apostel Paulus ab. Anderes wiederum stellt die Verbindung zur Vergangenheit der Kirche her. Der aus Lunéville stammende Girardet malte die Taufe König Chlodwigs (Gründer des Frankenreiches) durch den hl. Remy (das Kloster der alten Kirche war von einer Abtei Saint-Remy gegründet worden). Eine Pietà und zwei Gemälde, ›Heiliger Joseph‹ und ›Heilige Familie‹, befanden sich früher in der Kirche des 14. Jahrhunderts. Auch deren Hochaltar übertrug Héré hierhin. Da die Musik zur Lobpreisung Gottes in Lunéville eine große Rolle spielte, fügte Héré eine mit musizierenden Engeln versehene Orgelempore auf goldmarmorierten Säulen in den Raum ein. Instrumente und Notenhefte in der Täfelung des Chors und auf der Innenseite des Hauptportals verweisen wiederum auf die Tonkunst. Das Chorgestühl schuf Fr. Vallier im 19. Jahrhundert (zwei Chorfenster ›Berufung und Verurteilung des Jakobus‹, ebenfalls 19. Jahrhundert). Der vor den Chor gerückte Meßaltar stammt aus heutiger Zeit. Benediktinerinnen aus Clairvaux applizierten die Symbole der vier Evangelisten auf sein Antependium. – Beeindruckt von der Fülle, verläßt der Besucher schließlich Saint-Jacques. Dabei stößt er rechts neben dem Ausgang noch einmal auf ein *Denkmal für Stanislas Leszczynski*, auf eine Urne, die Bürger ihm nach seinem Tode widmeten. Sie soll Eingeweide des zum Herzog gewordenen Königs bergen. Da der politisch ohnmächtige Mann als Mäzen bewunderungswürdige Bau- und andere Kunstwerke inspirierte und damit das Erscheinungsbild des Landes wesentlich mitprägte, gedenkt der Tourist vor diesem Gefäß vielleicht seiner und seiner humanen Taten sozusagen zum Abschied von Nancy und dessen Umgebung.

In den Vogesen

Um dem Lauf der Mosel weiter bergwärts zu folgen, verläßt der Autoreisende Toul durch die Porte de la Moselle auf der Straße nach Nancy, zweigt aber nach kurzer Zeit rechts auf die schmale D 909 ab. Sie steigt aus der Ebene zum etwa 350 Meter hoch gelegenen **Villey-le-Sec**, einem unscheinbaren Dorf, an. Doch beim näheren Zusehen bemerkt man, daß der Ort so nichtssagend auch wieder nicht ist, denn er ist in ein riesiges Fort vom Ende des 19. Jahrhunderts integriert. An Sommer-, Sonn- und Feiertagen finden Besichtigungen statt. Sie dauern jeweils drei Stunden, und dabei feuern Geschütze und Maschinengewehre mit Übungsmunition aus Panzertürmen. Ein Museum in den Kammern informiert über französische und deutsche Befestigungssysteme.

Danach verläuft die Straße hoch über der im engen Tal fließenden Mosel und dem sie hier begleitenden Kanal d'Est nach **Pont-Saint-Vincent**. Industrieanlagen verunstalten den alten Ort, und der hier mündende Madon, die Mosel und der Kanal vereinigen sich zu einem verwirrenden Gewässer. Immerhin, die Moselbrücke wurde 1752 von Héré geplant, und die Kirche *Saint-Julien* am Hang des Barbarahügels stammt aus dem 15. Jahrhundert und enthält sehenswerte Skulpturen dieses und des 16. Jahrhunderts.

Die jetzt als D 115 bezeichnete Straße trifft nach Pont-Saint-Vincent alsbald auf die N 57. Auf ihr erreicht man neben dem von Baumreihen gesäumten Kanal und der etwas weiter entfernt fließenden Mosel nach 25 Kilometern **Bayon**. Hier lohnt sich eine Rast wegen der Plastiken in der als Bau bedeutungslosen *Kirche* von 1884. Vor allem die ›Grablegung Christi‹ ist einer aufmerksamen Betrachtung wert. Der Metzger Petit Pain stiftete sie 1515 und ließ seine Initialien und die Zeichen seiner Zunft, Beil und Messer, einmeißeln. Auch die hl. Margarethe mit dem Drachen, ein St. Rochus und ein ikonographisch interessanter, weil selten so dargestellter Gnadenstuhl (den toten Leib Christi umfängt ein aufrecht stehender Gottvater) sind von hoher Qualität. Alle Skulpturen schufen wahrscheinlich Bildhauer einer burgundischen Werkstatt. Außer ihnen verdient noch eine Pietà des 15. Jahrhunderts Beachtung.

Für die einstige hohe Kultur des Landstriches sprechen zudem zwei Baudenkmale in der Umgebung. Vier Kilometer östlich liegt auf der Anhöhe über einem Wiesenbach die *Kirche* des Dörfchens **Froville**, vom gotischen Maßwerkportal und gotischen Chor abgesehen rein romanisch. Der nackte Stein, die gedrungenen Säulen und Pfeiler, die blockhaften Kapitelle daran und die Flachdecke darüber vermitteln Monumentalität, obwohl die Maße dem

Eindruck eigentlich entgegenstehen. – Das andere Denkmal ist *Schloß Haroué*, ebenfalls von einem Dorf umgeben, und nach zehn Kilometern in westlicher Richtung von Bayon erreichbar. Ein Fürst de Beauvau-Craon ließ am Anfang des 18. Jahrhunderts eine mittelalterliche Wasserburg von G. Boffrand in das Chateau umwandeln, von J. Lamour das schmiedeeiserne Tor und Brückengeländer und von B. Guibal die Figuren im Garten aufstellen. Dabei berücksichtigte der Architekt die Struktur der alten Anlage. Vier runde Ecktürme und die vom Madon durchflossenen Gräben bezeugen noch Wehrhaftigkeit, doch Boffrand fügte barocke Eleganz hinzu. Seitenflügel mit Kolonnaden und viereckigen Pavillons bilden einen Ehrenhof, und eine Allee endet über einer von Torhäusern flankierten Brücke vor dem Risalit des Hauptgebäudes. Seine Gliederung spiegelte noch einmal das Säulenmotiv der Flügel und ragt mit seinem Wappengiebel über das Dachgesims hinaus. Die Gartenfront korrespondiert mit einer Risalitgestaltung aus Säulen und Pilastern. Brücke und Treppe geleiten zum Parterre und in einen Park mit riesenhaften Bäumen, die auf rond-points zulaufende Wege durchkreuzen. – In der Burg wurde der Marschall und Freund des französischen Königs Henri IV., François de Bassompierre, 1579 geboren. Richelieu ließ ihn im Zuge seiner Aktionen gegen aufbegehrende Mitglieder der Aristokratie in die Bastille werfen, und dort schrieb er seine als Sittenschilderung berühmt gewordenen Memoiren. Goethe und Hofmannsthal verwandten daraus eine Episode für Erzählungen einer aufregenden Liebesgeschichte des Marschalls mit einer pestkranken Schönen. Das Schloß aber bewohnen noch immer Angehörige der Familie Beauvau. Sie öffnen ihre historischen Suiten mit Möbeln aus der Zeit König Ludwigs XIII. (1755–1824), Gobelins, chinesischem Salon und Porträtgalerie für Besucher an Sonn- und Feiertagen zwischen Ostern und Allerheiligen.

Nach Bayon zurückgekehrt, folgt der Autoreisende der Mosel bergwärts besser nicht mehr am linken, sondern am rechten Ufer. Die stille Nebenstraße berührt eine liebliche Auenlandschaft. Gelegentlich macht sie den Eindruck eines gepflegten englischen Parks. Weiden-, Pappel- und Birkengruppen beleben sie, auf den Wiesen grasen Rinder. Die Ortschaften haben ihren dörflichen Charakter unangetastet bewahrt. In ihnen findet man noch vielfach die typischen lothringischen Häuser aus Bruchstein, fast flach mit Ziegeln gedeckt, mit wenigen kleinen Fenstern und mit der Einfahrt zum Hof und Türen zu den Stallungen und in der Straßenflucht gegeneinander versetzt. Zwischen Wänden und Fahrbahnen bleibt noch Platz für Pflüge, Eggen, Traktoren und einen Brennholzstapel. In einem solchen Haus in **Chamagne** ist 1600 der Maler Claude Gellé geboren (Besichtigung möglich). Er war der Sohn eines kleinen Handwerkers, der nach Rom ausriß. Dort lernte er bei einem Landschaftsmaler das Zeichnen. Zwischendurch studierte er bei einem anderen in Neapel. Er soll auch als Pastetenbäcker in Genua gearbeitet und den Blätterteig erfunden haben. 1635 kehrte er als Gehilfe eines Freskenmalers nach Nancy zurück. Doch in seiner vom Kriege gebeutelten Heimat sah er keine Zukunft. Er kehrte bald wieder nach Rom zurück und entwickelte seinen eigenen Stil. Als Reaktion auf die Wirren in Lothringen malte er, oft im Auftrage von Päpsten und Kardinälen, nachempfundene antike Architekturen in idealisierten Landschaften, ein vom goldenen Licht verklärtes Arkadien. Er starb 1682 in

Rom. Seine Werke hängen jetzt in großen Sammlungen in aller Welt, aber auch im Musée Departemental des Vosges in Épinal. Seine italienischen Kollegen nannten ihn ›Le Lorrain‹, den Lothringer, und mit diesem Namen ging er in die Kunstgeschichte ein.

Nach Chamagne wechselt man in **Charmes** über Fluß und Kanal wieder auf die N 57. Das 6000 Einwohner zählende Städtchen, im Ersten und Zweiten Weltkrieg in der Frontlinie gelegen, wurde 1944 stark zerstört. An wenigen Fassadendetails, besonders am noch jetzt noblen *Maison des Loupes* (1537, wegen seiner Wasserspeier so genannt), kann man sich den früheren Charme von Charmes vorstellen. Das einstige Flair reflektieren auch die ehemalige Friedhofskapelle *Notre-Dame-de-Grâces* (15. Jh., Muttergottes 14. Jh. und Pietà 16. Jh.) und die Pfarrkirche *Saint-Nicolas*. Leider beeinflußt ein scheußlicher Glockenturm mit unangemessen stilisierten Heiligenfiguren aus Beton (1955, von Rucky) das äußere Bild von Saint-Nicolas. Innen aber erweist sich der Bau als unbeschädigte, strenge, kreuzgratgewölbte, gotische Basilika mit polygonalem Chor und angesetzten Kapellen aus dem 16. Jahrhundert. In den Kapellen sind ein Taufbecken, Grabplatten einheimischer Familien, ein Kreuzigungsrelief und auf einem Altar die farbig gefaßte Gruppe des hl. Joseph mit dem Sohn an der Hand, rührend in der Zuwendung des Vaters zum Kind (18. Jh.), zu sehen. In einer Nische am nördlichen Seitenschiff das Fragment eines Heiligen Grabes von 1416. – Als Kostbarkeit offenbart sich die St. Hubertus geweihte Kapelle der de Savigny, ebenfalls am nördlichen Seitenschiff. Eine Arkade, zwei von Pfeilern aufschwingende, in der Mitte aber freischwebende Bögen öffnen sie, und von einem Dienst wachsen die Rippen wie aus einer Blüte ins Gewölbe. Aus ähnlichen Gebilden streben die Rippen auch innen zu wappenverzierten Schlußsteinen auf. Pfeiler und Rundungen überzieht ausnehmend feines Dekor, schmückt auch die Pilaster der Vertiefung der rechten Wand für eine Pietà des 15. Jahrhunderts. Noch üppiger, durch Trophäen und Medaillons bereichert, umrahmt es das Hochrelief eines überlebensgroßen und kraftstrotzenden Christophorus. St. Christoph war der Namensheilige des Vaters der Bassompierre aus Haroué und der Bruder des Marschalls stiftete das Bildwerk um 1600. Zwei hervorragende Scheiben eines Fensters von 1493 symbolisieren zudem eindrucksvoll Leben und Tod. Um der Einheitlichkeit willen verschönern nicht weniger detailreiche Renaissancereliefs auch außen die Stützen der Kapelle. – Charmes-sur-Moselle ist der Geburtsort des leidenschaftlich patriotisch, wenn nicht chauvinistisch schreibenden und in Frankreich verehrten Dichters Maurice Barrês (1862–1923). Wütend über die Eroberung des Landes durch die Deutschen und in seinem Nationalstolz gekränkt, forderte er Rückeroberung und Revanche. Er liegt auf dem Friedhof des Städtchens begraben. Vor dem Rathaus erinnern ein Denkmal und an der Straße nach Épinal sein Vaterhaus noch an ihn.

Rund 23 Kilometer weiter südlich, im Vorort von Épinal, **Golbey**, trennt sich der *Canal de l'Est* von der Mosel, neben der er bisher, oft nur durch eine Wiese von ihrem Bett getrennt, oberhalb am Hang floß. Der Kanal verbindet jetzt über Staustufen die Mosel mit der Saône. Sie mündet bei Lyon in die Rhône, und so stellt der Kanal eine Schiffsverbindung zwischen Lothringen und dem Mittelmeer her. Der Marne-Rhein-Kanal verlängert sie mit seinem Anschluß an die Mosel bei Toul sogar bis zum Rhein und über ihn bis zur Nordsee.

Épinal, Burg, 1626. Detail der Stadtansicht von Nicolas Bellot

Im 43 000 Einwohner zählenden **Épinal** residiert der Präfekt des Departements Vosges. Am Fuße der Vogesen, unterhalb einer Burg der Metzer Bischöfe, entstand die Stadt im 10. Jahrhundert am rechten Ufer und breitete sich später über eine von zwei Flußarmen umfangene Insel auch zum linken aus. Reste des festen, von den Truppen Ludwigs XIV. 1670 im Kampf gegen Österreich geschleiften Schlosses sind im *Parc du Chateau* von Buschwerk zugewachsen. Das Gelände auf diesem Bergsporn mit Spielplätzen und einem kleinen Zoo frequentieren die Bürger heute als Naherholungsgebiet. – Von dort oben überschaut man die ganze Stadt und gewinnt einen instruktiven Überblick der verschiedenen Bauphasen der Basilika *Saint-Maurice*. Sie war die Kirche eines aus einem 970 gegründeten Benediktinerinnenkloster hervorgegangenen Damenstifts. Die Vorgängerin der Kirche aus dem 11./12. Jahrhundert brannte ab. Der im 13. Jahrhundert begonnene jetzige Bau ummantelte damals den Westturm, bezog das Querhaus mit dem flankierenden Rundturm am Nordarm und Teile erhaltenen Mauerwerks ein, fügte im 14. Jahrhundert eine Choranlage mit drei Apsiden und im 15. Jahrundert den Turm an der Südseite des Querschiffes und die Vorhalle an der Nordseite an. Im 19. Jahrhundert wurde der Bau durch neugotische Kapelle und Sakristei ergänzt. Bei einem Rundgang entdeckt man eine spätromanische Pforte, die zu Resten des Kreuzganges führt, eine klar gegliederte Chorpartie und das sogenannte Bürgerportal in einer tief gewölbten Halle.

An seiner erhaltenen Madonnenfigur kann man die Güte der abgeschlagenen Reliefs im Tympanon und Archivolten und die der zerstörten Statuen in den Gewänden ermessen

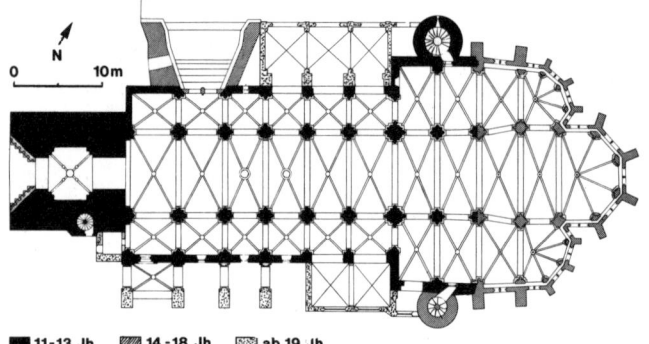

Épinal, Saint-Maurice,
Längsschnitt und
Grundriß

■ 11.- 13. Jh. ▨ 14.-18. Jh. ▨ ab 19. Jh.

(Farbt. 34). Am meisten imponiert jedoch der Block des Glockenturms (Abb. 128). Er sieht aus, als gehöre er eher zu einer Befestigung als zu einem Gotteshaus. Über einen Wehrgang ragt der Turm des 12. Jahrhunderts aus der späteren Ummantelung. Unglücklicherweise brach man um 1843 mit einem neoromanischen Portal die Mauer auf und raubte dem Belfried seine ursprüngliche Kraft. Die frühgotischen Baumeister dagegen antworteten ihr noch. Sie verstanden es im Innern, sie mit mächtigen kreuzförmigen Pfeilern, mit der strengen Wandgliederung, mit Arkaden – Triforium – Obergaden des Mittelschiffs und dem von Rundgurten getragenen Gewölbe, den niedrigeren Seitenschiffen mit ebensolchen wuchtigen Pfeilern zu belassen. Sie verbanden das auswuchtende Querschiff logisch mit dem Mittelschiff, obwohl die Gewölbe den Raum des einen gegenüber dem anderen um vier Meter erhöhen. Und auch die Baumeister des 14. Jahrhunderts störten den Raumeindruck nicht. Sie führten die Fluchtlinien fort, indem sie zum Beispiel an einem Laufgang ihres Chores die Maßwerkbrüstungen der Querhausemporen wiederholten. In der vom Goldton des Steines und den Farben der Fenster erzeugten Dämmerung entsteht bei Durchblicken von den Seitenschiffen ins Mittelschiff, Querschiff und Chor – durch die Überschneidungen der verschiedenen Teile – die Impression einer raffinierten Einheit des Baukörpers. – Kapellen und Seitenchöre bewahren unter anderem einen ausdrucksvollen Schmerzensmann

(16. Jh.), eine Jungfrau mit dem Kind (14. Jh.), eine ›schöne‹ Madonna mit anmutigem Hüftschwung und reichem Faltenwurf (15. Jh.), ein Heiliges Grab vom Typ ›Pont-à-Mousson‹ (1479) und Schreine des 18. Jahrhunderts mit Reliquien der Heiligen Goëry (Patron der Stadt), Maurice (Märtyrer der Thebäischen Legion) und Anger (Eremit der Region). – Verläßt man Saint-Maurice durch das Bürgerportal, gelangt man auf den alten Marktplatz, die *Place des Vosges.* Sie ist von Arkadenhäusern aus der Barockzeit und einem Renaissancebau mit Erker umgeben; auf dem Platz sprudelt eine Fontäne des 18. Jahrhunderts. In derselben Zeit wurde auch das Rathaus in der nahen Rue Leclerc errichtet.

Die zweite Hauptsehenswürdigkeit Épinals neben Saint-Maurice ist das *Musée Departemental des Vosges* mit dem *Musée International d'Imagerie* an der Südspitze der Moselinsel. Es bewahrt seit 1822, auf Privatsammlungen gestützt, Funde aus der Eisen-, Bronze-, gallorömischen und merowingischen Zeit und Kunstwerke der späteren Epochen. Eine Gemäldegalerie zeigt Werke von so berühmten europäischen Malern wie Tiepolo, Rembrandt, Boucher, Guardi, Fragonard, de la Tour, Le Lorrain und anderen. 1951 wurde das Bilderbogenmuseum angegliedert, und das ist nun eine echte Spezialität der Stadt.

Bilderbogen wurden ursprünglich von in Holz geschnittenen Druckstöcken abgezogen, mittels Schablonen handkoloriert und von reisenden Händlern weit bis in die Dörfer verkauft. Sie waren so beliebt wie heute Zeitschriften. Sie unterhielten in naiver Manier mit Darstellungen von Märchen und Legenden, Illustrationen zu Volksliedern, berühmten Liebespaaren und Helden, mit Szenen aus dem Alltag. Sie belehrten mit Bildern von fremden Tieren und Menschen, unterrichteten über Heiligenleben, vermittelten aber auch Kenntnisse von aktuellen Begebenheiten wie Naturkatastrophen, Unglücksfällen und Kriegsereignissen. Nicht zuletzt machten sie politische Propaganda. So verursachten sie den in Frankreich und anderen Ländern Europas weit verbreiteten Napoleonkult, indem sie die Taten des Kaisers verherrlichten, oder sie weckten Abscheu vor dem Feind, indem sie 1870/71 Greueltaten deutscher Soldaten vor Augen führten. Es gab kaum ein Thema bis hin zu Serien für Kinder, dem sich die Holzschneider und später die Steindrucker nicht widmeten.

Zum führenden Unternehmen stieg zu Anfang des vorigen Jahrhunderts die Druckerei Pellerin in Épinal auf. Zeitweise beschäftigte sie mehr als hundert Arbeiter, unter anderem auch Kinder, die schwarze Abzüge flink mit Farben austuschen konnten. Verschiedene Angehörige der Familie Pellerin wurden wegen veränderter politischer Verhältnisse angeklagt, verhaftet und ins Gefängnis gesteckt. Der Vertrieb ihrer Erzeugnisse wurde von den wechselnden Machthabern manchmal verboten, andere dagegen besuchten die Offizin und zeichneten den Inhaber mit Orden aus. Das normale Geschäft blühte bis zum Ersten Weltkrieg. Doch schon 1901 begannen die Pellerins, ihre Bilderbögen von alten Originalstöcken für Sammler abzuziehen. Sammler begehrten sie mehr und mehr, so daß um 1920 sich auch der Absatz dieser Drucke lohnte. Er lohnt sich immer noch. Die Imagerie Pellerin arbeitet in einem Hinterhof (42, Quai de Dogneville; schwer zu finden, Eingang neben Tankstelle). Man kann sie besuchen und eine Bildschneiderwerkstatt mit Druck-, Lithographie- und Koloriermaschinen besichtigen, beim Handkolorieren zuschauen und die von der Imagerie hergestellten Blätter erwerben.

*Épinal, alte Holz-
schnitte der Imagerie
Pellerin, ›Le grand
diable d'argent‹*

In Épinal kann der Reisende wieder zwei Strecken für seine Weiterfahrt wählen. Die kleinere Straße am Hang des rechten Moselufers führt ihn noch einmal durch von Obstgärten begleitete Dörfer am Rand einer lieblichen Auenlandschaft entlang. In der Nähe von **Archettes** fällt eine interessante Felsformation auf, ein von Flußkieseln durchsetztes Sandsteinkonglomerat. Auf der N 57 zweigt bei **Dinozé** ein Weg auf die Höhe zu einem Soldatenfriedhof ab. Dort im Wald schufen die Amerikaner eine Anlage für 5255 Gefallene ihrer Offensive 1944/45. Alsbald überquert die Straße die Endmoräne des Moselgletschers, und das weite *Becken von Remiremont* breitet sich aus, fast gänzlich ausgefüllt von der Stadt.

›Le grand Saint Lundi‹

Remiremont hat ungefähr 12 000 Einwohner. Sie leben von der Textil-, Holz-, Papier- und Metallindustrie. Da man die Fabriken aber kaum bemerkt und zudem die waldreiche Umgebung besticht, leben sie auch vom Fremdenverkehr. Der beliebte Ferienort nennt sich ›la coquette des Vosges‹. Die Besucher spazieren unter den Arkaden der Rue Charles de Gaulle (Abb. 132), kaufen dort ein, probieren in einem Café vorzügliche Patisserien oder betrachten kunstvolle Brunnen. Am Anfang dieser Hauptstraße erinnert das Denkmal eines Freiwilligen an die Opfer, die das Vogesen-Departement in der Revolution von 1792 brachte (aus diesem Grund erhielt auch ein Platz in Paris den Namen ›Place des Vosges‹). – Seinen Namen verdankt Remiremont freilich einem Heiligen. Sankt Romaicus, ein Franke, gründete 620 in den Ruinen eines römischen Kastells auf einem nahegelegenen Berg ein Doppelkloster, und nach dem Mont des Romerich nannte man die Stadt Remiremont. Heute trägt diese Erhebung den Namen Saint-Mont, sprich: heiliger Berg. Dem Mönchskonvent gehörten nämlich eine ganze Reihe von heiliggesprochenen Männern an, eine Zeitlang auch Arnulf, jener fränkische Hausmeier, Bischof von Metz und Stammvater der Karolinger. Er zog sich dorthin zurück, starb dort und wurde dort begraben, ehe man ihn in der St. Arnulf-Kirche zu Metz beisetzte. Auch Karl der Große und Ludwig der Fromme besuchten das Kloster gern auf Jagdausflügen. Das verhinderte jedoch nicht, daß sich die Mönchsabtei auflöste. Die Nonnen dagegen verlegten 818 ihre Abtei ins Tal und benutzten zunächst die Räumlichkeiten einer karolingischen Pfalz. Um sie entstand die erste Siedlung. Papst Leo IX., vorher Bischof von Toul, weihte 1049 die Klosterkirche. Im 13. Jahrhundert wurde das Kloster in ein reichsunmittelbares adliges Damenstift umgewandelt. Es hing vom deutschen Kaiser direkt ab, wurde von ihm belehnt. Seine Äbtissinnen mußten dem Hochadel angehören, stammten oft aus königlichen Häusern und waren Reichsfürstinnen. Der Papst weihte sie persönlich. Das Stift übte die niedere und die hohe Gerichtsbarkeit aus, bezog Einkünfte aus zahlreichen Besitztümern, und die Bauern von 80 Dörfern lieferten ihre Abgaben an den Konvent. Er unterhielt sogar eine Kompanie Soldaten. Herzog Charles III., dem die Reichsunmittelbarkeit des Stiftes ein Dorn im Auge war, besiegte es zwar 1564, aber trotzdem mußte er die Privilegien der Damen bestätigen. Als während des Dreißigjährigen Krieges die Truppen des französischen Königs Remiremont einzunehmen versuchten, schlug sie das Detachement und die Bevölkerung 1638 gemeinsam zurück. Die Kanonissinnen waren couragierte Frauen, und sie lebten nicht übermäßig fromm. Seit dem 17. Jahrhundert bewohnten sie mit ihrer Dienerschaft noble Häuser, um das Palais der Äbtissin und gingen lässig ihren religiösen Pflichten nach. Sie legten ihre Gelübde nur auf Zeit ab, so daß sie später heiraten konnten. – Ein Abglanz dieser Epoche scheint am heutigen Stiftsbezirk noch auf. An den Häusern der *Place des Mesdames* aus dem 18. Jahrhundert läßt sich die Vornehmheit ihrer Bewohnerinnen ablesen und erst recht am *Palais der Äbtissin*. Es ist das Schloß einer Fürstin und repräsentiert Pracht und herrschaftliche Lebensart. J. N. Jenesson erbaute es 1752 für Anna Charlotte von Lothringen. Sie war die Schwester des Herzogs Franz III. Stephan, der als Gatte Maria Theresias deutscher Kaiser wurde, und die 63. Äbtissin. Der Gebäudekomplex, heute Rathaus und Gericht, flankiert mit seinen Vorderfronten die Kirche, schließt sich aber hinter ihr in einem Garten in stumpfem Winkel zu einer

Front zusammen. Revolutionäre vertrieben 1790 die Kanonissinnen. Kein Wunder, ihre letzte Vorsteherin war von königlichem Geblüt, eine de Bourbon-Condé. – Die ehemalige Abteikirche diente fortan als Pfarrkirche *Notre-Dame*. Vom ersten Gotteshaus aus dem 11. Jahrhundert besteht noch die über Säulen mit Würfelkapitellen gewölbte dreischiffige Krypta (in der Apsis eine Sitzmadonna, 15. Jh., im linken Nebenraum Fresken aus derselben Zeit). Auf ihr ruht der Chor eines um 1300 entstandenen Neubaus mit seinen kurzen, dreijochigen Mittel- und Seitenschiffen und das Querhaus. Die Nordseite des Querhauses öffnet seit dem 14. Jahrhundert ein Portal mit jetzt verstümmelten Gewändefiguren. Eine Vorhalle (Renaissancedekor, 16. Jh.) schirmt es ab. Innen paßte J. Drouin von 1616–23 für fünf Schreine mit den Reliquien des Romerich und anderer Heiliger eine dekorative Altarwand aus schwarzem und weißem Marmor vor dem Polygon im schmal aufsteigenden gotischen Raum ein. Besonders verehren die Gläubigen aber eine gekrönte Madonna mit Kind aus dem 11. Jahrhundert in einer Nische der südlichen Chorwand (Abb. 131). Rokokogitter und Rokokogewand verhüllen die Figur allerdings fast bis zur Unkenntlichkeit. Einem ›on dit‹ zufolge schenkte sie Karl der Große dem Kloster. Beachtlich auch der thronende St. Nikolaus aus dem 15. Jahrhundert im südlichen Querarm.

Vorzügliche lothringische Skulpturen aus dem 15. und 16. Jahrhundert und Gemälde, z. B. von Callot, Goya, Boucher und anderen besitzen das *Städtische Museum* (70, rue de Gaulle) und das *Museum Charles-Friry* (12, rue Général Humbert). Beide basieren auf Kollektionen kenntnisreicher Sammler. In beiden vermitteln Einrichtungs- und Erinnerungsstücke aus dem Äbtissinnenpalais und Wohnhäusern der Adligen eine Ahnung vom aufwendigen Lebensstil der Stiftsdamen.

Zu ihren Gewohnheiten gehörten auch Fahrten nach **Plombières-les-Bains** im engen Augronne-Tal unweit von Remiremont. Hier ließen sich die adligen Frauen von 1733–36 ein (eigenes) Haus erbauen und über der Tür das Motto anbringen: »Sie streben nach Gesundheit, um sich dem Dienst Gottes zu weihen.« Mit diesem jetzigen ›Bain Stanislas‹ beginnt die Straße der Bäder und eleganten Quartiere, denn Plombières war jahrhundertelang Kurort der vornehmen Gesellschaft und ist es heute noch, wenn auch für keine besondere Gesellschaftsschicht mehr. Heiße radioaktive Quellen helfen gegen Erkrankungen des Verdauungstraktes, bei Rheumatismus und neurologischen Leiden. Schon die Römer nutzten die Heilkraft des Wassers, und Reste ihrer Anlagen aus dem 2. Jahrhundert sind in jenem Stanislasbad und an der *Place du Bain Romain* zu besichtigen. Die Römerbäder wurden in der Zeit der Völkerwanderung zerstört und danach vergessen. Nach ihrer Wiederentdeckung im Mittelalter aber suchten viele berühmte Persönlichkeiten, zum Beispiel die lothringischen Herzöge, das Heilbad auf. Montaigne kurierte hier ein Nierenleiden und beschrieb ausführlich das Badeleben in seinem Tagebuch. Im 18. Jahrhundert, besonders gefördert durch Stanislas Leszczynski, und im 19. Jahrhundert, protegiert vom französischen Kaiser- und Königshaus, kam das Städtchen ausgesprochen in Mode. Richelieu, Voltaire, Kardinal Rohan, Beaumarchais, Lamartin, de Musset, Delacroix und Berlioz waren hier Gäste. Die Prinzessin Christine von Sachsen weilte zweimal, Kaiserin Josephine, die Gemahlin Napoleons, viermal in Plombières. Stanislas errichtete 1762 für einen Aufenthalt seiner Enkelkinder das *Arkadenhaus* (16, rue Stanislaus). Napoleon I. erbaute beim Römerbad das *Bain National* im Empirestil und Napoleon III. beim Kurhaus eine andere Therme. Napoleon III. traf hier, im Juli 1858, mit dem italienischen Ministerpräsidenten Cavour zusammen und versprach ihm Hilfe gegen Österreich, das über Teile Italiens herrschte. Der Preis war die Abtretung Savoyens und Nizzas an Frankreich. – Das Bäderviertel endet in einem Park mit Teichen und botanischen Seltenheiten. Er wurde in späterer Zeit angelegt und bereichert die altertümliche Atmosphäre dieses ehemaligen Weltbades.

Von Remiremont aus sind es noch etwa 40 Kilometer bis zur Moselquelle am Col du Bussang. Das Tal wird jetzt immer schmaler. Das glasklare Wasser des Flusses springt über Steine und gräbt sich durch Moränengeröll. Ulmen, Erlen, Eschen und Weidengebüsch säumen die Ufer. Die Berge rücken immer näher. An ihren Hängen ziehen sich die typischen Einzelhäuser der Vogesenbauern aus Stein, weiß getüncht, an Giebel und Wetterfront mit grauen Brettern verkleidet und Wohnräume, Stall und Scheune unter einem Dach, weit hinauf. Sie stehen mit der Breitseite zur Böschung, und wegen dieser Lage führen Rampen in ihre Obergeschosse.

Die kleinen Orte – etwa **Le Thillot** oder **Saint-Maurice-sur-Moselle** (Straßen zum *Ballon d'Alsace,* zum *Großen Belchen,* 1250 m, und zum *Tête du Rouge Gazon* und *Tête des Perches,* Gipfel nur über Fußwege erreichbar) – sind beliebte Sommerfrischen. Nadelwälder umgeben sie. Auf den Hochweiden blühen schon Alpenblumen. Der Reisende, der sich am 24. Juni in der Gegend aufhält, kann überall auf den Höhen die Johannisfeuer brennen sehen.

Auch das 2000 Einwohner zählende **Bussang** zu Füßen des *Petit Drumont* (1200 m) ist ein solcher Ort. Zudem bietet er ein eisenhaltiges Mineralwasser für Trinkkuren an. Am Rand des Dorfes zweigt eine kleine Straße von der Route Nationale direkt zur *Moselquelle* ab, und bevor dieser Weg wieder auf die N 66 stößt, tritt das Wasser aus der Lehne des Berges aus. Es sprudelt aus einer Vogesengranitwand in ein Becken und rinnt in einer steingefaßten Furche über ein Plätzchen, ehe es ungehindert zu Tal springt (Farbt. 38). In die Mauer eingelassene Bronze zeichnet den 544,5 Kilometer langen verschlungenen Flußlauf nach, einen Verlauf sozusagen vom Rhein zum Rhein. – Der *Bussang-Paß,* 300 Meter oberhalb der Quelle, bildet den Übergang von Lothringen ins Elsaß und ins Oberrheinbecken bei Mülhausen am nur etwa 30 Kilometer entfernten Strom. Von der Kuppe des Drumont bietet sich ein herrlicher Ausblick auf die Ebene im Osten, die Berge der Hochvogesen und das Moseltal nach Westen, ein Blick also zugleich auf ›Vater Rhein‹ und seine junge ›Tochter Mosella‹.

Glossar

Akanthusfries Den gezähnten Blättern des Akanthusstrauches nachgebildeter Ornamentstreifen

Allegorien Umsetzung von Begriffen in bildliche Darstellungen

Apsis Überwölbter, zum Hauptraum sich öffnender Gebäudeteil auf rundem, rechteckigem oder vieleckigem Grundriß (Chorhaupt)

Arabeske Ornamentale Pflanzenranke

Archivolte Plastischer Bogen über Portalen, meist verziert

Attika Wandstück über einem Hauptgesims, oft Bekrönung einer Bogenreihe oder Verdeckung eines Dachansatzes

Attribut Erkennungszeichen dargestellter Personen oder Heiliger; Herrscherzeichen

Balneologie Bäderkunde

Balustrade Brüstung oder Geländer mit profilierten Säulchen

Basilika Kirche, dessen Mittelschiff breiter und höher ist als die Seitenschiffe

Corpus Körper

Diatretglas Spätrömisches, becherförmiges Luxusglas mit flechtwerkartiger Verzierung, die nur durch Stege mit der Glaswand verbunden ist

Eklektizismus Unschöpferisches, nachahmendes Schaffen

Epitaph Gedenkstein für Tote mit figürlicher Darstellung der Verstorbenen und Inschriften; an Wänden oder Pfeilern von Kirchen aufgestellt

Erosion Abtragung verwitterten Gesteinsmaterials durch Wasser

Fiale Schlanke, turmartige Bekrönung; gotisches Ziermotiv an Strebepfeilern und Ziergiebeln

Flammwerk (flamboyant) Fischblasenmaßwerk der Spätgotik; in seiner gestreckten Form an eine Flamme erinnernd

Basilika, Grundriß 1 Westwerk 2 Langhaus: Haupt- und Seitenschiffe 3 Joche 4 Querschiff 5 Vierung 6 Chor 7 Apsis

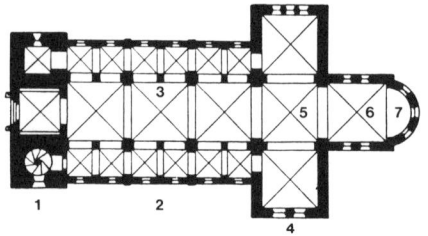

Gnadenstuhl Darstellung der heiligen Dreifaltigkeit; der thronende Gottvater hält das Kruzifix vor sich oder den Leichnam Christi auf seinem Schoß, darüber die Taube des Heiligen Geistes

Graduale Die Choralmeßgesänge enthaltendes Buch

Grisaille Malerei grau in grau

Ikonographie Lehre von Inhalt und der Bedeutung von Kunstwerken

Immaculata Darstellung der unbefleckten Gottesmutter; auf Mondsichel über der Erde schwebend und mit Reinheitssymbolen

Immunität Dom- oder Klosterbezirke; oft ummauert, mit eigener Gerichtsbarkeit

Inkrustation Dekorative Verkleidung von Böden und Wänden, oft aus verschiedenfarbigem Marmor

Joch Architektonische Raumeinheit auf rechteckigem Grundriß und begrenzt durch Gewölbeabschnitte, Säulen oder Pfeiler und Wandteile

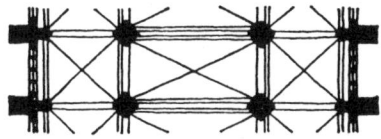

Kalvarienberg Prozessions- oder Andachtsweg mit die Passion Christi darstellenden Bildwerken (Stationen)

Kapitell Ausladender Abschluß einer Säule, eines Pfeilers oder eines Pilasters zwischen Stütze und Last eines Gewölbes oder Gebälks

Karyadite Weibliche Figur, die anstelle einer Säule das Gebälk trägt

Katarakt Wasserfall

Kellnerei Sitz eines kurtrierischen Amtes

Konglomerat Abgerundete, verfestigte Gesteinstrümmer

konsekriert geweiht

Kribbe Buhne, ins Wasser ragender Uferschutzdamm

Krüppelwalm Satteldach mit angeschrägter Giebelspitze

Lettner Chorschranke, trennt in mittelalterlichen Kirchen den Klerikerchor vom Kirchenschiff für Laien

Lichtgaden, Obergaden Die die Seitenschiffe überragenden Wände des Mittelschiffs mit Fenstern in Basiliken

Lisene Der senkrechte, wenig vor die Wand gesetzte Mauerstreifen ohne Basis und Kapitell; dient der Gliederung der Wände

Mäander Windungen, Schlingen; nach dem kurvenreichen, türkischen Fluß Menderes

Maßwerk Mit dem Zirkel entworfenes (›gemessenes‹) Bauornament der Gotik an Fensterbögen und Rad- und Rosenfenstern; als Blendmaßwerk auch als Verzierung von Mauern und an Füllungen von Brüstungen

Ministerialen Inhaber von Hofämtern bei weltlichen und geistlichen Fürsten

Moräne Von Gletschern transportiertes und abgelagertes Gesteinsmaterial

Municipium Stadtgemeinde

Öchsle Ergebnis einer Messung des Mostgewichtes beim Wein. Der Most wird in einem Meßzylinder auf 15 Grad Celsius reguliert und mit einer thermometerähnlichen Schwimm- oder Senkwaage gemessen. Ihre Skala reicht von 0 bis 130 Grad. Bleibt die Mostwaage z. B. bei 80 Grad in der Schwebe, spricht man von 80 Grad Öchsle. So kann man den Zuckergehalt des Mostes bestimmen und durch Umrechnung den ungefähren Alkoholgehalt des gekelterten Weins voraussagen. Das Instrument entwickelte der Apotheker, Goldschmied und Physiker Ferdinand Oechsle aus Pforzheim (Zeitgenosse Napoleons). In seiner Grundform wird es noch heute benutzt.

Okulus Rundes oder ovales Fenster in Dach, Gewölbe, Kuppel oder Wand

Palas Hauptwohngebäude einer Burg

Patrozinium Schutzherrschaft eines Heiligen über eine Kirche

Paß Form des gotischen Maßwerks; aus drei- bis mehrfachen Dreiviertelkreisen gebildet

Pietà Darstellung der Marienklage; die schmerzhafte Muttergottes hält den toten Sohn auf dem Schoß

Pilaster Flacher, glatter oder kannellierter Wandpfeiler mit Basis und Kapitell

Polychromie Stark voneinander abgesetzte Farben am Schmuck von Bauten und Innenräumen und an Plastiken

Polygon Vieleck

Predella Untersatz eines Altarretabels mit Schnitzwerk oder Malereien

Reliquiar Gefäß zur Aufbewahrung von Reliquien

Retabel Altaraufsatz mit Schnitzwerk oder Malereien

Risalit Aus der Fluchtlinie eines Gebäudes hervorspringender Gebäudeteil

Rocaillen Ornamente aus Muschelformen

Säkularisation Übergang von Kirchengut in weltliche Hände

Sarkophag Großer, sichtbar aufgestellter Sarg aus Stein, Holz oder Metall, von einfachsten bis zu verzierten, hausähnlichen Formen

Sedimente In Schichten abgelagerte, durch Verwitterung entstandene Gesteinsmaterialien

Sepulcrum Kleiner Raum für die Reliquie im Altar

Skapulier Überwurf über Brust und Rücken bei Mönchstrachten

Spolien Reste von älteren Bauten oder Kunstwerken, die in späteren Bauten wiederverwendet wurden

Stele Grabpfeiler oder -säule

Straußwirtschaft Weinstube, die nur ihren eigenen Wein ausschenkt; früher durch einen Strauß, Buschen oder Kranz gekennzeichnet

Synode Kirchenversammlung, in der Geistliche z. B. die Angelegenheiten ihres Bistums beraten; Vorläufer des späteren Konzils unter Vorsitz des Papstes

Tambour Zylindrisches oder mehreckiges Zwischenglied zwischen Kuppel und Unterbau

Tumba, Tombeau Mittelalterliches, sarkophagähnliches Grabmal mit Baldachin

Triforium Kleiner Laufgang in der oberen Innenwandzone des Mittelschiffs mittelalterlicher Kirchen

Tympanon Bogenfeld über Kirchenportalen; oft mit Reliefs oder Skulpturen geschmückt

Urbs Größere ummauerte Siedlung in der Römerzeit

Usurpator Thronräuber

Vesperbild Darstellung der Marienklage; ›Vesperbild‹ wegen der Kreuzabnahme zur Vesperzeit

Westwerk Im Westen vorgelagerte Anlage einer Bischofs- oder Klosterkirche im Mittelalter; mit Mittelturm, Treppentürmen, evtl. Krypta, mit Kulträumen und in den oberen Geschossen mit Emporen und evtl. Kaisersaal; Gegenanlage zum Ostchor, manchmal Gastkirche für die Kaiser oder Taufkirche

Wingert Weingarten, Weinberg

Zwerchgiebel, Zwerchhaus Dachfenster mit eigenem Giebel und eigenem, kleinen Dach

Literaturverzeichnis (Auswahl)

Allgemein

Gallien in der Spätantike (Ausstellungskatalog), Mainz 1980

Die Römer an Mosel und Saar (Ausstellungskatalog), Mainz 1983

Schmoll gen. Eisenwerth, J. A.: Die Mosel von der Quelle bis zum Rhein, 2. Auflage, München–Berlin 1972

Thoma, Hubert: Mosel und Saar von den Vogesen bis zum Rhein, Nürnberg 1969

Deutsche Mosel

Ahrens, Dieter: Die Porta Nigra in Trier, Trier 1984

Ahrens, Dieter: Städtisches Museum Simeonstift Trier, Braunschweig 1984

Ahrens, Dieter (Hrsg.): Trier – Ein Weg aus der Stadt von heute zurück zu den Anfängen, Trier 1983

Allmers, R.: Burg Thurant und Umgebung, o. J.

Arenz, Jack: Von Burgen bis Winningen, Koblenz 1981

Backes, Magnus: Koblenz, München–Berlin 1973

Bayer, Gerd: Pünderich an der Mosel, Neuss 1978

Besser, M. W.: Das Mosellied Ausons, Marburg 1936

Bernkastel-Wittlich, Kreisverwaltung (Hrsg.): Jahrbuch 1984, Monschau 1984

Blum, Peter: Beilstein, Beilstein 1956

Braunfels, Wolfgang: Die Kunst im Heiligen Römischen Reich Deutscher Nation, Band II ›Die geistlichen Fürstentümer‹, München 1980

Brunner, Herbert, – Caspary, Hans, – Reitzenstein, Alexander von, – Stich, Fritz: Rheinland-Pfalz, Saarland. Reclams Kunstführer Deutschland VI, Stuttgart 1980

Caspary, Hans: Kloster Springiersbach, Neuss 1968

Castendyck, Giselher: Burgen, Festungen und Ruinen rund um Traben-Trarbach, o. J.

Cochem-Zell, Kreisverwaltung (Hrsg.): Mosel--Eifel-Hunsrück – Der Landkreis Cochem-Zell 1969–1979, 1979

Cochem, Stadtverwaltung (Hrsg.): Cochem-Mosel – Geschichte und Gegenwart einer alten und historischen Weinstadt, 1982

Cüppers, Heinz: Trier – Amphitheater, Mainz 1979

Dehio, Georg: Handbuch der Deutschen Kunstdenkmäler – Rheinland-Pfalz–Saarland, München–Berlin 1972

Elsner, Helmut: Museum Karl-Marx-Haus Trier, Braunschweig 1983

Eichler, Hans: Trier – Sankt Paulin, Neuss 1954

Enkirch, Gemeinde (Hrsg.): Anchiriacum-Enkirch 733–1983, Ein Moselweinort feiert Geburtstag, Enkirch 1983

Freckmann, Klaus: Das Fachwerkhaus an der Mosel, Köln 1975

Freckmann, Klaus: Wegkreuze, Bildstöcke und Heiligenhäuschen im Landkreis Bernkastel-Wittlich, Köln 1984

Friederichs, Alfons u. Gilles, Karl-Josef: Beilstein an der Mosel, Neuss 1980

Friederichs, Alfons u. Gilles, Karl-Josef: Zell an der Mosel mit Kaimt und Merl, Neuss 1975

Friederichs, Alfons, – Gilles, Karl-Josef u. Otto, Friedrich: Bad Bertrich, 2. Auflage, Neuss 1981

Friederichs, Alfons, – Gilles, Karl-Josef u. Wolpert, Wolfgang: Ediger – Eller an der Mosel, Neuss 1978

Friedrich, Leo, – Laufner, Richard, – Rothenberger, Karl-Heinz, – Schuhn, Werner u. Werle,

Otmar: Beiträge zur triererischen Landeskunde, Trier 1979

Gappenach, Hans: Münstermaifeld, Neuss 1980

Der Gondorfer Gräberfund. Römisches und fränkisches Kunsthandwerk, Landau 1979

Heimatverein Neumagen: Neumagen, ältester Weinort Deutschlands, Neumagen 1969

Hönl, Joh.: Die Geschichte von Beilstein an der Mosel, Privatdruck 1978

Hootz, Reinhardt (Hrsg.): Deutsche Kunstdenkmäler Rheinland-Pfalz Saarland, 3. Auflage, Darmstadt 1982

Kolling, Alfons: Der römische Palast von Nennig, München 1982

Kremer, Peter: St. Nikolaus-Hospital-Cusanusstift Bernkastel-Kues, o. J.

Krieger, Rudolf: Das Weinbaudorf Enkirch, Enkirch 1980

Krisam, Alfons: Deutschland und die Moselaner, 2. Auflage, Trier 1980

Die Kunstdenkmäler der Rheinprovinz

Bunjes, Hermann, – Irsch, Nikolaus, – Kentenich, Gottfried, – Kutzbach, Friedrich, – Lückger, Hans: Die kirchlichen Denkmäler der Stadt Trier mit Ausnahme des Doms, Düsseldorf 1938, Reprint Trier 1981

Irsch, Nikolaus: Der Dom zu Trier, Düsseldorf 1931, Reprint Trier 1984

Kubach, Hans Erich, – Michel, Fritz, – Schnitzler, Hermann: Die Kunstdenkmäler des Kreises Koblenz, Düsseldorf 1944, Reprint 1981

Hans Vogts: Die Kunstdenkmäler des Kreises Zell, Düsseldorf 1938, Reprint 1984

Wackenroder, Ernst u. Neu, Heinrich: Die Kunstdenkmäler des Landkreises Trier, Düsseldorf 1936, Reprint Trier 1983

Mathern, Willy: Uraltes Sponheim, Sponheim 1973

Mayen-Koblenz, Landkreis (Hrsg.): Heimat-Jahrbuch 1982, Düren 1981

Meuthen, Erich: Nikolaus von Kues, 5. Auflage, Münster 1982

Müller, Otto Th.: Aus der Geschichte Traben-Trarbachs, Boppard o. J.

Pauly, Ferdinand: Trittenheim an der Mosel, Neuss 1976

Petry, Ludwig (Hrsg.): Handbuch der historischen Stätten Deutschlands – Rheinland-Pfalz und Saarland, 3. Auflage, Stuttgart 1976

Pörtner, Rudolf: Mit dem Fahrstuhl in die Römerzeit, Gütersloh o. J.

Reusch, Wilhelm: Konstantin-Basilika Trier, Trier o. J.

Reusch, Wilhelm: Trier – Kaiserthermen, Mainz 1977

Reusch, Wilhelm: Augusta Treverorum, 11. Auflage, Trier 1978

Rheinisches Landesmuseum Trier: Augustusstadt der Treverer, Mainz 1984

Rheinisches Landesmuseum Trier: Trier – Kaiserresidenz und Bischofssitz, Mainz 1984

Ritter, Helmut: Karden an der Mosel, Neuss 1978

Ronig, Franz J.: Der Dom zu Trier, 9. Auflage, Trier 1979

Ronig, Franz J. (Red.): Der Trierer Dom, Neuss 1980

Ronig, Franz J.: Die Liebfrauen-Basilika zu Trier, Trier 1978

Schindler, Reinhard: Das römische Mosaik von Nennig, o. J.

Schommers, Reinhold: St. Aldegund an der Mosel, Neuss 1971

Schwieger, Frank: Johann Claudius von Lassaulx 1781–1848, Neuss 1968

Signon, Helmut: Die Römer – Zwischen Köln, Bonn, Trier, Frankfurt/M. 1977

Steffny, Ernst: St. Paulin in Trier, Trier 1976

800 Jahre Stiftskirche St. Castor-Karden 1183–1983, Karden o. J.

Stöhr/Cüppers/Faas: Vinothek der deutschen Weinberg-Lagen – Mosel-Saar-Ruwer, Stuttgart 1982

Traben-Trarbach, Stadt (Hrsg.): Traben-Trarbach – Geschichte einer Doppelstadt, Traben-Trarbach 1984

Utz, Hildegard: Ferdinand Tietz und seine Bildhauerschule, Trier 1976

Weber, Winfried: Trier – Barbarathermen, Mainz 1979

Weiler, Josef: Stiftskirche Münstermaifeld, 4. Auflage, Münstermaifeld 1983

Werle, Otmar: Sammlung geographischer Führer, 11 – Trier und Umgebung, Berlin–Stuttgart 1978

Zahn, Eberhard: Trier, München–Berlin 1976

Zahn, Eberhard: Porta Nigra, Simeonskirche und Simeonstift in Trier, 2. Auflage, Neuss 1979

Zahn, Eberhard: Der Kurfürstliche Palast in Trier, 3. Auflage, Neuss 1982

Zahn, Eberhard: Die Igeler Säule in Igel bei Trier, 5. Auflage, Neuss 1982

Luxemburg

Ketter, Rolf: Großherzogtum Luxemburg, Luxembourg 1983

Margue, Paul: Kurze Geschichte Luxemburgs, Luxembourg 1978

Ternes, Charles-Marie: Das römische Luxemburg, Küsnacht-Zürich 1972

Lothringen

Adhémar, Jean: Populäre Druckgraphik Europas – Frankreich vom 15. bis zum 20. Jahrhundert, München 1968

Albiser, M.: Charmes-sur-Moselle, o. J.

La basilique de Saint Nicolas en Lorraine. Connaissance et Renaissance de la basilique de St. Nicolas de Port, St. Nicolaus de Port 1979

Braunfels, Wolfgang: Die Kunst im Heiligen Römischen Reich Deutscher Nation, Band IV ›Grenzstaaten im Westen und Süden – deutsche und romanische Kultur‹, München 1983

Charoy, Jean-Marie: Blenod-les-Toul et son église, o. J.

Choux, Jacques: Église de Varangéville, o. J.

Commission Historique de l'Association ›Le Pélican‹: Toul l'un des Trois Évêchés, Paris o. J.

Jean-Marie Cuny: Nancy ›La Belle‹, Sarreguemines 1980

Hotz, Walter: Handbuch der Kunstdenkmäler im Elsaß und in Lothringen, 3. Auflage, München–Berlin 1976

Lallemand, P. und Noel, M.: Pont-à-Mousson, o. J.

Legros, Jacques: Die Vogesen, Osnabrück 1964

Metken, Günter: Liebe zu Lothringen – Horizonte und Hügel, 2. Auflage, Karlsruhe 1978

Le nouveau musée de metz, Lyon

Pletsch, Alfred: Frankreich, 2. Auflage, Stuttgart 1981

Volkelt/van Hees: Lothringen, Ardennen, Ostchampagne. Reclams Kunstführer Frankreich Bd. 3, Stuttgart

Praktische Reisehinweise

Anreise

Autofahrer erreichen die Mosel bei Koblenz aus dem Norden und Süden auf der Autobahn 61 oder der Bundesstraße 9, aus dem Osten über die Autobahn 48, die von der Autobahn 3 abzweigt, oder über die Bundesstraße 49. An die Untermosel führen außerdem von Köln aus die Bundesstraße 51, ab Blankenheim 258, nach Cochem. Den Flußlauf begleiten einerseits die Hunsrückhöhenstraße (Bundesstraße 327, ab Hermeskeil 407) von Koblenz nach Perl. Von ihr zweigen viele Stichstraßen zu den Orten an der Mosel ab. Andererseits führt auf den Eifelhöhen die Autobahn 48 über Koblenz hinaus weiter nach Trier. Auch von ihr aus erreicht man auf Stichstraßen die Orte am Fluß. Von Saarbrücken nach Trier gelangt man auf der Autobahn 1. Eine andere, die Autobahn 6 (in Frankreich A 32), verbindet Saarbrücken und Metz. An die luxemburgische Mosel führen von Trier aus die Bundesstraße 49 oder die Bundesstraße 419 mit Übergängen nach Luxemburg. Lothringen erreicht man von Trier aus über die Bundesstraße 419 und aus dem süddeutschen Raum am besten über die französischen Autobahnen A 34 und A 32 von Straßburg nach Metz.

Mit der *Bundesbahn* ist Koblenz aus allen Richtungen leicht, auch mit Intercity-Zügen, erreichbar. Von Koblenz nach Trier und weiter nach Wasserbillig oder Thionville und Metz verkehren D-Züge. Auch Saarbrücken und Trier sind auf dem Schienenweg miteinander verbunden. Direktverbindungen gibt es außerdem zwischen Saarbrücken und Metz, Frankfurt a. M. und Metz und Karlsruhe und Nancy. (Auskünfte bei allen Bahnhöfen der Deutschen Bundesbahn, bei den Stationen der Luxemburger Eisenbahngesellschaft und den Stationen der Französischen Eisenbahnen: SNCF.)

Angeln

Angelscheine werden auf begrenzte Zeit in der Bundesrepublik Deutschland und in Frankreich ausgegeben. In Luxemburg ist das Angeln ohne besonderen Erlaubnisschein gestattet. Eine Liste der Ausgabestellen ist erhältlich beim

Landesfremdenverkehrsverband
Rheinland-Pfalz
Postfach 1420
5400 Koblenz.

In Frankreich erteilen Auskünfte die örtlichen *Sociétés de Péche* oder die *Tourist-Informationsstellen*.

Camping

Entlang der Mosel sind zahlreiche Campingplätze vorhanden.

Auskünfte:
Fremdenverkehrsverband Rheinland-Pfalz,
Postfach 1420,
5400 Koblenz

Office National du Tourisme (O.N.T.),
77, rue d'Anvers,
L Luxembourg

*Commission Départementale du Tourisme
de la Moselle,*
40, Rue Saint-Marcel
F 57000 Metz

Comité Départementale des Vosges,
7, rue Gilbert,
F 88008 Épinal.

Devisen

In der Bundesrepublik Deutschland und im
Großherzogtum Luxemburg dürfen Zahlungsmittel aller Währungen in jeder Höhe
ein- und ausgeführt werden, in Frankreich
dürfen sie ebenfalls in jeder Höhe eingeführt, aber nur im Gegenwert von 5000
französischen Francs wieder ausgeführt
werden. In Luxemburg gilt auch der belgi-
sche Franc als vollgültiges Zahlungsmittel.
Er hat denselben Kurs wie der luxemburgische Franc.

Ferienwohnungen

Verzeichnisse bei den regionalen Fremdenverkehrsverbänden (siehe unter ›Informationen‹).

Gastronomie

Die Gastronomie in den Orten an den Mo-
sel-Ufern ist vielgestaltig. In vom Fremdenverkehr geprägten Städten und in Großstädten gibt es Imbißkioske und -stuben und
Schnellrestaurants nach internationaler Manier, ansonsten aber üerall oft geschmack-
voll eingerichtete, gepflegte Restaurants
niederer und gehobener Kategorien, in
Großstädten auch Luxusrestaurants.

In *Deutschland* entsprechen die Gerichte
dem für die jeweilige Kategorie üblichen
Standard. Manche Restaurants bieten allerdings auch Spezialitäten wie Moselaal blau
in Dillsoße, Moselaal gebraten oder geräu-
chert, Moselhecht mit Schmorkohl, frische
Forellen aus den Hunsrück- und Eifelbä-
chen und aus Zuchtanstalten sowie Schnek-
ken in Moselwein an. Kräftigere Spezialitäten sind Schlachtplatten, Hausmacher-Blut-
und Leberwurst, Sauerkraut-Auflauf (mit
zerdrückten Pellkartoffeln und angebrate-
nem Rauchfleisch), Weincräwes (Schweine-
rippchen und Sauerkraut in Moselwein ge-
kocht, untergemischtes Kartoffelpüree,
ausgelassener Speck und mit Lorbeerblatt
und Zwiebeln gewürzt), Äppelfleisch (aus-
gebeinte Schweineschulter mit Äpfeln und
Zwiebeln geschmort und mit Sahne und
Moseltrester abgeschmeckt; dazu Rotkohl
und Kartoffelklöße).

Getrunken werden dazu trockene Weine
und der verdauungsfördernde Trester, der
sog. Moselwhisky. In Trier ißt man außerdem gebackenen Moselfisch mit Viez (Apfelwein). Das Restaurant ›Zum Domstein‹
in Trier serviert als Besonderheit römische
Gerichte nach dem Rezeptbuch des Marcus

Gavius Apicius (Lieblingskoch des Kaisers Tiberius, um 25 n. Chr.).

In *Luxemburg* ist die Gastronomie französisch ausgerichtet. Als Spezialitäten gelten gebackener Moselfisch mit trockenem Wein, Forellen in Riesling und Hasenpfeffer (zur Jagdzeit).

In Frankreich kann der Gast vom einfachen Bistro bis zum Luxusrestaurant die Eigenarten der allgemeinen französischen Küche in mannigfacher Art genießen. ›Restaurants de Tourisme‹ (mit blau-weiß-rotem Schild gekennzeichnet) bieten täglich ein ›Menu touristique‹ (Vorspeise, Hauptgericht mit Beilage, Käse und Dessert) an. Manche Bahnhofsgaststätten (Bufett de la Gare) zeichnen sich durch vorzügliche Speisen aus. Die in Metz und Toul sind besonders empfehlenswert. Lothringische Spezialitäten sind u. a. Quiche lorrain (Speckkuchen), Potée lorrain (Gemüseeintopf), Wildpastete, Cochon de lait (Spanferkelgelee), Moselhecht, Obstkonfitüren, Früchte in Sirup, Mirabellentorte und besonders in Metz einheimische Wurstwaren, kandierte Früchte, gefüllte Zwetschgen und in Nancy in Mandelteig gebackene Mirabellen, Makronen, Bergamotten-Bonbons und Likörpralinen. Lothringen ist zudem für seine Obstbrände, vor allem für Mirabellen- und Zwetschgen-Wässer, berühmt.

Geldwechsel

Bei allen Banken und Sparkassen und den Bankfilialen an den Grenzübergangsstellen.
Öffnungszeiten
In der *Bundesrepublik Deutschland* im allgemeinen montags bis freitags von 8.30 bis 16 Uhr, donnerstags bis 18 Uhr (die Zeiten können variieren; in kleineren Orten und Außenbezirken großer Städte schließen die Geldinstitute z. B. von 13 bis 14 Uhr),
in *Luxemburg* montags bis freitags 8.30 bis 12 Uhr und 13.30 bis 16.30 Uhr,
in *Frankreich* im allgemeinen montags bis freitags 9.30 bis 12 Uhr und 14 bis 16.30 Uhr (am Tag vor Feiertagen Geschäftsschluß 12 Uhr).

Die Bankfilialen an den Grenzübergangsstellen haben oft länger und auch durchgehend geöffnet.

Geschwindigkeitsbegrenzungen

In der *Bundesrepublik Deutschland* in Orten 50 Stundenkilometer, auf Landstraßen 100 km obligatorisch, auf Autobahnen 130 km empfohlen,
in *Luxemburg* in Orten 60 km, auf Landstraßen 90 km, auf Autobahnen 120 km,
in *Frankreich* in Orten 60 km, auf Landstraßen 90 km und auf Autobahnen 130 km – es sei denn, Verkehrsschilder zeigen andere Geschwindigkeitsbegrenzungen an.

Grenzübergangsstellen an der Mosel

Von der Bundesrepublik Deutschland nach *Luxemburg:*
Wasserbilligerbrück – Wasserbillig, Wincheringen – Wormeldange, Nennig – Remich, Perl – Schengen,
von der Bundesrepublik nach *Frankreich:*
Perl – Apach.

Hotels

In den Orten entlang der Mosel von der Mündung bis zur Quelle gibt es Hotels aller Kategorien, angefangen bei einfachen Gasthöfen mit Fremdenzimmern, gutbürgerlichen Hotels bis zu Hotels mit Komfort und Luxushotels in den Großstädten.

In Luxemburg und Frankreich sind die Übernachtungskosten, Luxushotels ausgenommen, ein wenig niedriger als in der Bundesrepublik. Die Zimmereinrichtungen, meist älterer Art, entsprechen dann oft nicht dem deutschen Standard, obwohl sie der Gemütlichkeit nicht entbehren.

Hotelverzeichnisse mit Angaben über Bettenzahl, Komfort, Kategorien, Preise etc. bei den regionalen Fremdenverkehrsverbänden oder den örtlichen Touristenbüros. Manche dieser Büros vermitteln auch Hotelzimmer. Selbst in Hauptreisezeiten sind, evtl. bei entsprechenden Bemühungen, noch freie Zimmer zu finden.

Informationen und Prospekte

Bundesrepublik Deutschland

Fremdenverkehrsverband Rheinland-Pfalz
Postfach 1420, ☏ (02 61) 3 10 79
D-5400 Koblenz

Presse- und Fremdenverkehrsamt der Stadt Koblenz
Verkehrspavillon gegenüber Hauptbahnhof, ☏ (02 61) 3 13 04 und 3 31 34

Verkehrsamt der Stadt Cochem
Informationszentrum Endertplatz an der Brücke, Postfach 1550, ☏ (02671) 39 71
D-5590 Cochem

Verkehrsamt-Kurverwaltung Traben-Trarbach
Bahnstr. 22, ☏ (06541) 90 11/90 12
D-5580 Traben-Trarbach

Tourist-Information Bernkastel-Kues
Gestade 5, ☏ (06531) 35 88 und 81 71
D-5550 Bernkastel-Kues

Verkehrsamt der Stadt Trier
An der Porta Nigra, Postfach 3830,
☏ (06 51) 71 84 46
D-5500 Trier

Für kleinere Orte die heimischen Verkehrsvereine oder Gemeindeverwaltungen.

Luxemburg

Luxemburgisches Verkehrsamt
Königsallee 30 (Kö-Center)
D-4000 Düsseldorf
☏ (02 11) 32 65 78

Office National du Tourisme (O.N.T.)
L Luxembourg, 77, rue d'Anvers

Syndicat d'Initiative Grevenmacher
L Grevenmacher, 32, route de Thionville

Syndicat d'Initiative Remich
L Remich, Esplanade (Busbahnhof)

Frankreich

Französisches Verkehrsbüro, Kaiserstr. 12
D-6000 Frankfurt/Main, ☏ (069) 75 20 29

Französisches Verkehrsbüro
Berliner Allee 26
D-4000 Düsseldorf, ☏ (02 11) 8 03 75

Französisches Verkehrsbüro, Bahnhofstr. 16
CH-8022 Zürich, ☏ (01) 2 11 30 85

Französisches Fremdenverkehrsamt
Landstraßer/Hauptstraße 2 (Hilton Center)
A-1030 Wien, ℘ (0222) 757062

Commission Départementale du Tourisme de la Moselle
F 57000 Metz, 40, rue Saint-Marcel

Comité Départementale du Tourisme des Vosges
F 88008 Epinal, 7, rue Gilbert

Office du Tourisme Metz
F 57000 Metz, Porte Serpenoise

Office du Tourisme Nancy
F 54000 Nancy, 14, place Stanislas

Syndicat d'Initiative de Toul et du Toulois
F 54200 Toul, Parvis de la Cathédrale

Office du Tourisme d'Epinal
F 88008 Épinal, 13, rue de la Comédie

Syndicat d'Initiative de Remiremont
F 88200 Remiremont, 2, place Henri-Utard

Für kleinere Orte die einheimischen ›Office du Tourisme‹ oder ›Syndicat d'Initiative‹.

Jugendherbergen

Verzeichnisse bei den regionalen Fremdenverkehrsverbänden (s. u. ›Informationen‹).

Kuren

Bernkastel-Kues: Herz- und Kreislauf, Stoffwechselstörungen, Niere, Bewegungsapparat, Rehabilitation.

Bad Bertrich: Rheuma, Magen, Darm, Galle, Leber, Stoffwechsel.
Traben-Trarbach-Bad Wildstein: Rheuma, Niere, Blase.
Plombières-les-Bains: Rheuma, Neuralgien, Darm.
Bussang: Galle, Leber.
Auskünfte: Fremdenverkehrsverband Rheinland-Pfalz, Postfach 1420, 5400 Koblenz, ℘ (0261) 31079, und Comité Départementale du Tourisme des Vosges, 7, rue Gilbert, F 88008 Épinal.

Moselhöhenwege

In der *Bundesrepublik Deutschland* mit weißem M markiert: Hunsrückseite – 186 km und Eifelseite – 150 km. Die Höhenwege folgen nicht immer dem Flußlauf, sondern schneiden einige Moselschleifen ab. – Auskünfte: Fremdenverkehrsverband Rheinland-Pfalz, Postfach 1420, 5400 Koblenz.

In *Luxemburg* mit gelben Zeichen markiert von Wasserbillig nach Schengen – 54 km. – Auskünfte: Office National du Tourisme, 77, rue d'Anvers, L Luxembourg.

Museen

(in der Reihenfolge des Textes von Koblenz bis Remiremont)

Bundesrepublik Deutschland
Koblenz
Mittelrhein-Museum
Florinsmarkt; sonntags 10–13 Uhr, dienstags 10–13 Uhr und 14.30–20 Uhr, mitt-

wochs bis samstags 10–13 Uhr und 14.30–17.30 Uhr.

Winningen
Wein- und Heimatmuseum
Alte Schule; Mai bis Oktober mittwochs und samstags 15–16.30 Uhr.

Münstermaifeld
Burg Eltz
1. 4.–31. 10. werktags 9–17.30 Uhr, sonn- und feiertags 10–17.30 Uhr, Führungen alle 10–15 Min., Dauer ca. 45 Min.

Karden
Stiftsmuseum
Im Kapitelsaal des ehem. Stifts; mittwochs, samstags und sonntags nach den Gottesdiensten.

Cochem
Reichsburg Cochem
15. 3.–15. 11. täglich 9–17 Uhr.

Alken
Burg Thurant
Täglich 8.30–19 Uhr.

Enkirch
Enkircher Heimatstuben
Freitags 18–20 Uhr, samstags 15–18 Uhr, sonntags 10.30–13 Uhr, außerdem von April–November sonntags 16–18 Uhr.

Traben-Trarbach
Mittelmosel-Museum
Trarbach, Casinostraße 8; z. Zt. nur Führungen vom 1. 4.–31. 10., sonntags 10 und 11.30 Uhr, dienstags 10 Uhr, mittwochs 13.30 und 15.00 Uhr, donnerstags 13.30 und 15 Uhr, und vom 1. 11.–31. 3. sonntags 10 und 11.30 Uhr, mittwochs 13.30 und 15 Uhr.

Bernkastel-Kues
Geburtshaus des Nikolaus von Kues
Kues, Nikolausufer 49; 16. 4.–31. 10. dienstags bis samstags 10–12 Uhr und 14.30–17 Uhr, sonntags 10–12 Uhr und vom 1. 11.–15. 4. dienstags bis samstags 14.30–17 Uhr, sonntags 10–12 Uhr.
St. Nikolaus-Hospital (Cusanusstift)
Kues, Cusanusstraße 2; täglich 8–18 Uhr, Bibliothek nur bei Führungen nach Vereinbarung.
Moselwein-Museum
Kues, Cusanusstraße 2; vom 16. 4.–31. 10. dienstags bis sonntags 10–12 Uhr und 14.30–17 Uhr, vom 1. 11.–15. 4. dienstags bis sonntags 14.30–17 Uhr.

Schweich
Stefan-Andres-Ausstellung
Hofgartenstraße 26; dienstags 14–16 Uhr, donnerstags 10–12 Uhr, sonntags 15–17 Uhr.

Trier
Bischöfliches Dom- und Diözesanmuseum
Banthusstraße 6; montags bis freitags 10–12 Uhr und 15–17 Uhr, samstags 10–12 Uhr, sonn- und feiertags 10–13 Uhr.
Domschatz im Dom
Täglich 10–12 Uhr und 14–17 Uhr.
Rheinisches Landesmuseum
Ostallee 44; montags–freitags 9.30–16 Uhr, samstags 9.30–14 Uhr, sonntags 9–13 Uhr.
Schatzkammer der Stadtbibliothek
Weberbach 25; Mai–Oktober, montags–samstags 10–13 Uhr und 14–17 Uhr, sonntags 10–13 Uhr.
Städtisches Museum Simeonstift
Simeonstift; täglich 9–17 Uhr, im Winterhalbjahr montags geschlossen.

Karl-Marx-Haus
Brückenstraße 10; dienstags–sonntags 10–13 und 15–18 Uhr.

Konz
Volkskunde- und Freilichtmuseum
Roscheider Hof; Ostern bis Allerheiligen, montags-freitags 13.30–16 Uhr, sonn- und feiertags 14–18 Uhr, samstags geschlossen.

Luxemburg
Ehnen
Weinmuseum
Dienstags–sonntags 9.30–11.30 Uhr und 14–17 Uhr; vom 1. 11.–31. 3. nur nach Vereinbarung.

Bech-Kleinmacher
Folklore- und Weinmuseum A. Possen
Vom 1. 5.–31. 10. dienstags–sonntags 15–19 Uhr.

Frankreich
Thionville
Musée d'archéologie et d'histoire locale
Flohturm – Tour aux Puces; 2. 5.–30. 6. donnerstags, samstags, sonntags 14–18 Uhr, Juli–August dienstags–sonntags 8–12 Uhr und 14–18 Uhr, September dienstags–sonntags 14–18 Uhr.

Metz
Musées de la Ville de Metz
2, rue Haut-Poirier; täglich – außer dienstags – 10–12 Uhr und 14–18 Uhr, vom 1. 10. – 31. 3. nur bis 17 Uhr

Nancy
Musée historique lorrain
Grande-rue; täglich – außer dienstags – Mitte Juni bis Anfang September 10–12 Uhr und 14–18 Uhr, in der restlichen Zeit des Jahres nur bis 17 Uhr.
Le Musée de l'Ecole de Nancy
36, rue Sergent-Blandan; täglich – außer dienstags – 10–12 Uhr und 14–18 Uhr, im Winter bis 17 Uhr.
Porte de la Craffe
Grande-rue; geöffnet täglich Mitte Juni bis Mitte September 10–12 Uhr und 14–18 Uhr.
Musée des Beaux-Arts
Place Stanislas; täglich 10–12 und 14–18 Uhr, außer montagsvormittags und dienstags.

Lunéville
Musée
Im Schloß; täglich – außer dienstags – 9–12 Uhr und 14–18 Uhr, vom 1. 10.–31. 3. nur bis 17 Uhr.

Haroué
Château
Führungen von Ostern bis Allerheiligen 14.30–18.00 Uhr

Épinal
Musée departementale des Vosges et de l'imagerie international
Mai, Juni und September 10–12 Uhr und 14–18 Uhr, Juli und August 10–12 Uhr und 14–19 Uhr. 1. 10.–30. 4. 10–12 Uhr und 14–17 Uhr, dienstags geschlossen.

Remiremont
Musée Charles-Friry
12, Général-Humbert; 1. 5.–31.10. täglich – außer dienstags – 10–12 Uhr und 14–18 Uhr, 1. 11.–31. 5. nur bis 17 Uhr, im Oktober geschlossen.
Musée de la Ville
70, rue Charles-de-Gaulle; täglich, außer dienstags, 10–12 Uhr und 14–18 Uhr.

Naturparks

Deutsch-Luxemburgischer Naturpark

Zwischen Trier und Luxemburg. Landschaften mit bewaldeten Steilhängen und Felspartien, tiefen Tälern und hohen Bergrücken mit weiten Ausblicken. Es kommen Rot-, Schwarz- und Muffelwild, Wildkatzen, seltene Greifvogelarten und Wasseramsel, Eisvogel und Fischreiher vor.

Auskünfte: Fremdenverkehrsverband Rheinland-Pfalz, Postfach 1420, D-5400 Koblenz, ✆ (0261) 31079 und Office National du Tourisme (O.N.T.) 77, rue d'Anvers, L Luxembourg.

Naturpark Lothringen

Westlicher Teil zwischen Toul und Verdun, östlicher Teil zwischen der Seille östlich von Metz und den Vogesenausläufern. Im größeren, westlichen Teil prägt die typische lothringische Schichtstufenlandschaft, ein bewaldetes Hügelland mit stillen, kleinen Tälern und Seen, das Gebiet. Im östlichen Teil überwiegen Wälder und Seen.

Auskünfte: Parc Régional de Lorraine, Centre Culturel des Prémontrés, F-54700 Pont-à-Mousson.

Beide Parks bieten ideale Wandermöglichkeiten, Camping und andere Freizeitbeschäftigungen wie Baden, Wassersport, Reiten, Angeln etc.

Naturschutzgebiete

Reiherschußinsel bei Lehmen,
Treiser Schock bei Treis,
Pommerheld am rechten Moselufer gegenüber Pommern,
Dortebachtal bei Klotten,
Brauselay bei Cochem,
Auenlandschaft zwischen *Wintrange* und *Remerschen* (Luxemburg).

In Naturschutzgebieten ist das Verlassen der ausgebauten Wege verboten. Trampelpfade dürfen nicht benutzt werden. Da Naturschutzgebiete seltene, besonders gefährdete, eigenartige und schöne Tiere und Pflanzen erhalten sollen, ist auch das Abpflücken, Sammeln oder gar Zerstören von Pflanzen und das Fangen und Beunruhigen von Tieren untersagt.

Notruf

Bundesrepublik Deutschland:
Polizei ✆ 110, Feuerwehr ✆ 112
Luxemburg: ✆ 012
Frankreich: Polizei ✆ 17, Feuerwehr ✆ 18

Öffnungszeiten der Geschäfte

Bundesrepublik Deutschland: Montags–freitags 8–18.30 Uhr, samstags bis 14 Uhr, außer am ersten Samstag im Monat bis 18 Uhr. Sonntagvormittags dürfen Milch, Blumen und Zeitungen verkauft werden.

Luxemburg: An Wochentagen 8–12 Uhr und 14–18 Uhr. (Viele Geschäfte haben aber montagvormittags geschlossen und manche auch sonntagvormittags geöffnet.)

Frankreich: Größere Geschäfte in Großstädten an Wochentagen 9.30–18.30 Uhr, in anderen Orten Mittagspause von 12 oder 12.30 Uhr – 14 oder 14.30 Uhr. Kleinere Geschäfte schließen von 12.30–16 Uhr und sind abends länger geöffnet. Lebensmittelgeschäfte und Bäckereien sind sonn- und feiertags bis etwa 13 Uhr geöffnet. An Wochenenden geöffnete Geschäfte schließen montagvormittags oder den ganzen Montag.

Pannenhilfe

Bundesrepublik Deutschland: Allgemeiner Deutscher Automobilclub e.V., ADAC. Anschriften in örtlichen Telefonbüchern.

Luxemburg: Automobile Club, ∅ 31 10 31.

Frankreich: Fédération Française des Clubs Automobiles. Anschriften in den örtlichen Telefonbüchern oder deutschsprachiger Notrufdienst des Touring Club de France (TCF) in Paris, ∅ (01) 5 02 14 00.

Für ADAC-Mitglieder im Ausland Notrufzentrale München ∅ (0 89) 22 22 22 oder in Frankreich Notrufzentrale Paris ∅ 1 61–5 00 42 95. Bei Unfällen mit Personenschaden müssen die örtlichen Dienststellen der Polizei oder Gendarmerie benachrichtigt werden.

Paßvorschriften

Für die Bundesrepublik Deutschland, Luxemburg und Frankreich genügen der gültige Personalausweis. Kinder unter sechzehn Jahren benötigen einen Kinderausweis oder müssen im Reisepaß eines Elternteils eingetragen sein. Kontrollen werden nur noch als Stichproben durchgeführt.

Für Kraftfahrzeuge sind nur die Papiere des Heimatlandes nötig. Die Grüne Versicherungskarte wird nicht mehr verlangt, vereinfacht jedoch die Abwicklung bei Schadensfällen.

Schiffsreisen

Von Mai bis Oktober von *Koblenz* nach *Beilstein* und von *Trier* nach *Bernkastel-Kues* mit normalen Personenschiffen, mit Kabinenschiffen von *Koblenz* nach *Trier* in zwei oder in drei Tagen oder umgekehrt.

Auskünfte bei allen Reisebüros oder bei der Köln-Düsseldorfer Deutsche Rheinschiffahrt AG, Frankenwerft 15, 5000 Köln 1, ∅ (02 21 / 2 08 81.

Lokale Schiffsausflüge veranstalten einheimische Reedereien in größeren Orten.

Sport

In den Fremdenverkehrsorten entlang der Mosel in großem Umfang möglich. Auskünfte bei den regionalen Fremdenverkehrsverbänden (siehe unter ›Informationen‹).

Straßenkarten

Bundesrepublik Deutshland
Deutsche Generalkarte 1:200 000, Blatt 12 u. 15
Topographische Karte des Landesvermessungsamtes Rheinland-Pfalz 1:50 000, Blätter L 5710, L 5908, L 5910, L 6106, L 6108, L 6304, L 6306, L 6504

Wanderkarten bei den örtlichen Buchhandlungen, Verkehrsvereinen und Gemeindeverwaltungen.

Luxemburg
Carte Routière du Grand Duché de Luxembourg (Editions de Rouck) 1:100 000
Amtliche Topographische Karte des Großherzogtums Luxemburg 1:100 000
Wanderkarten bei den örtlichen Buchhandlungen und Fremdenverkehrsvereinen.

Frankreich
Michelin: Alsace et Lorraine 1:200 000, Blatt 242 (auch in deutschen Buchhandlungen vorrätig)

Urlaub auf Winzerhöfen

Auskünfte: Fremdenverkehrsverband Rheinland-Pfalz e.V. Postfach 1420, 5400 Koblenz, ⌀ (0261) 3 10 79 oder
Office National du Tourisme, 77, rue d'Anvers, L Luxembourg.

Verkehr

In den Großstädten an der Mosel ist der Verkehr vor allem in den Morgenstunden und am späten Nachmittag stark. Es wird empfohlen, die Stadtzentren zu Fuß zu besichtigen. Parken ist freilich oft nicht einfach. Statt einen Parkplatz zu suchen, sollte der Autofahrer gleich ein Parkhaus aufsuchen (in Koblenz und Trier mehr vorhanden als in Metz und Nancy).

Die Straßen entlang der Mosel sind in der Haupttreisesaison – besonders an Wochenenden und Feiertagen – stark befahren. An den Grenzübergangsstellen muß mit Wartezeiten gerechnet werden. Vom Befahren der winkligen Gassen in den deutschen und luxemburgischen Moselorten ist dringend abzuraten. Man parke auf den gekennzeichneten Plätzen außerhalb der Ortskerne. Meist liegen diese Parkmöglichkeiten am Flußufer.

Buslinien erschließen in der Bundesrepublik Deutschland, in Luxemburg und in Frankreich die Regionen im Nahverkehr (Auskünfte bei den örtlichen Fremdenverkehrsstellen).

Wandern

Auf markierten Wegen überall möglich. Auskünfte bei den örtlichen Informationsstellen (dort auch spezielle Wanderkarten).

Wasserski und Surfen

Weite Strecken des Flusses in der Bundesrepublik und Luxemburg sind für diese Sportarten freigegeben. Entsprechende Beschilderung weist darauf hin.

Wasserwandern

Die Mosel ist für Sportboote von Koblenz bis Thionville gut befahrbar. An den Staustufen sind Bootsschleusen, Bootsschleppen und gelegentlich Bootsgassen vorhanden. Sie dürfen nur am Tage benutzt werden und müssen nach den aushängenden Vorschriften von den Benutzern selbst bedient werden. Weiterfahrt auf dem französischen Kanalsystem ist möglich.

Bootshäfen befinden sich in Koblenz-Güls, Winningen, Brodenbach, Burgen, Treis-Karden, Cochem, Senheim-Senhals, Alf, Traben-Trarbach, Bernkastel-Kues, Schweich, Trier und Konz.

Bootsverleih in Burgen, Cochem, Traben-Trarbach, Bernkastel-Kues, Schweich.

Auskünfte:
Fremdenverkehrsverband Rheinland-Pfalz,
Postfach 1420,
5400 Koblenz, ✆ (02 61) 3 10 79 oder
Deutscher Kanuverband e. V., Bertaallee 8,
4100 Duisburg, ✆ (02 03) 77 39 66

für Luxemburg Office National du Tourisme (O.N.T.) 77, rue d'Anvers,
L Luxembourg

für Frankreich Commission Départementale du Tourisme de la Moselle, 40, rue Saint-Marcel,
F 57000 Metz.

Wein- und Heimatfeste

Sie finden, oft verbunden mit folkloristischen Darbietungen, von April bis Oktober in fast allen Weinorten an der Mosel statt. Ein jedes Jahr neu erscheinendes Verzeichnis mit den entsprechenden Terminen ist bei den regionalen Fremdenverkehrsverbänden in Koblenz und Luxemburg erhältlich (siehe unter ›Informationen‹).

Weinlehrpfade

In Winningen, Reil, Kröv, Trittenheim und Trier. Nähere Einzelheiten bei den örtlichen Fremdenverkehrs-Büros.

Weinseminare

In *Bernkastel-Kues* an je einem Wochenende im April, Juni, September und Oktober (Auskünfte und Anmeldungen bei Tourist-Information, siehe unter ›Information‹), in *Trier* gesondert für Anfänger und Fortgeschrittene und in deutscher, englischer und französischer Sprache im September und Oktober (Auskünfte und Anmeldungen bei Volkshochschule Trier, Postfach 3470, 5500 Trier, ✆ (06 51) 7 18 49 09).

Ehemalige Teilnehmer an diesen Weinseminaren gründeten einen ›Riesling-Freundeskreis Trier‹. Er zählt über 200 Mitglieder im In- und Ausland. Sie treffen sich zu Exkursionen, Fachgesprächen mit Erzeugern, Kellerbesuchen etc. und wollen das Wissen über den Moselweinbau und um die Kultur des Gebietes vertiefen. Mitglied kann jeder werden, »der sich als aufrichtiger Freund der Region und der Rieslingweine betrachtet«. (Auskünfte: Riesling-Freundeskreis Trier, Jesuitenstr. 12, 5500 Trier)

In Bernkastel-Kues verfolgt die ›Weinbruderschaft Mosel-Saar-Ruwer e. V.‹ ähnliche Zwecke (Auskünfte: Weinbruderschaft Mosel-Saar-Ruwer e. V., Saarallee 5, 5550 Bernkastel-Kues).

Außerdem finden an jedem Montag von Juni bis einschließlich Oktober in *Senheim* auch Weinwanderseminare statt (Auskünfte Gemeindeverwaltung Senheim, 5591 Senheim über Cochem, ✆ (02 673) 3 81).

Abbildungsnachweis

Alle Farb- und Schwarzweiß-Aufnahmen stammen vom Autor und wurden eigens für dieses Buch aufgenommen (mit Ausnahme der Farbt. 10; Heinz-Josef Schmitz; Farbt. 24 und Abb. 85: Michael Jeiter; Abb. 102: Musées de Metz)

Abbildungen im Text
(die Zahlen bezeichnen die Seiten im Buch)

Abbaye des Prémontrés, Pont-à-Mousson 282

La basilique de Saint Nicolas en Lorraine. Connaissance et Renaissance de la basilique de St. Nicolas de Port, St. Nicolas de Port 1979 308

Karl Bädeker: Rheinreise von Basel bis Düsseldorf, Koblenz 1849. Nachdruck Harenberg Kommunikation, Dortmund 1978 53

Carl Bodmer: Romantische Reise durch das Moseltal, Köln 1978 2, 78, 118, 134, 139

Jean-Marie Charoy: Blenod-les-Toul et son église, o. J. 285

Fr. Bock: Rheinlands Baudenkmale des Mittelalters, Köln und Neuss o. J. 62

H. Brunner, H. Caspary, A. von Reitzenstein, F. Stich: Rheinland-Pfalz, Saarland. Reclams Kunstführer Deutschland VI, Stuttgart 1980 135, 217

Cusanus-Museum, Bernkastel-Kues 28, 31

Karl von Damitz: Die Mosel mit ihren Ufern und Umgebungen von Koblenz aufwärts bis Trier, Köln 1838, Nachdruck Akademische Buchhandlung Interbook, Trier 1980 20, 67, 172

Editions Estel, Blois 296, 303

Kurt Eitelbach: St. Kastor in Koblenz, München–Zürich 56

Klaus Freckmann: Das Fachwerkhaus an der Mosel, Köln 1975 26, 27, 130

Alfons Friederichs und Karl-Josef Gilles: Ediger-Eller an der Mosel, Neuss 1978 93

Alfons Friederichs und Karl-Josef Gilles: Zell an der Mosel mit Kaimt und Merl, Neuss 1975 121

Der Gondorfer Gräberfund. Römisches und fränkisches Kunsthandwerk, Landau 1979/Wilhelm-Hack-Museum, Ludwigshafen 14

Heimatverein Neumagen: Neumagen, ältester Weinort Deutschlands, Neumagen 1969 171

Bernhard Houot und Christian Voegtle, Épinal 316

Images d'Epinal-Pellerin, Épinal 318

Hans Koepf: Baukunst in fünf Jahrtausenden, Kohlhammer-Verlag, Stuttgart 1954 322 Mitte rechts, 323 rechts, 324

Hans Koepf: Bildwörterbuch der Architektur, Alfred Kröner-Verlag, Stuttgart 1974 322 links, 323 links

H. Kuhn und J. P. Koltz: Burgen und Schlösser in Lothringen und Luxemburg, Weidlich Verlag, Frankfurt/M. 1964 315

Die Kunstdenkmäler der Rheinprovinz, hrsg. von Paul Clemen

Bunjes, Hermann; Irsch, Nikolaus; Kentenich, Gottfried; Kutzbach, Friedrich; Lückger, Hans: Die kirchlichen Denkmäler der Stadt Trier mit Ausnahme des Doms, Schwann-Verlag, Düsseldorf 1938/Reprint Akadem. Buchhandlung Interbook, Trier 1981 21, 230, 231

Irsch, Nikolaus: Der Dom zu Trier, Schwann-Verlag, Düsseldorf 1931/Reprint Akademische Buchhandlung Interbook, Trier 1984 186/87, 194, 195, 196, 197, 198

Kubach, Hans Erich; Michel Fritz; Schnitzler, Hermann: Die Kunstdenkmäler des Kreises Koblenz, Schwann-Verlag, Düsseldorf 1944/Reprint Akademische Buchhandlung Interbook, Trier 1981 69

Michel, Fritz: Die kirchlichen Denkmäler der Stadt Koblenz, Schwann-Verlag, Düsseldorf 1937 55, 56 oben

Vogts, Hans: Die Kunstdenkmäler des Kreises Bernkastel, Schwann-Verlag, Düsseldorf 1935/Reprint Akademische Buchhandlung Interbook, Trier 138, 143

Wackenroder, Ernst und Neu, Heinrich: Die Kunstdenkmäler des Landkreises Trier, Schwann-Verlag, Düsseldorf 1936/Reprint Akademische Buchhandlung Interbook, Trier 1983 177

Landesamt für Denkmalpflege, Mainz 76, 81

Landesmuseum Trier 181, 182, 218, 222, 223, 236, 237

Das malerische und romantische Deutschland. Die Veduten des Reisewerks aus den Jahren 1836–1841, Leipzig 1836–1841, Nachdruck Dortmund 1979 23, 72, 87

Matthäus Merian: Europa, Neunundachzig der schönsten Städtebilder aus der Archontologie und den Topographien, 1638; 1642–1654. Faksimilenachdruck Johannes Stauda Verlag, Kassel 1965 52, 250/51, 292/93

Mattheiser Offizin GmbH, Trier 226, 227, 230

Musée historique lorrain, Nancy / Gilbert Mangin, Nancy 263, 290, 291, 298, 299, 300, 305, 307

Helmut Ritter: Karden an der Mosel, Neuss 1978 83

Helmut Signon: Die Römer in Köln, Bonn und Trier, Societäts-Verlag Frankfurt/M. 1977 17, 234 u., 239

Société des Amis des Musées de Metz, Metz 254, 259

Städtisches Museum Simeonstift, Trier (Foto: D. Thomassin) 8/9, 12, 25, 29, 61, 129, 180, 184, 190, 221, 230 oben, 234 oben

St. Kastor in Koblenz. Nr. 1341, Verlag Schnell und Steiner, München–Zürich 1982 56 unten

Verlag D. Thomassin, Trier 219

H. Vogts: Traben-Trarbach, Neuss 1957 125

Peter Volkelt und Horst van Hees: Lothringen, Ardennen, Ostchampagne. Reclams Kunstführer Frankreich, Bd. 3, Stuttgart 1983 255, 306

Emil Zenz: Das legendäre Gründungsalter der Stadt Trier, Trier 1983 183

Karten in den Umschlagklappen und Stadtpläne: DuMont Buchverlag (Helga Heibach)

Raum für Reisenotizen

Anschriften neuer Freunde, Foto- u. Filmvermerke, neuentdeckte gute Restaurants, etc.

Raum für Reisenotizen

Anschriften neuer Freunde, Foto- u. Filmvermerke, neuentdeckte gute Restaurants, etc.

Raum für Reisenotizen

Anschriften neuer Freunde, Foto- u. Filmvermerke, neuentdeckte gute Restaurants, etc.

Raum für Reisenotizen

Anschriften neuer Freunde, Foto- u. Filmvermerke, neuentdeckte gute Restaurants, etc.

Register

DuMont Kunst-Reiseführer

Ägypten und Sinai – Geschichte, Kunst und Kultur im Niltal
Vom Reich der Pharaonen bis zur Gegenwart. Von Hans Strelocke

Algerien – Kunst, Kultur und Landschaft
Von den Stätten der Römer zu den Tuareg der zentralen Sahara. Von Hans Strelocke

Belgien – Spiegelbild Europas
Eine Einladung nach Brüssel, Gent, Brügge, Antwerpen, Lüttich und zu anderen Kunststätten. Von Ernst Günther Grimme

Bulgarien
Kunstdenkmäler aus vier Jahrtausenden von den Thrakern bis zur Gegenwart. Von Gerhard Eckert

Dänemark
Land zwischen den Meeren. Kunst – Kultur – Geschichte. Von Reinhold Dey

Deutsche Demokratische Republik
Geschichte und Kunst von der Romanik bis zur Gegenwart. Brandenburg, Mecklenburg, Sachsen-Anhalt, Sachsen, Thüringen. Von Gerd Baier, Elmar Faber und Eckhard Hollmann

Bundesrepublik Deutschland

Das Bergische Land
Kultur, Geschichte, Landschaft zwischen Ruhr und Sieg. Von Bernd Fischer

Bodensee und Oberschwaben
Zwischen Donau und Alpen: Wege und Wunder im ›Himmelreich des Barock‹. Von Karlheinz Ebert

Die Eifel
Entdeckungsfahrten durch Landschaft, Geschichte, Kultur und Kunst – Von Aachen bis zur Mosel. Von Walter Pippke und Ida Pallhuber

Franken – Kunst, Geschichte und Landschaft
Entdeckungsfahrten in einem schönen Land – Würzburg, Rothenburg, Bamberg, Nürnberg und die Kunststätten der Umgebung. Von Werner Dettelbacher

Hessen
Vom Edersee zur Bergstraße. Die Vielfalt von Kunst und Landschaft zwischen Kassel und Darmstadt. Von Friedhelm Häring und Hans-Joachim Klein

Köln
Stadt am Rhein zwischen Tradition und Fortschritt. Von Willehad Paul Eckert

Kölns romanische Kirchen
Architektur, Ausstattung, Geschichte. Von Werner Schäfke

Die Mosel
Von der Mündung bei Koblenz bis zur Quelle in den Vogesen. Landschaft, Kultur, Geschichte. Von Heinz Held

München
Von der welfischen Gründung Heinrichs des Löwen bis zur Gegenwart: Kunst, Kultur, Geschichte. Von Klaus Gallas

Münster und das Münsterland
Geschichte und Kultur. Ein Reisebegleiter in das Herz Westfalens. Von Bernd Fischer

Zwischen Neckar und Donau
Kunst, Kultur und Landschaft von Heidelberg bis Heilbronn, im Hohenloher Land, Ries, Altmühltal und an der oberen Donau. Von Werner Dettelbacher

Der Niederrhein
Das Land und seine Städte, Burgen und Kirchen. Von Willehad Paul Eckert

Oberbayern
Kultur, Geschichte, Landschaft zwischen Donau und Alpen, Lech und Salzach. Von Gerhard Eckert

Oberpfalz, Bayerischer Wald, Niederbayern
Regensburg und das nordöstliche Bayern. Kunst, Kultur und Landschaft. Von Werner Dettelbacher

Ostfriesland mit Jever- und Wangerland
Über Moor, Geest und Marsch zum Wattenmeer und zu den Inseln Borkum, Juist, Norderney, Baltrum, Langeoog, Spiekeroog und Wangerooge. Von Rainer Krawitz

Die Pfalz
Die Weinstraße – Der Pfälzer Wald – Wasgau und Westrich. Wanderungen im ›Garten Deutschlands‹. Von Peter Mayer

Der Rhein von Mainz bis Köln
Eine Reise durch das Rheintal – Geschichte, Kunst und Landschaft. Von Werner Schäfke

Das Ruhrgebiet
Kultur und Geschichte im »Revier« zwischen Ruhr und Lippe. Von Thomas Parent

Schleswig-Holstein
Zwischen Nordsee und Ostsee: Kultur – Geschichte – Landschaft. Von Johannes Hugo Koch

Der Schwarzwald
und das Oberrheinland. Wege zur Kunst zwischen Karlsruhe und Waldshut: Ortenau, Breisgau, Kaiserstuhl und Markgräflerland. Von Karlheinz Ebert

Sylt, Amrum, Föhr, Helgoland, Pellworm, Nordstrand und Halligen
Natur und Kultur auf Helgoland und den Nordfriesischen Inseln. Entdeckungsreisen durch eine Landschaft zwischen Meer und Festlandküste. Von Albert am Zehnhoff (DuMont Landschaftsführer)

Der Westerwald
Vom Siebengebirge zum Hessischen Hinterland. Kultur und Landschaft zwischen Rhein, Lahn und Sieg. Von Hermann Joseph Roth

Östliches Westfalen
Vom Hellweg zur Weser. Kunst und Kultur zwischen Soest und Paderborn, Minden und Warburg. Von G. Ulrich Großmann

Frankreich

Auvergne und Zentralmassiv
Entdeckungsreisen von Clermont-Ferrand über die Vulkane und Schluchten des Zentralmassivs zum Cevennen-Nationalpark. Von Ulrich Rosenbaum

Die Bretagne
Im Land der Dolmen, Menhire und Calvaires. Von Almut und Frank Rother

Burgund
Kunst, Geschichte, Landschaft. Burgen, Klöster und Kathedralen im Herzen Frankreichs: Das Land um Dijon, Auxerre, Nevers, Autun und Tournus. Von Klaus Bußmann

Côte d'Azur
Frankreichs Mittelmeer-Küste von Marseille bis Menton. Von Rolf Legler

»Richtig reisen«